मेरे सपनों का भारत

महात्मा गाँधी

राजपाल

स्थापित 1912
100 वर्षों की श्रेष्ठ प्रकाशन परम्परा
राजपाल

ISBN : 9788170287391

संस्करण : 2019 © राजपाल एण्ड सन्ज़

MERE SAPNON KA BHARAT by Mahatma Gandhi

राजपाल एण्ड सन्ज़

1590, मदरसा रोड, कश्मीरी गेट, दिल्ली-110006

फोन : 011-23869812, 23865483, 23867791

website : www.rajpalpublishing.com

e-mail : sales@rajpalpublishing.com

www.facebook.com/rajpalandsons

पाठकों से

मेरे लेखों का मेहनत से अध्ययन करने वालों और उनमें दिलचस्पी लेने वालों से मैं यह कहना चाहता हूं कि मुझे हमेशा एक ही रूप में दिखाई देने की कोई परवाह नहीं है। सत्य की अपनी खोज में मैंने बहुत से विचारों को छोड़ा है और अनेक नई बातें मैं सीखा भी हूं। उमर में भले मैं बूढ़ा हो गया हूं, लेकिन मुझे ऐसा नहीं लगता कि मेरा आन्तरिक विकास होना बन्द हो गया है या देह छूटने के बाद मेरा विकास बन्द हो जायेगा। मुझे एक ही बात की चिन्ता है, और वह है प्रतिक्षण सत्य-नारायण की वाणी का अनुसरण करने की मेरी तत्परता। इसलिए जब किसी पाठक को मेरे दो लेखों में विरोध जैसा लगे, तब अगर उसे मेरी समझदारी में विश्वास हो तो वह एक ही विषय पर लिखे दो लेखों में से मेरे बाद के लेख को प्रमाणभूत माने।

हरिजनबन्धु, 30-4-1933 **मोहनदास करमचंद गाँधी**

अनुक्रमणिका

1

मेरे सपनों का भारत

भारत की हर चीज मुझे आकर्षित करती है। सर्वोच्च आकांक्षायें रखने वाले किसी व्यक्ति को अपने विकास के लिए जो कुछ चाहिये, वह सब उसे भारत में मिल सकता है।[1]

भारत अपने मूल स्वरूप में कर्मभूमि है, भोगभूमि नहीं।[2]

भारत दुनिया के उन इने-गिने देशों में से है, जिन्होंने अपनी अधिकांश पुरानी संस्थाओं को, यद्यपि उन पर अन्ध-विश्वास और भूल-भ्रान्तियों की काई चढ़ गयी है, कायम रखा है। साथ ही वह अभी तक अन्ध-विश्वास और भूल-भ्रान्तियों की इस काई को दूर करने की और इस तरह अपना शुद्ध रूप प्रकट करने की अपनी सहज क्षमता भी प्रकट करता है। उसके लाखों-करोड़ों निवासियों के सामने जो आर्थिक कठिनाइयां खड़ी हैं, उन्हें सुलझा सकने की उसकी योग्यता में मेरा विश्वास इतना उज्ज्वल कभी नहीं रहा जितना आज है।[3]

मेरा विश्वास है कि भारत का ध्येय दूसरे देशों के ध्येय से कुछ अलग है। भारत में ऐसी योग्यता है कि वह धर्म के क्षेत्र में दुनिया में सबसे बड़ा हो सकता है। भारत ने आत्मशुद्धि के लिए स्वेच्छापूर्वक जैसा प्रयत्न किया है, उसका दुनिया में कोई दूसरा उदाहरण नहीं मिलता। भारत को फौलाद के हथियारों की उतनी आवश्यकता नहीं है; वह दैवी हथियारों से लड़ा है और आज भी वह उन्हीं हथियारों से लड़ सकता है। दूसरे देश पशुबल के पुजारी रहे हैं। यूरोप में अभी जो भयंकर युद्ध चल रहा है, वह इस सत्य का एक प्रभावशाली उदाहरण है। भारत अपने आत्मबल से सबको जीत सकता है। इतिहास इस सच्चाई के चाहे जितने प्रमाण दे सकता है कि पशुबल आत्मबल की तुलना में कुछ नहीं है। कवियों ने इस बल की विजय के गीत गाये हैं और ऋषियों ने इस विषय में अपने अनुभवों का वर्णन करके उसकी पुष्टि की है।[4]

भारत अपने मूल स्वरूप में कर्मभूमि है, भोगभूमि नहीं।

यदि भारत तलवार की नीति अपनाये, तो वह क्षणिक सी विजय पा सकता है। लेकिन तब भारत मेरे गर्व का विषय नहीं रहेगा। मैं भारत की भक्ति करता हूं, क्योंकि मेरे पास जो कुछ भी है वह सब उसी का दिया हुआ है। मेरा पूरा

विश्वास है कि उसके पास सारी दुनिया के लिए एक सन्देश है। उसे यूरोप का अन्धानुकरण नहीं करना है। भारत के द्वारा तलवार का स्वीकार मेरी कसौटी की घड़ी होगी। मैं आशा करता हूं कि उस कसौटी पर मैं खरा उतरूंगा। मेरा धर्म भौगोलिक सीमाओं से मर्यादित नहीं है। यदि उसमें मेरा जीवंत विश्वास है, तो वह मेरे भारत-प्रेम का भी अतिक्रमण कर जायेगा। मेरा जीवन अहिंसा-धर्म के पालन द्वारा भारत की सेवा के लिए समर्पित है।[5]

यदि भारत ने हिंसा को अपना धर्म स्वीकार कर लिया और यदि उस समय मैं जीवित रहा, तो मैं भारत में नहीं रहना चाहूंगा। तब वह मेरे मन में गर्व की भावना उत्पन्न नहीं करेगा। मेरा देशप्रेम मेरे धर्म द्वारा नियंत्रित है। मैं भारत से उसी तरह बंधा हुआ हूं, जिस तरह कोई बालक अपनी मां की छाती से चिपटा रहता है; क्योंकि मैं महसूस करता हूं कि वह मुझे मेरा आवश्यक आध्यात्मिक पोषण देता है। उसके वातावरण से मुझे अपनी उच्चतम आकांक्षाओं की पुकार का उत्तर मिलता है। यदि किसी कारण मेरा यह विश्वास हिल जाय या चला जाय, तो मेरी दशा उस अनाथ के जैसी होगी जिसे अपना पालक पाने की आशा ही न रही हो।[6]

मैं भारत को स्वतंत्र और बलवान बना हुआ देखना चाहता हूं, क्योंकि मैं चाहता हूं कि वह दुनिया के भले के लिए स्वेच्छापूर्वक अपनी पवित्र आहुति दे सके। भारत की स्वतंत्रता से शांति और युद्ध के बारे में दुनिया की दृष्टि में जड़मूल से क्रांति हो जायेगी। उसकी मौजूदा लाचारी और कमजोरी का सारी दुनिया पर बुरा असर पड़ता है।[7]

मैं यह मानने जितना नम्र तो हूं ही कि पश्चिम के पास बहुत कुछ ऐसा है, जिसे हम उससे ले सकते हैं, पचा सकते हैं और लाभान्वित हो सकते हैं। ज्ञान किसी एक देश या जाति के एकाधिकार की वस्तु नहीं है। पाश्चात्य सभ्यता का मेरा विरोध असल में उस विचारहीन और विवेकहीन नकल का विरोध है, जो यह मानकर की जाती है कि एशिया-निवासी तो पश्चिम से आने वाली हरेक चीज की नकल करने जितनी ही योग्यता रखते हैं। ...मैं दृढ़तापूर्वक विश्वास करता हूं कि यदि भारत ने दुःख और तपस्या की आग में से गुजरने जितना धीरज दिखाया और अपनी सभ्यता पर—जो अपूर्ण होते हुए भी अभी तक काल के प्रभाव को झेल सकी है—किसी भी दिशा से कोई अनुचित आक्रमण न होने दिया, तो वह दुनिया की शांति और ठोस प्रगति में स्थायी योगदान कर सकती है।[8]

भारत का भविष्य पश्चिम के उस रक्त-रंजित मार्ग पर नहीं है, जिस पर चलते-चलते पश्चिम अब खुद थक गया है; उसका भविष्य तो सरल धार्मिक

जीवन द्वारा प्राप्त शांति के अहिंसक रास्ते पर चलने में ही है। भारत के सामने इस समय अपनी आत्मा को खोने का खतरा उपस्थित है। और यह संभव नहीं है कि अपनी आत्मा को खोकर भी वह जीवित रह सके। इसलिए आलसी की तरह उसे लाचारी प्रकट करते हुए ऐसा नहीं कहना चाहिये कि "पश्चिम की इस बाढ़ से मैं बच नहीं सकता।" अपनी और दुनिया की भलाई के लिए उस बाढ़ को रोकने योग्य शक्तिशाली तो उसे बनना ही होगा।[9]

यूरोपीय सभ्यता बेशक यूरोप के निवासियों के लिए अनुकूल है; लेकिन यदि हमने उसकी नकल करने की कोशिश की, तो भारत के लिए उसका अर्थ अपना नाश कर लेना होगा। इसका यह मतलब नहीं कि उसमें जो कुछ अच्छा और हम पचा सकें ऐसा हो, उसे हम लें नहीं या पचायें नहीं। इसी तरह उसका यह मतलब भी नहीं है कि उस सभ्यता में जो दोष घुस गये हैं, उन्हें यूरोप के लोगों को दूर नहीं करना पड़ेगा। शारीरिक सुख-सुविधाओं की सतत खोज और उनकी संख्या में तेजी से हो रही वृद्धि ऐसा ही एक दोष है; और मैं साहसपूर्वक यह घोषणा करता हूं कि जिन सुख-सुविधाओं के वे गुलाम बनते जा रहे हैं उनके बोझ से यदि उन्हें कुचल नहीं जाना है, तो यूरोपीय लोगों को अपना दृष्टिकोण बदलना पड़ेगा। संभव है मेरा यह निष्कर्ष गलत हो, लेकिन यह मैं निश्चयपूर्वक जानता हूं कि भारत के लिए इस सुनहले मायामृग के पीछे दौड़ने का अर्थ आत्मनाश के सिवा और कुछ न होगा। हमें अपने हृदयों पर एक पाश्चात्य तत्त्ववेत्ता का यह बोधवाक्य अंकित कर लेना चाहिये—'सादा जीवन और उच्च चिन्तन'। आज तो यह निश्चित है कि हमारे लाखों-करोड़ों लोगों के लिए सुख-सुविधाओं वाला उच्च जीवन संभव नहीं है और हम मुट्ठीभर लोग, जो सामान्य जनता के लिए चिन्तन करने का दावा करते हैं, सुख-सुविधाओं वाले उच्च जीवन की निरर्थक खोज में उच्च चिन्तन को खोने की जोखिम उठा रहे हैं।[10]

मैं ऐसे संविधान की रचना करवाने का प्रयत्न करूंगा, जो भारत को हर तरह की गुलामी और परावलम्बन से मुक्त कर दे और उसे, आवश्यकता हो तो, पाप करने तक का अधिकार दे। मैं ऐसे भारत के लिए कोशिश करूंगा, जिसमें गरीब-से-गरीब लोग भी यह महसूस करेंगे कि यह उनका देश है—जिसके निर्माण में उनकी आवाज का महत्त्व है। मैं ऐसे भारत के लिए कोशिश करूंगा, जिसमें ऊंचे और नीचे वर्गों का भेद नहीं होगा और जिसमें विविध सम्प्रदायों में पूरा मेलजोल होगा। ऐसे भारत में अस्पृश्यता के या शराब और दूसरी नशीली चीजों के अभिशाप के लिए कोई स्थान नहीं हो सकता। उसमें स्त्रियों को वही अधिकार होंगे जो पुरुषों को होंगे। चूंकि शेष सारी दुनिया के साथ हमारा सम्बन्ध शान्ति का होगा, यानी न तो हम किसी का शोषण करेंगे और न किसी के द्वारा

अपना शोषण होने देंगे, इसलिए हमारी सेना छोटी-से-छोटी होगी। ऐसे सब हितों का, जिनका करोड़ों मूक लोगों के हितों से कोई विरोध नहीं है, पूरा सम्मान किया जायेगा, फिर वे हित देशी हों या विदेशी। अपने लिए तो मैं यह भी कह सकता हूं कि मैं देशी और विदेशी के फर्क से नफरत करता हूं। यह है मेरे सपनों का भारत। ... इससे भिन्न किसी चीज से मुझे संतोष नहीं होगा।[11]

2

स्वराज्य का अर्थ

स्वराज्य एक पवित्र शब्द है; वह एक वैदिक शब्द है, जिसका अर्थ आत्म-शासन और आत्म-संयम है। अंग्रेजी शब्द 'इंडिपेंडेन्स' अक्सर सब प्रकार की मर्यादाओं से मुक्त निरंकुश आजादी का या स्वच्छंदता का अर्थ देता है; वह अर्थ स्वराज्य शब्द में नहीं है।[1]

स्वराज्य से मेरा अभिप्राय है लोक-सम्मति के अनुसार होने वाला भारतवर्ष का शासन। लोक-सम्मति का निश्चय देश के बालिग लोगों की बड़ी-से-बड़ी तादाद के मत के जरिये हो, फिर वे चाहे स्त्रियां हों या पुरुष, इसी देश के हों या इस देश में आकर बस गये हों। वे लोग ऐसे हों जिन्होंने अपने शारीरिक श्रम के द्वारा राज्य की कुछ सेवा की हो और जिन्होंने मतदाताओं की सूची में अपना नाम लिखवा लिया हो।...सच्चा स्वराज्य थोड़े लोगों के द्वारा सत्ता प्राप्त कर लेने से नहीं, बल्कि जब सत्ता का दुरुपयोग होता हो तब सब लोगों के द्वारा उसका प्रतिकार करने की क्षमता प्राप्त करके हासिल किया जा सकता है। दूसरे शब्दों में, स्वराज्य जनता में इस बात का ज्ञान पैदा करके प्राप्त किया जा सकता है कि सत्ता पर कब्जा करने और उसका नियमन करने की क्षमता उसमें है।[2]

आखिर स्वराज्य निर्भर करता है हमारी आंतरिक शक्ति पर, बड़ी-से-बड़ी कठिनाइयों से जूझने की हमारी ताकत पर। सच पूछो तो वह स्वराज्य, जिसे पाने के लिए अनवरत प्रयत्न और बचाये रखने के लिए सतत् जागृति नहीं चाहिये, स्वराज्य कहलाने के लायक ही नहीं है। जैसा कि आपको मालूम

स्वराज्य एक पवित्र शब्द है; वह एक वैदिक शब्द है, जिसका अर्थ आत्म-शासन और आत्म-संयम है। अंग्रेज़ी शब्द 'इंडिपेंडेन्स' अक्सर सब प्रकार की मर्यादाओं से मुक्त निरंकुश आज़ादी का या स्वच्छंदता का अर्थ देता है; वह अर्थ स्वराज्य शब्द में नहीं है।

> *मेरा स्वराज्य तो हमारी सभ्यता की आत्मा को अक्षुण्ण रखना है।*

है, मैंने वचन और कार्य से यह दिखलाने की कोशिश की है कि स्त्री-पुरुषों के विशाल समूह का राजनीतिक स्वराज्य एक-एक शख्स के अलग-अलग स्वराज्य से कोई ज्यादा अच्छी चीज नहीं है, और इसलिए उसे पाने का तरीका वही है जो एक-एक आदमी के आत्म-स्वराज्य या आत्म-संयम का है।[3]

स्वराज्य का अर्थ है सरकारी नियंत्रण से मुक्त होने के लिए लगातार प्रयत्न करना, फिर वह नियंत्रण विदेशी सरकार का हो या स्वदेशी सरकार का। यदि स्वराज्य हो जाने पर लोग अपने जीवन की हर छोटी बात के नियमन के लिए सरकार का मुंह ताकना शुरू कर दें, तो वह स्वराज्य-सरकार किसी काम की नहीं होगी।[4]

मेरा स्वराज्य तो हमारी सभ्यता की आत्मा को अक्षुण्ण रखना है। मैं बहुत-सी नई चीजें लिखना चाहता हूं, परन्तु वे तमाम हिन्दुस्तान की स्लेट पर लिखी जानी चाहिये। हां, मैं पश्चिम से भी खुशी से उधार लूंगा, पर तभी जब कि मैं उसे अच्छे सूद के साथ वापस कर सकूं।[5]

स्वराज्य की रक्षा केवल वहीं हो सकती है, जहां देशवासियों की ज्यादा बड़ी संख्या ऐसे देशभक्तों की हो, जिनके लिए दूसरी सब चीजों से—अपने निजी लाभ से भी—देश की भलाई का ज्यादा महत्त्व हो। स्वराज्य का अर्थ है देश की बहुसंख्यक जनता का शासन। जाहिर है कि जहां बहुसंख्यक जनता नीति-भ्रष्ट हो या स्वार्थी हो, वहां उसकी सरकार अराजकता की ही स्थिति पैदा कर सकती है, दूसरा कुछ नहीं।[6]

मेरे...हमारे...सपनों के स्वराज्य में जाति (रेस) या धर्म के भेदों का कोई स्थान नहीं हो सकता। उस पर शिक्षितों या धनवानों का एकाधिपत्य नहीं होगा। वह स्वराज्य सबके लिए—सबके कल्याण के लिए होगा। सबकी गिनती में किसान तो आते ही हैं, किन्तु लूले, लंगड़े, अंधे और भूख से मरने वाले लाखों-करोड़ों मेहनतकश मजदूर भी अवश्य आते हैं।[7]

कुछ लोग ऐसा कहते हैं कि भारतीय स्वराज्य तो ज्यादा संख्या वाले समाज का यानी हिन्दुओं का ही राज्य होगा। इस मान्यता से ज्यादा बड़ी कोई दूसरी गलती नहीं हो सकती। अगर यह सही सिद्ध हो तो अपने लिए मैं ऐसा कह सकता हूं कि मैं उसे स्वराज्य मानने से इनकार कर दूंगा और अपनी सारी शक्ति लगाकर उसका विरोध करूंगा। मेरे लिए हिन्द स्वराज्य का अर्थ सब लोगों का राज्य, न्याय का राज्य है।[8]

अगर स्वराज्य का अर्थ हमें सभ्य बनाना और हमारी सभ्यता को अधिक

शुद्ध तथा मजबूत बनाना न हो, तो वह किसी कीमत का नहीं होगा। हमारी सभ्यता का मूल तत्त्व ही यह है कि हम अपने सब कामों में, फिर वे निजी हों या सार्वजनिक, नीति के पालन को सर्वोच्च स्थान देते हैं।[9]

पूर्ण स्वराज्य...कहने में आशय यह है कि वह जितना किसी राजा के लिए होगा उतना ही किसान के लिए, जितना किसी धनवान जमींदार के लिए होगा उतना ही भूमिहीन खेतिहर के लिए, जितना हिन्दुओं के लिए होगा उतना ही मुसलमानों के लिए, जितना जैन, यहूदी और सिक्ख लोगों के लिए होगा उतना ही पारसियों और ईसाइयों के लिए। उसमें जाति-पांति, धर्म अथवा दरजे के भेदभाव के लिए कोई स्थान नहीं होगा।[10]

स्वराज्य शब्द का अर्थ स्वयं और उसकी प्राप्ति के साधन यानी सत्य और अहिंसा—जिनका पालन करने के लिए हम प्रतिज्ञाबद्ध हैं—ऐसी किसी संभावना को असंभव सिद्ध करते हैं कि हमारा स्वराज्य किसी के लिए तो अधिक होगा और किसी के लिए कम, किसी के लिए लाभकारी होगा और किसी के लिए हानिकारी या कम लाभकारी।[11]

मेरे...हमारे...सपनों के स्वराज्य में जाति (रेस) या धर्म के भेदों का कोई स्थान नहीं हो सकता।

मेरे सपने का स्वराज्य तो गरीबों का स्वराज्य होगा। जीवन की जिन आवश्यकताओं का उपभोग राजा और अमीर लोग करते हैं, वही तुम्हें भी सुलभ होनी चाहिये; इसमें फर्क के लिए स्थान नहीं हो सकता। लेकिन इसका यह अर्थ नहीं कि हमारे पास उनके जैसे महल होने चाहिये। सुखी जीवन के लिए महलों की कोई आवश्यकता नहीं। हमें महलों में रख दिया जाये तो हम घबरा जायें। लेकिन तुम्हें जीवन की वे सामान्य सुविधाएं अवश्य मिलनी चाहिये, जिनका उपभोग अमीर आदमी करता है। मुझे इस बात में बिल्कुल भी संदेह नहीं है कि हमारा स्वराज्य तब तक पूर्ण स्वराज्य नहीं होगा, जब तक वह तुम्हें ये सारी सुविधाएं देने की पूरी व्यवस्था नहीं कर देता।[12]

पूर्ण स्वराज्य की मेरी कल्पना दूसरे देशों से कोई नाता न रखने वाली स्वतंत्रता की नहीं, बल्कि स्वस्थ और गम्भीर किस्म की स्वतंत्रता की है। मेरा राष्ट्रप्रेम उग्र तो है, पर वह वर्जनशील नहीं है; उसमें किसी दूसरे राष्ट्र या व्यक्ति को नुकसान पहुंचाने की भावना नहीं है। कानूनी सिद्धांत असल में नैतिक सिद्धांत ही हैं। 'अपनी सम्पत्ति का उपयोग इस तरह करो कि पड़ोसी की सम्पत्ति को कोई हानि न पहुंचे।' —यह कानूनी सिद्धांत एक सनातन सत्य को प्रकट करता है और उसमें मेरा पूरा विश्वास है।[13]

यह सब इस बात पर निर्भर है कि पूर्ण स्वराज्य से हमारा आशय क्या है और

उसके द्वारा हम पाना क्या चाहते हैं। अगर हमारा आशय यह है कि जनता में जागृति होनी चाहिये, उसे अपने सच्चे हित का ज्ञान होना चाहिये और सारी दुनिया के विरोध का सामना करके भी उस हित की सिद्धि के लिए कोशिश करने की योग्यता होनी चाहिये; और यदि पूर्ण स्वराज्य के द्वारा हम सुमेल, भीतरी या बाहरी आक्रमण से रक्षा और जनता की आर्थिक स्थिति में उत्तरोत्तर सुधार चाहते हों, तो हम अपना उद्देश्य राजनीतिक सत्ता के बिना ही, सत्ता जिनके हाथ में हो उन पर अपना सीधा प्रभाव डालकर, सिद्ध कर सकते हैं।[14]

स्वराज्य की मेरी कल्पना के विषय में किसी को कोई गलतफहमी नहीं होनी चाहिये। उसका अर्थ विदेशी नियंत्रण से पूरी मुक्ति और पूर्ण आर्थिक स्वतंत्रता है। उसके दो दूसरे उद्देश्य भी हैं; एक छोर पर है नैतिक और सामाजिक उद्देश्य और दूसरे छोर पर इसी कक्षा का दूसरा उद्देश्य है धर्म। यहां धर्म शब्द का सर्वोच्च अर्थ अभीष्ट है। उसमें हिन्दू धर्म, इस्लाम, ईसाई धर्म आदि सबका समावेश होता है, लेकिन वह इन सबसे ऊंचा है।...इसे हम स्वराज्य का सम-चतुर्भुज कह सकते हैं; यदि उसका एक भी कोण विषम हुआ तो उसका रूप विकृत हो जायेगा।[15]

मेरी कल्पना का स्वराज्य तभी आयेगा जब हमारे मन में यह बात अच्छी तरह जम जाय कि हमें अपना स्वराज्य सत्य और अहिंसा के शुद्ध साधनों द्वारा ही हासिल करना है, उन्हीं के द्वारा हमें उसका संचालन करना है और उन्हीं के द्वारा हमें उसे कायम रखना है। सच्ची लोकसत्ता या जनता का स्वराज्य कभी भी असत्यमय और हिंसक साधनों से नहीं आ सकता। कारण स्पष्ट और सीधा है : यदि असत्यमय और हिंसक उपायों का प्रयोग किया गया, तो उसका स्वाभाविक परिणाम यह होगा कि सारा विरोध या तो विरोधियों को दबाकर या उनका नाश करके खतम कर दिया जायेगा। ऐसी स्थिति में वैयक्तिक स्वतंत्रता की रक्षा नहीं हो सकती। वैयक्तिक स्वतंत्रता को प्रकट होने का पूरा अवकाश केवल विशुद्ध अहिंसा पर आधारित शासन में ही मिल सकता है।[16]

अहिंसा पर आधारित स्वराज्य में लोगों को अपने अधिकारों का ज्ञान न हो तो कोई बात नहीं, लेकिन उन्हें अपने कर्त्तव्यों का ज्ञान अवश्य होना चाहिये। हर एक कर्त्तव्य के साथ उसकी तौल का अधिकार जुड़ा हुआ होता ही है, और सच्चे अधिकार तो वे ही हैं जो अपने कर्त्तव्यों का योग्य पालन करके प्राप्त किये गये हों। इसलिए नागरिकता के अधिकार सिर्फ उन्हीं को मिल सकते हैं, जो जिस राज्य में वे रहते हों उसकी सेवा करते हों। और सिर्फ वे ही इन अधिकारों के साथ पूरा न्याय कर सकते हैं। हर एक आदमी को झूठ बोलने और गुंडागिरी करने का अधिकार है, किन्तु इस अधिकार का प्रयोग उस आदमी और समाज,

दोनों के लिए हानिकारक है। लेकिन जो व्यक्ति सत्य और अहिंसा का पालन करता है, उसे प्रतिष्ठा मिलती है और इस प्रतिष्ठा के फलस्वरूप उसे अधिकार मिल जाते हैं। और जिन लोगों को अधिकार अपने कर्त्तव्यों के पालन के फलस्वरूप मिलते हैं, वे उनका उपयोग समाज की सेवा के लिए ही करते हैं, अपने लिए कभी नहीं। किसी राष्ट्रीय समाज के स्वराज्य का अर्थ उस समाज के विभिन्न व्यक्तियों के स्वराज्य (अर्थात् आत्म-शासन) का योग ही है। और ऐसा स्वराज्य व्यक्तियों के द्वारा नागरिकों के रूप में अपने कर्त्तव्य के पालन से ही आता है। उसमें कोई अपने अधिकारों की बात नहीं सोचता। जब उनकी आवश्यकता होती है तब वे उन्हें अपने-आप मिल जाते हैं और इसलिए मिलते हैं कि वे अपने कर्त्तव्य का सम्पादन ज्यादा अच्छी तरह कर सकें।[17]

अहिंसा पर आधारित स्वराज्य में कोई किसी का शत्रु नहीं होता, सारी जनता की भलाई का सामान्य उद्देश्य सिद्ध करने में हर एक अपना अभीष्ट योग देता है, सब लिख-पढ़ सकते हैं और उनका ज्ञान दिन-दिन बढ़ता रहता है। बीमारी और रोग कम-से-कम हो जाएं, ऐसी व्यवस्था की जाती है। कोई कंगाल नहीं होता और मजदूरी करना चाहने वाले को काम अवश्य मिल जाता है। ऐसी शासन-व्यवस्था में जुआ, शराबखोरी और दुराचार का या वर्ग-विद्वेष का कोई स्थान नहीं होता। अमीर लोग अपने धन का उपयोग बुद्धिपूर्वक उपयोगी कार्यों में करेंगे; अपनी शान-शौकत बढ़ाने में या शारीरिक सुखों की वृद्धि में उसका अपव्यय नहीं करेंगे। उसमें ऐसा नहीं हो सकता, होना नहीं चाहिये, कि चंद अमीर तो रत्न-जटित महलों में रहें और लाखों-करोड़ों ऐसी मनहूस झोंपड़ियों में, जिनमें हवा और प्रकाश का प्रवेश न हो। अहिंसक स्वराज्य में न्यायपूर्ण अधिकारों का किसी के भी द्वारा कोई अतिक्रमण नहीं हो सकता और इसी तरह किसी को कोई अन्यायपूर्ण अधिकार नहीं हो सकते। सुसंघटित राज्य में किसी के न्याय अधिकार का किसी दूसरे के द्वारा अन्यायपूर्वक छीना जाना असंभव होना चाहिये और कभी ऐसा हो जाय तो अपहर्ता को अपदस्थ करने के लिए हिंसा का आश्रय लेने की जरूरत नहीं होनी चाहिये।[18]

3

राष्ट्रवाद का सच्चा स्वरूप

मेरे लिए देशप्रेम और मानव-प्रेम में कोई भेद नहीं है; दोनों एक ही हैं। मैं देशप्रेमी हूं, क्योंकि मैं मानव-प्रेमी हूं। मेरा देशप्रेम वर्जनशील नहीं है। मैं भारत

के हित की सेवा के लिए इंग्लैंड या जर्मनी का नुकसान नहीं करूंगा। जीवन की मेरी योजना में साम्राज्यवाद के लिए कोई स्थान नहीं है। देशप्रेमी की जीवन-नीति किसी कुल या कबीले के अधिपति की जीवन-नीति से भिन्न नहीं है। और यदि कोई देशप्रेमी उतना ही उग्र मानव-प्रेमी नहीं है, तो कहना चाहिये कि उसके देशप्रेम में उतनी न्यूनता है। वैयक्तिक आचरण और राजनीतिक आचरण में कोई विरोध नहीं है; सदाचार का नियम दोनों को लागू होता है।[1]

जिस तरह देशप्रेम का धर्म हमें आज यह सिखाता है कि व्यक्ति को परिवार के लिए, परिवार को ग्राम के लिए, ग्राम को जनपद के लिए और जनपद को प्रदेश के लिए मरना सीखना चाहिये, उसी तरह किसी देश को स्वतंत्र इसलिए होना चाहिये कि वह आवश्यकता होने पर संसार के कल्याण के लिए अपना बलिदान दे सके। इसलिए राष्ट्रवाद की मेरी कल्पना यह है कि मेरा देश इसलिए स्वाधीन हो कि प्रयोजन उपस्थित होने पर सारा ही देश मानव-जाति की प्राणरक्षा के लिए स्वेच्छापूर्वक मृत्यु का आलिंगन करे। उसमें जातिद्वेष के लिए कोई स्थान नहीं है। मेरी कामना है कि हमारा राष्ट्रप्रेम ऐसा ही हो।[2]

मैं भारत का उत्थान इसलिए चाहता हूं कि सारी दुनिया उससे लाभ उठा सके। मैं यह नहीं चाहता कि भारत का उत्थान दूसरे देशों के नाश की नींव पर हो।[3]

यूरोप के पांवों में पड़ा हुआ अवनत भारत मानव-जाति को कोई आशा नहीं दे सकता। किंतु जाग्रत और स्वतंत्र भारत दर्द से कराहती हुई दुनिया को शांति और सद्भाव का संदेश अवश्य देगा।[4]

राष्ट्रवादी हुए बिना कोई अंतर-राष्ट्रीयतावादी नहीं हो सकता। अंतर-राष्ट्रीयतावाद तभी सम्भव है जब राष्ट्रवाद सिद्ध हो चुके—यानी जब विभिन्न देशों के निवासी अपना संघटन कर लें और हिल-मिलकर एकतापूर्वक काम करने की सामर्थ्य प्राप्त कर लें। राष्ट्रवाद में कोई बुराई नहीं है; बुराई तो उस संकुचितता, स्वार्थवृत्ति और बहिष्कार-वृत्ति में है, जो मौजूदा राष्ट्रों के मानस में जहर की तरह मिली हुई है। हर एक राष्ट्र दूसरे की हानि करके अपना लाभ करना चाहता है और उसके नाश पर अपना निर्माण करना चाहता है। भारतीय राष्ट्रवाद ने एक नया रास्ता लिया है। वह अपना संघटन या अपने लिए आत्म-प्रकाशन का पूरा अवकाश विशाल मानव-जाति के लाभ के लिए, उसकी सेवा के लिए ही चाहता है।[5]

मेरे लिए देशप्रेम और मानव-प्रेम में कोई भेद नहीं है; दोनों एक ही हैं। मैं देशप्रेमी हूं, क्योंकि मैं मानव-प्रेमी हूं। मेरा देशप्रेम वर्जनशील नहीं है।

भगवान ने मुझे भारत में जन्म दिया है और इस तरह मेरा भाग्य इस देश की

प्रजा के भाग्य के साथ बांध दिया है, इसलिए यदि मैं उसकी सेवा न करूं तो मैं अपने विधाता के सामने अपराधी ठहरूंगा। यदि मैं यह नहीं जानता कि उसकी सेवा कैसे की जाय, तो मैं मानव-जाति की सेवा करना सीख ही नहीं सकता। और यदि अपने देश की सेवा करते हुए मैं दूसरे देशों को कोई नुकसान नहीं पहुंचाता, तो मेरे पथभ्रष्ट होने की कोई सम्भावना नहीं है।[6]

मेरा देशप्रेम कोई बहिष्कारशील वस्तु नहीं बल्कि अतिशय व्यापक वस्तु है और मैं उस देशप्रेम को वर्ज्य मानता हूं जो दूसरे राष्ट्रों को तकलीफ देकर या उनका शोषण करके अपने देश को उठाना चाहता है। देशप्रेम की मेरी कल्पना यह है कि वह हमेशा, बिना किसी अपवाद के हर एक स्थिति में, मानव-जाति के विशालतम हित के साथ सुसंगत होना चाहिये। यदि ऐसा न हो तो देशप्रेम की कोई कीमत नहीं। इतना ही नहीं, मेरे धर्म और उस धर्म से ही प्रसूत मेरे देशप्रेम के दायरे में प्राणि मात्र का समावेश होता है। मैं न केवल मनुष्य नाम से पहचाने जाने वाले प्राणियों के साथ भ्रातृत्व और एकात्मता सिद्ध करना चाहता हूं, बल्कि समस्त प्राणियों के साथ—रेंगने वाले सांप आदि जैसे प्राणियों के साथ भी—उसी एकात्मता का अनुभव करना चाहता हूं। कारण, हम सब उसी एक सृष्टा की संतति होने का दावा करते हैं और इसलिए सब प्राणी, उनका रूप कुछ भी हो, मूल में एक ही हैं।[7]

हमारा राष्ट्रवाद दूसरे देशों के लिए कभी संकट का कारण नहीं हो सकता। क्योंकि जिस तरह हम किसी को अपना शोषण नहीं करने देंगे, उसी तरह हम भी किसी का शोषण नहीं करेंगे। स्वराज्य के द्वारा हम सारी मानव-जाति की सेवा करेंगे।[8]

सार्वजनिक जीवन के लगभग 50 वर्ष के अनुभव के बाद आज मैं यह कह सकता हूं कि अपने देश की सेवा दुनिया की सेवा से असंगत नहीं है—इस सिद्धांत में मेरा विश्वास बढ़ा ही है। यह एक उत्तम सिद्धांत है। इस सिद्धांत को स्वीकार करके ही दुनिया की मौजूदा कठिनाइयां आसान की जा सकती हैं और विभिन्न राष्ट्रों में जो पारस्परिक द्वेषभाव नजर आता है उसे रोका का सकता है।[9]

4

भारतीय लोकतंत्र

सर्वोच्च कोटि की स्वतंत्रता के साथ सर्वोच्च कोटि का अनुशासन और विनय होता है। अनुशासन और विनय से मिलने वाली स्वतंत्रता को कोई छीन नहीं

सकता। संयमहीन स्वच्छंदता संस्कारहीनता की द्योतक है; उससे व्यक्ति की अपनी और पड़ोसियों की भी हानि होती है।[1]

कोई भी मनुष्य की बनाई हुई संस्था ऐसी नहीं है जिसमें खतरा न हो। संस्था जितनी बड़ी होगी, उसके दुरुपयोग की संभावनायें भी उतनी ही बड़ी होंगी। लोकतंत्र एक बड़ी संस्था है, इसलिए उसका दुरुपयोग भी बहुत हो सकता है। लेकिन उसका इलाज लोकतंत्र से बचना नहीं, बल्कि दुरुपयोग की संभावना को कम-से-कम करना है।[2]

जनता को राय के अनुसार चलने वाला राज्य जनमत से आगे बढ़कर कोई काम नहीं कर सकता। यदि वह जनमत के खिलाफ जाय तो नष्ट हो जाय। अनुशासन और विवेकयुक्त जनतंत्र दुनिया की सबसे सुन्दर वस्तु है। लेकिन राग-द्वेष, अज्ञान और अंध-विश्वास आदि दुर्गुणों से ग्रस्त जनतंत्र अराजकता के गड्ढे में गिरता है और अपना नाश खुद कर डालता है।[3]

सर्वोच्च कोटि की स्वतंत्रता के साथ सर्वोच्च कोटि का अनुशासन और विनय होता है।

मैंने अक्सर यह कहा है कि अमुक विचार रखने वाला कोई भी पक्ष यह दावा नहीं कर सकता कि प्रस्तुत प्रश्नों के सही निर्णय केवल वही कर सकता है। हम सबसे भूलें होती हैं और हमें अक्सर अपने निर्णयों में परिवर्तन करने पड़ते हैं। हमारे जैसे विशाल देश में ईमानदारी से विचार करने वाले सभी पक्षों को स्थान होना चाहिये। इसलिए हमारा अपने प्रति और दूसरों के प्रति कम-से-कम यह कर्त्तव्य तो है ही कि हम प्रतिपक्षी का दृष्टिकोण समझने की कोशिश करें। और यदि हम उसे स्वीकार न कर सकें तो भी जिस तरह हम यह चाहेंगे कि वह हमारे मत का आदर करे, उसी तरह हम भी उसके मत का आदर करें। यह चीज स्वस्थ सार्वजनिक जीवन की और स्वराज्य की योग्यता की अनिवार्य कसौटियों में से एक है। यदि हममें उदारता और सहिष्णुता नहीं है, तो हम अपने भेद कभी मित्रतापूर्वक नहीं सुलझा सकेंगे और फल यह होगा कि हमें तीसरे पक्ष को अपना पंच मानना पड़ेगा, यानी विदेशी अधीनता स्वीकार करनी पड़ेगी।[4]

जब राज्यसत्ता जनता के हाथ में आ जाती है, तब प्रजा की आजादी में होने वाले हस्तक्षेप की मात्रा कम-से-कम हो जाती है। दूसरे शब्दों में, जो राष्ट्र अपना काम राज्य के हस्तक्षेप के बिना ही शांतिपूर्वक और प्रभावपूर्ण ढंग से कर दिखाता है, उसे ही सच्चे अर्थों में लोकतंत्रात्मक कहा जा सकता है। जहां ऐसी स्थिति न हो वहां सरकार का बाहरी रूप लोकतंत्रात्मक भले हो, परन्तु वह नाम के लिए ही लोकतंत्रात्मक है।[5]

लोकतंत्र और हिंसा का मेल नहीं बैठ सकता। जो राज्य आज नाम मात्र के

लिए लोकतंत्रात्मक हैं उन्हें या तो स्पष्ट रूप से तानाशाही का हामी हो जाना चाहिये, या अगर उन्हें सचमुच लोकतंत्रात्मक बनना है तो उन्हें साहस के साथ अहिंसक बन जाना चाहिये। यह कहना बिलकुल अविचारपूर्ण है कि अहिंसा का पालन केवल व्यक्ति ही कर सकते हैं, और राष्ट्र—जो व्यक्तियों से ही बनते हैं—हरगिज नहीं।[6]

प्रजातंत्र का सार ही यह है कि उसमें हर एक व्यक्ति उन विविध स्वार्थों का प्रतिनिधित्व करता है जिनसे राष्ट्र बनता है। यह सच है कि इसका यह मतलब नहीं कि विशेष स्वार्थों के विशेष प्रतिनिधियों को प्रतिनिधित्व करने से रोक दिया जाये, लेकिन ऐसा प्रतिनिधित्व उसकी कसौटी नहीं है। यह उसकी अपूर्णता की एक निशानी है।[7]

सच्ची लोकसत्ता या जनता का स्वराज्य कभी भी असत्यमय या हिंसक साधनों से नहीं आ सकता। कारण स्पष्ट और सीधा है। यदि असत्यमय और हिंसक उपायों का प्रयोग किया गया, तो उसका स्वाभाविक परिणाम यह होगा कि सारा विरोध या तो विरोधियों को दबाकर या उनका नाश करके खतम कर दिया जायेगा। ऐसी स्थिति में वैयक्तिक स्वतंत्रता की रक्षा नहीं हो सकती। वैयक्तिक स्वतंत्रता को प्रगट होने का पूरा अवकाश केवल विशुद्ध अहिंसा पर आधारित शासन में ही मिल सकता है।[8]

संस्था जितनी बड़ी होगी, उसके दुरुपयोग की संभावनायें भी उतनी ही बड़ी होंगी। लोकतंत्र एक बड़ी संस्था है, इसलिए उसका दुरुपयोग भी बहुत हो सकता है। लेकिन उसका इलाज लोकतंत्र से बचना नहीं, बल्कि दुरुपयोग की संभावना को कम-से-कम करना है।

आजाद प्रजातांत्रिक भारत आक्रमण के खिलाफ पारस्परिक रक्षण और आर्थिक सहकार के लिए दूसरे आजाद देशों के साथ खुशी से सहयोग करेगा। वह आजादी और जनतंत्र पर आधारित ऐसी विश्व-व्यवस्था की स्थापना के लिए काम करेगा, जो मानव-जाति की प्रगति और विकास के लिए दुनिया के समूचे ज्ञान और उसकी समूची साधन-सम्पत्ति का उपयोग करेगी।[9]

प्रजातंत्र का अर्थ मैं यह समझा हूं कि इस तंत्र में नीचे-से-नीचे और ऊंचे-से-ऊंचे आदमी को आगे बढ़ने का समान अवसर मिलना चाहिये। लेकिन सिवा अहिंसा के ऐसा कभी हो ही नहीं सकता। संसार में आज कोई भी देश ऐसा नहीं है जहां कमजोरों के हक की रक्षा बतौर फर्ज के होती हो। अगर गरीबों के लिए कुछ किया भी जाता है, तो वह मेहरबानी के तौर पर किया जाता है।

पश्चिम का आज का प्रजातंत्र ज़रा हलके रंग का नाज़ी और फासिस्ट तंत्र ही

है। ज्यादा-से-ज्यादा प्रजातंत्र साम्राज्यवाद की नाजी और फासिस्ट चाल को ढंकने के लिए एक आडम्बर है।...हिन्दुस्तान सच्चा प्रजातंत्र गढ़ने का प्रयत्न कर रहा है, अर्थात् ऐसा प्रजातंत्र जिसमें हिंसा के लिए कोई स्थान न होगा। हमारा हथियार सत्याग्रह है। उसका व्यक्त स्वरूप है चरखा, ग्रामोद्योग, उद्योग के जरिये प्राथमिक शिक्षा-प्रणाली, अस्पृश्यता-निवारण, मद्य-निषेध, अहिंसक तरीके से मजदूरों का संगठन, जैसा कि अहमदाबाद में हो रहा है, और साम्प्रदायिक ऐक्य। इस कार्यक्रम के लिए जनता को सामुदायिक रूप में प्रयत्न करना पड़ता है, और सामुदायिक रूप से जनता को शिक्षण भी मिल जाता है। इन प्रवृत्तियों को चलाने के लिए हमारे पास बड़े-बड़े संघ हैं, पर कार्यकर्त्ता पूरी तरह स्वेच्छा से इन कामों में आये हैं। उनके पीछे अगर कोई शक्ति है, तो वह उनकी अत्यन्त दीन-दुर्बलों की सेवा-भावना ही है।[10]

> *जन्मजात लोकतंत्रवादी वह होता है, जो जन्म से ही अनुशासन का पालन करने वाला हो। लोकतंत्र स्वाभाविक रूप में उसी को प्राप्त होता है, जो साधारण रूप में अपने को मानवीय तथा दैवीय सभी नियमों का स्वेच्छापूर्वक पालन करने का अभ्यस्त बना ले।...*

जन्मजात लोकतंत्रवादी वह होता है, जो जन्म से ही अनुशासन का पालन करने वाला हो। लोकतंत्र स्वाभाविक रूप में उसी को प्राप्त होता है, जो साधारण रूप में अपने को मानवी तथा दैवी सभी नियमों का स्वेच्छापूर्वक पालन करने का अभ्यस्त बना ले।...जो लोग लोकतंत्र के इच्छुक हैं उन्हें चाहिये कि पहले वे लोकतंत्र की इस कसौटी पर अपने को परख लें। इसके अलावा, लोकतंत्रवादी को नि:स्वार्थ भी होना चाहिये। उसे अपनी या अपने दल की दृष्टि से नहीं बल्कि एकमात्र लोकतंत्र की ही दृष्टि से सब-कुछ सोचना चाहिये। तभी वह सविनय अवज्ञा का अधिकारी हो सकता है।...व्यक्तिगत स्वतंत्रता की मैं कदर करता हूं, लेकिन आपको यह हरगिज नहीं भूलना चाहिये कि मनुष्य मूलत: एक सामाजिक प्राणी ही है। सामाजिक प्रगति की आवश्यकताओं के अनुसार अपने व्यक्तित्व को ढालना सीखकर ही वह वर्तमान स्थिति तक पहुंचा है। अबाध व्यक्तिवाद वन्य पशुओं का नियम है। हमें व्यक्तिगत स्वतंत्रता और सामाजिक संयम के बीच समन्वय करना सीखना है। समस्त समाज के हित के खातिर सामाजिक संयम के आगे स्वेच्छापूर्वक सिर झुकाने से व्यक्ति और समाज, जिसका कि वह एक सदस्य है, दोनों का ही कल्याण होता है।[11]

जो व्यक्ति अपने कर्तव्य का उचित पालन करता है, उसे अधिकार अपने-आप मिल जाते हैं। सच तो यह है कि एकमात्र अपने कर्तव्य के पालन का

अधिकार ही ऐसा अधिकार है, जिसके लिए ही मनुष्य को जीना चाहिये और मरना चाहिये। उसमें सब उचित अधिकारों का समावेश हो जाता है। बाकी सब तो अनधिकार अपहरण जैसा है और उसमें हिंसा के बीज छिपे रहते हैं।[12]

लोकशाही में हर आदमी को समाज की इच्छा यानी राज्य की इच्छा के मुताबिक चलना होता है और उसी के मुताबिक अपनी इच्छाओं की हद बांधनी होती है। स्टेट लोकशाही के द्वारा और लोकशाही के लिए राज्य चलाती है। अगर हर आदमी कानून को अपने हाथ में ले ले तो स्टेट नहीं रह जायेगी; वह अराजकता हो जायेगी, यानी सामाजिक नियम या स्टेट की हस्ती मिट जायेगी। यह आजादी को मिटा देने वाला रास्ता है। इसलिए आपको अपने गुस्से पर काबू पाना चाहिये और राज्य को न्याय पाने का मौका देना चाहिये।[13]

सच्ची लोकशाही केन्द्र में बैठे हुए बीस आदमी नहीं चला सकते। वह तो नीचे से हर एक गांव के लोगों द्वारा चलायी जानी चाहिये।

प्रजातंत्र में लोगों को चाहिये कि वे सरकार की कोई गलती देखें, तो उसकी तरफ उसका ध्यान खींचे और संतुष्ट हो जाएँ। अगर वे चाहें तो अपनी सरकार को हटा सकते हैं, मगर उसके खिलाफ आन्दोलन करके उसके कामों में बाधा न डालें। हमारी सरकार जबरदस्त जल सेना और थल सेना रखने वाली कोई विदेशी सरकार तो है नहीं। उसका बल तो जनता ही है।[14]

सच्ची लोकशाही केन्द्र में बैठे हुए बीस आदमी नहीं चला सकते। वह तो नीचे से हर एक गांव के लोगों द्वारा चलायी जानी चाहिये।[15]

भीड़ का राज्य

मैं खुद तो सरकार की नाराज़ी की उतनी परवाह नहीं करता जितनी भीड़ की नाराजी की। भीड़ की मनमानी राष्ट्रीय बीमारी का लक्षण है और इसलिए सरकार की नाराजी की—जो कि अल्पकाय संघ तक ही सीमित होती है—तुलना में उससे निपटना ज्यादा मुश्किल है। ऐसी किसी सरकार को, जिसने अपने को शासन के लिए अयोग्य सिद्ध कर दिया हो, अपदस्थ करना आसान है, लेकिन किसी भीड़ में शामिल अनजाने आदमियों का पागलपन दूर करना ज्यादा कठिन है।[16]

भीड़ को अनुशासन सिखाने से ज्यादा आसान और कुछ नहीं है। कारण सीधा है। भीड़ कोई काम बुद्धिपूर्वक नहीं करती, उसकी कोई पहले से सोची हुई योजना नहीं होती। भीड़ के लोग जो कुछ करते हैं सो आवेश में करते हैं। अपनी गलती के लिए पश्चात्ताप भी वे जल्दी करते हैं। मैं असहयोग का उपयोग लोकशाही का विकास करने के लिए कर रहा हूं।[17]

हमें इन हजारों-लाखों लोगों को, जिनका हृदय सोने का है, जिन्हें देश से प्रेम है, जो सीखना चाहते हैं और यह इच्छा रखते हैं कि कोई उनका नेतृत्व करे, सही तालीम देनी चाहिये। केवल थोड़े से बुद्धिमान और निष्ठावान कार्यकर्त्ताओं की जरूरत है। वे मिल जाएं तो सारे राष्ट्र को बुद्धिपूर्वक काम करने के लिए संघटित किया जा सकता है तथा भीड़ की अराजकता की जगह सही प्रजातंत्र का विकास किया जा सकता है।[18]

सरकार की ओर से या प्रजा की ओर से आतंकवाद चलाया जा रहा हो, तब लोकशाही की भावना की स्थापना करना असंभव है। और कुछ अंशों में सरकारी आतंकवाद की तुलना में प्रजाकीय आतंकवाद लोकशाही की भावना के प्रसार का ज्यादा बड़ा शत्रु है। कारण, सरकारी आतंकवाद से लोकशाही की भावना को बल मिलता है, जब कि प्रजाकीय आतंकवाद तो उसका हनन करता है।[19]

बहुसंख्यक दल और अल्पसंख्यक दल

अगर हम लोकशाही की सच्ची भावना का विकास करना चाहते हैं, तो हम असहिष्णु नहीं हो सकते। असहिष्णुता यह बताती है कि अपने ध्येय की सचाई में हमारा पूरा विश्वास नहीं है।[20]

हम अपने लिए यदि स्वतंत्रतापूर्वक अपना मत प्रकट करने और कार्य करने के अधिकार का दावा करते हैं, तो यही अधिकार हमें दूसरों को भी देना चाहिये। बहुसंख्यक दल का शासन, जब वह लोगों के साथ जबरदस्ती करने लगता है तब, उतना ही असह्य हो उठता है जितना किसी अल्पसंख्यक नौकरशाही का। हमें अल्पसंख्यकों को अपने पक्ष में धीरज के साथ, समझा-बुझाकर और दलील करके ही लाने की कोशिश करनी चाहिये।[21]

बहुसंख्यक दल का शासन अमुक हद तक जरूर माना जाना चाहिये। यानी, ब्यौरे की बातों में हमें बहुसंख्यक दल का निर्णय स्वीकार कर लेना चाहिये। लेकिन उसके निर्णय कुछ भी क्यों न हों, उन्हें हमेशा स्वीकार कर लेना गुलामी का चिह्न है। लोकशाही किसी ऐसी स्थिति का नाम नहीं है, जिसमें लोग भेड़ों की तरह व्यवहार करें। लोकशाही में व्यक्ति के मत-स्वातंत्र्य और कार्य-स्वातंत्र्य की रक्षा अत्यंत सावधानी से की जाती है, और की जानी चाहिये। इसलिए मैं यह विश्वास करता हूं कि अल्पसंख्यकों को बहुसंख्यकों से अलग ढंग से चलने का पूरा अधिकार है।[22]

लोकशाही किसी ऐसी स्थिति का नाम नहीं है, जिसमें लोग भेड़ों की तरह व्यवहार करें। लोकशाही में व्यक्ति के मत-स्वातंत्र्य और कार्य-स्वातंत्र्य की रक्षा अत्यंत सावधानी से की जाती है, और की जानी चाहिये।

> *अगर व्यक्ति का महत्त्व न रहे, तो समाज का भी क्या सत्त्व रह जायेगा?*

अगर व्यक्ति का महत्त्व न रहे, तो समाज में भी क्या सत्त्व रह जायेगा? वैयक्तिक स्वतंत्रता ही मनुष्य को समाज की सेवा के लिए स्वेच्छापूर्वक अपना सब-कुछ अर्पण करने की प्रेरणा दे सकती है। यदि उससे यह स्वतंत्रता छीन ली जाय, तो वह एक जड़ यंत्र जैसा हो जाता है और समाज की बरबादी होती है। वैयक्तिक स्वतंत्रता को अस्वीकार करके कोई सभ्य समाज नहीं बनाया जा सकता।[23]

5

भारत और समाजवाद

पूंजीपतियों द्वारा पूंजी के दुरुपयोग की बात लोगों के ध्यान में आयी, तब समाजवाद का जन्म हुआ यह ख्याल गलत है। जैसा कि मैंने पहले भी प्रतिपादित किया है समाजवाद, और उसी तरह साम्यवाद भी, ईशोपनिषद् के पहले श्लोक में स्पष्ट रूप से मिल जाता है। हां, यह बात सही है कि जब कुछ सुधारकों ने हृदय-परिवर्तन की क्रिया द्वारा आदर्श सिद्ध करने की प्रणाली में विश्वास खो दिया, तब जिसे वैज्ञानिक समाजवाद कहा जाता है उसकी पद्धति ढूंढ़ी गयी। मैं उसी समस्या को हल करने में लगा हुआ हूं, जो वैज्ञानिक समाजवादियों के सामने है। अलबत्ता, काम का मेरा ढंग शुद्ध अहिंसा के अनुसार प्रयत्न करने का है। यह हो सकता है कि मैं इस सिद्धान्त का, जिसमें मेरा विश्वास प्रतिदिन बढ़ रहा है, अच्छा व्याख्याता न होऊं। अखिल भारत चरखा-संघ और अखिल भारत ग्रामोद्योग-संघ ऐसी संस्थायें हैं, जिनके द्वारा अहिंसा की कार्य-पद्धति का अखिल भारतीय पैमाने पर प्रयोग किया जा रहा है। वे कांग्रेस के द्वारा बनायी गयी ऐसी स्वतंत्र संस्थाएं हैं, जिनका उद्देश्य कांग्रेस जैसी लोकतांत्रिक संस्था की नीति में हमेशा जिन परिवर्तनों के होने की संभावना है उन परिवर्तनों से बंधे बिना मुझे अपने प्रयोग अपनी इच्छा के अनुसार करते रहने का मौका देना है।[1]

सच्चा समाजवाद तो हमें अपने पूर्वजों से प्राप्त हुआ है, जो हमें यह सिखा गये हैं कि 'सब भूमि गोपाल की है; इसमें कहीं मेरी और तेरी की सीमायें नहीं हैं। ये सीमायें तो आदमियों ने बनायी हैं और इसलिए वे इन्हें तोड़ भी सकते हैं।' गोपाल यानी कृष्ण यानी भगवान। आधुनिक भाषा में गोपाल यानी राज्य यानी जनता। आज ज़मीन जनता की नहीं है, यह बात सही है। पर इसमें दोष उस शिक्षा का नहीं है। दोष तो हमारा है जिन्होंने उस शिक्षा के अनुसार आचरण नहीं

किया। मुझे इसमें कोई संदेह नहीं कि इस आदर्श को जिस हद तक रूस या और कोई देश पहुंच सकता है उसी हद तक हम भी पहुंच सकते हैं, और वह भी हिंसा का आश्रय लिये बिना। पूंजीवालों से उनकी पूंजी हिंसापूर्वक छीनी जाय, इसके बजाय यदि चरखा और उसके सारे फलितार्थ स्वीकार कर लिये जायें तो वही काम हो सकता है। चरखा हिंसक अपहरण की जगह ले सकने वाला अत्यंत प्रभावकारी साधन है। ज़मीन और दूसरी सारी संपत्ति उसकी है, जो उसके लिए काम करे। दुःख इस बात का है कि किसान और मज़दूर या तो इस सरल सत्य को जानते नहीं हैं, या यों कहो कि उन्हें इसे जानने नहीं दिया गया है।[2]

मैं सदा से यह मानता आया हूं कि नीचे-से-नीचे और कमज़ोर-से-कमज़ोर के प्रति हम ज़ोर-जबरदस्ती से सामाजिक न्याय का पालन नहीं कर सकते। मैं यह भी मानता आया हूं कि पतित-से-पतित लोगों को भी मुनासिब तालीम दी जाये, तो अहिंसक साधनों द्वारा सब प्रकार के अत्याचारों का प्रतिकार किया जा सकता है। अहिंसक असहयोग ही उसका मुख्य साधन है। कभी-कभी असहयोग भी उतना ही कर्तव्य-रूप हो जाता है जितना कि सहयोग। अपनी विफलता या गुलामी में खुद सहायक होने के लिए कोई बंधा हुआ नहीं है। जो स्वतंत्रता दूसरों के प्रयत्नों द्वारा—फिर वे कितने ही उदार क्यों न हों—मिलती है, वह उन प्रयत्नों के न रहने पर कायम नहीं रखी जा सकती। दूसरे शब्दों में, ऐसी स्वतंत्रता सच्ची स्वतंत्रता नहीं है। लेकिन जब पतित-से-पतित भी अहिंसक असहयोग द्वारा अपनी स्वतंत्रता प्राप्त करने की कला सीख लेते हैं, तो वे उसके प्रकाश का अनुभव किये बिना नहीं रह सकते।

सच्चा समाजवाद तो हमें अपने पूर्वजों से प्राप्त हुआ है, जो हमें यह सिखा गये हैं कि 'सब भूमि गोपाल की है; इसमें कहीं मेरी और तेरी की सीमायें नहीं हैं। ये सीमायें तो आदमियों ने बनायी हैं और इसलिए वे इन्हें तोड़ भी सकते हैं।' गोपाल यानी कृष्ण यानी भगवान।

मेरा यह पक्का विश्वास है कि जिस चीज़ को हिंसा कभी नहीं कर सकती, वहीं अहिंसात्मक असहयोग द्वारा सिद्ध की जा सकती है। और अन्त में जाकर उससे अत्याचारियों का हृदय-परिवर्तन भी हो सकता है। हमने हिन्दुस्तान में अहिंसा को उसके अनुरूप मौका अभी तक दिया ही नहीं। फिर भी आश्चर्य है कि अपनी इस मिलावटी अहिंसा द्वारा भी हम इतनी शक्ति प्राप्त कर सके हैं।[3]

प्रतिष्ठित जीवन के लिए जितनी ज़मीन की आवश्यकता है, उससे अधिक किसी आदमी के पास नहीं होनी चाहिये। ऐसा कौन है जो इस हकीकत से

इनकार कर सके कि आम जनता की घोर गरीबी का कारण आज यही है कि उसके पास उसकी अपनी कही जाने वाली कोई ज़मीन नहीं है?

लेकिन यह याद रखना चाहिये कि इस तरह के सुधार तुरन्त नहीं किये जा सकते। अगर ये सुधार अहिंसात्मक तरीकों से करने हैं, तो ज़मींदारों और गैर-ज़मींदारों दोनों को सुशिक्षित बनाना लाजिमी हो जाता है। ज़मींदारों को यह विश्वास दिलाना होगा कि उनके साथ कभी ज़ोर-ज़बरदस्ती नहीं की जायेगी, और गैर-ज़मींदारों को यह सिखाना और समझाना होगा कि उनसे उनकी मरज़ी के खिलाफ ज़बरन कोई काम नहीं ले सकता, और यह कि कष्ट-सहने या अहिंसा की कला को सीखकर वे अपनी स्वतंत्रता प्राप्त कर सकते है। अगर इस लक्ष्य को हमें प्राप्त करना है, तो ऊपर मैंने जिस शिक्षा का ज़िक्र किया है उसका आरम्भ अभी से हो जाना चाहिये। इसके लिए पहली ज़रूरत ऐसा वातावरण तैयार करने की है, जिसमें पारस्परिक आदर और सद्भाव का सुमेल हो। उस अवस्था में वर्गों और आम जनता के बीच किसी प्रकार का हिंसात्मक संघर्ष हो ही नहीं सकता।[4]

समाजवादी कौन है?

समाजवाद एक सुन्दर शब्द है। जहां तक मैं जानता हूं, समाजवाद में समाज के सारे सदस्य बराबर होते हैं, न कोई नीचा और न कोई ऊंचा। किसी आदमी के शरीर में सिर इसलिए ऊंचा नहीं है कि वह सबसे ऊपर है और पांव के तलुवे इसलिए नीचे नहीं हैं कि वे ज़मीन को छूते हैं। जिस तरह मनुष्य के शरीर के सारे अंग बराबर हैं, उसी तरह समाजरूपी शरीर के सारे अंग भी बराबर हैं। यही समाजवाद है।

इस वाद में राजा और प्रजा, धनी और गरीब, मालिक और मज़दूर सब बराबर हैं। इस तरह समाजवाद यानी अद्वैतवाद। उसमें द्वैत या भेदभाव की गुंजाइश ही नहीं है।

सारी दुनिया के समाज पर नजर डालें तो हम देखेंगे कि हर जगह द्वैत-ही-द्वैत है। एकता या अद्वैत कहीं नाम को भी नहीं दिखाई देता। वह आदमी ऊंचा है, वह आदमी नीचा है। वह हिंदू है, वह मुसलमान है, तीसरा ईसाई है, चौथा पारसी है, पांचवां सिक्ख

न कोई नीचा और न कोई ऊंचा। किसी आदमी के शरीर में सिर इसलिए ऊंचा नहीं है कि वह सबसे ऊपर है और पांव के तलुवे इसलिए नीचे नहीं हैं कि वे ज़मीन को छूते हैं। जिस तरह मनुष्य के शरीर के सारे अंग बराबर हैं, उसी तरह समाजरूपी शरीर के सारे अंग भी बराबर हैं। यही समाजवाद है।

है, छठा यहूदी है। इनमें भी बहुत सी उप-जातियां हैं। मेरे अद्वैतवाद में ये सब लोग एक हो जाते हैं; एकता में समा जाते हैं।

इस वाद तक पहुंचने के लिए हम एक-दूसरे की तरफ ताकते न बैठें। जब तक सारे लोग समाजवादी न बन जाएं तब तक हम कोई हलचल न करें, अपने जीवन में कोई फेरफार न करके हम भाषण देते रहें, पार्टियां बनाते रहें और बाज पक्षी की तरह जहां शिकार मिल जाय वहां उस पर टूट पड़ें—यह समाजवाद हरगिज़ नहीं है। समाजवाद जैसी शानदार चीज़ झड़प मारने से हमसे दूर ही जाने वाली है।

समाजवाद की शुरुआत पहले समाजवादी से होती है। अगर एक भी ऐसा समाजवादी हो तो उस पर सिफर बढ़ाये जा सकते हैं। पहले सिफर से उसकी कीमत दस गुनी बढ़ती जायेगी। लेकिन अगर पहला सिफर ही हो, दूसरे शब्दों में अगर कोई आरंभ ही न करे, तो उसके आगे कितने ही सिफर क्यों न बढ़ाये जायं उनकी कीमत सिफर ही रहेगी। सिफरों को लिखने में मेहनत और कागज़ की बरबादी ही होगी।

यह समाजवाद बड़ी शुद्ध चीज़ है। इसलिए इसे पाने के साधन भी शुद्ध ही होने चाहिये। गन्दे साधनों से मिलने वाली चीज़ भी गंदी ही होगी। इसलिए राजा को मारकर राजा और प्रजा एक से नहीं बन सकेंगे। मालिक का सिर काटकर मज़दूर मालिक नहीं हो सकेंगे। यही बात सब पर लागू की जा सकती है।

कोई असत्य से सत्य को नहीं पा सकता। सत्य को पाने के लिए हमेशा सत्य का आचरण करना ही होगा। अहिंसा और सत्य की तो जोड़ी है न? हरगिज़ नहीं। सत्य में अहिंसा छिपी हुई है और अहिंसा में सत्य। इसीलिए मैंने कहा है कि सत्य और अहिंसा एक ही सिक्के के दो रूप हैं। दोनों की कीमत एक ही है। केवल पढ़ने में ही फर्क है; एक तरफ अहिंसा है, दूसरी तरफ सत्य। सम्पूर्ण पवित्रता के बिना अहिंसा और सत्य निभ ही नहीं सकते। शरीर या मन की अपवित्रता को छिपाने से असत्य और हिंसा ही पैदा होगी।

इसलिए केवल सत्यवादी, अहिंसक और पवित्र समाजवादी ही दुनिया में या हिन्दुस्तान में समाजवाद फैला सकता है। जहां तक मैं जानता हूं, दुनिया में ऐसा कोई भी देश नहीं है जो पूरी तरह समाजवादी हो। मेरे बताये हुए साधनों के बिना ऐसा समाज कायम करना असंभव है।[5]

6

भारत और साम्यवाद

मुझे स्वीकार करना चाहिये कि बोलशेविज़्म शब्द का अर्थ मैं अभी तक पूरा-पूरा नहीं समझा हूं। मैं इतना ही जानता हूं कि उसका उद्देश्य निजी सम्पत्ति की संस्था को मिटाना है। यह तो अपरिग्रह के नैतिक आदर्श को अर्थ के क्षेत्र में प्रयुक्त करना हुआ; और यदि लोग इस आदर्श को स्वेच्छा से स्वीकार कर लें या उन्हें शांतिपूर्वक समझाया जाय और उसके फलस्वरूप वे उसे स्वीकार कर लें, तो इससे अच्छा कुछ हो ही नहीं सकता। लेकिन बोलशेविज़्म के बारे में मुझे जो कुछ जानने को मिला है, उससे ऐसा प्रतीत होता है कि वह न केवल हिंसा के प्रयोग का समर्थन करता है, बल्कि निजी सम्पत्ति के अपहरण के लिए और उसे राज्य के स्वामित्व के अधीन बनाये रखने के लिए हिंसा के प्रयोग की खुली छूट देता है। और यदि ऐसा है तो मुझे यह कहने में कोई संकोच नहीं कि बोलशेविक शासन अपने मौजूदा रूप में ज्यादा दिन तक नहीं टिक सकता। कारण, मेरा दृढ़ विश्वास है कि हिंसा की नींव पर किसी भी स्थायी रचना का निर्माण नहीं हो सकता। लेकिन, वह जो भी हो, इसमें कोई संदेह नहीं कि बोलशेविक आदर्श के पीछे असंख्य पुरुषों और स्त्रियों के—जिन्होंने उसकी सिद्धि के लिए अपना सर्वस्व अर्पण कर दिया है—शुद्धतम त्याग का बल है; और एक ऐसा आदर्श, जिसके पीछे लेनिन जैसे महापुरुषों के त्याग का बल है, कभी व्यर्थ नहीं जा सकता। उनके त्याग का उज्ज्वल उदाहरण चिरकाल तक जीवित रहेगा और समय ज्यों-ज्यों बीतेगा त्यों-त्यों वह इस आदर्श को अधिकाधिक शुद्धि और वेग प्रदान करता रहेगा।[1]

समाजवाद और साम्यवाद आदि पश्चिम के सिद्धांत जिन विचारों पर आधारित हैं, वे हमारे तत्सम्बंधी विचारों से बुनियादी तौर पर भिन्न हैं। ऐसा एक विचार उनका यह विश्वास है कि मनुष्य-स्वभाव में मूलगामी स्वार्थ-भावना है। मैं इस विचार को स्वीकार नहीं करता; क्योंकि मैं जानता हूं कि मनुष्य और पशु में यह बुनियादी फर्क है कि मनुष्य अपनी अंतर्हित आत्मा की पुकार का उत्तर दे सकता है, उन विकारों के ऊपर उठ सकता है जो उसमें और पशुओं में सामान्य रूप से पाये जाते हैं और इसलिए वह स्वार्थ-भावना और हिंसा के भी ऊपर उठ सकता है। क्योंकि स्वार्थ-भावना और हिंसा पशु-स्वभाव के अंग हैं, मनुष्य में अंतर्हित उसकी अमर आत्मा के नहीं। यह हिन्दू धर्म का एक बुनियादी विचार है और इस सत्य की शोध के पीछे कितने ही तपस्वियों की अनेक वर्षों की तपस्या और

साधना है। यही कारण है कि हमारे यहां ऐसे संत और महात्मा तो हुए हैं, जिन्होंने आत्मा के गूढ़ रहस्यों की शोध में अपना शरीर घिसा है और अपने प्राण दिये है; परन्तु पश्चिम की तरह हमारे यहां ऐसे लोग नहीं हुए, जिन्होंने पृथ्वी के सुदूरतम कोनों या ऊंची चोटियों की खोज में अपने प्राणों का बलिदान किया हो। इसलिए हमारे समाजवाद या साम्यवाद की रचना अहिंसा के आधार पर और मज़दूरों तथा पूंजीपतियों या ज़मींदारों तथा किसानों के मीठे सहयोग के आधार पर होनी चाहिये।[2]

साम्यवाद के अर्थ की छानबीन की जाय तो अन्त में हम इसी निश्चय पर पहुंचते हैं कि उसका मतलब है—वर्गहीन समाज। यह बेशक उत्तम आदर्श है और इसके लिए अवश्य कोशिश होनी चाहिये। लेकिन जब इस आदर्श को हासिल करने के लिए वह हिंसा का प्रयोग करने की बात करने लगता है, तब मेरा रास्ता उससे अलग हो जाता है। हम सब जन्म से समान ही हैं, लेकिन हम हमेशा से भगवान की इस इच्छा की अवज्ञा करते आये हैं। असमानता की या ऊंच-नीच की भावना एक बुराई है, किन्तु मैं इस बुराई को मनुष्य के मन से, उसे तलवार दिखाकर, निकाल भगाने में विश्वास नहीं करता। मनुष्य के मन की शुद्धि के लिए यह कोई कारगर साधन नहीं है।[3]

रूस का समाजवाद, यानी जनता पर ज़बरदस्ती लादा जाने वाला साम्यवाद, भारत को रुचेगा नहीं; भारत की प्रकृति के साथ उसका मेल नहीं बैठ सकता। हां, यदि साम्यवाद बिना किसी हिंसा के आये तो हम उसका स्वागत करेंगे। क्योंकि तब कोई मनुष्य किसी भी तरह की सम्पत्ति जनता के प्रतिनिधि की तरह और जनता के हित के लिए ही रखेगा; अन्यथा नहीं। करोड़पति के पास उसके करोड़ रहेंगे तो सही, लेकिन वह उन्हें अपने पास धरोहर के रूप में जनता के हित के लिए ही रखेगा और सर्व-सामान्य प्रयोजन के लिए आवश्यकता होने पर इस सम्पत्ति को राज्य अपने अधिकार में ले सकेगा।[4]

साम्यवादियों और समाजवादियों का कहना है कि आज वे आर्थिक समानता को जन्म देने के लिए कुछ नहीं कर सकते। वे उसके लिए प्रचार भर कर सकते हैं। इसके लिए लोगों में द्वेष या वैर पैदा करने और उसे बढ़ाने में उनका विश्वास है! उनका कहना है कि राज्यसत्ता पाने पर वे लोगों से समानता के सिद्धांत पर अमल करवायेंगे। मेरी योजना के अनुसार राज्य प्रजा की इच्छा को पूरा करेगा, न कि लोगों को हुक्म देगा या अपनी आज्ञा ज़बरन उन पर लादेगा। मैं घृणा से नहीं परन्तु प्रेम की शक्ति से लोगों को अपनी बात समझाऊंगा और अहिंसा के द्वारा आर्थिक समानता पैदा करूंगा। मैं सारे समाज को अपने मत का बनाने तक रुकूंगा नहीं, बल्कि अपने पर ही यह प्रयोग शुरू कर दूंगा। इसमें ज़रा भी शक नहीं कि अगर मैं 50 मोटरों का तो क्या, 10 बीघा ज़मीन का भी मालिक हूं, तो अपनी कल्पना की आर्थिक

समानता को जन्म नहीं दे सकता। उसके लिए मुझे गरीब बन जाना होगा। यही मैं पिछले 50 सालों से या उससे भी ज्यादा वक्त से करता आया हूं।

इसीलिए मैं पक्का कम्युनिस्ट होने का दावा करता हूं। अगरचे मैं धनवानों द्वारा दी गई मोटरों या दूसरे सुभीतों से फायदा उठाता हूं, मगर मैं उनके वश में नहीं हूं। अगर आम जनता के हितों का वैसा तकाज़ा हुआ, तो बात की बात में मैं उनको अपने से दूर हटा सकता हूं।[5]

हममें विदेशों के दान के बजाय हमारी धरती जो कुछ पैदा कर सकती हो उस पर ही अपना निर्वाह कर सकने की योग्यता और साहस होना चाहिये। अन्यथा हम एक स्वतंत्र देश की तरह रहने के हकदार न होंगे। यही बात विदेशी विचारधाराओं के लिए भी लागू होती है। मैं उन्हें उसी हद तक स्वीकार करूंगा जिस हद तक मैं उन्हें हज़म कर सकता हूं और उनमें परिस्थितियों के अनुरूप फर्क कर सकता हूं। लेकिन मैं उनमें बह जाने से इनकार करूंगा।[6]

7

उद्योगवाद का अभिशाप

दुनिया में ऐसे विवेकी पुरुषों की संख्या लगातार बढ़ रही है, जो इस सभ्यता को—जिसके एक छोर पर तो भौतिक समृद्धि की कभी तृप्त न होने वाली आकांक्षा है और दूसरे छोर पर उसके फलस्वरूप पैदा होने वाला युद्ध है—अविश्वास की निगाह से देखते हैं। लेकिन यह सभ्यता अच्छी हो या बुरी, भारत का पश्चिम जैसा उद्योगीकरण करने की क्या ज़रूरत है? पश्चिमी सभ्यता शहरी सभ्यता है। इंग्लैण्ड और इटली जैसे छोटे देश अपनी व्यवस्थाओं का शहरीकरण कर सकते हैं। अमेरिका बड़ा देश है, किन्तु उसकी आबादी बहुत विरल है। इसलिए उसे भी शायद वैसा ही करना पड़ेगा। लेकिन कोई भी आदमी यदि सोचेगा तो यह मानेगा कि भारत जैसे बड़े देश को, जिसकी आबादी बहुत ज्यादा बड़ी है और ग्राम-जीवन की ऐसी पुरानी परम्परा में पोषित हुई है जो उसकी आवश्यकताओं को बराबर पूरा करती आयी है, पश्चिमी नमूने की

जब उत्पादन और उपभोग दोनों किसी सीमित क्षेत्र में होते हैं, तो उत्पादन को अनिश्चित हद तक और किसी भी मूल्य पर बढ़ाने का लोभ फिर नहीं रह जाता। उस हालत में हमारी मौजूदा अर्थ-व्यवस्था से जो अनेक कठिनाइयां और समस्यायें पैदा होती हैं वे भी नहीं रह जायेंगी।

नकल करने की कोई ज़रूरत नहीं है और न उसे ऐसी नकल करनी चाहिये। विशेष परिस्थितियों वाले किसी एक देश के लिए जो बात अच्छी है वह भिन्न परिस्थितियों वाले किसी दूसरे देश के लिए भी अच्छी ही हो, यह ज़रूरी नहीं है। जो चीज़ किसी एक आदमी के लिए पोषक आहार का काम देती हो, वही दूसरे के लिए ज़हर जैसी सिद्ध होती है। किसी देश की संस्कृति को निर्धारित करने में उसके प्राकृतिक भूगोल का प्रमुख हिस्सा होता है। ध्रुव-प्रदेश के निवासी के लिए ऊनी कोट ज़रूरी हो सकता है, लेकिन भूमध्य-रेखावर्ती प्रदेशों के निवासियों का तो उससे दम ही घुट जायेगा।[1]

यंत्रों का भी स्थान है। और यंत्रों ने अपना स्थान प्राप्त भी कर लिया है। लेकिन मनुष्यों के लिए जिस प्रकार की मेहनत करना अनिवार्य होना चाहिये, उसी प्रकार की मेहनत का स्थान उन्हें ग्रहण न कर लेना चाहिये।

मेरा स्पष्ट मत है और मैं उसे साफ-साफ कहता हूं कि बड़े पैमाने पर होने वाला सामूहिक उत्पादन ही दुनिया की मौजूदा संकटमय स्थिति के लिए ज़िम्मेदार है। एक क्षण के लिए मान भी लिया जाय कि यंत्र मानव-समाज की सारी आवश्यकतायें पूरी कर सकते हैं, तो भी उसका यह परिणाम तो होगा ही कि उत्पादन कुछ विशिष्ट क्षेत्रों में केन्द्रित हो जायेगा और इसलिए वितरण की योजना के लिए हमें द्राविड़ी प्राणायाम करना पड़ेगा। दूसरी ओर यदि जिन क्षेत्रों में वस्तुओं की आवश्यकता है वहीं उनका उत्पादन हो और वहीं वितरण हो, तो वितरण का नियंत्रण अपने-आप हो जाता है। उसमें धोखाधड़ी के लिए कम गुंजाइश होती है और सट्टे के लिए तो बिलकुल नहीं।

यह तो आप देखते ही हैं कि ये राष्ट्र (यूरोप और अमेरिका) दुनिया की तथाकथित कमज़ोर या असंगठित जातियों का शोषण करते हैं। यदि एक बार इन जातियों को इस चीज़ का प्राथमिक ज्ञान हो जाय और वे इस बात का निश्चय कर लें कि वे अब अपना शोषण नहीं होने देंगी, तो फिर वे जो कुछ खुद पैदा कर सकती हैं उतने से ही संतोष कर लेंगी। ऐसा हो तो जहां तक मुख्य आवश्यकताओं का सम्बन्ध है सामूहिक उत्पादन मिट जायेगा।

जब उत्पादन और उपभोग दोनों किसी सीमित क्षेत्र में होते हैं, तो उत्पादन को अनिश्चित हद तक और किसी भी मूल्य पर बढ़ाने का लोभ फिर नहीं रह जाता। उस हालत में हमारी मौजूदा अर्थ-व्यवस्था से जो अनेक कठिनाइयां और समस्यायें पैदा होती हैं वे भी नहीं रह जायेंगी।[2]

यंत्रों का भी स्थान है। और यंत्रों ने अपना स्थान प्राप्त भी कर लिया है। लेकिन मनुष्यों के लिए जिस प्रकार की मेहनत करना अनिवार्य होना चाहिये,

उसी प्रकार की मेहनत का स्थान उन्हें ग्रहण न कर लेना चाहिये। घर में चलाने लायक यंत्रों में सुधार किये जायं, तो मैं उसका स्वागत करूंगा। लेकिन मैं यह भी समझता हूं कि जब तक लाखों किसानों को उनके घर में कोई दूसरा धंधा करने के लिए न दिया जाय, तब तक हाथ-मेहनत से चरखा चलाने के बदले किसी दूसरी शक्ति से कपड़े का कारखाना चलाना गुनाह है।[3]

यंत्रों की ऊपरी विजय से चमत्कृत होने से मैं इनकार करता हूं। और मारक यंत्रों के मैं एकदम खिलाफ हूं; उसमें मैं किसी तरह का समझौता स्वीकार नहीं कर सकता। लेकिन ऐसे सादे औजारों, साधनों या यंत्रों का, जो व्यक्ति की मेहनत को बचायें और झोंपड़ियों में रहने वाले लाखों-करोड़ों लोगों का बोझ कम करें, मैं ज़रूर स्वागत करूंगा।[4]

हिन्दुस्तान के सात लाख गांवों में फैले हुए ग्रामवासी-रूपी करोड़ों जीवित यंत्रों के विरुद्ध इन जड़ यंत्रों को प्रतिद्वंद्विता में नहीं लाना चाहिये। यंत्रों का सदुपयोग तो यह कहा जायेगा कि उससे मनुष्य के प्रयत्न को सहारा मिले और उसे वह आसान बना दे। यंत्रों के मौजूदा उपयोग का झुकाव तो इस ओर ही बढ़ता जा रहा है कि कुछ इने-गिने लोगों के हाथ में खूब संपत्ति पहुंचाई जाय और जिन करोड़ों स्त्री-पुरुषों के मुंह से रोटी छीन ली जाती है, उन बेचारों की ज़रा भी परवाह न की जाय।[5]

बड़े पैमाने पर उद्योगीकरण का अनिवार्य परिणाम यह होगा कि ज्यों-ज्यों प्रतिस्पर्धा और बाज़ार की समस्यायें खड़ी होंगी त्यों-त्यों गांवों का प्रगट या अप्रगट शोषण होगा। इसलिए हमें अपनी सारी शक्ति इसी प्रयत्न पर केन्द्रित करनी चाहिये कि गांव स्वयं पूर्ण बनें और वस्तुओं का निर्माण और उत्पादन अपने उपयोग के लिए करें। यदि उत्पादन की यह पद्धति स्वीकार कर ली जाय तो फिर गांव वाले ऐसे आधुनिक यंत्रों और औज़ारों का, जिन्हें वे बना सकते हों और जिनका उपयोग उन्हें आर्थिक दृष्टि से पुसा सकता हो, उपयोग खुशी से करें। उस पर आपत्ति नहीं की जा सकती। अलबत्ता, उनका उपयोग दूसरों का शोषण करने के लिए नहीं होना चाहिये।[6]

मैं नहीं मानता कि उद्योगीकरण हर हालत में किसी भी देश के लिए ज़रूरी ही है। भारत के लिए तो वह उससे भी कम ज़रूरी है। मेरा विश्वास है कि आज़ाद भारत दुःख से कराहती हुई दुनिया के प्रति अपने कर्तव्य का ऋण अपने गांवों का विकास करके और दुनिया के साथ मित्रता का व्यवहार करके और इस तरह सादा परन्तु उदात्त जीवन अपनाकर ही चुका सकता है। धन की पूजा ने हमारे ऊपर भौतिक समृद्धि के जिस जटिल और शीघ्रगामी जीवन को लाद दिया है, उसके साथ 'उच्च चिन्तन' का मेल नहीं बैठता। जीवन का सम्पूर्ण सौन्दर्य तभी खिल सकता है जब हम उच्च कोटि का जीवन जीना सीखें।

आराम-कुर्सी वाले या हिंसा वाले समाजवाद में मेरा विश्वास नहीं है। मैं तो अपने विश्वास के अनुसार आचरण करने को उचित मानता हूं और उसके लिए सब लोग मेरी बात मान लें तब तक ठहरना अनावश्यक समझता हूं।

खतरों वाला जीवन जीने में रोमांच और उत्तेजना का अनुभव हो सकता है। पर खतरों का सामना करते हुए जीने में और खतरों वाला जीवन जीने में भेद है। जो आदमी जंगली जानवरों से और उनसे भी ज्यादा जंगली आदमियों से भरपूर जंगल में अकेले, बिना बन्दूक के और केवल ईश्वर के सहारे रहने की हिम्मत दिखाता है, वह खतरों का सामना करते हुए जीता है। दूसरा आदमी लगातार हवा में उड़ता हुआ रहता है और टकटकी लगाकर देखने वाले दर्शक-समुदाय की वाहवाही लूटने के खयाल से नीचे की ओर उड़ी लगाता है; वह खतरों वाला जीवन जीता है। पहले आदमी का जीवन लक्ष्यपूर्ण है, दूसरे का लक्ष्यहीन।

किसी अलग-थलग रहने वाले देश के लिए, भले वह भूविस्तार और जनसंख्या की दृष्टि से कितना भी बड़ा क्यों न हो, ऐसी दुनिया में जो शस्त्रास्त्रों से सिर से पांव तक लदी है और जिसमें सर्वत्र वैभव-विलास का ही वातावरण नज़र आता है, ऐसा सादा जीवन जीना सम्भव है या नहीं—यह ऐसा सवाल है जिसमें संशयशील आदमी को अवश्य सन्देह होगा। लेकिन इसका उत्तर सीधा है। यदि सादा जीवन जीने योग्य है तो यह प्रयत्न भी करने योग्य है, चाहे वह प्रयत्न किसी एक ही व्यक्ति या किसी एक ही समुदाय द्वारा क्यों न किया जाय।

लेकिन साथ ही मैं यह भी मानता हूं कि कुछ प्रमुख उद्योग ज़रूर होने चाहिये। आराम-कुर्सी वाले या हिंसा वाले समाजवाद में मेरा विश्वास नहीं है। मैं तो अपने विश्वास के अनुसार आचरण करने में मानता हूं और उसके लिए सब लोग मेरी बात मान लें तब तक ठहरना अनावश्यक समझता हूं। इसलिए इन प्रमुख उद्योगों को गिनाये बिना ही मैं कह देता हूं कि जहां कहीं भी लोगों को काफी बड़ी संख्या में मिलकर काम करना पड़ता है वहां मैं राज्य की मालिकी की हिमायत करूंगा। उनकी कुशल या अकुशल मेहनत से जो कुछ उत्पन्न होगा, उसकी मालिकी राज्य के द्वारा उनकी ही होगी। लेकिन चूंकि मैं तो इस राज्य के अहिंसा पर ही आधारित होने की कल्पना कर सकता हूं, इसलिए मैं अमीरों से उनकी सम्पत्ति बलपूर्वक नहीं छीनूंगा, बल्कि उक्त उद्योगों पर राज्य की मालिकी कायम करने की प्रक्रिया में उनका सहयोग मांगूंगा। अमीर हों या कंगाल, समाज में कोई भी अछूत या पतित नहीं हैं। अमीर और गरीब दोनों एक ही रोग के दो रूप हैं। और सत्य यह है कि कोई कैसा भी हो, हैं तो सब मनुष्य ही।

और मैं अपना यह विश्वास उन सारी बर्बरताओं के बावजूद घोषित करता हूं, जो हमने भारत में और दूसरे देशों में घटित होते देखी हैं और जिन्हें शायद हमें आगे और भी देखना पड़े। हम खतरों का सामना करते हुए जीना सीखें।[7]

8

वर्गयुद्ध

मैं आम लोगों को यह नहीं सिखाता कि वे पूंजीपतियों को अपना दुश्मन मानें। मैं तो उन्हें यह सिखाता हूं कि वे आप ही अपने दुश्मन हैं।[1]

वर्गयुद्ध भारत के मूल स्वभाव के खिलाफ है। भारत में समान न्याय और सबके बुनियादी हकों के विशाल आधार पर स्थापित एक उदार किस्म का साम्यवाद निर्माण करने की क्षमता है। मेरे सपने के रामराज्य में राजा और रंक सबके अधिकार सुरक्षित होंगे।[2]

मैंने यह कभी नहीं कहा कि शोषकों और शोषितों में सहयोग होना चाहिये। जब तक शोषण और शोषण करने की इच्छा कायम है तब तक सहयोग नहीं हो सकता। अलबत्ता, मैं यह नहीं मानता कि सब पूंजीपति और ज़मींदार अपनी स्थिति की किसी आंतरिक आवश्यकता के फलस्वरूप शोषक ही हैं और न मैं यह मानता हूं कि उनके और जनता के हितों में कोई बुनियादी या अकाट्य विरोध हैं। हर प्रकार का शोषण शोषित के सहयोग पर आधारित है, फिर वह सहयोग स्वेच्छा से दिया जाता हो या लाचारी से। हम इस सच्चाई को स्वीकार करने से कितना ही इनकार क्यों न करें, फिर भी सच्चाई तो यही है कि यदि लोग शोषक की आज्ञा न मानें तो शोषण हो ही नहीं सकता। लेकिन उसमें स्वार्थ आड़े आता है और हम उन्हीं ज़ंजीरों को अपनी छाती से लगाये रहते हैं जो हमें बांधती हैं। यह चीज़ बन्द होना चाहिये। ज़रूरत इस बात की नहीं है कि पूंजीपति और ज़मींदार खतम हो जायें; उनमें और आम लोगों में आज जो सम्बन्ध है उसे बदलकर ज्यादा स्वस्थ और शुद्ध सम्बन्ध बनाने की ज़रूरत है।

वर्गयुद्ध का विचार मुझे नहीं भाता। भारत में वर्गयुद्ध न सिर्फ अनिवार्य नहीं है, बल्कि यदि हम अहिंसा के सन्देश को समझ गये हैं तो उसे टाला जा सकता है। जो लोग वर्गयुद्ध को अनिवार्य बताते हैं, उन्होंने या तो अहिंसा के फलितार्थों को समझा नहीं है, या ऊपरी तौर पर ही समझा है।

हमें पश्चिम से आये हुए मोहक नारों के असर में आने से बचना चाहिये। क्या हमारे पास हमारी विशिष्ट पूर्वी परम्परा नहीं है? क्या हम और पूंजी के

सवाल का कोई अपना हल नहीं निकाल सकते? वर्णाश्रम की व्यवस्था बड़े और छोटे का भेद दूर करने या पूंजी और श्रम में मेल साधने का एक उत्तम साधन नहीं तो और क्या है? इस विषय से सम्बन्धित जो कुछ भी पश्चिम से आया है वह हिंसा के रंग में रंगा हुआ है। मैं उसका विरोध करता हूं, क्योंकि मैंने उस नाश को देखा है जो इस मार्ग के आखिरी छोर पर हमारी प्रतीक्षा कर रहा है। पश्चिम के भी ज्यादा विचारवान लोग अब यह समझने लगे हैं कि उनकी व्यवस्था उन्हें एक गहरे गर्त की ओर ले जा रही है और वे उससे भयभीत हैं। पश्चिम में मेरा जो भी प्रभाव है उसका कारण हिंसा और शोषण के इस दुष्चक्र से उद्धार का रास्ता ढूंढ़ निकालने का मेरा अथक प्रयत्न ही है। मैं पश्चिम की समाज-व्यवस्था का सहानुभूतिशील विद्यार्थी रहा हूं और मैं इस निष्कर्ष पर पहुंचा हूं कि पश्चिम की इस बेचैनी और संघर्ष के पीछे सत्य की व्याकुल खोज की भावना ही है। मैं इस भावना की कीमत करता हूं। वैज्ञानिक जांच की उसी भावना से हम पूर्व की अपनी संस्थाओं का अध्ययन करें तो मेरा विश्वास है कि दुनिया ने अभी तक जिसका सपना देखा है उससे कहीं ज्यादा सच्चे समाजवाद और सच्चे साम्यवाद का हम विकास कर सकेंगे। यह मान लेना गलत है कि लोगों की गरीबी के सवाल पर पश्चिमी समाजवाद या साम्यवाद ही अन्तिम शब्द हैं।[3]

मैं ज़मींदार का नाश नहीं करना चाहता, लेकिन मुझे ऐसा भी नहीं लगता कि ज़मींदार अनिवार्य है। मैं ज़मींदारों और दूसरे पूंजीपतियों का अहिंसा के द्वारा हृदय-परिवर्तन करना चाहता हूं और इसलिए वर्गयुद्ध की अनिवार्यता को मैं स्वीकार नहीं करता। कम-से-कम संघर्ष का रास्ता लेना मेरे लिए अहिंसा के प्रयोग का एक ज़रूरी हिस्सा है। ज़मीन पर मेहनत करने वाले किसान और मज़दूर ज्यों ही अपनी ताकत पहचान लेंगे, त्यों ही जमींदारी की बुराई का बुरापन दूर हो जायेगा। अगर वे लोग यह कह दें कि उन्हें सभ्य जीवन की आवश्यकताओं के अनुसार अपने बच्चों के भोजन, वस्त्र और शिक्षण आदि के लिए जब तक काफी मज़दूरी नहीं दी जायेगी, तब तक वे जमीन को जोतेंगे-बोयेंगे ही नहीं, तो ज़मींदार बेचारा कर ही क्या सकता है? सच तो यह है कि मेहनत करने वाला जो कुछ पैदा करता है उसका मालिक वही है। अगर मेहनत करने वाले बुद्धिपूर्वक एक हो जायं, तो वे एक ऐसी ताकत बन जायेंगे जिसका मुकाबला कोई नहीं कर सकता। और इसीलिए मैं वर्गयुद्ध की कोई ज़रूरत नहीं देखता। यदि मैं उसे अनिवार्य मानता होता तो उसका प्रचार करने में और लोगों को उसकी तालीम देने में मुझे कोई संकोच नहीं होता।[4]

सवाल एक वर्ग को दूसरे वर्ग के खिलाफ भड़काने और भिड़ाने का नहीं है, बल्कि मज़दूर-वर्ग को अपनी स्थिति के महत्त्व का ज्ञान कराने का है। आखिर

तो अमीरों की संख्या दुनिया में इनी-गिनी ही है। ज्यों ही मज़दूर-वर्ग को अपनी ताकत का भान होगा और अपनी ताकत जानते हुए भी वह ईमानदारी का व्यवहार करेगा, त्यों ही वे लोग भी ईमानदारी का व्यवहार करने लगेंगे। मज़दूरों को अमीरों के खिलाफ भड़काने का अर्थ वर्ग द्वेष को और उससे निकलने वाले तमाम बुरे नतीजों को जारी रखना होगा। संघर्ष एक दुष्चक्र है और उसे किसी भी कीमत पर टालना ही चाहिये। वह दुर्बलता की स्वीकृति का, हीनता-ग्रंथि का चिह्न है। श्रम ज्यों ही अपनी स्थिति का महत्त्व और गौरव पहचान लेगा, त्यों ही धन को अपना उचित दरजा मिल जायेगा, अर्थात् अमीर उसे अपने पास मज़दूरों की धरोहर के ही रूप में रखेंगे। कारण, श्रम धन से श्रेष्ठ है।[5]

9

हड़ताल

आजकल हड़तालों का दौर-दौरा है। वे वर्तमान असंतोष की निशानी हैं। तरह-तरह के अनिश्चित विचार हवा में फैल रहे हैं। सबके दिलों में एक धुंधली-सी आशा बंधी हुई है। और यदि वह आशा निश्चित रूप धारण नहीं करेगी, तो लोगों को बड़ी निराशा होगी। और देशों की तरह भारत में भी मज़दूर-जगत उन लोगों की दया पर निर्भर है, जो सलाहकार और पथदर्शक बन जाते हैं। ये लोग सदा सिद्धांत-पालक नहीं होते और सिद्धांत-पालक होते भी हैं तो हमेशा बुद्धिमान नहीं होते। मज़दूरों को अपनी हालत पर असंतोष है। असंतोष के लिए उनके पास पूरे कारण हैं। उन्हें यह सिखाया जा रहा है, और ठीक सिखाया जा रहा है, कि अपने मालिकों को धनवान बनाने का मुख्य साधन वे ही हैं। राजनीतिक स्थिति भी भारत के मज़दूरों को प्रभावित करने लगी है। और ऐसे मज़दूर-नेताओं का अभाव नहीं है, जो यह समझते हैं कि राजनीतिक हेतुओं के लिए हड़तालें कराई जा सकती हैं।

मेरी राय में ऐसे हेतु के लिए मज़दूर-हड़तालों का उपयोग करना अत्यंत गंभीर भूल होगी। मैं इससे इनकार नहीं करता कि ऐसी हड़तालों से राजनीतिक गरज़ पूरी की जा सकती है। परन्तु वे अहिंसक असहयोग की योजना में नहीं आतीं। यह समझने के लिए बुद्धि पर बहुत ज़ोर डालने की ज़रूरत नहीं है कि जब तक मज़दूर देश की राजनीतिक स्थिति को समझ न लें और सबकी भलाई के लिए काम करने को तैयार न हों, तब तक मज़दूरों का राजनीतिक उपयोग करना बहुत ही खतरनाक बात होगी। इस व्यवहार की उनसे अचानक आशा

रखना कठिन है। यह आशा उस वक्त तक नहीं रखी जा सकती, जब तक वे अपनी खुद की हालत इतनी अच्छी न बना लें कि शरीर और आत्मा की ज़रूरतें पूरी करके सभ्य और शिष्ट जीवन व्यतीत कर सकें।[1]

इसलिए सबसे बड़ी राजनीतिक सहायता मज़दूर यह कर सकते हैं कि वे अपनी स्थिति सुधार लें, अधिक जानकार हो जायें, अपने अधिकारों का आग्रह रखें और जिस माल के तैयार करने में उनका इतना महत्त्वपूर्ण हाथ होता है उसके उचित उपयोग की भी मालिकों से मांग करें। इसलिए मज़दूरों के लिए सही विकास यही होगा कि वे अपना दरजा बढ़ायें और आंशिक मालिकों का दरजा प्राप्त करें।

अतः अभी तो हड़तालें मज़दूरों की हालत के सीधे सुधार के लिए ही होनी चाहिये और जब उनमें देश-भक्ति की भावना पैदा हो जाय, तब अपने तैयार किये हुए माल की कीमतों के नियंत्रण के लिए भी हड़ताल की जा सकती है।

सफल हड़तालों की शर्तें सीधी-सादी हैं, और जब वे पूरी हो जाती हैं तो हड़तालें कभी असफल सिद्ध होनी ही नहीं चाहिये :

1. हड़ताल का कारण न्यायपूर्ण होना चाहिये।

2. हड़तालियों में व्यावहारिक एकमत होना चाहिये।

3. हड़ताल न करने वालों के विरुद्ध हिंसा काम में नहीं लेनी चाहिये।

4. हड़तालियों में यह शक्ति होनी चाहिये कि संघ के कोष का आश्रय लिये बिना वे हड़ताल के दिनों में अपना पालन-पोषण कर सकें। इसके लिए उन्हें किसी उपयोगी और उत्पादक अस्थायी धंधे में लगना चाहिये।

5. जब हड़तालियों की जगह लेने के लिए दूसरे मज़दूर काफी हों, तब हड़ताल का उपाय बेकार साबित होता है। उस सूरत में अन्यायपूर्ण व्यवहार हो, नाकाफी मज़दूरी मिले या ऐसा ही और कोई कारण हो, तो त्यागपत्र ही उसका एकमात्र उपाय है।

6. उपरोक्त सारी शर्तें पूरी न होने पर भी सफल हड़तालें हुई हैं। परन्तु इससे तो इतना ही सिद्ध होता है कि मालिक कमज़ोर थे और उनका अन्तःकरण अपराधी था।[2]

ज़ाहिर है कि बिना वज़नदार कारण के हड़ताल होनी ही न चाहिये। नाजायज़ हड़ताल को न तो कामयाबी हासिल होनी चाहिये और न ही किसी हालत में उसे आम जनता की हमदर्दी मिलनी चाहिये। आमतौर पर लोगों को यह मालूम ही नहीं हो सकता कि हड़ताल जायज़ है या नाजायज़, सिवा इसके कि हड़ताल का समर्थन कोई ऐसे लोग करें, जो निष्पक्ष हों और जिन पर आम लोगों का पूरा विश्वास हो। हड़ताली खुद अपने मामले में राय देने के हकदार नहीं। इसलिए या

तो मामला ऐसे पंच को सुपुर्द करना चाहिये, जो दोनों तरफ के लोगों को मंजूर हो, या उसे अदालती फैसले पर छोड़ना चाहिये।...

जब इस तरीके से काम किया जाता है, तो आम तौर पर जनता के सामने हड़ताल का मामला पेश करने की नौबत ही नहीं आती। अलबत्ता, कभी-कभी यह ज़रूर होता है कि मग़रूर मालिक पंच के या अदालत के फैसले को ठुकरा देते हैं, या गुमराह मज़दूर अपनी ताकत के बल पर मालिक से ज़बरदस्ती और भी रियायतें पाने के लिए फैसले को मंजूर करने से इनकार कर देते हैं। ऐसी हालत में मामला आम जनता के सामने आता है।[3]

जो हड़ताल माली हालत की बेहतरी के लिए की जाती है, उसमें कभी अंतिम ध्येय के तौर पर राजनीतिक मकसद की मिलावट नहीं होनी चाहिये। ऐसा करने से राजनीतिक तरक्की कभी नहीं हो सकती। बल्कि होता यह है कि अक्सर हड़तालियों को ही इसका नतीजा भुगतना पड़ता है, चाहे उन हड़तालों का असर आम लोगों की ज़िन्दगी पर पड़े या न पड़े। सरकार के सामने कुछ दिक्कतें ज़रूर खड़ी हो सकती हैं, लेकिन उनकी वजह से हुकूमत का काम रुक नहीं सकता। अमीर लोग रुपया खर्च करके अपनी डाक का बन्दोबस्त खुद कर लेंगे, लेकिन असल मुसीबत तो गरीबों को झेलनी पड़ती है। ऐसी हड़तालें तो तभी करना चाहिये, जब इन्साफ कराने के दूसरे सब उचित साधन असफल साबित हो चुके हों।...

ऊपर की इन बातों से यह ज़ाहिर है कि राजनीतिक हड़तालों की अपनी अलग जगह है और उनको आर्थिक हड़तालों के साथ न तो मिलाना चाहिये और न दोनों का आपस में वैसा कोई रिश्ता रखा जाना चाहिये। अहिंसक लड़ाई में राजनीतिक हड़तालों की अपनी एक खास जगह होती है। वे चाहे जब और चाहे जैसे ढंग से नहीं की जानी चाहिये। ऐसी हड़तालें बिलकुल खुली होनी चाहिये और उनमें गुण्डाशाही की कोई गुंजाइश नहीं रहनी चाहिये। उनकी वजह से कहीं किसी तरह की हिंसा नहीं होनी चाहिये।[4]

10

मज़दूर क्या चुनेंगे?

भारत के सामने आज दो रास्ते हैं; वह चाहे तो पश्चिम के 'शक्ति ही अधिकार है' वाले सिद्धांत को अपनाये और चलाये या पूर्व के इस सिद्धांत पर दृढ़ रहे और उसी की विजय के लिए अपनी सारी ताकत लगाये कि 'सत्य की ही जीत होती

है'; सत्य में हार कभी है ही नहीं; और ताकतवर तथा कमज़ोर, दोनों को न्याय पाने का समान अधिकार है। यह चुनाव सबसे पहले मज़दूर-वर्ग को करना है। क्या मज़दूरों को अपने वेतन में वृद्धि, यदि वैसा सम्भव हो तो भी, हिंसा का आश्रय लेकर करानी चाहिये? उनके दावे कितने भी उचित क्यों न हों, उन्हें हिंसा का आश्रय नहीं लेना चाहिये। अधिकार प्राप्त करने के लिए हिंसा का आश्रय लेना शायद आसान मालूम हो, किन्तु यह रास्ता अन्त में कांटों वाला सिद्ध होता है। जो लोग तलवार के द्वारा जीवित रहते हैं, वे तलवार से ही मरते हैं। तैराक अक्सर डूबकर मरता है। यूरोप की ओर देखिये। वहां कोई भी सुखी नहीं दिखाई देता, क्योंकि किसी को भी संतोष नहीं है। मज़दूर पूंजीपति का विश्वास नहीं करता और पूंजीपति को मज़दूर में विश्वास नहीं है। दोनों में एक प्रकार की स्फूर्ति और ताकत है, लेकिन वह तो बैलों में भी होती है। बैल भी मरने की हद तक लड़ते हैं। कैसी भी गति-प्रगति नहीं है। हमारे पास यह मानने का कोई कारण नहीं है कि यूरोप के लोग प्रगति कर रहे हैं। उनके पास जो पैसा है उससे यह सूचित नहीं होता कि उनमें कोई नैतिक या आध्यात्मिक सद्‌गुण हैं। दुर्योधन असीम धन का स्वामी था, लेकिन विदुर या सुदामा की तुलना में वह गरीब ही था। आज दुनिया विदुर और सुदामा की पूजा करती है; लेकिन दुर्योधन नाम तो उन सब बुराइयों के प्रतीक के रूप में ही याद किया जाता है जिनसे आदमी को बचना चाहिये।

...पूंजी और श्रम में चल रहे संघर्ष के बारे में आम तौर पर यह कहा जा सकता है कि गलती अक्सर पूंजीपतियों से ही होती है। लेकिन जब मज़दूरों को अपनी ताकत का पूरा भान हो जायेगा, तब मैं जानता हूं कि वे लोग पूंजीपतियों से भी ज्यादा अत्याचार कर सकते हैं। यदि मज़दूर मिल-मालिकों की बुद्धि हासिल कर लें, तो मिल-मालिकों को मज़दूरों की दी हुई शर्तों पर काम करना पड़ेगा। लेकिन यह स्पष्ट है कि मज़दूरों में वह बुद्धि कभी नहीं आ सकती। अगर वे वैसी बुद्धि प्राप्त कर लें तो मज़दूर मज़दूर ही न रहें और मालिक बन जायें। पूंजीपति केवल पूंजी की ताकत पर नहीं लड़ते; उनके पास बुद्धि और कौशल भी है।

हमारे सामने सवाल यह है : मज़दूरों में, उनके मज़दूर रहते हुए, अपनी शक्ति और अधिकारों की चेतना आ जाये, उस समय उन्हें किस मार्ग का अवलम्बन करना चाहिये? अगर उस समय मज़दूर अपनी संख्या के बल का यानी पशु-शक्ति का आश्रय लें, तो यह उनके लिए आत्मघातक सिद्ध होगा। ऐसा करके वे देश के उद्योगों को हानि पहुंचायेंगे। दूसरी ओर यदि वे शुद्ध न्याय का आधार लेकर लड़ें और उसे पाने के लिए खुद कष्ट सहन करें, तो वे अपनी

हर कोशिश में न सिर्फ सफल होंगे बल्कि अपने मालिकों के हृदय का परिवर्तन कर डालेंगे, उद्योगों का ज्यादा विकास करेंगे और अन्त में मालिक और मज़दूर, दोनों एक ही परिवार के सदस्यों की भांति रहने लगेंगे। मज़दूरों की हालत के संतोषजनक सुधार में निम्नलिखित वस्तुओं का समावेश होना चाहिये :

1. श्रम का समय इतना ही होना चाहिये कि मज़दूरों को आराम करने के लिए भी काफी समय बचा रहे।

2. उन्हें अपने शिक्षण की सुविधायें मिलनी चाहिये।

3. उनके बच्चों की आवश्यक शिक्षा के लिए तथा वस्त्र और पर्याप्त दूध के लिए व्यवस्था की जानी चाहिये।

4. मज़दूरों के लिए साफ-सुथरे घर होने चाहिये।

5. उन्हें इतना वेतन मिलना चाहिये कि वे बुढ़ापे में अपने निर्वाह के लिए काफी रकम बचा सकें।

अभी तो इनमें से एक भी शर्त पूरी नहीं होती। इस हालत के लिए दोनों ही पक्ष ज़िम्मेदार हैं। मालिक लोग केवल काम की परवाह करते हैं। मज़दूरों का क्या होता है, उससे वे कोई सम्बन्ध नहीं रखते। उनकी सारी कोशिशों का मकसद यही होता है कि पैसा कम-से-कम देना पड़े और काम ज्यादा-से-ज्यादा मिले। दूसरी ओर मज़दूर की कोशिश ऐसी सब युक्तियां करने की होती है, जिससे पैसा उसे ज्यादा-से-ज्यादा मिले और काम कम-से-कम करना पड़े। परिणाम यह होता है कि यद्यपि मज़दूरों के वेतन में वृद्धि होती है, परन्तु काम की मात्रा में कोई सुधार नहीं होता। दोनों पक्षों के सम्बन्ध शुद्ध नहीं बनते और मज़दूर लोग अपनी वेतन-वृद्धि का समुचित उपयोग नहीं करते।

इन दोनों पक्षों के बीच में एक तीसरा पक्ष खड़ा हो गया है। वह मज़दूरों का मित्र बन गया है। ऐसे पक्ष की आवश्यकता से इनकार नहीं किया जा सकता। लेकिन यह पक्ष मज़दूरों के प्रति अपनी मित्रता का निर्वाह उसी हद तक कर सकेगा, जिस हद तक उनके प्रति उसकी मित्रता स्वार्थ से अछूती होगी।

अब वह समय आ पहुंचा है जब कि मज़दूरों का उपयोग कई तरह से शतरंज के प्यादों की तरह करने की कोशिशें की जायेंगी। जो लोग राजनीति में भाग लेने की इच्छा रखते हैं, उन्हें इस सवाल पर विचार करना चाहिये। वे लोग क्या चुनेंगे : अपना हित या मज़दूरों की और राष्ट्र की सेवा? मज़दूरों को मित्रों की बड़ी आवश्यकता है। वे नेतृत्व के बिना कुछ नहीं कर सकते। देखना यह है कि यह नेतृत्व उन्हें किस किस्म के लोगों से मिलता है; क्योंकि उससे ही मज़दूरों की भावी परिस्थितियों का निर्धारण होने वाला है।

काम छोड़कर बैठ जाना, हड़तालें आदि बेशक बहुत प्रभावशाली साधन हैं,

लेकिन उनका दुरुपयोग आसान है। मज़दूरों को अपने शक्तिशाली यूनियन बनाकर अपना संघठन कर लेना चाहिये और इन यूनियनों की सहमति के बिना कभी भी कोई हड़ताल नहीं करनी चाहिये। हड़ताल करने के पहले मिल-मालिकों से बातचीत के द्वारा समझौते की कोशिश होनी चाहिये; उसके बिना हड़ताल का खतरा मोल लेना ठीक नहीं। यदि मिल-मालिक झगड़े के निपटारे के लिए पंच-फैसले का आश्रय लें, तो पंचायत की बात ज़रूर स्वीकार की जानी चाहिये। और पंचों की नियुक्ति हो जाने के बाद दोनों पक्षों को उसका निर्णय समान रूप से ज़रूर मान लेना चाहये, भले उन्हें वह पसंद आया हो या नहीं।[1]

मेरा सर्वत्र यही अनुभव रहा है कि सामान्यतः मालिक की तुलना में मज़दूर लोग अपने कर्तव्य ज्यादा ईमानदारी के साथ और ज्यादा परिणामकारी ढंग से पूरे करते हैं, यद्यपि जिस तरह मालिक के प्रति मज़दूरों के कर्तव्य होते हैं उसी तरह मज़दूरों के प्रति मालिक के भी कर्तव्य होते हैं। और यही कारण है कि मज़दूरों के लिए इस बात की खोज करना आवश्यक हो जाता है कि वे मालिकों से अपनी मांग किस हद तक मनवा सकते हैं। अगर हम यह देखें कि हमें काफी वेतन नहीं मिलता या कि हमें निवास की जैसी सुविधा चाहिये वैसी नहीं मिल रही है, तो हमें काफी वेतन और समुचित निवास की सुविधा कैसे मिले, इस बात का रास्ता ढूंढ़ना पड़ता है। मज़दूरों को कितनी सुख-सुविधा चाहिये, इस बात का निश्चय कौन करे? सबसे अच्छी बात तो यही होगी कि तुम मज़दूर लोग खुद यह समझो कि तुम्हारे अधिकार क्या हैं, उन अधिकारों को मालिकों से मनवाने का उपाय क्या है और फिर उन्हें उन लोगों से तुम खुद ही हासिल करो। लेकिन इसके लिए तुम्हारे पास पहले से ली हुई थोड़ी-सी तालीम होनी चाहिये—शिक्षा होनी चाहिये।

मेरी नम्र राय में यदि मज़दूरों में काफी संगठन हो और बलिदान की भावना भी हो, तो उन्हें अपने प्रयत्नों में हमेशा सफलता मिल सकती है। पूंजीपति कितने ही अत्याचारी हों, मुझे निश्चय है कि जिनका मज़दूरों से सम्बन्ध है और जो मज़दूर-आन्दोलन का मार्गदर्शन करते हैं, खुद उन्हें ही अभी इस बात की कल्पना नहीं है कि मज़दूरों की साधन-सम्पत्ति कितनी विशाल है। उनकी साधन-सम्पत्ति सचमुच इतनी विशाल है कि पूंजीपतियों की उतनी कभी हो ही नहीं सकती। अगर मज़दूर इस बात को पूरी तरह समझ लें कि पूंजी श्रम का सहारा पाये बिना कुछ नहीं कर सकती, तो उन्हें अपना उचित स्थान तुरंत ही प्राप्त हो जायेगा।[2]

दुर्भाग्यवश हमारा मन पूंजी की मोहिनी से मूढ़ हो गया है और हम यह मानने लगे हैं कि दुनिया में पूंजी ही सब-कुछ है। लेकिन यदि हम गहरा विचार करें तो क्षणमात्र में हमें यह पता चल जायेगा कि मज़दूरों के पास जो पूंजी है वह

पूंजीपतियों के पास कभी हो ही नहीं सकती।...अंग्रेज़ी में एक बहुत ज़ोरदार शब्द है—यह शब्द आपकी फ्रैंच भाषा में और दुनिया की दूसरी भाषाओं में भी है। यह है 'नहीं'। बस, हमने अपनी सफलता के लिए यही रहस्य खोज निकाला है कि जब पूंजीपति मज़दूरों से 'हां' कहलवाना चाहते हों उस समय यदि मज़दूर 'हां' न कहकर 'नहीं' कहने की इच्छा रखते हों, तो उन्हें निस्संकोच 'नहीं' का ही गर्जन करना चाहिये। ऐसा करने पर मज़दूरों को तुरंत ही इस बात का ज्ञान हो जायेगा कि उन्हें यह आज़ादी है कि जब वे 'हां' कहना चाहें तब 'हां' कहें और जब 'नहीं' कहना चाहें तब 'नहीं' कह दें; और यह कि वे पूंजी के अधीन नहीं हैं बल्कि पूंजी को ही उन्हें खुश रखना है। पूंजी के पास बंदूक और तोप और यहां तक कि ज़हरीले गैस जैसे डरावने अस्त्र भी हैं, तो भी इस स्थिति में कोई फर्क नहीं पड़ सकता। अगर मज़दूर अपनी 'नहीं' की टेक कायम रखें, तो पूंजी अपने उन सब शस्त्रास्त्रों के बावजूद पूरी तरह असहाय सिद्ध होगी। उस हालत में मज़दूर प्रत्याक्रमण नहीं करेंगे, बल्कि गोलियों और ज़हरीले गैस की मार सहते हुए भी झुकेंगे नहीं और अपनी 'नहीं' की टेक पर अडिग रहेंगे। मज़दूर अपने प्रयत्न में अक्सर असफल होते हैं, उसका कारण यह है कि वे जैसा मैंने कहा है वैसा करके पूंजी का शोधन नहीं करते, बल्कि (मैं खुद मज़दूर के नाते ही यह कह रहा हूं) उस पूंजी को स्वयं हथियाना चाहते हैं और खुद पूंजीपति शब्द के बुरे अर्थ में पूंजीपति बनना चाहते हैं। और इसलिए पूंजीपतियों को, जो अच्छी तरह संगठित हैं और अपनी जगह मज़बूती से डटे हुए हैं, मज़दूरों में अपना दरजा पाने के अभिलाषी उम्मीदवार मिल जाते हैं और वे मज़दूरों के इस अंश का उपयोग मज़दूरों को दबाने के लिए करते हैं। अगर हम लोग पूंजी की इस मोहिनी के प्रभाव में न होते, तो हममें से हर एक इस बुनियादी सत्य को आसानी से समझ लेता।[3]

11

अधिकार या कर्तव्य?

मैं आज उस बहुत बड़ी बुराई की चर्चा करना चाहता हूं, जिसने समाज को मुसीबत में डाल रखा है। एक तरफ पूंजीपति और ज़मींदार अपने हकों की बात करते हैं, दूसरी तरफ मज़दूर अपने हकों की। राजा-महाराजा कहते हैं कि हमें शासन करने का दैवी अधिकार मिला हुआ है, तो दूसरी तरफ उनकी रैयत कहती है कि उसे राजाओं के इस हक का विरोध करने का अधिकार है। अगर सब लोग

सिर्फ अपने हकों पर ही ज़ोर दें और फर्ज़ों को भूल जायें, तो चारों तरफ बड़ी गड़बड़ी और अंधाधुंधी मच जाय।

अगर हर आदमी हकों पर ज़ोर देने के बजाय अपना फर्ज़ अदा करे, तो मनुष्य-जाति में जल्दी ही व्यवस्था और अमन का राज्य कायम हो जाय। राजाओं के राज करने के दैवी अधिकार जैसी या रैयत के इज़्ज़त से अपने मालिकों का हुक्म मानने के नम्र कर्तव्य जैसी कोई चीज़ नहीं है। यह सच है कि राजा और रैयत के पैदाइशी भेद मिटने ही चाहिये, क्योंकि वे समाज के हित को नुकसान पहुंचाते हैं। लेकिन यह भी सच है कि अभी तक कुचले और दबाकर रखे गये लाखों-करोड़ों लोगों के हकों का ढिठाई-भरा दावा भी समाज के हित को ज़्यादा नहीं तो उतना ही नुकसान ज़रूर पहुंचाता है। उनके इस दावे से दैवी अधिकारों या दूसरे हकों की दुहाई देने वाले राजा-महाराजा या ज़मींदारों वगैरा के बनिस्बत करोड़ों लोगों को ही ज्यादा नुकसान पहुंचेगा। ये मुट्ठीभर ज़मींदार, राजा-महाराजा, या पूंजीपति बहादुरी या बुज़दिली से मर सकते हैं, लेकिन उनके मरने से ही सारे समाज का जीवन व्यवस्थित, सुखी और सन्तुष्ट नहीं बन सकता। इसलिए यह ज़रूरी है कि हम हकों और फर्ज़ों का आपसी सम्बन्ध समझ लें। मैं यह कहने की हिम्मत करूंगा कि जो हक पूरी तरह अदा किये गये फर्ज़ से नहीं मिलते, वे प्राप्त करने और रखने लायक नहीं हैं। वे दूसरों से छीने गये हक होंगे। उन्हें जल्दी-से-जल्दी छोड़ देने में ही भला है। जो अभागे मां-बाप बच्चों के प्रति अपना फर्ज़ अदा किये बिना उनसे अपना हुक्म मनवाने का दावा करते हैं, वे बच्चों की नफरत को ही भड़कायेंगे। जो बदचलन पति अपनी वफादार पत्नी से हर बात मनवाने की आशा करता है, वह धर्म के वचन को गलत समझता है; उसका एकतरफा अर्थ करता है। लेकिन जो बच्चे हमेशा फर्ज़ अदा करने के लिए तैयार रहने वाले मां-बाप को जलील करते हैं, वे कृतघ्न समझे जायेंगे और मां-बाप के मुकाबले खुद का ज्यादा नुकसान करेंगे। यही बात पति और पत्नी के बारे में भी कही जा सकती है। अगर यह सादा और सब पर लागू होने वाला कायदा मालिकों और मज़दूरों, ज़मींदारों और किसानों, राजाओं और रैयत, या हिन्दू और मुसलमानों पर लगाया जाय, तो हम देखेंगे कि जीवन के हर क्षेत्र में अच्छे-से-अच्छे सम्बन्ध कायम किये जा सकते हैं। और ऐसा करने से न तो हिन्दुस्तान या दुनिया के दूसरे हिस्सों की तरह सामाजिक जीवन या व्यापार में किसी तरह की रुकावट आयेगी और न गड़बड़ी पैदा होगी।

अगर हर आदमी हकों पर ज़ोर देने के बजाय अपना फर्ज़ अदा करे, तो मनुष्य-जाति में जल्दी ही व्यवस्था और अमन का राज्य कायम हो जाय।

मैं जिसे सत्याग्रह कहता हूं वह नियम अपने-अपने फर्ज़ों और उनके पालन से अपने-आप प्रकट होने वाले हकों के सिद्धांतों को बराबर समझ लेने का नतीजा है।

एक हिन्दू का अपने मुसलमान पड़ोसी के प्रति क्या फर्ज़ होना चाहिये ? उसे चाहिये कि वह एक मनुष्य के नाते उससे दोस्ती करे और उसके सुख-दुःख में हाथ बंटाकर मुसीबत में उसकी मदद करे। तब उसे अपने मुसलमान पड़ोसी से ऐसे ही बरताव की आशा रखने का हक प्राप्त होगा। और शायद मुसलमान भी उसके साथ वैसा ही बरताव करे जिसकी उसे उम्मीद हो। मान लीजिये कि किसी गांव में हिन्दुओं की तादाद बहुत ज्यादा है और मुसलमान वहां इने-गिने ही हैं, तो उस ज्यादा तादाद वाली जाति की अपने थोड़े से मुसलमान पड़ोसियों की तरफ की ज़िम्मेदारी कई गुनी बढ़ जाती है। यहां तक कि उन्हें मुसलमानों को यह महसूस करने का मौका भी न देना चाहिये कि उनके धर्म के भेद की वजह से हिन्दू उनके साथ अलग किस्म का बरताव करते हैं। तभी, इससे पहले नहीं, हिन्दू यह हक हासिल कर सकेंगे कि मुसलमान उनके सच्चे दोस्त बन जायें और खतरे के समय दोनों कौमें एक होकर काम करें। लेकिन मान लीजिये कि वे थोड़े से मुसलमान ज्यादा तादाद वाले हिन्दुओं के अच्छे बरताव के बावजूद उनसे अच्छा बरताव नहीं करते और हर बात में लड़ने के लिए तैयार हो जाते हैं, तो यह उनकी कायरता होगी। तब उन ज्यादा तादाद वाले हिन्दुओं का क्या फर्ज़ होगा ? बेशक, बहुमत की अपनी दानवी शक्ति से उन पर काबू पाना नहीं। यह तो बिना हासिल किये हुए हक को ज़बरदस्ती छीनना होगा। उनका फर्ज़ यह होगा कि वे मुसलमानों के अमानुषिक बरताव को उसी तरह रोकें, जिस तरह वे अपने सगे भाइयों के ऐसे बरताव को राकेंगे। इस उदाहरण को और ज्यादा बढ़ाना मैं ज़रूरी नहीं समझता। इतना कहकर मैं अपनी बात पूरी करता हूं कि जब हिन्दुओं की जगह मुसलमान बहुमत में हों और हिन्दू सिर्फ इने-गिने हों, तब भी बहुमत वालों को ठीक इसी तरह का बरताव करना चाहिये। जो कुछ मैंने कहा है उसका मौजूदा हालत में हर जगह उपयोग करके फायदा उठाया जा सकता है। मौजूदा हालत घबड़ाहट पैदा करने वाली बन गई है, क्योंकि लोग अपने बरताव में इस सिद्धांत पर अमल नहीं करते कि कोई फर्ज़ पूरी तरह अदा करने के बाद ही हमें उससे सम्बन्ध रखने वाला हक हासिल होता है।

यही नियम राजाओं और रैयत पर भी लागू होता है। राजाओं का फर्ज़ है कि वे रिआया के सच्चे सेवकों की तरह काम करें। वे किसी बाहरी सत्ता के दिये हुए हकों के बल पर राज्य नहीं करेंगे और तलवार के ज़ोर से तो कभी नहीं। वे सेवा से हासिल किये गये हक से और खुद को मिली हुई विशेष बुद्धि के हक से राज्य

करेंगे। तब उन्हें खुशी से दिये जाने वाले टैक्स वसूल करने का और उतनी ही राज़ी-खुशी से की जाने वाली कुछ सेवायें लेने का हक हासिल होगा। और यह टैक्स वे अपने लिए नहीं बल्कि अपने आश्रय में रहने वाली प्रजा के लिए वसूल करेंगे। अगर राजा लोग इस सादे और बुनियादी फर्ज़ को अदा करने में असफल रहते हैं, तो प्रजा के उनके प्रति रहने वाले सारे फर्ज़ ही खतम नहीं हो जाते, बल्कि प्रजा का यह फर्ज़ हो जाता है कि वह राजाओं की मनमानी चालों का मुकाबला करे। दूसरे शब्दों में यों कहा जा सकता है कि प्रजा राजाओं के बुरे शासन या मनमानी का मुकाबला करने का हक हासिल कर लेती है। अगर हमारा मुकाबला हत्या, बरबादी और लूट-मार का रूप ले ले, तो फर्ज़ के नाते यह कहा जायेगा कि वह मुकाबला मनुष्य-जाति के खिलाफ एक गुनाह बन जाता है। जो शक्ति कुदरती तौर पर फर्ज़ को अदा करने से पैदा होती है, वह सत्याग्रह से पैदा होने वाली और किसी से न जीती जा सकने वाली अहिंसक शक्ति होती है।[1]

12

बेकारी का सवाल

जब तक एक भी सशक्त आदमी ऐसा हो जिसे काम न मिलता हो या भोजन न मिलता हो, तब तक हमें आराम करने या भरपेट भोजन करने में शर्म महसूस होनी चाहिये।[1]

ऐसे देश की कल्पना कीजिये जहां लोग प्रतिदिन औसतन पांच ही घंटे काम करते हों और वह भी स्वेच्छा से नहीं बल्कि परिस्थितियों की लाचारी के कारण; बस, आपको भारत की सही तस्वीर मिल जायेगी। यदि पाठक इस तस्वीर को देखना चाहता हो तो उसे अपने मन से शहरी जीवन में पायी जाने वाली व्यस्त दौड़धूप को, या कारखानों के मज़दूरों की शरीर को चूर कर देने वाली थकावट को या चाय-बागानों में दिखाई पड़ने वाली गुलामी को दूर कर देना चाहिये। ये तो भारत की आबादी के समुद्र की कुछ बूंदें ही हैं। अगर उसे कंकाल-मात्र रह गये भूखे भारतीयों की तस्वीर देखना हो, तो उसे उस अस्सी प्रतिशत आबादी की बात सोचना चाहिये, जो अपने खेतों में काम करती है, जिसके पास साल में करीब चार महीने तक

जब तक एक भी सशक्त आदमी ऐसा हो जिसे काम न मिलता हो या भोजन न मिलता हो, तब तक हमें आराम करने या भरपेट भोजन करने में शर्म महसूस होनी चाहिये।

कोई धंधा नहीं होता और इसलिए जो लगभग भुखमरी की ज़िन्दगी जीती है। यह उसकी सामान्य स्थिति है। इस विवश बेकारी में बार-बार पड़ने वाले अकाल काफी बड़ी वृद्धि करते हैं।[2]

हमारी औसत आयु इतनी कम है कि सोचकर दु:ख होता है। इसी तरह हम दिन-दिन अधिकाधिक गरीब होते जा रहे हैं। इसका कारण यह है कि हमने अपने सात लाख गांवों की उपेक्षा की है। उनका खयाल नहीं रखा। उनसे जितने पैसे मिल सकें उतने लेने की हम कोशिश करते हैं, उन्हें कंगाल करके हम स्वयं कंगाल हो रहे हैं। यह हिन्दुस्तान पहले सुवर्ण-भूमि कहलाता था। यह किसकी बदौलत कंगाल हुआ? हमारी ही बदौलत। हमारे पास तमाम ऐश-आराम की चीज़ें हैं। मोटरें हैं, सोने को गद्दे हैं और अन्य सुविधायें हैं; परन्तु सच पूछा जाय तो हमको इनमें से एक भी चीज़ का अधिकार नहीं है।

हिन्दुस्तान की सभ्यता पश्चिम की सभ्यता से निराली है। जहां ज़मीन ज्यादा हो और लोग कम, और जहां ज़मीन कम हो और लोग ज्यादा, उसमें तो फर्क होना ही चाहिये। मशीनें या कलें उन अमेरिका वालों के लिए ज़रूरी होंगी ही जहां लोग कम और काम ज्यादा है। किन्तु हिन्दुस्तान में जहां एक काम के लिए अनेक लोग खाली हैं, मशीनरी की ज़रूरत नहीं और न इस प्रकार भूखों मरकर समय बचाना ही ठीक है। यदि हम खाना भी यंत्र द्वारा खायें तो मैं समझता हूं कि आप कभी वह पसन्द न करेंगे। इसीलिए हमें उस खाली या बेकार जनता का उपयोग कर लेना चाहिये। हिन्दुस्तान की आबादी इतनी बढ़ गई है कि उसके भरण-पोषण के लिए उसकी ज़मीन बहुत कम है, ऐसा बहुत से अर्थशास्त्रज्ञ कहते हैं। पर मैं इसे नहीं मानता। हम यदि उद्योग करें तो दूना पैदा कर सकते हैं। इसमें मुझे पूरा विश्वास है। यह हमारे सोचने की बात है कि हम सच्चा उद्योग करें और देहातियों के साथ सम्पर्क बढ़ावें और उनके सच्चे सेवक बन जायं, तो मुझे पूर्ण विश्वास है कि हम हिन्दुस्तान के छोटे-छोटे उद्योगों से करोड़ों रुपये का धन पैदा कर सकते हैं। उसमें पैसे की भी विशेष आवश्यकता नहीं, ज़रूरत है लोगों की, मेहनत की। यदि हम विचारशील जीवन रखें, तो हमारा बड़ा फायदा हो सकता है।

हम लोग जो आटा खाते हैं वह आटा नहीं, ज़हर खाते हैं। हमारे लिए आस्ट्रेलिया से खाने को आटा आता है, वह तो ज़हर ही है। ऐसा मैं नहीं कहता, आपके डॉक्टर लोग कहते हैं। यहां हम अमृत को भी ज़हर बनाकर खाते हैं। जो आटा हम कल से पिसाकर खाते हैं, उसका सब द्रव्य निकल जाता है और हम नि:सत्त्व भोजन खाते हैं। इससे हम दिनोंदिन क्षीण हो रहे हैं। आटा तो रोज़ घर की चक्की में पीसकर ताज़ा खाना चाहिये। मनों आटा पीसकर नहीं रख छोड़ना

चाहिये। क्योंकि कुछ दिन के बाद वह दूषित हो जाता है। इस प्रकार घर में आटा पीस लेने से दो फायदे हैं। पहला तो शुद्ध, शक्तियुक्त भोजन खाने को मिलता है, जिससे हम दीर्घजीवी हो सकते हैं; और दूसरे, उस बहाने हमारी बहिनों का, जो निकम्मी-सी हो गई हैं, व्यायाम हो जायेगा, जिससे वे भी स्वास्थ्य-लाभ कर सकेंगी। यदि इतना पैसा जिसे हम कल में पिसवाने के लिए देते हैं बचता रहे, तो सब मिलाकर देश का कितना फायदा हो सकता है? इससे तो आम के आम और गुठली के दाम भी मिल जाते हैं। हमारी इससे कितनी बचत हो सकती है? धन भी बचे और स्वास्थ्य-लाभ भी हो। यह अर्थशास्त्र की बात नहीं, अनुभव की बात है।

इसी प्रकार चावल के साथ भी हम अत्याचार करते हैं। आज मैं यह दुःख की बात सुनता हूं। चावल की भूसी कलों द्वारा न निकलवानी चाहिये। उससे चावल का पोषक द्रव्य नष्ट हो जाता है। उसे तो घर में ही हाथों से कूटकर साफ करना चाहिये। यही बात तेल और गुड़ के लिए है। हमें शक्कर का प्रयोग न करके गुड़ खाना चाहिए। गुड़ की ललाई ही खून को बढ़ाती है, शक्कर की सफेदी नहीं। वह तो ज़हर है। लेकिन आजकल तो शुद्ध गुड़ भी नहीं मिलता। उसे हमें स्वयं तैयार करना चाहिये। इससे भी दूना लाभ होगा। शहद-जैसी कीमती चीज़ भी इसी प्रकार पैदा की जा सकती है। अभी तो शहद इतना कीमती है कि या तो बड़े-बड़े लोग उसे काम में ला सकते हैं या वैद्यराज अपनी गोलियां बनाने में, सर्वसाधारण नहीं।

शहद भी मधुमक्खियों को पालकर पैदा किया जा सकता है। हमें गुड़ और शहद के लिए देखना होगा कि वह सफाई से बनाया और निकाला जाय। इन छोटे-छोटे उद्योगों से आगे बढ़ें तो हमारा जीवन ही कलामय हो जाय और हम करोड़ों रुपया पैदा कर सकें। हम आरोग्यशास्त्र भी नहीं जानते। इससे तो हमें स्वयं ही आरोग्यशास्त्र का सामान्य ज्ञान हो सकता है। मल भी अशुद्ध नहीं है। उससे भी हम सोना बना सकते हैं, अर्थात् अच्छी खाद बनाने के उपयोग में वह आ सकता है। उसका प्रयोग न करके हम उसका दुरुपयोग करते हैं और बाहर दरिया वगैरा में फेंककर अनेक रोग पैदा करते हैं, जो हमारे प्राण-घातक हैं।

संक्षेप में मेरा यही निवेदन है कि मैंने आपका ध्यान इधर खींचने की कोशिश की है। यदि आप इससे लाभ न उठावें तो मैं लाचार हूं। आप इन छोटी-छोटी बातों से बहुत कुछ कर सकते हैं, लेकिन एक शर्त है कि इन्हें चन्द लोग करें और बाकी उन पर निर्भर रहें तो वे अवश्य भूखे मरेंगे। किन्तु यदि सब मिलकर करेंगे तो करोड़ों रुपये का फायदा हो सकता है, ऐसा मेरा पूर्ण विश्वास है। सबको अपना हिस्सा देना चाहिये। यह बात उद्यमशील के लिए है, अनुद्यमी

के लिए नहीं। मैं उम्मीद करता हूं कि आप लोग इस पर अवश्य विचार करके इसे अमल में लायेंगे।[3]

[इन्दौर की एक आम सभा में दिये गये मूल हिन्दी भाषण से संक्षिप्त अंश।]

एक तरह से देखें तो हमारे देश में बेकारी का सवाल उतना कठिन नहीं है जितना दूसरे देशों में है। इस सवाल का लोगों की रहन-सहन के तरीके से घनिष्ठ सम्बन्ध है। पश्चिम के बेकार मजदूरों को गरम कपड़ा चाहिये, दूसरे लोगों की ही तरह जूते और मोजे चाहिये, गरम घर चाहिये और ठंडी आबहवा में आवश्यक अन्य अनेक वस्तुएं चाहिये। हमें इन सब चीजों की जरूरत नहीं है। अपने देश में जो भयानक गरीबी और बेकारी है, उसे देखकर मुझे रोना आता है। लेकिन मुझे स्वीकार करना चाहिये कि इस स्थिति के लिए हमारी अपनी उपेक्षा और अज्ञान ही जिम्मेदार हैं। शारीरिक-श्रम करने में जो गौरव है उसे हम नहीं जानते। उदाहरण के लिए, मोची जूते बनाने के सिवा कोई दूसरा काम नहीं करता; वह ऐसा समझता है कि दूसरे काम उसकी प्रतिष्ठा के अनुकूल नहीं हैं। यह गलत खयाल दूर होना चाहिये। उन सब लोगों के लिए, जो अपने हाथों और पांवों से ईमानदारी के साथ मेहनत करना चाहते हैं, हिन्दुस्तान में काफी धंधा है। ईश्वर ने हर एक को काम करने की और अपनी रोज की रोटी से ज्यादा कमाने की क्षमता दी है। और जो भी इस क्षमता का उपयोग करने के लिए तैयार हो, उसे काम अवश्य मिल सकता है। ईमान की कमाई करने की इच्छा रखने वाले को चाहिये कि वह किसी भी काम को नीचा न माने। जरूरत इस बात की है कि ईश्वर ने हमें जो हाथ-पांव दिये हैं, उनका उपयोग करने के लिए हम तैयार रहें।[4]

मैं मानता हूं कि मेहनत-मजदूरी करके अपनी जीविका कमाने वालों के लिए विविध धंधों के पर्याप्त ज्ञान की वही कीमत है, जो कि पैसे की पूंजीपति के लिए है। मजदूर का कौशल ही उसकी ऊंची पूंजी है। जिस तरह पूंजीपति अपनी पूंजी को मजदूरों के सहयोग के बिना फलप्रद नहीं बना सकता, उसी तरह मजदूर भी अपनी मेहनत को पूंजी के सहयोग के बिना फलप्रद नहीं बना सकते। और मजदूरों तथा पूंजीवालों, दोनों की बुद्धि का विकास समान रूप से हुआ हो और दोनों को एक-दूसरे से न्यायोचित व्यवहार हासिल करने की अपनी क्षमता में विश्वास हो, तो वे एक-दूसरे को किसी समान कार्य में लगे हुए समान दरजे के सहकारी मानना सीखेंगे, और एक-दूसरे का वैसा ही आदर करने लगेंगे। जरूरत इस बात की है कि वे एक-दूसरे को अपना ऐसा विरोधी समझना बन्द कर दें, जिनमें मेल कभी हो ही नहीं सकता। कठिनाई यह है कि आज पूंजी वालों में तो संघटन है और ऐसा भी मालूम होता है कि उन्होंने अपने पैर मजबूती से जमा रखे हैं; लेकिन मजदूरों का ऐसा नहीं है। इसके सिवा मजदूर अपने जड़

और यांत्रिक व्यवसाय से भी जकड़ा हुआ है। इस व्यवसाय के कारण उसे अपनी बुद्धि का विकास करने के लिए मौका ही नहीं मिलता। इसीलिए वह अपनी स्थिति की शक्ति को और उसके गौरव को पूरी तरह समझने में असमर्थ रहा है। उसे यह मानना सिखाया गया है कि उसका वेतन तो पूंजी वाले ही तय करेंगे; उसके सम्बन्ध में वह खुद अपनी कोई मांग नहीं कर सकता। उपाय यह है कि वे सही ढंग से अपना संघटन करें, अपनी बुद्धि का विकास करें और एक से अधिक धंधों में निपुणता प्राप्त करें। ज्यों ही वे ऐसा करेंगे त्यों ही वे अपना सिर ऊंचा रखकर चलने में समर्थ हो जायेंगे और अपनी जीविका के बारे में फिर उन्हें डरने की कोई आवश्यकता नहीं रहेगी।[5]

13

दरिद्र-नारायण

मनुष्य-जाति ईश्वर को—जो वैसे नामहीन है और मनुष्य की बुद्धि की पहुंच के परे है—जिन अनन्त नामों से पहचानती है, उनमें से एक नाम दरिद्र-नारायण है; उसका अर्थ है गरीबों का या गरीबों के हृदय में प्रकट होने वाला ईश्वर।[1]

> *गरीबों के लिए रोटी ही अध्यात्म है।*

गरीबों के लिए रोटी ही अध्यात्म है। भूख से पीड़ित उन लाखों-करोड़ों लोगों पर किसी और चीज का प्रभाव पड़ ही नहीं सकता। कोई दूसरी बात उनके हृदयों को छू ही नहीं सकती। लेकिन उनके पास आप रोटी लेकर जाइये और वे आपको ही भगवान की तरह पूजेंगे। रोटी के सिवा उन्हें और कुछ सूझ ही नहीं सकता।[2]

अपने इन्हीं हाथों से मैंने गरीबों के फटे-पुराने कपड़ों की गांठों में मजबूती से बंधे हुए मटमैले पैसे इकट्ठे किये हैं। उनसे आधुनिक प्रगति की बातें न कीजिये। उनके सामने व्यर्थ ही ईश्वर का नाम लेकर उनका अपमान मत कीजिये। हम उनसे ईश्वर की बात करेंगे, तो वे आपको और मुझे राक्षस बतायेंगे। अगर वे किसी ईश्वर को पहिचानते हैं, तो उसके बारे में उनकी कल्पना यही हो सकती है कि वह लोगों को आतंकित करने वाला, दण्ड देने वाला, एक निर्दय अत्याचारी है।[3]

भूखा रहकर आत्महत्या करने की इच्छा का संवरण मैं अपने इसी विश्वास के कारण कर पाया हूं कि भारत जागेगा और यह कि उसमें इस विनाशकारी गरीबी से अपना उद्धार कर सकने की सामर्थ्य है। यदि इस सम्भावना में मेरा विश्वास न हो, तो मुझे जीने में कोई दिलचस्पी न रहे।[4]

मेरी उनके पास ईश्वर का सन्देश ले जाने की हिम्मत नहीं होती। मैं उन करोड़ों भूखों के सामने, जिनकी आंखों में तेज नहीं और जिनका ईश्वर उनकी रोटी ही है, ईश्वर का नाम लूं, तो फिर वहां खड़े उस कुत्ते के सामने भी ले सकता हूं। उनके पास ईश्वर का सन्देश ले जाना हो, तो यह काम मैं उनके पास पवित्र परिश्रम का सन्देश ले जाकर ही कर सकता हूं। हम यहां बढ़िया नाश्ता उड़ा कर बैठे हों और उससे भी बढ़िया भोजन की आशा रखते हों, तब ईश्वर की बात करना हमें भला मालूम होता है। लेकिन जिन लाखों लोगों को दो जून खाने को भी नसीब नहीं होता, उनसे मैं ईश्वर की बात कैसे कहूं? उनके सामने तो ईश्वर रोटी और मक्खन के रूप में ही प्रकट हो सकता है। भारत के किसानों को रोटी अपनी जमीन से मिल रही थी। मैंने उन्हें चरखा दिया, ताकि उन्हें थोड़ा मक्खन भी मिल सके। अगर आज यहां मैं लंगोटी पहिनकर आया हूं, तो इसका कारण यही है कि मैं उन लाखों आधे भूखे, आधे नंगे और मूक मानव-प्राणियों का एकमात्र प्रतिनिधि बनकर आया हूं।[5]

हमारे लाखों मूक देशवासियों के हृदयों में जो ईश्वर निवास करता है, उसके सिवा मैं किसी दूसरे ईश्वर को नहीं जानता। वे उसकी उपस्थिति का अनुभव नहीं करते; मैं करता हूं। और मैं सत्यरूप ईश्वर या ईश्वर रूप सत्य की पूजा इन मूक देशवासियों की सेवा के द्वारा ही करता हूं।[6]

रोज की जरूरत जितना ही रोज पैदा करने का ईश्वर का नियम हम नहीं जानते, या जानते हुए भी उसे पालते नहीं। इसलिए जगत में असमानता और उसमें से पैदा होने वाले दुःख हम भुगतते हैं। अमीर के यहां उसको न चाहिये वैसी चीजें भरी पड़ी होती हैं, वे लापरवाही से खो जाती हैं, बिगड़ जाती हैं; जब कि इन्हीं चीजों की कमी के कारण करोड़ों लोग भटकते हैं, भूखों मरते हैं, ठंड से ठिठुर जाते हैं। सब अगर अपनी जरूरत की चीजों का ही संग्रह करें, तो किसी को तंगी महसूस न हो और सबको संतोष हो। आज तो दोनों (तंगी) महसूस करते हैं। करोड़पति अरबपति होना चाहता है, फिर भी उसको संतोष नहीं होता। कंगाल करोड़पति होना चाहता है; कंगाल को भरपेट ही मिलने से संतोष होता हो ऐसा नहीं देखा जाता। फिर भी उसे भरपेट पाने का हक है, और उसे उतना पाने वाला बनाना समाज का फर्ज है। इसलिए उसके (गरीब के) और अपने संतोष के

> *सही सुधार, सच्ची सभ्यता का लक्षण परिग्रह बढ़ाना नहीं है, बल्कि सोच-समझकर और अपनी इच्छा से उसे कम करना है। ज्यों-ज्यों हम परिग्रह घटाते जाते हैं त्यों-त्यों सच्चा सुख और सच्चा संतोष बढ़ता जाता है, सेवा की शक्ति बढ़ती जाती है।*

खातिर अमीर को पहल करनी चाहिये। अगर वह अपना बहुत ज्यादा परिग्रह छोड़े, तो कंगाल को अपनी जरूरत का आसानी से मिल जाय और दोनों पक्ष संतोष का सबक सीखें।[7]

सही सुधार, सच्ची सभ्यता का लक्षण परिग्रह बढ़ाना नहीं है, बल्कि सोच-समझकर और अपनी इच्छा से उसे कम करना है। ज्यों-ज्यों हम परिग्रह घटाते जाते हैं त्यों-त्यों सच्चा सुख और सच्चा संतोष बढ़ता जाता है, सेवा की शक्ति बढ़ती जाती है। अभ्यास से, आदत डालने से आदमी अपनी हाजतें घटा सकता है; और ज्यों-ज्यों उन्हें घटाता जाता है त्यों-त्यों वह सुखी, शांत और सब तरह से तन्दुरुस्त होता जाता है।[8]

सुनहला नियम तो...यह है कि जो चीज लाखों लोगों को नहीं मिल सकती, उसे लेने से हम भी दृढ़तापूर्वक इनकार कर दें। त्याग की यह शक्ति हमें कहीं से एकाएक नहीं मिल जायेगी। पहले तो हमें ऐसी मनोवृत्ति पैदा करनी चाहिये कि हमें उन सुख-सुविधाओं का उपयोग नहीं करना है, जिनसे लाखों लोग वंचित हैं। और उसके बाद तुरन्त ही अपनी इस मनोवृत्ति के अनुसार हमें शीघ्रतापूर्वक अपना जीवन बदलने में लग जाना चाहिये।[9]

ईसा, मुहम्मद, बुद्ध, नानक, कबीर, चैतन्य, शंकर, दयानन्द, रामकृष्ण आदि ऐसे व्यक्ति थे, जिनका हजारों-लाखों लोगों पर गहरा प्रभाव पड़ा और जिन्होंने उनके चरित्र का निर्माण किया। वे दुनिया में आये तो उससे दुनिया समृद्ध हुई है। और वे सब ऐसे व्यक्ति थे जिन्होंने गरीबी को जान-बूझकर अपनाया।[10]

14

शरीर-श्रम

महान प्रकृति की इच्छा तो यही है कि हम अपनी रोटी पसीना बहाकर कमायें। इसलिए जो आदमी अपना एक मिनट भी बेकारी में बिताता है, वह उस हद तक अपने पड़ोसियों पर बोझ बनता है। और ऐसा करना अहिंसा के बिलकुल पहले ही नियम का उल्लंघन करना है।... अहिंसा यदि अपने पड़ोसी के हित का खयाल रखना न हो, तब तो उसका कोई अर्थ ही न रहे। आलसी आदमी अहिंसा की इस प्रारंभिक कसौटी में ही खोटा सिद्ध होता है।[1]

अगर यों किसी-न-किसी रूप में अंगों की कसरत राजा-रंक सबको करनी ही पड़ती है, तो रोटी पैदा करने की कसरत ही सब क्यों न करें?

रोटी के लिए हर एक मनुष्य को मजदूरी करना चाहिये, शरीर को (कमर को) झुकाना चाहिये, यह ईश्वर का कानून है। यह मूल खोज टॉल्स्टॉय की नहीं है, लेकिन उससे बहुत कम मशहूर रशियन लेखक टी.एम. बोन्दरेव्ह की है। टॉल्स्टॉय ने उसे रोशन किया और अपनाया। इसकी झांकी मेरी आंखें भगवद्गीता के तीसरे अध्याय में करती हैं। यज्ञ किये बिना जो खाता है वह चोरी का अन्न खाता है, ऐसा कठिन शाप यज्ञ नहीं करने वाले को दिया गया है। यहां यज्ञ का अर्थ जात-मेहनत या रोटी-मजदूरी ही शोभता है और मेरी राय में यही मुमकिन है।

जो भी हो, हमारे इस व्रत का जन्म इस तरह हुआ है। बुद्धि भी उस चीज की ओर हमें ले जाती है। जो मजदूरी नहीं करता उसे खाने का क्या हक है? बाइबल कहती है : 'अपनी रोटी तू अपना पसीना बहाकर कमा और खा।' करोड़पति भी अगर अपने पलंग पर लोटता रहे और उसके मुंह में कोई खाना डाले तब खाये, तो वह ज्यादा देर तक खा नहीं सकेगा, इसमें उसको मज़ा भी नहीं आयेगा। इसलिए वह कसरत वगैरा करके भूख पैदा करता है और खाता तो है अपने ही हाथ-मुंह हिलाकर। अगर यों किसी-न-किसी रूप में अंगों की कसरत राजा-रंक सबको करनी ही पड़ती है, तो रोटी पैदा करने की कसरत ही सब क्यों न करें? यह सवाल कुदरती तौर पर उठता है। किसान को हवाखोरी या कसरत करने के लिए कोई कहता नहीं है और दुनिया के 90 फीसदी से भी ज्यादा लोगों का निर्वाह खेती पर होता है। बाकी के दस फीसदी लोग अगर इनकी नकल करें, तो जगत में कितना सुख, कितनी शांति और कितनी तन्दुरुस्ती फैल जाये? और अगर खेती के साथ बुद्धि भी मिले, तो खेती से सम्बन्ध रखने वाली बहुत-सी मुसीबतें आसानी से दूर हो जायेंगी। फिर, अगर इस जात-मेहनत के निरपवाद कानून को सब मानें तो तो ऊंच-नीच का भेद मिट जाय।

> *अधिकारों की उत्पत्ति का सच्चा स्रोत कर्त्तव्यों का पालन है। यदि हम सब अपने कर्त्तव्यों का पालन करें, तो अधिकारों को ज्यादा ढूंढ़ने की जरूरत नहीं रहेगी।*

आज तो जहां ऊंच-नीच की गंध भी नहीं थी वहां यानी वर्ण-व्यवस्था में भी वह घुस गई है। मालिक-मजदूर का भेद आम और स्थायी हो गया है और गरीब धनवान से जलता है। अगर सब रोटी के लिए मजदूरी करें, तो ऊंच-नीच का भेद न रहे; और फिर भी धनिक वर्ग रहेगा तो वह खुद को मालिक नहीं बल्कि उस धन का रखवाला या ट्रस्टी मानेगा और उसका ज्यादातर उपयोग सिर्फ लोगों की सेवा के लिए ही करेगा।

जिसे अहिंसा का पालन करना है, सत्य की भक्ति करनी है, ब्रह्मचर्य को

कुदरती बनाना है, उसके लिए तो जात-मेहनत रामबाण-सी हो जाती है। यह मेहनत सचमुच तो खेती में ही है। लेकिन सब खेती नहीं कर सकते, ऐसी आज तो हालत है ही। इसलिए खेती के आदर्श को खयाल में रखकर खेती के एवज में आदमी भले-दूसरी मजदूरी करे—जैसे कताई, बुनाई, बढ़ईगिरी, लुहारी वगैरा-वगैरा। सबको खुद के भंगी तो बनना ही चाहिये। जो खाता है वह टट्टी तो फिरेगा ही। इसलिए जो टट्टी फिरता है वही अपनी टट्टी जमीन में गाड़ दे यह उत्तम रिवाज है। अगर यह नहीं ही हो सके तो प्रत्येक कुटुम्ब अपना यह फर्ज अदा करे।

जिस समाज में भंगी का अलग पेशा माना गया है, उसमें कोई बड़ा दोष पैठ गया है, ऐसा मुझे तो बरसों से लगता रहा है। इस जरूरी और तन्दुरुस्ती बढ़ाने वाले (आरोग्य-पोषक) काम को सबसे नीचा काम पहले-पहल किसने माना, इसका इतिहास हमारे पास नहीं है। जिसने माना उसने हम पर उपकार तो नहीं ही किया। हम सब भंगी हैं यह भावना हमारे मन में बचपन से ही जम जानी चाहिये; और उसका सबसे आसान तरीका यह है कि जो समझ गये हैं वे जात-मेहनत का आरम्भ पाखाना-सफाई से करें। जो समझ-बूझकर, ज्ञानपूर्वक यह करेगा, वह उसी क्षण से धर्म को निराले ढंग से और सही तरीके से समझने लगेगा।[2]

अधिकारों की उत्पत्ति का सच्चा स्रोत कर्तव्यों का पालन है। यदि हम सब अपने कर्तव्यों का पालन करें, तो अधिकारों को ज्यादा ढूंढ़ने की जरूरत नहीं रहेगी। लेकिन यदि हम कर्तव्यों को पूरा किये बिना अधिकारों के पीछे दौड़ें, तो वह मृग-मरीचिका के पीछे पड़ने जैसा ही व्यर्थ सिद्ध होगा। जितने हम उनके पीछे जायेंगे उतने ही वे हमसे दूर हटते जायेंगे। यही शिक्षा श्रीकृष्ण ने इन अमर शब्दों में दी है : 'तुम्हारा अधिकार कर्म में ही है, फल में कदापि नहीं।' यहां कर्म कर्त्तव्य है और फल अधिकार।[3]

जीवन की आवश्यकताओं को पाने का हर एक आदमी को समान अधिकार है। यह अधिकार तो पशुओं और पक्षियों को भी है। और चूंकि प्रत्येक अधिकार के साथ एक सम्बन्धित कर्त्तव्य जुड़ा हुआ है और उस अधिकार पर कहीं से कोई आक्रमण हो तो उसका वैसा ही इलाज भी है, इसलिए हमारी समस्या का रूप यह है कि हम उस प्रारम्भिक बुनियादी समानता को सिद्ध करने के लिए उस समानता के अधिकार से जुड़े हुए कर्त्तव्य और इलाज ढूंढ़ निकालें। वह कर्तव्य यह है कि हम अपने हाथ-पांव से मेहनत करें और वह इलाज यह है कि जो हमें हमारी मेहनत के फल से वंचित करे उसके साथ हम असहयोग करें।[4]

यदि सब लोग अपने ही परिश्रम की कमाई खावें तो दुनिया में अन्न की कमी न रहे, और सबको अवकाश का काफी समय भी मिले। न तब किसी को जनसंख्या की वृद्धि की शिकायत रहे, न कोई बीमारी आवे, और न मनुष्य को

कोई कष्ट या क्लेश ही सतावे। वह श्रम उच्च-से-उच्च प्रकार का यज्ञ होगा। इसमें संदेह नहीं कि मनुष्य अपने शरीर या बुद्धि के द्वारा और भी अनेक काम करेंगे, पर उनका वह सब श्रम लोक-कल्याण के लिए प्रेम का श्रम होगा। उस अवस्था में न कोई राजा होगा, न कोई रंक; न कोई ऊंच होगा, और न कोई नीच; न कोई स्पृश्य रहेगा, न कोई अस्पृश्य।

भले ही वह एक अलभ्य आदर्श हो, पर इस कारण हमें अपना प्रयत्न बन्द कर देने की जरूरत नहीं। यज्ञ के सम्पूर्ण नियम को अर्थात् अपने 'जीवन के नियम' को पूरा किये बिना भी अगर हम अपने नित्य के निर्वाह के लिए पर्याप्त शारीरिक श्रम करेंगे, तो उस आदर्श के बहुत कुछ निकट तो हम पहुंच ही जायेंगे।

यदि हम ऐसा करेंगे तो हमारी आवश्यकतायें बहुत कम हो जायेंगी। और हमारा भोजन भी सादा बन जायेगा। तब हम जीने के लिए खायेंगे, न कि खाने के लिए जियेंगे। इस बात की यथार्थता में जिसे शंका हो वह अपने परिश्रम की कमाई खाने का प्रयत्न करे। अपने पसीने की कमाई खाने में उसे कुछ और ही स्वाद मिलेगा, उसका स्वास्थ्य भी अच्छा रहेगा, और उसे यह मालूम हो जायेगा कि जो बहुत-सी विलास की चीजें उसने अपने ऊपर लाद रखी थीं वे सब बिलकुल ही फिजूल थीं।[5]

बुद्धिपूर्वक किया हुआ शरीर-श्रम समाज-सेवा का सर्वोत्कृष्ट रूप है।

यहां शरीर-श्रम शब्द के साथ 'बुद्धिपूर्वक किया हुआ' विशेषण यह दिखाने के लिए जोड़ा गया है कि किये हुए शरीर-श्रम के पीछे समाज-सेवा का निश्चित उद्देश्य हो, तभी उसे समाज-सेवा का दरजा मिल सकता है। ऐसा न हो तब तो कहा जायेगा कि हर एक मजदूर समाज-सेवा करता ही है। वैसे, एक अर्थ में यह कथन सही भी है, लेकिन यहां उससे कुछ ज्यादा अभीष्ट है। जो आदमी सब लोगों के सामान्य कल्याण के लिए परिश्रम करता है, वह जरूर समाज की ही सेवा करता है; और उसकी आवश्यकतायें पूरी होनी ही चाहिये। इसलिए ऐसा शरीर-श्रम समाज-सेवा से भिन्न नहीं है।[6]

क्या मनुष्य अपने बौद्धिक श्रम से अपनी आजीविका नहीं कमा सकते? नहीं। शरीर की आवश्यकताएं शरीर द्वारा ही पूरी होनी चाहिये। केवल मानसिक और बौद्धिक श्रम आत्मा के लिए और स्वयं अपने ही संतोष के लिए है। उसका पुरस्कार कभी नहीं मांगा जाना चाहिये। आदर्श राज्य में डॉक्टर, वकील और ऐसे ही दूसरे लोग केवल समाज के लाभ के लिए काम करेंगे; अपने लिए नहीं। शारीरिक श्रम के धर्म का पालन करने से समाज की रचना में एक शांत क्रांति हो जायेगी। मनुष्य की विजय इसमें होगी कि उसने जीवन-संग्राम के बजाय परस्पर

सेवा के संग्राम की स्थापना कर दी। पशु-धर्म के स्थान पर मानव-धर्म कायम हो जायेगा।

देहात में लौट जाने का अर्थ यह है कि शरीर-श्रम के धर्म को उसके तमाम अंगों के साथ हम निश्चित रूप में स्वेच्छापूर्वक स्वीकार करते हैं। परन्तु आलोचक कहते हैं, 'भारत की करोड़ों संतानें आज भी देहात में रहती हैं, फिर भी उन्हें पेट भर भोजन नसीब नहीं होता।' अफसोस के साथ कहना पड़ता है कि यह बिलकुल सच बात है। सौभाग्य से हम जानते हैं कि उनका शरीर-श्रम के धर्म का पालन स्वेच्छापूर्ण नहीं है। उनका बस चले तो वे शरीर-श्रम कभी न करें और नजदीक के शहर में कोई व्यवस्था हो जाय तो वहां दौड़कर चले जायं। मजबूर होकर किसी मालिक की आज्ञा पालना गुलामी की स्थिति है, स्वेच्छा से अपने पिता की आज्ञा मानना पुत्रत्व का गौरव है। इसी प्रकार शरीर-श्रम के नियम का विवश होकर पालन करने से दरिद्रता, रोग और असंतोष उत्पन्न होते हैं। यह दासत्व की दशा है। शरीर-श्रम के नियम का स्वेच्छापूर्वक पालन करने से संतोष और स्वास्थ्य मिलता है। और तन्दुरुस्ती ही असली दौलत है, न कि सोने-चांदी के टुकड़े। ग्रामोद्योग-संघ स्वेच्छापूर्ण शरीर-श्रम का ही एक प्रयोग है।[7]

भिखारियों की समस्या

मेरी अहिंसा किसी ऐसे तन्दुरुस्त आदमी को मुफ्त खाना देने का विचार बरदाश्त नहीं करेगी, जिसने उसके लिए ईमानदारी से कुछ-न-कुछ काम न किया हो; और मेरा वश चले तो जहां मुफ्त भोजन मिलता है, वे सब सदाव्रत मैं बन्द कर दूं। इससे राष्ट्र का पतन हुआ है और सुस्ती, बेकारी, दंभ और अपराधों को भी प्रोत्साहन मिला है। इस प्रकार का अनुचित दान देश के भौतिक या आध्यात्मिक धन की कुछ भी वृद्धि नहीं करता और दाता के मन में पुण्यात्मा होने का झूठा भाव पैदा करता है। क्या ही अच्छी और बुद्धिमानी की बात हो, यदि दानी लोग ऐसी संस्थायें खोलें जहां उनके लिए काम करने वाले स्त्री-पुरुषों को स्वास्थ्यप्रद और स्वच्छ हालत में भोजन दिया जाय। मेरा खुद का तो यह विचार है कि चरखा या उससे सम्बन्धित क्रियाओं में से कोई भी कार्य आदर्श होगा। परन्तु उन्हें यह स्वीकार न हो तो वे कोई भी दूसरा काम चुन सकते हैं। जो भी हो, नियम यह होना चाहिये

मेरी अहिंसा किसी ऐसे तन्दुरुस्त आदमी को मुफ्त खाना देने का विचार बरदाश्त नहीं करेगी, जिसने उसके लिए ईमानदारी से कुछ-न-कुछ काम न किया हो।

कि 'मेहनत नहीं तो खाना भी नहीं।' प्रत्येक शहर के लिए भिखमंगों की अपनी-अपनी अलग कठिन समस्या है, जिसके लिए धनवान जिम्मेदार हैं। मैं जानता हूं कि आलसियों को मुफ्त भोजन करा देना बहुत आसान है, परन्तु ऐसी कोई संस्था संगठित करना बहुत कठिन है जहां किसी को खाना देने से पहले उससे ईमानदारी से काम कराना जरूरी हो। आर्थिक दृष्टि से, कम-से-कम शुरू में, लोगों से काम लेने के बाद उन्हें खाना खिलाने का खर्च मौजूदा मुफ्त के भोजनालयों के खर्च से ज्यादा होगा। लेकिन मुझे पक्का विश्वास है कि यदि हम भूमिति की गति से देश में बढ़ने वाले आवारागर्द लोगों की संख्या नहीं बढ़ाना चाहते, तो अन्त में यह व्यवस्था अधिक सस्ती पड़ेगी।[8]

भीख मांगने को प्रोत्साहन देना बेशक बुरा है, लेकिन मैं किसी भिखारी को काम और भोजन दिये बिना नहीं लौटाऊंगा। हां, वह काम करना मंजूर न करे तो मैं उसे भोजन के बिना ही चला जाने दूंगा। जो लोग शरीर से लाचार हैं, जैसे लंगड़े या विकलांग, उनका पोषण राज्य को करना चाहिये। लेकिन बनावटी या सच्ची अंधता की आड़ में भी काफी धोखा-धड़ी चल रही है। कितने ही ऐसे अंधे हैं जिन्होंने अपनी अंधता का लाभ उठाकर काफी पैसा जमा कर लिया है। वे इस तरह अपनी अंधता का एक अनुचित लाभ उठायें, इसके बजाय यह ज्यादा अच्छा होगा कि उन्हें अपाहिजों की देखभाल करने वाली किसी संस्था में रख दिया जाय।[9]

15

सर्वोदय

हमने देखा कि मनुष्य की वृत्तियां चंचल हैं। उसका मन बेकार की दौड़-धूप किया करता है। उसका शरीर जैसे-जैसे ज्यादा देते जायें वैसे-वैसे ज्यादा मांगता जाता है। ज्यादा लेकर भी वह सुखी नहीं होता। भोग भोगने से भोग की इच्छा बढ़ती जाती है। इसलिए हमारे पुरखों ने भोग की हद बांध दी। बहुत सोचकर उन्होंने देखा कि सुख-दु:ख तो मन के कारण है। अमीर अपनी अमीरी की वजह से सुखी नहीं है, गरीब अपनी गरीबी के कारण दुखी नहीं है। अमीर दुखी देखने में आता है और गरीब सुखी देखने में आता है। करोड़ों लोग तो गरीब ही रहेंगे, ऐसा देखकर पूर्वजों ने भोग की वासना छुड़वाई। हजारों साल पहले जो हल काम में लिया जाता था उससे हमने काम चलाया। हजारों साल पहले जैसे झोंपड़े थे उन्हें हमने कायम रखा। हजारों साल पहले जैसी हमारी शिक्षा थी वही चलती आई। हमने नाशकारक होड़ को जगह नहीं दी। सब अपना-अपना धंधा करते रहे। उसमें उन्होंने दस्तूर

के मुताबिक दाम लिये। ऐसा नहीं था कि हमें यंत्र वगैरा की खोज करना ही नहीं आता था। लेकिन हमारे पूर्वजों ने देखा कि लोग अगर यंत्र वगैरा की झंझट में पड़ेंगे, तो गुलाम ही बनेंगे और अपनी नीति को छोड़ देंगे। उन्होंने सोच-समझकर कहा कि हमें अपने हाथ-पैरों से जो काम हो सके वही करना चाहिये। हाथ-पैरों का इस्तेमाल करने में ही सच्चा सुख है, उसी में तन्दुरुस्ती है।

उन्होंने सोचा कि बड़े शहर कायम करना बेकार की झंझट है। उनमें लोग सुखी नहीं होंगे। उनमें धूर्तों की टोलियां और वेश्याओं की गलियां पैदा होंगी; गरीब अमीरों से लूटे जायेंगे। इसलिए उन्होंने छोटे गांवों से ही संतोष माना।

उन्होंने देखा कि राजाओं और उनकी तलवार की बनिस्बत नीति का बल ज्यादा बलवान है। इसलिए उन्होंने राजाओं को नीतिवान पुरुषों—ऋषियों और फकीरों—से कम दरजे का माना।

ऐसी जिस प्रजा की गठन है, वह प्रजा दूसरों को सिखाने लायक है; वह दूसरों से सीखने लायक नहीं है।

इस राष्ट्र में अदालतें थीं, वकील थे, डॉक्टर-वैद्य थे। लेकिन वे सब ठीक ढंग से नियम के मुताबिक चलते थे। सब जानते थे कि ये धंधे बड़े धंधे नहीं हैं। और वकील, डॉक्टर वगैरा लोगों में लूट नहीं चलाते थे, वे तो लोगों के आश्रित थे। वे लोगों के मालिक बनकर नहीं रहते थे। इन्साफ काफी अच्छा होता था। अदालतों में न जाना लोगों का ध्येय था। उन्हें भरमाने वाले स्वार्थी लोग समाज में नहीं थे। इतनी सड़न भी सिर्फ राजा और राजधानी के आस-पास ही थी। यों आम प्रजा तो उनसे स्वतंत्र रहकर अपने खेतों का मालिकी हक भोगती थी—खेती करके अपना निर्वाह करती थी। उसके पास सच्चा स्वराज्य था।[1]

ऐसी नम्रता—शून्यता—आदत डालने से कैसे आ सकती है? लेकिन व्रतों को सही ढंग से समझने से नम्रता अपने-आप आने लगती है। सत्य का पालन करने की इच्छा रखने वाला अहंकारी कैसे हो सकता है? दूसरे के लिए प्राण न्यौछावर करने वाला अपनी जगह बनाने कहां जाय? उसने तो जब प्राण न्यौछावर करने का निश्चय किया तभी अपनी देह को फेंक दिया। ऐसी नम्रता का मतलब पुरुषार्थ का अभाव तो नहीं है? ऐसा अर्थ हिन्दू धर्म में कर डाला गया है सही। और इसीलिए आलस्य को और पाखंड को बहुतेरे स्थानों पर जगह मिल गई है। सचमुच तो नम्रता के मानी हैं तीव्रतम पुरुषार्थ, सख्त-से-सख्त मेहनत। लेकिन वह सब परमार्थ के लिए होना चाहिये। ईश्वर खुद चौबीसों घण्टे एक सांस से काम करता रहता है, अंगड़ाई लेने तक की फुरसत नहीं लेता। उसके हम हो जायं, उसमें हम मिल जायं, तो हमारा उद्यम उसके जैसा ही अतंद्रित हो जायेगा—होना चाहिये।[2]

भगवान के नाम पर किया गया और उसे समर्पित किया गया कोई भी काम छोटा नहीं है। इस तरह किये गये हर एक छोटे या बड़े काम का समान मूल्य है। कोई भंगी यदि अपना काम भगवान की सेवा की भावना से करता हो तो उसके और उस राजा के काम का, जो अपनी प्रतिभा का उपयोग भगवान के नाम पर और ट्रस्टी की तरह करता है, समान महत्त्व है।[3]

अहिंसा का पुजारी उपयोगितावाद (बड़ी-से-बड़ी संख्या का ज्यादा-से-ज्यादा हित) का समर्थन नहीं कर सकता। वह तो 'सर्वभूत-हिताय' यानी सबके अधिकतम लाभ के लिए ही प्रयत्न करेगा और इस आदर्श की प्राप्ति में मर जायेगा। इस प्रकार वह इसलिए मरना चाहेगा कि दूसरे जी सके। दूसरों के साथ-साथ वह अपनी सेवा भी आप मरकर करेगा। सबके अधिकतम सुख के भीतर अधिकांश का अधिकतम सुख भी मिला हुआ है। और इसलिए अहिंसावादी और उपयोगितावादी अपने रास्ते पर कई बार मिलेंगे। किन्तु अन्त में ऐसा भी अवसर आयेगा, जब उन्हें अलग-अलग रास्ते पकड़ने होंगे और किसी-किसी दशा में एक-दूसरे का विरोध भी करना होगा। तर्कसंगत बने रहने के लिए उपयोगितावादी अपने को कभी बलि नहीं कर सकता। परन्तु अहिंसावादी हमेशा मिट जाने को तैयार रहेगा।[4]

जब तक सेवा की जड़ प्रेम या अहिंसा में न हो तब तक वह सम्भव ही नहीं है। सच्चा प्रेम समुद्र की तरह निस्सीम होता है और हृदय के भीतर ज्वार की तरह उठकर बढ़ते हुए वह बाहर फैल जाता है तथा सीमाओं को पार करके दुनिया के छोरों तक जा पहुंचता है। सेवा के लिए आवश्यक दूसरी चीज है शरीर-श्रम, जिसे गीता में यज्ञ कहा गया है; शरीर-श्रम के बिना भी सेवा असंभव है। सेवा के लिए जब कोई पुरुष या स्त्री शरीर-श्रम करती है, तभी उसे जीने का अधिकार प्राप्त होता है।[5]

> *लक्ष्य की सिद्धि ठीक उतनी ही शुद्ध होती है, जितने हमारे साधन शुद्ध होते हैं। यह बात ऐसी है जिसमें किसी अपवाद की गुंजाइश नहीं है।*

जब तक हम अपना अहंकार भूलकर शून्यता की स्थिति प्राप्त नहीं करते, तब तक हमारे लिए अपने दोषों को जीतना सम्भव नहीं है। ईश्वर पूर्ण आत्म-समर्पण के बिना संतुष्ट नहीं होता। वास्तविक स्वतंत्रता का इतना मूल्य वह अवश्य चाहता है। और जब मनुष्य अपना ऐसा समर्पण कर चुकता है तब तुरन्त ही वह अपने को प्राणिमात्र की सेवा में लीन पाता है। यह सेवा ही तब उसके आनन्द और आमोद का विषय हो जाती है। तब वह एक बिलकुल नया ही आदमी बन जाता है और ईश्वर की इस सृष्टि की सेवा में अपने को खपाते हुए कभी नहीं थकता।[6]

इस सत्य की भक्ति के कारण ही हमारी हस्ती हो। उसी के लिए हमारा हर एक काम, हर एक प्रवृत्ति हो। उसी के लिए हम हर सांस लें। ऐसा करना हम सीखें तो दूसरे सब नियमों के पास भी आसानी से पहुंच सकते हैं; और उनका पालन भी आसान हो जायेगा। सत्य के बगैर किसी भी नियम का शुद्ध पालन नामुमकिन है।[7]

सत्य की खोज करने वाला, अहिंसा बरतने वाला परिग्रह नहीं कर सकता। परमात्मा परिग्रह नहीं करता। अपने लिए जरूरी चीज वह रोज की रोज पैदा करता है। इसलिए अगर हम उस पर पूरा भरोसा रखते हैं, तो हमें समझना चाहिये कि हमारी जरूरत की चीज़ें वह रोज़ाना देता है, और देगा।[8]

साधन और साध्य

लोग कहते हैं, 'आखिर साधन तो साधन ही हैं।' मैं कहूंगा, 'आखिर तो साधन ही सब कुछ हैं।' जैसे साधन होंगे वैसा ही साध्य होगा। साधन और साध्य को अलग करने वाली कोई दीवार नहीं है। वास्तव में सृष्टिकर्ता ने हमें साधनों पर नियंत्रण (और वह भी बहुत सीमित नियंत्रण) दिया है; साध्य पर तो कुछ भी नहीं दिया। लक्ष्य की सिद्धि ठीक उतनी ही शुद्ध होती है, जितने हमारे साधन शुद्ध होते हैं। यह बात ऐसी है जिसमें किसी अपवाद की गुंजाइश नहीं है।[9]

गन्दे साधनों से मिलने वाली चीज भी गन्दी ही होगी।

हिंसा पूर्ण उपायों से लिया गया स्वराज्य भी हिंसा पूर्ण होगा और वह दुनिया के लिए तथा खुद भारत के लिए भय का कारण सिद्ध होगा।[10]

गन्दे साधनों से मिलने वाली चीज भी गन्दी ही होगी। इसलिए राजा को मारकर राजा और प्रजा एक से नहीं बन सकेंगे। मालिक का सिर काटकर मजदूर मालिक नहीं हो सकेंगे। यही बात सब पर लागू की जा सकती है।

कोई असत्य से सत्य को नहीं पा सकता। सत्य को पाने के लिए हमेशा सत्य का आचरण करना ही होगा। अहिंसा और सत्य की तो जोड़ी है न? हरगिज नहीं। सत्य में अहिंसा छिपी हुई है और अहिंसा में सत्य। इसीलिए मैंने कहा है कि सत्य और अहिंसा एक ही सिक्के के दो रुख हैं। दोनों की कीमत एक ही है। केवल पढ़ने में ही फर्क है; एक तरफ अहिंसा है, दूसरी तरफ सत्य। पूरी-पूरी पवित्रता के बिना अहिंसा और सत्य निभ ही नहीं सकते। शरीर या मन की अपवित्रता को छिपाने से असत्य और हिंसा ही पैदा होगी।

इसलिए सत्यवादी, अहिंसक और पवित्र समाजवादी ही दुनिया में या हिन्दुस्तान में समाजवाद फैला सकता है।[11]

16

संरक्षकता का सिद्धांत

फर्ज कीजिये कि विरासत के या उद्योग-व्यवसाय के द्वारा मुझे प्रचुर सम्पत्ति मिल गई। तब मुझे यह जानना चाहिये कि वह सब सम्पत्ति मेरी नहीं है, बल्कि मेरा तो उस पर इतना ही अधिकार है कि जिस तरह दूसरे लाखों आदमी गुजर करते हैं उसी तरह मैं भी इज़्ज़त के साथ अपना गुजर भर करूं। मेरी शेष सम्पत्ति पर राष्ट्र का हक है और उसी के हितार्थ उसका उपयोग होना आवश्यक है। इस सिद्धांत का प्रतिपादन मैंने तब किया था, जब कि जमींदारों और राजाओं की सम्पत्ति के संबंध में समाजवादी सिद्धान्त देश के सामने आया था। समाजवादी इन सुविधा-प्राप्त वर्गों को खतम कर देना चाहते हैं, जब कि मैं यह चाहता हूं कि वे (जमींदार और राजा-महाराजा) अपने लोभ और सम्पत्ति के बावजूद उन लोगों के समकक्ष बन जायें जो मेहनत करके रोटी कमाते हैं। मजदूरों को भी यह महसूस करना होगा कि मजदूर का काम करने की शक्ति पर जितना अधिकार है, मालदार आदमी का अपनी सम्पत्ति पर उससे भी कम है।

यह दूसरी बात है कि इस तरह के सच्चे ट्रस्टी कितने हो सकते हैं? अगर सिद्धान्त ठीक हैं, तो यह बात गौण है कि उनका पालन अनेक लोग कर सकते हैं या केवल एक ही आदमी कर सकता है। यह प्रश्न आत्मविश्वास का है। अगर आप अहिंसा के सिद्धान्त को स्वीकार करें, तो आपको उसके अनुसार आचरण करने की कोशिश करनी चाहिये, चाहे उसमें आपको सफलता मिले या असफलता। आप यह तो कह सकते हैं कि इस पर अमल करना मुश्किल है, लेकिन इस सिद्धान्त में ऐसी कोई बात नहीं है जिसके लिए यह कहा जा सके कि वह बुद्धिग्राह्य नहीं है।[1]

आप कह सकते हैं कि ट्रस्टीशिप तो कानून-शास्त्र की एक कल्पना मात्र है; व्यवहार में उसका कहीं कोई अस्तित्व दिखाई नहीं पड़ता। लेकिन यदि लोग उस पर सतत विचार करें और उसे आचरण में उतारने की कोशिश भी करते रहें, तो मनुष्य-जाति के जीवन की नियामक शक्ति के रूप में प्रेम आज जितना प्रभावशाली दिखाई देता है, उससे कहीं अधिक दिखाई पड़ेगा। बेशक, पूर्ण ट्रस्टीशिप तो युक्लिड की बिन्दु की व्याख्या की तरह एक कल्पना ही है और उतनी ही अप्राप्य भी है। लेकिन यदि उसके लिए कोशिश की जाय, तो दुनिया में समानता की स्थापना की दिशा में हम दूसरे किसी उपाय से जितनी दूर तक जा सकते हैं, उसके बजाय इस उपाय से ज्यादा दूर तक जा सकेंगे।...मेरा दृढ़ निश्चय है कि यदि राज्य ने पूंजीवाद को हिंसा के द्वारा दबाने की कोशिश की, तो वह

खुद ही हिंसा के जाल में फंस जायेगा और फिर कभी भी अहिंसा का विकास नहीं कर सकेगा। राज्य हिंसा का एक केन्द्रित और संघटित रूप ही है। व्यक्ति में आत्मा होती है, परंतु चूंकि राज्य एक जड़ यंत्र मात्र है इसलिए उसे हिंसा से कभी नहीं छुड़ाया जा सकता। क्योंकि हिंसा से ही तो उसका जन्म होता है। इसीलिए मैं ट्रस्टीशिप के सिद्धान्त को तरज़ीह देता हूं। यह डर हमेशा बना रहता है कि कहीं राज्य उन लोगों के खिलाफ, जो उससे मतभेद रखते हैं, बहुत ज्यादा हिंसा का उपयोग न करे। लोग यदि स्वेच्छा से ट्रस्टियों की तरह व्यवहार करने लगें, तो मुझे सचमुच बड़ी खुशी होगी। लेकिन यदि वे ऐसा न करें तो मेरा खयाल है कि हमें राज्य के द्वारा भरसक कम हिंसा का आश्रय लेकर उनसे उनकी सम्पत्ति ले लेनी पड़ेगी।...(यही कारण है कि मैंने गोलमेज़ परिषद में यह कहा था कि सभी निहित हित वालों की सम्पत्ति की जांच होनी चाहिये और जहां आवश्यक मालूम हो वहां उनकी सम्पत्ति राज्य को... मुआवजा देकर या मुआवजा दिये बिना ही, जहां जैसा उचित हो, अपने हाथ में कर लेनी चाहिये।) व्यक्तिगत तौर पर तो मैं यह चाहूंगा कि राज्य के हाथों में शक्ति का ज्यादा केन्द्रीकरण न हो, उसके बजाय ट्रस्टीशिप की भावना का विस्तार हो। क्योंकि मेरी राय में राज्य की हिंसा की तुलना में वैयक्तिक मालिकी की हिंसा कम हानिकार है। लेकिन यदि राज्य की मालिकी अनिवार्य ही हो, तो मैं भरसक कम-से-कम राज्य की मालिकी की सिफारिश करूंगा।[2]

आजकल यह कहना एक फैशन हो गया है कि समाज को अहिंसा के आधार पर न तो संघटित किया जा सकता है और न चलाया जा सकता है। मैं इस कथन का विरोध करता हूं। परिवार में जब पिता अपने पुत्र को अपराध करने पर थप्पड़ मार देता है, तो पुत्र उसका बदला लेने की बात नहीं सोचता। वह अपने पिता की आज्ञा इसलिए स्वीकार कर लेता है कि इस थप्पड़ के पीछे वह अपने पिता के प्यार को आहत हुआ देखता है, इसलिए नहीं कि थप्पड़ उसे वैसा अपराध दुबारा करने से रोकता है। मेरी राय में समाज की व्यवस्था इस तरह होनी चाहिये; यह उसका एक छोटा रूप है। जो बात परिवार के लिए सही है, वही समाज के लिए भी सही है; क्योंकि समाज एक बड़ा परिवार ही है।[3]

मेरी धारणा है कि अहिंसा केवल वैयक्तिक गुण नहीं है। वह एक सामाजिक गुण भी है और अन्य गुणों की तरह उसका भी विकास किया जाना चाहिये। यह तो मानना ही होगा कि समाज के पारस्परिक व्यवहारों का नियमन बहुत हद तक अहिंसा के द्वारा होता है। मैं इतना ही चाहता हूं कि इस सिद्धान्त का बड़े पैमाने पर, राष्ट्रीय और अंतर्राष्ट्रीय पैमाने पर विस्तार किया जाय।[4]

मेरा ट्रस्टीशिप का सिद्धान्त कोई ऐसी चीज नहीं है, जो काम निकालने के

लिए आज गढ़ लिया गया हो। अपनी मंशा छिपाने के लिए खड़ा किया गया आवरण तो वह हरगिज़ नहीं है। मेरा विश्वास है कि दूसरे सिद्धान्त जब नहीं रहेंगे तब भी वह रहेगा। उसके पीछे तत्त्वज्ञान और धर्म के समर्थन का बल है। धन के मालिकों ने इस सिद्धान्त के अनुसार आचरण नहीं किया है, इस बात से यह सिद्ध नहीं होता कि वह सिद्धान्त झूठा है; इससे धन के मालिकों की कमजोरी मात्र सिद्ध होती है। अहिंसा के साथ किसी दूसरे सिद्धान्त का मेल ही नहीं बैठता। अहिंसक मार्ग की खूबी यह है कि अन्यायी यदि अपना अन्याय दूर नहीं करता, तो वह अपना नाश खुद ही कर डालता है। क्योंकि अहिंसक असहयोग के कारण या तो वह अपनी गलती देखने और सुधारने के लिए मजबूर हो जाता है या वह बिलकुल अकेला पड़ जाता है।[5]

'तेन त्यक्तेन भुंजीथा:' मंत्र में असाधारण ज्ञान भरा पड़ा है। मौज़ूदा जीवन-पद्धति की जगह, जिसमें हर एक आदमी पड़ोसी की परवाह किये बिना केवल अपने ही लिए जीता है, सर्व-कल्याणकारी नयी जीवन-पद्धति का विकास करना हो, तो उसका सबसे निश्चित मार्ग यही है।

मैं इस राय के साथ नि:संकोच अपनी सम्मति जाहिर करता हूं कि आमतौर पर धनवान—केवल धनवान ही क्यों, बल्कि ज्यादातर लोग—इस बात का विशेष विचार नहीं करते कि वे पैसा किस तरह कमाते हैं। अहिंसक उपाय का प्रयोग करते हुए यह विश्वास तो होना ही चाहिये कि कोई आदमी कितना ही पतित क्यों न हो, यदि उसका इलाज कुशलतापूर्वक और सहानुभूति के साथ किया जाय तो उसे सुधारा जा सकता है। हमें मनुष्यों में रहने वाले दैवी अंश को प्रभावित करना चाहिये और अपेक्षा करनी चाहिये कि उसका अनुकूल परिणाम निकलेगा। यदि समाज का हर एक सदस्य अपनी शक्तियों का उपयोग वैयक्तिक स्वार्थ साधने के लिए नहीं, बल्कि सबके कल्याण के लिए करे, तो क्या इससे समाज की सुख-समृद्धि में वृद्धि नहीं होगी? हम ऐसी जड़ समानता का निर्माण नहीं करना चाहते, जिसमें कोई आदमी योग्यताओं का पूरा-पूरा उपयोग कर ही न सके। ऐसा समाज अंत में नष्ट हुए बिना नहीं रह सकता। इसलिए मेरी यह सलाह बिलकुल ठीक है कि धनवान लोग चाहे करोड़ों रुपये कमायें (बेशक, ईमानदारी से), लेकिन उनका उद्देश्य वह सारा पैसा सबके कल्याण में समर्पित कर देने का होना चाहिये। 'तेन त्यक्तेन भुंजीथा:' मंत्र में असाधारण ज्ञान भरा पड़ा है। मौज़ूदा जीवन-पद्धति की जगह, जिसमें हर एक आदमी पड़ोसी की परवाह किये बिना केवल अपने ही लिए जीता है, सर्व-कल्याणकारी नयी जीवन-पद्धति का विकास करना हो, तो उसका सबसे निश्चित मार्ग यही है।[6]

17

अहिंसक अर्थ-व्यवस्था

मैं कहना चाहता हूं कि हम सब एक तरह से चोर हैं। अगर मैं कोई ऐसी चीज लेता और रखता हूं, जिसकी मुझे अपने किसी तात्कालिक उपयोग के लिए जरूरत नहीं है, तो मैं उसकी किसी दूसरे से चोरी ही करता हूं। यह प्रकृति का एक निरपवाद बुनियादी नियम है कि वह रोज केवल उतना ही पैदा करती है जितना हमें चाहिये। और यदि हर एक आदमी जितना उसे चाहिये उतना ही ले, ज़्यादा न ले, तो दुनिया में गरीबी न रहे और कोई आदमी भूखा न मरे। मैं समाजवादी नहीं हूं और जिनके पास सम्पत्ति का संचय है उनसे मैं उसे छीनना नहीं चाहता। लेकिन मैं यह जरूर कहता हूं कि हममें से जो लोग प्रकाश की खोज में प्रयत्नशील हैं, उन्हें व्यक्तिगत तौर पर इस नियम का पालन करना चाहिये। मैं किसी से उसकी सम्पत्ति छीनना नहीं चाहता, क्योंकि वैसा करूं तो मैं अहिंसा के नियम से च्युत हो जाऊंगा। यदि किसी के पास मेरी अपेक्षा ज्यादा संपत्ति है तो भले रहे। लेकिन यदि मुझे अपना जीवन नियम के अनुसार गढ़ना है, तो मैं ऐसी कोई चीज अपने पास नहीं रख सकता जिसकी मुझे जरूरत नहीं है। भारत में लाखों लोग ऐसे हैं जिन्हें दिन में केवल एक ही बार खाकर संतोष कर लेना पड़ता है और उनके उस भोजन में भी सूखी रोटी और चुटकी भर नमक के सिवा और कुछ नहीं होता। हमारे पास जो कुछ भी है उस पर हमें और आपको तब तक कोई अधिकार नहीं है, जब तक इन लोगों के पास पहनने के लिए कपड़ा और खाने के लिए अन्न नहीं हो जाता। हम में और आप में ज्यादा समझ होने की आशा की जाती है। अतः हमें अपनी जरूरतों का नियमन करना चाहिये और स्वेच्छापूर्वक अमुक अभाव भी सहना चाहिये, जिससे कि उन गरीबों का पालन-पोषण हो सके, उन्हें कपड़ा और अन्न मिल सके।[1]

मुझे स्वीकार करना चाहिये कि मैं अर्थविद्या और नीतिविद्या में न सिर्फ कोई स्पष्ट भेद नहीं करता, बल्कि भेद ही नहीं करता। जिस अर्थविद्या से व्यक्ति या राष्ट्र के नैतिक कल्याण को हानि पहुंचती हो, उसे मैं अनीतिमय और इसलिए पापपूर्ण कहूंगा।

मुझे स्वीकार करना चाहिये कि मैं अर्थविद्या और नीतिविद्या में न सिर्फ कोई स्पष्ट भेद नहीं करता, बल्कि भेद ही नहीं करता। जिस अर्थविद्या से व्यक्ति या राष्ट्र के नैतिक कल्याण को हानि पहुंचती हो, उसे मैं अनीतिमय और इसलिए

पापपूर्ण कहूंगा। उदाहरण के लिए, जो अर्थविद्या किसी देश को किसी दूसरे देश का शोषण करने की अनुमति देती है वह अनैतिक है। जो मजदूरों को योग्य मेहनताना नहीं देते और उनके परिश्रम का शोषण करते हैं, उनसे वस्तुएं खरीदना या उन वस्तुओं का उपयोग करना पापपूर्ण है।[2]

मेरी राय में भारत की—न सिर्फ भारत की बल्कि सारी दुनिया की—अर्थरचना ऐसी होनी चाहिये कि किसी को भी अन्न और वस्त्र के अभाव की तकलीफ न सहनी पड़े। दूसरे शब्दों में, हर एक को इतना काम अवश्य मिल जाना चाहिये कि वह अपने खाने-पहनने की जरूरतें पूरी कर सके। और यह आदर्श निरपवाद रूप से तभी कार्यान्वित किया जा सकता है जब जीवन की प्राथमिक आवश्यकताओं के उत्पादन के साधन जनता के नियंत्रण में रहें। वे हर एक को बिना किसी बाधा के उसी तरह उपलब्ध होने चाहिये जिस तरह कि भगवान की दी हुई हवा और पानी हमें उपलब्ध हैं; किसी भी हालत में वे दूसरों के शोषण के लिए चलाये जाने वाले व्यापार का वाहन न बनें। किसी भी देश, राष्ट्र या समुदाय का उन पर एकाधिकार अन्यायपूर्ण होगा। हम आज न केवल अपने इस दुखी देश में बल्कि दुनिया के दूसरे हिस्सों में भी जो गरीबी देखते हैं, उसका कारण इस सरल सिद्धान्त की उपेक्षा ही है।[3]

आर्थिक समानता अहिंसापूर्ण स्वराज्य की मुख्य चाबी है।

जिस तरह सच्चे नीतिधर्म में और अच्छे अर्थशास्त्र में कोई विरोध नहीं होता, उसी तरह सच्चा अर्थशास्त्र कभी भी नीतिधर्म के ऊंचे-से-ऊंचे आदर्श का विरोधी नहीं होता। जो अर्थशास्त्र धन की पूजा करना सिखाता है और बलवानों को निर्बलों का शोषण करके धन का संग्रह करने की सुविधा देता है, उसे शास्त्र का नाम नहीं दिया जा सकता। वह तो एक झूठी चीज है, जिससे हमें कोई लाभ नहीं हो सकता। उसे अपनाकर हम मृत्यु को न्यौता देंगे। सच्चा अर्थशास्त्र तो सामाजिक न्याय की हिमायत करता है; वह समान भाव से सबकी भलाई का— जिनमें कमजोर भी शामिल हैं—प्रयत्न करता है और सभ्यजनोचित सुन्दर जीवन के लिए अनिवार्य है।[4]

मैं ऐसी स्थिति लाना चाहता हूं, जिसमें सबका सामाजिक दरज़ा समान माना जाय। मजदूरी करने वाले वर्गों को सैकड़ों वर्षों से सभ्य समाज से अलग रखा गया है और उन्हें नीचा दरज़ा दिया गया है। उन्हें शूद्र कहा गया है और इस शब्द का यह अर्थ किया गया है कि वे दूसरे वर्गों से नीचे हैं। मैं बुनकर, किसान और शिक्षक के लड़कों में कोई भेद नहीं होने दे सकता।[5]

रचनात्मक काम का यह अंग अहिंसापूर्ण स्वराज्य की मुख्य चाबी है। आर्थिक समानता के लिए काम करने का मतलब है, पूंजी और मजदूरी के बीच

के झगड़ों को हमेशा के लिए मिटा देना। इसका अर्थ यह होता है कि एक ओर से जिन मुट्ठीभर पैसे वाले लोगों के हाथ में राष्ट्र की संपत्ति का बड़ा भाग इकट्ठा हो गया है, उनकी संपत्ति को कम करना और दूसरी ओर से जो करोड़ों लोग अधपेट खाते और नंगे रहते हैं, उनकी संपत्ति में वृद्धि करना। जब तक मुट्ठीभर धनवानों और करोड़ों भूखे रहने वालों के बीच बेइन्तहा अन्तर बना रहेगा, तब तक अहिंसा की बुनियाद पर चलने वाली राज्य-व्यवस्था कायम नहीं हो सकती। आज़ाद हिन्दुस्तान में देश के बड़े-से-बड़े धनवानों के हाथ में हुकूमत का जितना हिस्सा रहेगा, उतना ही गरीबों के हाथ में भी होगा; और तब नई दिल्ली के महलों और उनकी बगल में बसी हुई गरीब मजदूर-बस्तियों के टूटे-फूटे झोंपड़ों के बीच जो दर्दनाक फर्क आज नज़र आता है वह एक दिन को भी नहीं टिकेगा। अगर धनवान लोग अपने धन को और उसके कारण मिलने वाली सत्ता को खुद राजी-खुशी से छोड़कर और सबके कल्याण के लिए सबके साथ मिलकर बरतने को तैयार न होंगे, तो यह तय समझिये कि हमारे देश में हिंसक और खूंख्वार क्रांति हुए बिना न रहेगी। ट्रस्टीशिप या सरपरस्ती के मेरे सिद्धान्त का बहुत मज़ाक उड़ाया गया है, फिर भी मैं उस पर कायम हूं। यह सच है कि उस तक पहुंचने यानी उसका पूरा-पूरा अमल करने का काम कठिन है। क्या अहिंसा की भी यही हालत नहीं है? फिर भी 1920 में हमने यह सीधी चढ़ाई चढ़ने का निश्चय किया था।[6]

मेरी सूचना है कि यदि भारत को अपना विकास अहिंसा की दिशा में करना है, तो उसे बहुत-सी चीजों का विकेन्द्रीकरण करना पड़ेगा। केन्द्रीकरण किया जाय तो फिर उसे कायम रखने के लिए और उसकी रक्षा के लिए हिंसाबल अनिवार्य है। जिनमें चोरी करने या लूटने के लिए कुछ है ही नहीं ऐसे सादे घरों की रक्षा के लिए पुलिस की जरूरत नहीं होती। लेकिन धनवानों के महलों के लिए अवश्य बलवान पहरेदार चाहिये, जो डाकुओं से उनकी रक्षा करें। यही बात बड़े-बड़े कारखानों की है। गांवों को मुख्य मानकर जिस भारत का निर्माण होगा उसे शहर-प्रधान भारत की अपेक्षा—शहर-प्रधान भारत जल, स्थल और वायुसेनाओं से सुसज्जित होगा, तो भी—विदेशी आक्रमण का कम खतरा रहेगा।[7]

आज तो बहुत ज्यादा और इसलिए बहुत भद्दी आर्थिक असमानता है। समाजवाद का आधार आर्थिक समानता है। अन्यायपूर्ण असमानताओं की इस हालत में, जहां चंद लोग मालामाल हैं और सामान्य प्रजा को भरपेट खाना भी नसीब नहीं होता, रामराज्य कैसे हो सकता है?[8]

18

समान वितरण का रास्ता

आर्थिक समानता, अर्थात् जगत के पास समान सम्पत्ति का होना यानी सबके पास इतनी सम्पत्ति का होना कि जिससे वे अपनी कुदरती आवश्यकतायें पूरी कर सकें। कुदरत ने ही एक आदमी का हाजमा अगर नाजुक बनाया हो और वह केवल पांच ही तोला अन्न खा सके, और दूसरे को बीस तोला अन्न खाने की आवश्यकता हो, तो दोनों को अपनी पाचन-शक्ति के अनुसार अन्न मिलना चाहिये। सारे समाज की रचना इस आदर्श के आधार पर होनी चाहिये। अहिंसक समाज का दूसरा आदर्श नहीं रखना चाहिये। पूर्ण आदर्श तक हम कभी नहीं पहुंच सकते। मगर उसे नजर में रखकर हम विधान बनावें और व्यवस्था करें। जिस हद तक हम इस आदर्श को पहुंच सकेंगे उसी हद तक सुख और संतोष प्राप्त करेंगे और उसी हद तक सामाजिक अहिंसा सिद्ध हुई कही जा सकेगी।

आर्थिक समानता, अर्थात् जगत के पास समान सम्पत्ति का होना यानी सबके पास इतनी सम्पत्ति का होना कि जिससे वे अपनी कुदरती आवश्यकतायें पूरी कर सकें।

इस आर्थिक समानता के धर्म का पालन एक अकेला मनुष्य भी कर सकता है। दूसरों के साथ की उसे आवश्यकता नहीं रहती। अगर एक आदमी इस धर्म का पालन कर सकता है, तो जाहिर है कि एक मण्डल भी कर सकता है। यह कहने की जरूरत इसीलिए है कि किसी भी धर्म के पालन में जहां तक दूसरे उसका पालन न करें वहां तक हमें रुके रहने की आवश्यकता नहीं। और फिर, ध्येय की आखिरी हद तक न पहुंच सकें वहां तक कुछ भी त्याग न करने की वृत्ति बहुधा लोगों में देखने में आती है। यह भी हमारी गति को रोकती है।

अहिंसा के द्वारा आर्थिक समानता कैसे लाई जा सकती है इसका विचार करें। पहला कदम यह है कि जिसने इस आदर्श को अपनाया हो वह अपने जीवन में आवश्यक परिवर्तन करे। हिन्दुस्तान की गरीब प्रजा के साथ अपनी तुलना करके अपनी आवश्यकतायें कम करे। अपनी धन कमाने की शक्ति को नियंत्रण में रखे। जो धन कमावे उसे ईमानदारी से कमाने का निश्चय करे। सट्टे की वृत्ति हो तो उसका त्याग करे। घर भी अपनी सामान्य आवश्यकता पूरी करने लायक ही रखे और जीवन को हर तरह से संयमी बनावे। अपने जीवन में संभव सुधार कर लेने के बाद अपने मिलने-जुलने वालों और अपने पड़ोसियों में

समानता के आदर्श का प्रचार करे।

आर्थिक समानता की जड़ में धनिक का ट्रस्टीपन निहित है। इस आदर्श के अनुसार धनिक को अपने पड़ोसी से एक कौड़ी भी ज्यादा रखने का अधिकार नहीं। तब उसके पास जो ज़्यादा है, क्या वह उससे छीन लिया जाये? ऐसा करने के लिए हिंसा का आश्रय लेना पड़ेगा। और हिंसा के द्वारा ऐसा करना संभव हो, तो भी समाज को उससे कुछ फायदा होने वाला नहीं है। क्योंकि द्रव्य इकट्ठा करने की शक्ति रखने वाले एक आदमी की शक्ति को समाज खो बैठेगा। इसलिए अहिंसक मार्ग यह हुआ कि जितनी मान्य हो सकें उतनी अपनी आवश्यकतायें पूरी करने के बाद जो पैसा बाकी बचे उसका वह प्रजा की ओर से ट्रस्टी बन जाये। अगर वह प्रामाणिकता से संरक्षक बनेगा तो जो पैसा पैदा करेगा उसका सद्व्यय भी करेगा। जब मनुष्य अपने-आपको समाज का सेवक मानेगा, समाज के खातिर धन कमावेगा, समाज के कल्याण के लिए उसे खर्च करेगा, तब उसकी कमाई में शुद्धता आयेगी। उसके साहस में भी अहिंसा होगी। इस प्रकार की कार्य-प्रणाली का आयोजन किया जाये, तो समाज में बगैर संघर्ष के मूक क्रान्ति पैदा हो सकती है।

इस प्रकार मनुष्य-स्वभाव में परिवर्तन होने का उल्लेख इतिहास में कहीं देखा गया है? ऐसा प्रश्न हो सकता है। व्यक्तियों में तो ऐसा हुआ ही है। बड़े पैमाने पर समाज में परिवर्तन हुआ है, यह शायद सिद्ध न किया जा सके। इसका अर्थ इतना ही है कि व्यापक अहिंसा का प्रयोग आज तक नहीं किया गया। हम लोगों के हृदय में इस झूठी मान्यता ने घर कर लिया है कि अहिंसा व्यक्तिगत रूप से ही विकसित की जा सकती है और वह व्यक्ति तक ही मर्यादित है। दरअसल बात ऐसी है नहीं। अहिंसा सामाजिक धर्म है, सामाजिक धर्म के तौर पर वह विकसित किया जा सकता है, यह मनवाने का मेरा प्रयत्न और प्रयोग है। यह नयी चीज है इसलिए इसे झूठ समझकर फेंक देने की बात इस युग में तो कोई नहीं कहेगा। यह कठिन है, इसलिए अशक्य है, यह भी इस युग में कोई नहीं कहेगा। क्योंकि बहुत-सी चीजें अपनी आंखों के सामने नई-पुरानी होती हमने देखी हैं। मेरी यह मान्यता है कि अहिंसा के क्षेत्र में इससे बहुत ज्यादा साहस शक्य है, और विविध धर्मों के इतिहास इस बात के प्रमाणों से भरे पड़े हैं। समाज में से धर्म को निकालकर फेंक देने का प्रयत्न बांझ के घर पुत्र पैदा करने जितना ही निष्फल है; और अगर कहीं सफल हो जाये तो समाज का उसमें नाश है। धर्म के रूपान्तर हो सकते हैं। उसमें निहित प्रत्यक्ष वहम, सड़न और अपूर्णतायें दूर हो सकती हैं, हुई हैं और होती रहेंगी। मगर धर्म तो जहां तक जगत है वहां तक चलता ही रहेगा, क्योंकि एक धर्म ही जगत का आधार है। धर्म की अंतिम

व्याख्या है ईश्वर का कानून। ईश्वर और उसका कानून अलग-अलग चीज़ें नहीं हैं। ईश्वर अर्थात् अचलित, जीता-जागता कानून। उसका पार कोई नहीं पा सकता। मगर अवतारों ने और पैगम्बरों ने तपस्या करके उसके कानून की कुछ-न-कुछ झांकी जगत को कराई है।

किन्तु महाप्रयत्न करने पर भी धनिक संरक्षक न बनें, और भूखों मरते हुए करोड़ों को अहिंसा के नाम से और अधिक कुचलते जायं तब क्या करें? इस प्रश्न का उत्तर ढूंढ़ने में ही अहिंसक कानून-भंग प्राप्त हुआ। कोई धनवान गरीबों के सहयोग के बिना धन नहीं कमा सकता। मनुष्य को अपनी हिंसक शक्ति का भान है, क्योंकि वह उसे लाखों वर्षों से विरासत में मिली हुई है। जब उसे चार पैर की जगह दो पैर और दो हाथ वाले प्राणी का आकार मिला, तब उसमें अहिंसक शक्ति भी आई। अहिंसा-शक्ति का भान भी धीरे-धीरे, किन्तु अचूक रीति से रोज-रोज बढ़ने लगा। वह भान गरीबों में प्रसार पा जाये, तो वे बलवान बनें और आर्थिक असमानता को, जिसके कि वे शिकार बने हुए हैं, अहिंसक तरीके से दूर करना सीख लें।[1]

भारत की जरूरत यह नहीं है कि चंद लोगों के हाथों में बहुत सारी पूंजी इकट्ठी हो जाय। पूंजी का ऐसा वितरण होना चाहिये कि वह इस 1900 मील लम्बे और 1500 मील चौड़े विशाल देश को बनाने वाले साढ़े-सात लाख गांवों को आसानी से उपलब्ध हो सके।[2]

19

भारत में अहिंसा की उपासना

मैंने भारत के समक्ष आत्मत्याग का पुराना आदर्श रखने का साहस किया है। सत्याग्रह और उसकी शाखायें, असहयोग और सविनय कानून-भंग, तपस्या के ही दूसरे नाम हैं। इस हिंसामय जगत में जिन्होंने अहिंसा का नियम ढूंढ़ निकाला, वे ऋषि न्यूटन से कहीं ज्यादा बड़े आविष्कारक थे। वे वेलिंग्टन से ज्यादा बड़े योद्धा थे। वे शस्त्रास्त्रों का उपयोग जानते थे और उन्हें उनकी व्यर्थता का निश्चय हो गया था। और तब उन्होंने हिंसा से ऊबी हुई दुनिया

अपने सक्रिय रूप में अहिंसा का अर्थ है ज्ञानपूर्वक कष्ट सहना। उसका अर्थ अन्यायी की इच्छा के आगे दबकर घुटने टेकना नहीं है; उसका अर्थ यह है कि अत्याचारी की इच्छा के खिलाफ अपनी आत्मा की सारी शक्ति लगा दी जाय।

को सिखाया कि उसे अपनी मुक्ति का रास्ता हिंसा में नहीं बल्कि अहिंसा में मिलेगा। अपने सक्रिय रूप में अहिंसा का अर्थ है ज्ञानपूर्वक कष्ट सहना। उसका अर्थ अन्यायी की इच्छा के आगे दबकर घुटने टेकना नहीं है; उसका अर्थ यह है कि अत्याचारी की इच्छा के खिलाफ अपनी आत्मा की सारी शक्ति लगा दी जाय। जीवन के इस नियम के अनुसार चलकर तो कोई अकेला आदमी भी अपने सम्मान, धर्म और आत्मा की रक्षा के लिए किसी अन्यायी आम्राज्य के सम्पूर्ण बल को चुनौती दे सकता है और इस तरह उस साम्राज्य के नाश या सुधार की नींव रख सकता है। और इसलिए मैं भारत से अहिंसा को अपनाने के लिए कह रहा हूं तो उसका कारण यह नहीं है कि भारत कमजोर है। बल्कि मुझे उसके बल और उसकी वीरता का भान है, इसीलिए मैं यह चाहता हूं कि वह अहिंसा के रास्ते पर चले। उसे अपनी शक्ति को पहिचानने के लिए शस्त्रास्त्रों की तालीम की जरूरत नहीं है। हमें उसकी जरूरत इसलिए मालूम होती है कि हम समझते हैं कि हम शरीर-मात्र हैं। मैं चाहता हूं कि भारत इस बात को पहिचान ले कि वह शरीर नहीं बल्कि अमर आत्मा है, जो हर एक शारीरिक कमजोरी के ऊपर उठ सकती है और सारी दुनिया के सम्मिलित शारीरिक बल को चुनौती दे सकती है।[1]

भारत की हिन्दू, मुसलमान, सिक्ख या गुरखा आदि सैनिक जातियों की वैयक्तिक वीरता और साहस से यह सिद्ध है कि भारतीय प्रजा कायर नहीं है। मेरा मतलब इतना ही है कि युद्ध और रक्तपात भारत को प्रिय नहीं है और संभवतः दुनिया के भावी विकास में उसे कोई, ऊंचा हिस्सा अदा करना है। यह तो समय ही बतायेगा कि उसका भविष्य क्या होने वाला है।[2]

भूतकाल में युगों तक भारत को, यानी भारत की आम जनता को जो तालीम मिलती रही है वह हिंसा के खिलाफ है। भारत में मनुष्य-स्वभाव का विकास इस हद तक हो चुका है कि आम लोगों के लिए हिंसा के बजाय अहिंसा का सिद्धान्त ज्यादा स्वाभाविक हो गया है।[3]

भारत ने कभी किसी राष्ट्र के खिलाफ युद्ध नहीं चलाया। हां, शुद्ध आत्मरक्षा के लिए उसने आक्रमणकारियों के खिलाफ कभी-कभी विरोध का असफल या अधूरा संघटन अवश्य किया है। इसलिए उसे शांति की आकांक्षा पैदा करने की जरूरत नहीं है। शांति की आकांक्षा तो उसमें विपुल मात्रा में मौजूद ही है, भले वह इस बात को जाने या न जाने। शांति की वृद्धि के लिए उसे शांतिमय साधनों के द्वारा अपने शोषण को रोकने की कोशिश करनी चाहिये, यानी उसे शांतिमय साधनों के द्वारा अपनी स्वतंत्रता हासिल करनी चाहिये। अगर वह सफलतापूर्वक ऐसा कर सके तो यह विश्वशांति की दिशा में उसकी किसी एक देश के द्वारा दी जा सकने वाली ज्यादा-से-ज्यादा मदद होगी।[4]

20

सर्वोदयी राज्य

मुझसे कितने ही लोगों ने संदेह से सिर डुलाते हुए कहा है : "लेकिन आप सामान्य जनता को अहिंसा नहीं सिखा सकते। अहिंसा का पालन केवल व्यक्ति ही कर सकते हैं। और सो भी विरले व्यक्ति।" मेरी राय में यह धारणा एक मोटी भूल है। यदि मनुष्य-जाति आदतन अहिंसक न होती, तो उसने युगों पहले अपने हाथों अपना नाश कर लिया होता। लेकिन हिंसा और अहिंसा के पारस्परिक संघर्ष में अंत में अहिंसा ही सदा विजयी सिद्ध हुई है। सच तो यह है कि हमने राजनीतिक उद्देश्य की प्राप्ति के लिए लोगों में अहिंसा की शिक्षा के प्रसार की पूरी कोशिश करने जितना धीरज ही कभी प्रकट नहीं किया।[1]

मेरी दृष्टि में राजनीतिक सत्ता कोई साध्य नहीं है, परन्तु जीवन के प्रत्येक विभाग में लोगों के लिए अपनी हालत सुधार सकने का एक साधन है। राजनीतिक सत्ता का अर्थ है राष्ट्रीय प्रतिनिधियों द्वारा राष्ट्रीय जीवन का नियमन करने की शक्ति। अगर राष्ट्रीय जीवन इतना पूर्ण हो जाता है कि वह स्वयं आत्म-नियमन कर ले, तो किसी प्रतिनिधित्व की आवश्यकता नहीं रह जाती। उस समय ज्ञानपूर्ण अराजकता की स्थिति हो जाती है। ऐसी स्थिति में हर एक अपना राजा होता है। वह इस ढंग से अपने पर शासन करता है कि अपने पड़ोसियों के लिए कभी बाधक नहीं बनता। इसलिए आदर्श अवस्था में कोई राजनीतिक सत्ता नहीं होती, क्योंकि कोई राज्य नहीं होता। परन्तु जीवन में आदर्श की पूरी सिद्धि कभी नहीं होती। इसीलिए थोरो ने कहा है कि जो सबसे कम शासन करे वही उत्तम सरकार है।[2]

> *राजनीतिक सत्ता का अर्थ है राष्ट्रीय प्रतिनिधियों द्वारा राष्ट्रीय जीवन का नियमन करने की शक्ति।*

मैं राज्य की सत्ता की वृद्धि को बड़े-से-बड़े भय की दृष्टि से देखता हूं। क्योंकि जाहिरा तौर पर तो वह शोषण को कम-से-कम करके लाभ पहुंचाती है; परन्तु व्यक्तित्व को—जो सब प्रकार की उन्नति की जड़ है—नष्ट करके वह मानव-जाति को बड़ी-से-बड़ी हानि पहुंचाती है।

राज्य केन्द्रित और संगठित रूप में हिंसा का प्रतीक है। व्यक्ति के आत्मा होती है, परन्तु चूंकि राज्य एक आत्मा-रहित जड़ मशीन होता है, इसलिए उससे हिंसा कभी नहीं छुड़वायी जा सकती; उसका अस्तित्व ही हिंसा पर निर्भर है।

मेरा यह पक्का विश्वास है कि अगर राज्य हिंसा से पूंजीवाद को दबा देगा,

तो वह स्वयं हिंसा की लपेट में फंस जायेगा और किसी भी समय अहिंसा का विकास नहीं कर सकेगा।

मैं स्वयं तो यह अधिक पसंद करूंगा कि राज्य के हाथों में सत्ता केन्द्रित न करके ट्रस्टीशिप की भावना का विस्तार किया जाय। क्योंकि मेरी राय में व्यक्तिगत स्वामित्व की हिंसा राज्य की हिंसा से कम हानिकारक है। किन्तु अगर यह अनिवार्य हो तो मैं कम-से-कम राजकीय स्वामित्व का समर्थन करूंगा।

मुझे जो बात नापसंद है वह है बल के आधार पर बना हुआ संगठन; और राज्य ऐसा ही संगठन है। स्वेच्छापूर्वक संगठन ज़रूर होना चाहिये।[3]

अब सवाल यह है कि आदर्श समाज में कोई राजसत्ता रहेगी या वह एक बिलकुल अराजक समाज बनेगा? मेरे खयाल में ऐसा सवाल पूछने से कुछ भी फायदा नहीं हो सकता। अगर हम ऐसे समाज के लिए मेहनत करते रहें, तो वह किसी हद तक बनता रहेगा, और उस हद तक लोगों को उससे फायदा पहुंचेगा। युक्लिड ने कहा है कि लाइन वही हो सकती है जिसमें चौड़ाई न हो। लेकिन ऐसी लाइन या लकीर न तो आज तक कोई बना पाया, न बना पायेगा। फिर भी ऐसी लाइन को खयाल में रखने से ही प्रगति हो सकती है। और, हर एक आदर्श के बारे में यही सच है।

हां, इतना याद रखना चाहिये कि आज दुनिया में कहीं भी अराजक समाज मौजूद नहीं है। अगर कभी कहीं बन सकता है, तो उसका आरम्भ हिन्दुस्तान में ही हो सकता है। क्योंकि हिन्दुस्तान में ऐसा समाज बनाने की कोशिश की गई है। आज तक हम आखिरी दरजे की बहादुरी नहीं दिखा सके; मगर उसे दिखाने का एक ही रास्ता है, और वह यह है कि जो लोग उसे मानते हैं वे उसे दिखायें। ऐसा कर दिखाने के लिए, जिस तरह हमने जेलों का डर छोड़ दिया है, उसी तरह हमें मृत्यु का डर भी छोड़ देना होगा।[4]

> *मैं राज्य की सत्ता की वृद्धि को बड़े-से-बड़े भय की दृष्टि से देखता हूं। क्योंकि ज़ाहिरा तौर पर तो वह शोषण को कम-से-कम करके लाभ पहुंचाती है; परन्तु व्यक्तित्व को—जो सब प्रकार की उन्नति की जड़ है—नष्ट करके वह मानव-जाति को बड़ी-से-बड़ी हानि पहुंचाती है।*

पुलिस-बल

अहिंसक राज्य में भी पुलिस की जरूरत हो सकती है। मैं स्वीकार करता हूं कि यह मेरी अपूर्ण अहिंसा का चिह्न है। मुझमें फौज की तरह पुलिस के बारे में भी यह घोषणा करने का साहस नहीं है कि हम पुलिस की ताकत के बिना काम

चला सकते हैं। अवश्य ही मैं ऐसे राज्य की कल्पना कर सकता हूं और करता हूं, जिसमें पुलिस की जरूरत नहीं होगी; परन्तु यह कल्पना सफल होगी या नहीं, यह तो भविष्य ही बतायेगा।

परन्तु मेरी कल्पना की पुलिस आजकल की पुलिस से बिलकुल भिन्न होगी। उसमें सभी सिपाही अहिंसा में मानने वाले होंगे। वे जनता के मालिक नहीं, सेवक होंगे। लोग स्वाभाविक रूप में ही उन्हें हर प्रकार की सहायता देंगे और आपस के सहयोग से दिन-दिन घटने वाले दंगों का आसानी से सामना कर लेंगे। पुलिस के पास किसी-न-किसी प्रकार के हथियार तो होंगे, परन्तु उन्हें क्वचित् ही काम में लिया जायेगा। असल में तो पुलिस वाले सुधारक बन जायेंगे। उनका काम मुख्यत: चोर-डाकुओं तक सीमित रह जायेगा। मजदूरों और पूंजीपतियों के झगड़े और हड़तालें अहिंसक राज्य में यदा-कदा ही होंगी, क्योंकि अहिंसक बहुमत का असर इतना अधिक रहेगा कि समाज के मुख्य तत्त्व उसका आदर करेंगे। इसी तरह साम्प्रदायिक दंगों की भी गुंजाइश नहीं रहेगी।[5]

21

सत्याग्रह और दुराग्रह

मेरी यह दृढ़ धारणा है कि सविनय कानून-भंग वैधानिक आन्दोलन का शुद्धतम रूप है। बेशक, उसमें विनय और अहिंसा की जिस विशिष्टता का दावा किया जाता है वह यदि दूसरों को धोखा देने के लिए ओढ़ लिया गया झूठा आवरण-मात्र हो, तो वह लोगों को गिराता है और निंदनीय बन जाता है।[1]

कानून की अवज्ञा सच्चे भाव से और आदरपूर्वक की जाय, उसमें किसी प्रकार की उद्धतता न हो और वह किसी ठोस सिद्धान्त पर आधारित हो तथा उसके पीछे द्वेष या तिरस्कार का लेश भी न हो—यह आखिरी कसौटी सबसे ज्यादा महत्त्व की है—तो ही उसे शुद्ध सत्याग्रह कहा जा सकता है।[2]

कानून की अवज्ञा सच्चे भाव से और आदरपूर्वक की जाय, उसमें किसी प्रकार की उद्धतता न हो और वह किसी ठोस सिद्धान्त पर आधारित हो तथा उसके पीछे द्वेष या तिरस्कार का लेश भी न हो—यह आखिरी कसौटी सबसे ज्यादा महत्त्व की है—तो ही उसे शुद्ध सत्याग्रह कहा जा सकता है।

कानून की सविनय अवज्ञा में केवल वे लोग ही हिस्सा ले सकते हैं, जो राज्य द्वारा लादे गये कष्टप्रद कानूनों का—अगर

वे उनकी धर्मबुद्धि या अन्तःकरण को चोट न पहुंचाते हों तो—स्वेच्छापूर्वक पालन करते हैं और जो इस तरह की गयी अवज्ञा का दण्ड भी उतनी ही खुशी से भोगने के लिए तैयार हों। कानून की अवज्ञा सविनय तभी कही जा सकती है, जब वह पूरी तरह अहिंसक हो। सविनय अवज्ञा के पीछे सिद्धांत यह है कि प्रतिपक्षी को खुद कष्ट सहकर यानी प्रेम के द्वारा जीता जाय।[3]

सविनय अवज्ञा नागरिक का जन्मसिद्ध अधिकार है। वह अपने इस अधिकार को अपना मनुष्यत्व खोकर ही छोड़ सकता है। सविनय अवज्ञा का परिणाम कभी भी अराजकता में नहीं आ सकता। दुष्ट हेतु से की गयी अवज्ञा से ही अराजकता पैदा हो सकती है। दुष्ट हेतु से की जाने वाली अवज्ञा को हर एक राज्य बलपूर्वक अवश्य दबायेगा। यदि वह उसे नहीं दबायेगा तो वह खुद नष्ट हो जायेगा। किंतु सविनय अवज्ञा को दबाने का अर्थ तो अन्तरात्मा की आवाज को दबाने की कोशिश करना है।[4]

> *कानून की सविनय अवज्ञा में केवल वे लोग ही हिस्सा ले सकते हैं, जो राज्य द्वारा लादे गये कष्टप्रद कानूनों का—अगर वे उनकी धर्मबुद्धि या अन्तःकरण को चोट न पहुंचाते हों तो—स्वेच्छापूर्वक पालन करते हैं और जो इस तरह की गयी अवज्ञा का दण्ड भी उतनी ही खुशी से भोगने के लिए तैयार हों।*

चूंकि सत्याग्रह सीधी कार्रवाई के अत्यंत बलशाली उपायों में से एक है, इसलिए सत्याग्रही सत्याग्रह का आश्रय लेने से पहले और सब उपाय आजमा कर देख लेता है। इसके लिए वह सदा और निरन्तर सत्ताधारियों के पास जायेगा, लोकमत को प्रभावित और शिक्षित करेगा, जो उसकी सुनना चाहते हैं उन सबके सामने अपना मामला शांति और ठंडे दिमाग से रखेगा और जब ये सब उपाय वह आजमा चुकेगा तभी सत्याग्रह का आश्रय लेगा। परन्तु जब उसे अन्तर्नाद की प्रेरक पुकार सुनाई देती है और वह सत्याग्रह छेड़ देता है, तब वह अपना सब-कुछ दांव पर लगा देता है और पीछे कदम नहीं हटाता।[5]

सत्याग्रह शब्द का उपयोग अक्सर बहुत शिथिलतापूर्वक किया जाता है और छिपी हुई हिंसा को भी यह नाम दे दिया जाता है। लेकिन इस शब्द के रचयिता के नाते मुझे यह कहने की अनुमति मिलनी चाहिये कि उसमें छिपी हुई अथवा प्रकट सभी प्रकार की हिंसा का, फिर वह कर्म की हो या मन और वाणी की हो, पूरा बहिष्कार है। प्रतिपक्षी का बुरा चाहना या उसे हानि पहुंचाने के इरादे से उससे या उसके बारे में बुरा बोलना सत्याग्रह का उल्लंघन है। सत्याग्रह एक सौम्य वस्तु है, वह कभी चोट नहीं पहुंचाता। उसके पीछे क्रोध या द्वेष नहीं होना चाहिये। उसमें शोरगुल, प्रदर्शन या उतावली नहीं होती। वह जबरदस्ती से

बिलकुल उलटी चीज है। उसकी कल्पना हिंसा से उलटी परंतु हिंसा का स्थान पूरी तरह भर सकने वाली चीज के रूप में की गई है।[6]

दुराग्रह

[अप्रैल 1919 में पंजाब जाते हुए जब गांधी जी को गिरफ्तार कर लिया गया, उस समय उनकी गिरफ्तारी की खबर फैलते ही बम्बई में और दूसरी जगहों में हिंसात्मक उपद्रव शुरू हो गये थे। बाद में जब पुलिस की निगरानी में उन्हें बम्बई वापिस लाया गया और 11 अप्रैल को छोड़ा गया, तब उन्होंने एक सन्देश दिया था जो शाम को होने वाली सभाओं में पढ़ा जाना था। इस सन्देश का एक अंश इस प्रकार था :]

मेरी गिरफ्तारी पर इतना क्षोभ और इतनी गड़बड़ क्यों हुई, इसका कारण मैं नहीं समझ सका हूं। यह सत्याग्रह तो नहीं है; इतना ही नहीं, यह दुराग्रहों से भी बुरा है। जो लोग सत्याग्रह से सम्बन्धित प्रदर्शनों में भाग लेते हैं, वे—उन्हें खतरा हो तो भी—हिंसा न करने के लिए, पत्थर आदि न फेंकने के लिए, किसी को किसी भी तरह चोट न पहुंचाने के लिए बंधे हुए हैं। लेकिन बम्बई में हमने पत्थर फेंके हैं और रास्तों में रुकावटें डालकर ट्राम-गाड़ियां रोकी हैं। यह सत्याग्रह नहीं है। हमने हिसंक प्रवृत्तियों के कारण गिरफ्तार किये गये पचास आदमियों के छोड़े जाने की मांग भी की है। हमारा कर्त्तव्य तो मुख्यत: अपने को गिरफ्तार करवाना है। जिन्होंने हिंसा की प्रवृत्तियां की हैं उन्हें छुड़वाने की कोशिश करना धार्मिक कर्त्तव्य का उल्लंघन है। इसलिए गिरफ्तार लोगों की रिहाई की मांग करना हमारे लिए किसी भी आधार पर उचित नहीं है।[7]

मैंने असंख्य बार कहा है कि सत्याग्रह में हिंसा, लूटमार, आगजनी आदि के लिए कोई स्थान नहीं है; लेकिन इसके बावजूद हमने मकान जलाये हैं, बलपूर्वक हथियार छीने हैं, लोगों को डरा-धमकाकर उनसे पैसा लिया है, रेलगाड़ियां रोकी हैं, तार काटे हैं, निर्दोष आदमियों की हत्या की है और दुकानें तथा लोगों के निजी घरों में लूटमार की है। इस तरह के कामों से मुझे जेल या फांसी के तख्ते से बचाया जा सकता हो तो भी मैं इस तरह बचाया जाना पसन्द नहीं करूंगा।[8]

हिंसा के उपायों के प्रयोग से मुझे तो भारत के लिए नाश के सिवा और कुछ नजर नहीं आता। अगर मजदूर लोग अपना गुस्सा देश में प्रचलित कानून को दुष्ट भाव से तोड़कर प्रगट करें, तो मैं कहूंगा कि वे आत्मघात कर रहे हैं और भारत को उसके फलस्वरूप अवर्णनीय कष्ट भोगने पड़ेंगे। जब मैंने सत्याग्रह और सविनय अवज्ञा का प्रचार शुरू किया, तो उसका यह उद्देश्य कदापि नहीं था कि उसमें कानूनों की दुष्ट भाव से की जाने वाली उद्धत अवज्ञा का भी समावेश होगा। मेरा अनुभव मुझे सिखाता है कि सत्य का प्रचार हिंसा के द्वारा कभी नहीं

किया जा सकता। जिन्हें अपने ध्येय के औचित्य में विश्वास है, उनमें असीम धीरज होना चाहिये। और कानून की सविनय अवज्ञा के लिए केवल वे ही व्यक्ति योग्य माने जा सकते हैं, जो अविनय अवज्ञा (क्रिमिनल डिसओबीडियन्स) या हिंसा किसी तरह कर ही न सकते हों। जिस तरह कोई आदमी एक ही समय में संयत और कुपित नहीं हो सकता, उसी तरह कोई सविनय अवज्ञा और अविनय अवज्ञा, दोनों एक साथ नहीं कर सकता। और जिस तरह आत्म-संयम की शक्ति अपने मनोविकारों पर पूरा नियंत्रण पा चुकने के बाद ही आती है उस तरह जब हम देश के कानूनों का खुशी से और पूरा-पूरा पालन करना सीख चुके हों, तभी हम उनकी सविनय अवज्ञा करने की योग्यता प्राप्त करते हैं। फिर, जिस तरह किसी आदमी को हम प्रलोभनों की पहुंच के ऊपर तभी कह सकते हैं जब कि वह प्रलोभनों से घिरा रहा हो और फिर भी उनका निवारण कर सका हो, उसी तरह हमने क्रोध को जीत लिया है ऐसा तभी कहा जा सकता है जब क्रोध का काफी कारण होने पर भी हम अपने ऊपर काबू रखने में कामयाब सिद्ध हों।[9]

कुछ विद्यार्थियों ने धरना देने के पुराने जंगलीपन को फिर से जिन्दा किया है। मैं इसे 'जंगलीपन' इसलिए कहता हूं कि यह दबाव डालने का भद्दा ढंग है। इसमें कायरता भी है, क्योंकि जो धरना देता है वह जानता है कि उसे कुचलकर कोई नहीं जायेगा। इस कृत्य को हिंसात्मक कहना तो कठिन है, मगर वह इससे भी बदतर जरूर है। अगर हम अपने विरोधी से लड़ते हैं तो कम-से-कम उसे बदले में वार करने का मौका तो देते हैं। लेकिन जब हम उसे अपने को कुचलकर निकलने की चुनौती देते हैं—यह जानते हुए कि वह ऐसा नहीं करेगा—तब हम उसे एक अत्यंत विषम और अपमानजनक स्थिति में रख देते हैं। मैं जानता हूं कि धरना देने के अत्यधिक जोश में विद्यार्थियों ने कभी सोचा भी नहीं होगा कि यह कृत्य जंगलीपन है। परन्तु जिससे यह आशा की जाती है कि वह अन्तःकरण की आवाज पर चलेगा और भारी विपत्तियों का अकेले ही सामना करेगा, वह विचारहीन नहीं बन सकता। इसलिए असहयोगियों को हर काम में पहले से ही सचेत रहना चाहिये। उनके काम में कोई अधीरता, कोई जंगलीपन, कोई गुस्ताखी और कोई अनुचित दबाव नहीं होना चाहिये।

यदि हम लोकशाही की सच्ची भावना का विकास करना चाहते हैं, तो हम असहिष्णु नहीं हो सकते। असहिष्णुता से अपने ध्येय में हमारे विश्वास की कमी प्रगट होती है।[10]

शासन के खिलाफ विवेकरहित विरोध चलाया जाय, तो उससे अराजकता की, अनियंत्रित स्वच्छंदता की स्थिति पैदा होगी और समाज अपने ही हाथों अपना नाश कर डालेगा।[11]

कानून की सविनय अवज्ञा की पूर्ववर्ती अनिवार्य शर्त यह है कि उसमें इस बात का पूरा आश्वासन होना चाहिये कि अवज्ञा-आन्दोलन में भाग लेने वालों की ओर से या आम जनता की ओर से कहीं कोई हिंसा नहीं होगी। हिंसक उपद्रव होने पर यह कहना कि उसके पीछे राज्य का या अवज्ञाकारियों का विरोध करने वाले दूसरे दलों का हाथ है उचित उत्तर नहीं है। जाहिर है कि सविनय अवज्ञा का आन्दोलन हिंसा के वातावरण में नहीं पनप सकता। इसका यह मतलब नहीं कि ऐसी स्थिति में सत्याग्रही के पास फिर कोई उपाय ही नहीं रह जाता। उसे सविनय अवज्ञा से भिन्न दूसरे उपायों की खोज करनी चाहिये।[12]

सत्याग्रह में उपवास

उपवास सत्याग्रह के शस्त्रागार का एक अत्यन्त शक्तिशाली अस्त्र है। उसे हर कोई नहीं कर सकता। केवल शारीरिक योग्यता इसके लिए कोई योग्यता नहीं है। ईश्वर में जीती-जागती श्रद्धा न हो, तो दूसरी योग्यतायें निरुपयोगी हैं। वह निरा यांत्रिक प्रयत्न या अनुकरण कभी नहीं होना चाहिये। उसकी प्रेरणा अपनी अन्तरात्मा की गहराई से आनी चाहिये। इसलिए वह बहुत विरल होता है।[13]

शुद्ध उपवास में स्वार्थ, क्रोध, अविश्वास या अधीरता के लिए कोई जगह नहीं हो सकती।... अपार धीरज, दृढ़ता, ध्येय में एकाग्र-निष्ठा, और पूर्ण शान्ति तो उपवास करने वाले में होनी ही चाहिये। ये सब गुण किसी व्यक्ति में एकाएक नहीं आ सकते। इसलिए जिसने यम-नियमादि का पालन करके अपना जीवन शुद्ध न कर लिया हो, उसे सत्याग्रह के हेतु से किया जाने वाला उपवास नहीं करना चाहिये।[14]

लेकिन मैं एक सामान्य सिद्धान्त का उल्लेख करना चाहूंगा। सत्याग्रही को उपवास अन्तिम उपाय के तौर पर ही करना चाहिये, यानी तब जब कि अपनी शिकायत दूर करवाने के और सब उपाय विफल हो गये हों। उपवास में अनुकरण के लिए कोई गुंजाइश नहीं है। जिसमें आन्तरिक शक्ति न हो उसे उपवास का विचार भी नहीं करना चाहिये। उपवास सफलता की आसक्ति रखकर कभी न किया जाय।...जिनमें उपवास का तत्त्व नहीं होता ऐसे उपहासास्पद उपवास बीमारी की तरह फैलते हैं और हानिकारक सिद्ध होते हैं।[15]

बेशक, इस बात से इनकार नहीं किया जा सकता कि उपवासों में बलात्कार का तत्त्व कभी-कभी जरूर हो सकता है। कोई स्वार्थपूर्ण उद्देश्य प्राप्त करने के लिए किये जाने वाले उपवासों में यह बात होती है। किसी व्यक्ति से उसकी इच्छा के खिलाफ पैसा खींचने या ऐसा कोई वैयक्तिक स्वार्थ सिद्ध करने के लिए किया गया उपवास अनुचित दबाव डालना या बलात्कार का प्रयोग करना ही

कहा जायेगा। मेरे खिलाफ किये गये उपवासों में—अथवा जब मुझे अपने खिलाफ उपवास करने की धमकियां दी गयी हैं तब—मैंने उसमें रहे अनुचित दबाव का सफल प्रतिरोध किया है। अगर यह कहा जाय कि स्वार्थपूर्ण और स्वार्थहीन प्रयोजनों की विभाजक रेखा बहुत अस्पष्ट है और इसलिए उनका ठीक निर्णय नहीं किया जा सकता, तो मेरी सलाह यह है कि जो आदमी किसी उपवास के उद्देश्य को स्वार्थपूर्ण या अन्यथा निंदनीय मानता है उसे उस उपवास के सामने झुकने से दृढ़तापूर्वक इनकार कर देना चाहिये, चाहे इस कारण उपवास करने वाले की मृत्यु ही क्यों न हो जाय।

यदि लोग ऐसे उपवासों की उपेक्षा करने लग जायं, जो उनके मतानुसार अनुचित उद्देश्यों की प्राप्ति के लिए किये गये हों, तो इन उपवासों में बलात्कार या अनुचित दबाव का जो दोष पाया जाता है उससे वे मुक्त हो जायेंगे। दूसरी मनुष्य-कृत कार्य-प्रणालियों की तरह उपवास के भी उचित और अनुचित दोनों प्रकार के उपयोग हो सकते हैं।[16]

22

किसान

यदि भारतीय समाज को शान्तिपूर्ण मार्ग पर सच्ची प्रगति करनी है, तो धनिक वर्ग को निश्चित रूप से स्वीकार कर लेना होगा कि किसान के पास भी वैसी ही आत्मा है जैसी उनके पास है और अपनी दौलत के कारण वे गरीब से श्रेष्ठ नहीं हैं। जैसा जापान के उमरावों ने किया, उसी तरह उन्हें भी अपने-आपको संरक्षक मानना चाहिये। उनके पास जो धन है उसे यह समझकर रखना चाहिये कि उसका उपयोग उन्हें अपने संरक्षित किसानों की भलाई के लिए करना है। उस हालत में वे अपने परिश्रम के कमीशन के रूप में वाजिब रकम से ज्यादा नहीं लेंगे। इस समय धनिक वर्ग के सर्वथा अनावश्यक दिखावे और फिजूल-खर्ची में तथा जिन किसानों के बीच में वे रहते हैं उनके गंदगी भरे वातावरण और कुचल डालने वाले दारिद्र्य में कोई अनुपात नहीं है। इसलिए एक आदर्श जमींदार किसान का बहुत कुछ बोझा, जो वह अभी उठा रहा है, एकदम घटा देगा। वह किसानों के गहरे संपर्क में आयेगा और उनकी आवश्यकताओं को जानकर उस निराशा के स्थान पर, जो उनके प्राणों को सुखाये डाल रही है, उनमें आशा का संचार करेगा। वह किसानों के सफाई और तन्दुरुस्ती के नियमों के अज्ञान को दर्शक की तरह देखता नहीं रहेगा बल्कि इस अज्ञान को दूर करेगा। किसानों के

जीवन की आवश्यकताओं की पूर्ति करने के लिए वह स्वयं अपने को दरिद्र बना लेगा। वह अपने किसानों की आर्थिक स्थिति का अध्ययन करेगा और ऐसे स्कूल खोलेगा, जिनमें किसानों के बच्चों के साथ-साथ अपने खुद के बच्चों को भी पढ़ायेगा। वह गांव के कुएं और तालाब को साफ करायेगा। वह किसानों को अपनी सड़कें और अपने पाखाने खुद आवश्यक परिश्रम करके साफ करना सिखायेगा। वह किसानों के बेरोक-टोक इस्तेमाल के लिए अपने खुद के बाग-बगीचे निःसंकोच भाव से खोल देगा। जो गैर-जरूरी इमारतें वह अपनी मौज के लिए रखता है, उनका उपयोग अस्पताल, स्कूल या ऐसे ही कामों के लिए करेगा।

यदि पूंजीपति वर्ग काल का संकेत समझकर सम्पत्ति के बारे में अपने इस विचार को बदल डाले कि उस पर उनका ईश्वर-प्रदत्त अधिकार है, तो जो सात लाख घूरे आज गांव कहलाते हैं उन्हें आनन-फानन में शान्ति, स्वास्थ्य और सुख के धाम बनाया जा सकता है। मुझे दृढ़ विश्वास है कि यदि पूंजीपति जापान के उमरावों का अनुकरण करें, तो वे सचमुच कुछ खोयेंगे नहीं और सब-कुछ पायेंगे। केवल दो मार्ग हैं जिनमें से हमें अपना चुनाव कर लेना है। एक तो यह कि पूंजीपति अपना अतिरिक्त संग्रह स्वेच्छा से छोड़ दें और उसके परिणामस्वरूप सबको वास्तविक सुख प्राप्त हो जाय। दूसरा यह कि अगर पूंजीपति समय रहते न चेतें तो करोड़ों जाग्रत किन्तु अज्ञान और भूखे लोग देश में ऐसी गड़बड़ मचा दें, जिसे एक बलशाली हुकूमत की फौजी ताकत भी नहीं रोक सकती। मैंने यह आशा रखी है कि भारतवर्ष इस विपत्ति से बचने में सफल रहेगा।[1]

किसानों का—फिर वे भूमिहीन मजदूर हों या मेहनत करने वाले जमीन-मालिक हों—स्थान पहला है। उनके परिश्रम से ही पृथ्वी फलप्रसू और समृद्ध हुई हैं और इसलिए सच कहा जाय तो जमीन उनकी ही है या होनी चाहिये, जमीन से दूर रहने वाले जमींदारों की नहीं। लेकिन अहिंसक पद्धति में मजदूर-किसान इन जमींदारों से उनकी जमीन बलपूर्वक नहीं छीन सकता। उसे इस तरह काम करना चाहिये कि जमींदार के लिए उसका शोषण करना असम्भव हो जाय। किसानों में आपस में घनिष्ठ सहकार होना नितान्त आवश्यक है। इस हेतु की पूर्ति के लिए, जहां वैसी समितियां न हों वहां वे बनायी जानी चाहिये और जहां हों वहां

किसानों का—फिर वे भूमिहीन मजदूर हों या मेहनत करने वाले जमीन-मालिक हों—स्थान पहला है। उनके परिश्रम से ही पृथ्वी फलप्रसू और समृद्ध हुई है और इसलिए सच कहा जाय तो जमीन उनकी ही है या होनी चाहिये, जमीन से दूर रहने वाले जमींदारों की नहीं।

आवश्यक होने पर उनका पुनर्गठन होना चाहिये। किसान ज्यादातर अपढ़ हैं। स्कूल जाने की उमर वालों को और वयस्कों को शिक्षा दी जानी चाहिये। शिक्षा पुरुषों और स्त्रियों, दोनों को दी जानी चाहिए। भूमिहीन खेतिहर मजदूरों की मजदूरी इस हद तक बढ़ाई जानी चाहिये कि वे सभ्यजनोचित जीवन की सुविधायें प्राप्त कर सकें। यानी, उन्हें संतुलित भोजन और आरोग्य की दृष्टि से जैसे चाहिये वैसे घर और कपड़े मिल सकें।[2]

मुझे इसमें कोई सन्देह नहीं कि यदि हमें लोकतांत्रिक स्वराज्य हासिल हो—और यदि हमने अपनी स्वतंत्रता अहिंसा से पायी तो जरूर ऐसा ही होगा—तो उसमें किसानों के पास राजनीतिक सत्ता के साथ हर किस्म की सत्ता होनी चाहिये।[3]

अगर स्वराज्य सारी जनता की कोशिशों के फलस्वरूप आता है, और चूंकि हमारा हथियार अहिंसा है इसलिए ऐसा ही होगा, तो किसानों को उनकी योग्य स्थिति मिलनी ही चाहिये और देश में उनकी आवाज ही सबसे ऊपर होनी चाहिये। लेकिन यदि ऐसा नहीं होता है और मर्यादित मताधिकार के आधार पर सरकार और प्रजा के बीच कोई व्यावहारिक समझौता हो जाता है, तो किसानों के हितों को ध्यान से देखते रहना होगा। अगर विधान-सभायें किसानों के हितों की रक्षा करने में असमर्थ सिद्ध होती हैं, तो किसानों के पास सविनय अवज्ञा और असहयोग का अचूक इलाज तो हमेशा होगा ही। लेकिन... अंत में अन्याय या दमन से जो चीज प्रजा की रक्षा करती है, वह कागजों पर लिखे जाने वाले कानून, वीरतापूर्ण शब्द या जोशीले भाषण नहीं हैं, बल्कि अहिंसक संघटन, अनुशासन और बलिदान से पैदा होने वाली ताकत हैं।[4]

23

गांवों की ओर

मेरा विश्वास है और मैंने इस बात को असंख्य बार दुहराया है कि भारत अपने चन्द शहरों में नहीं बल्कि सात लाख गांवों में बसा हुआ है। लेकिन हम शहरवासियों का खयाल है कि भारत शहरों में ही है और गांवों का निर्माण शहरों की जरूरतें पूरी करने के लिए ही हुआ है। हमने कभी यह सोचने की तकलीफ ही नहीं उठाई कि उन गरीबों को पेट भरने जितना अन्न और शरीर ढकने जितना कपड़ा मिलता है या नहीं और धूप तथा वर्षा से बचने के लिए उनके सिर पर छप्पर है या नहीं।[1]

हमें आदर्श ग्रामवासी बनना है; ऐसे ग्रामवासी नहीं जिन्हें सफाई की या तो कोई समझ ही नहीं है या है तो बहुत विचित्र प्रकार की, और जो इस बात का कोई विचार ही नहीं करते कि वे क्या खाते हैं और कैसे खाते हैं। उनमें से ज्यादातर लोग चाहे जिस तरह अपना खाना पका लेते हैं, किसी भी तरह खा लेते हैं और किसी भी तरह रह लेते हैं। वैसा हमें नहीं करना है। हमें चाहिये कि हम उन्हें आदर्श आहार बतलायें। आहार के चुनाव में हमें अपनी रुचियों और अरुचियों का विचार नहीं करना चाहिये, बल्कि खाद्य वस्तुओं के पोषक तत्त्वों पर ही नजर रखनी चाहिये।

मैंने पाया है कि शहरवासियों ने आम तौर पर ग्रामवासियों का शोषण किया है; सच तो यह है कि वे गरीब ग्रामवासियों की ही मेहनत पर जीते हैं। भारत के निवासियों की हालत पर कई ब्रिटिश अधिकारियों ने बहुत कुछ लिखा है। जहां तक मैं जानता हूं किसी ने भी यह नहीं कहा है कि भारतीय ग्रामवासियों को भरपेट अन्न मिलता है। उलटे, उन्होंने यह स्वीकार किया है कि अधिकांश आबादी लगभग भुखमरी की हालत में रहती है, दस प्रतिशत अधभूखी रहती है और लाखों लोग चुटकीभर नमक और मिर्चों के साथ मशीनों का पालिश किया हुआ निःसत्त्व चावल या रूखा-सूखा अनाज खाकर अपना गुजारा चलाते हैं।

आप विश्वास कीजिये कि यदि उस किस्म के भोजन पर हम लोगों में से किसी को रहने के लिए कहा जाय, तो हम एक माह से ज्यादा जीने की आशा नहीं कर सकते, या फिर हमें यह डर लगेगा कि ऐसा खाने में कहीं हमारी दिमागी शक्तियां नष्ट न हो जायं। लेकिन हमारे ग्रामवासियों को इस हालत में से रोज-रोज गुजरना पड़ता है।[2]

हमारी आबादी का पचहत्तर प्रतिशत से ज्यादा हिस्सा कृषिजीवी है। लेकिन यदि हम उनसे उनकी मेहनत का सारा फल खुद छीन लें या दूसरों को छीन लेने दें, तो यह नहीं कहा जा सकता कि हममें स्वराज्य की भावना काफी मात्रा में है।[3]

शहर अपनी हिफाजत आप कर सकते हैं। हमें तो अपना ध्यान गांवों की ओर लगाना चाहिये। हमें उन्हें उनकी संकुचित दृष्टि, उनके पूर्वाग्रहों और वहमों आदि से मुक्त करना है; और इसे करने का सिवा इसके और कोई तरीका नहीं है कि हम उनके साथ उनके बीच में रहें, उनके सुख-दुःख में हिस्सा लें और उनमें शिक्षा का तथा उपयोगी ज्ञान का प्रचार करें।[4]

हमें आदर्श ग्रामवासी बनना है; ऐसे ग्रामवासी नहीं जिन्हें सफाई की या तो

कोई समझ ही नहीं है या है तो बहुत विचित्र प्रकार की, और जो इस बात का कोई विचार ही नहीं करते कि वे क्या खाते हैं और कैसे खाते हैं। उनमें से ज्यादातर लोग चाहे जिस तरह अपना खाना पका लेते हैं, किसी भी तरह खा लेते हैं और किसी भी तरह रह लेते हैं। वैसा हमें नहीं करना है। हमें चाहिये कि हम उन्हें आदर्श आहार बतलायें। आहार के चुनाव में हमें अपनी रुचियों और अरुचियों का विचार नहीं करना चाहिये, बल्कि खाद्य वस्तुओं के पोषक तत्त्वों पर ही नजर रखनी चाहिये।[5]

हमें जिनकी पीठ पर जलता हुआ सूरज अपनी किरणों के तीर बरसाता है और उस हालत में भी जो कठिन परिश्रम करते रहते हैं उन ग्रामवासियों से एकता साधनी है। हमें सोचना है कि जिस पोखर में वे नहाते हैं और अपने कपड़े तथा बरतन धोते हैं और जिसमें उनके पशु लोटते और पानी पीते हैं, उसी में से यदि हमें भी उनकी तरह पीने का पानी लेना पड़े तो हमें कैसा लगेगा। तभी हम उस जनता का ठीक प्रतिनिधित्व कर सकेंगे और तब वे हमारे कहने पर जरूर ध्यान देंगे।[6]

हमें उन्हें बताना है कि वे अपनी साग-भाजियां विशेष कुछ खर्च किये बिना खुद उगा सकते हैं और अपने स्वास्थ्य की ठीक रक्षा कर सकते हैं। हमें उन्हें यह भी सिखाना है कि पत्ता-भाजियों को वे जिस तरह पकाते हैं, उसमें उनके अधिकांश विटामिन नष्ट हो जाते हैं।[7]

हमें उन्हें यह सिखाना है कि वे समय, स्वास्थ्य और पैसे की बचत कैसे कर सकते हैं। लिओनेल कार्टिस ने हमारे गांवों का वर्णन करते हुए उन्हें 'घूरे के ढेर' कहा है। हमें उन्हें आदर्श बस्तियों में बदलना है। हमारे ग्रामवासियों को शुद्ध हवा नहीं मिलती, यद्यपि वे शुद्ध हवा से घिरे हुए हैं; उन्हें ताजा अन्न नहीं मिलता, यद्यपि उनके चारों ओर ताजे-से-ताजा अन्न होता है। इस अन्न के मामले में मैं मिशनरी की तरह इसीलिए बोलता हूं कि मैं गांवों को एक सुन्दर दर्शनीय वस्तु बना देने की आकांक्षा रखता हूं।[8]

क्या भारत के गांव हमेशा वैसे ही थे जैसे कि वे आज हैं, इस प्रश्न की छान-बीन करने से कोई लाभ नहीं होगा। अगर वे कभी भी इससे अच्छे नहीं थे तो इससे हमारी पुरानी सभ्यता का, जिस पर हम इतना अभिमान करते हैं, एक बड़ा दोष प्रगट होता है। लेकिन यदि वे कभी अच्छे नहीं थे तो सदियों से चली आ रही नाश की क्रिया को, जो हम अपने आस-पास आज भी देख रहे हैं, वे कैसे सह सके?... हर एक देश-प्रेमी के सामने आज जो काम है वह यह है कि इस नाश की क्रिया को कैसे रोका जाय या दूसरे शब्दों में भारत के गांवों का पुनर्निर्माण कैसे किया जाय, ताकि किसी के लिए भी उनमें रहना उतना ही

आसान हो जाय जितना आसान वह शहरों में माना जाता है। सचमुच हर एक देशभक्त के सामने आज यही काम है। सम्भव है कि ग्रामवासियों का पुनरुद्धार अशक्य हो, और यही सच हो कि ग्राम-सभ्यता के दिन अब बीत गये हैं और सात लाख गांवों की जगह अब केवल सात सौ सुव्यवस्थित शहर ही रहेंगे और उनमें 30 करोड़ आदमी नहीं, केवल तीन ही करोड़ आदमी रहेंगे। अगर भारत के भाग्य में यही हो तो भी यह स्थिति एक दिन में तो नहीं आयेगी; आखिर गांवों और ग्रामवासियों की इतनी बड़ी संख्या के मिटने में और जो बच रहेंगे उनका शहरों और शहरवासियों में परिवर्तन करने में समय तो लगेगा ही।[9]

ग्राम-सुधार आन्दोलन में केवल ग्रामवासियों के ही शिक्षण की बात नहीं है; शहरवासियों को भी उससे उतना ही शिक्षण लेना है। इस काम को उठाने के लिए शहरों से जो कार्यकर्ता आयें, उन्हें ग्राम-मानस का विकास करना है और ग्रामवासियों की तरह रहने की कला सीखनी है। इसका यह अर्थ नहीं कि उन्हें ग्रामवासियों की तरह भूखे मरना है; लेकिन इसका यह अर्थ जरूर है कि जीवन की उनकी पुरानी पद्धति में आमूल परिवर्तन होना चाहिये।[10]

इसका एक ही उपाय है : हम जाकर उनके बीच में बैठ जायें और उनके आश्रयदाताओं की तरह नहीं बल्कि उनके सेवकों की तरह दृढ़ निष्ठा से उनकी सेवा करें; हम उनके भंगी बन जायें और उनके स्वास्थ्य की रक्षा करने वाले परिचारक बन जायें। हमें अपने सारे पूर्वाग्रह भुला देने चाहिये। एक क्षण के लिए हम स्वराज्य को भी भूल जायें और अमीरों की बात तो भूल ही जायें, यद्यपि उनका होना हमें हर कदम पर खटकता है। वे तो अपनी जगह हैं ही। और कई लोग हैं जो इन बड़े सवालों को सुलझाने में लगे हुए हैं। हमें तो गांवों के सुधार के इस छोटे काम में लग जाना चाहिये, जो आज भी जरूरी है और तब भी जरूरी होगा जब हम अपना उद्देश्य प्राप्त कर चुकेंगे। सच तो यह है कि ग्रामकार्य की यह सफलता स्वयं हमें अपने उद्देश्य के निकट ले जायेगी।[11]

ग्राम-बस्तियों का पुनरुत्थान होना चाहिये। भारतीय गांव भारतीय शहरों की सारी जरूरतें पैदा करते थे और उन्हें देते थे। भारत की गरीबी तब शुरू हुई जब हमारे शहर विदेशी माल के बाजार बन गये और विदेशों का सस्ता और भद्दा माल गांवों में भरकर उन्हें चूसने लगे।[12]

गांवों और शहरों के बीच स्वास्थ्यपूर्ण और नीतियुक्त सम्बंध का निर्माण तब होगा जब कि शहरों को अपने इस कर्त्तव्य का ज्ञान होगा कि उन्हें गांवों का अपने स्वार्थ के लिए शोषण करने के बजाय गांवों से जो शक्ति और पोषण वे प्राप्त करते हैं उसका पर्याप्त बदला देना चाहिये। और यदि समाज के पुनर्निर्माण के इस महान और उदात्त कार्य में शहर के बालकों को अपना हिस्सा अदा करना है,

तो जिन उद्योगों के द्वारा उन्हें अपनी शिक्षा दी जाती है वे गांवों की जरूरतों से सीधे सम्बन्धित होने चाहिये।[13]

हमें गांवों को अपने चंगुल में जकड़ रखने वाली जिस त्रिविध बीमारी का इलाज करना है, वह इस प्रकार है : 1. सार्वजनिक स्वच्छता की कमी, 2. पर्याप्त और पोषक आहार की कमी, 3. ग्रामवासियों की जड़ता।... ग्रामवासी जनता अपनी उन्नति की ओर से उदासीन है। स्वच्छता के आधुनिक उपायों को न तो वे समझते हैं और न उनकी कद्र करते हैं। अपने खेतों को जोतने-बोने या जिस किस्म का परिश्रम वे करते आये हैं वैसा परिश्रम करने के सिवा अधिक कोई श्रम करने के लिए वे राजी नहीं हैं। ये कठिनाइयां वास्तविक और गम्भीर हैं। लेकिन उनसे हमें घबड़ाने की या हतोत्साह होने की जरूरत नहीं। हमें अपने ध्येय और कार्य में अमिट श्रद्धा होनी चाहिये। हमारे व्यवहार में धीरज होना चाहिये। ग्रामकार्य में हम खुद नौसिखिया ही तो हैं। हमें एक पुरानी और जटिल बीमारी का इलाज करना है। धीरज और सतत परिश्रम से, यदि हममें ये गुण हों तो, कठिनाइयों के पहाड़ तक जीते जा सकते हैं। हम उन परिचारिकाओं की स्थिति में हैं, जो उन्हें सौंपे हुए बीमारों को इसलिए नहीं छोड़ सकतीं कि उन बीमारों की बीमारी असाध्य है।[14]

इन भारतीय किसानों से ज्यों ही तुम बातचीत करोगे और वे तुमसे बोलने, लगेंगे, त्यों ही तुम देखोगे कि उनके होंठों से ज्ञान का निर्झर बहता है। तुम देखोगे कि उनके अनगढ़ बाहरी रूप के पीछे आध्यात्मिक अनुभव और ज्ञान का गहरा सरोवर भरा पड़ा है। मैं इसी चीज को संस्कृति कहता हूं। पश्चिम में तुम्हें यह चीज नहीं मिलेगी। तुम किसी यूरोपीय किसान से बातचीत करके देखो; तुम पाओगे कि उसे आध्यात्मिक वस्तुओं में कोई रस नहीं है।[15]

भारतीय किसान में फूहड़पन के बाहरी आवरण के पीछे युगों पुरानी संस्कृति छिपी पड़ी है। इस बाहरी आवरण को अलग कर दें, उसकी दीर्घकालीन गरीबी और निरक्षरता को हटा दें, तो हमें सुसंस्कृत, सभ्य और आजाद नागरिक का एक सुन्दर-से-सुन्दर नमूना मिल जायेगा।[16]

24

ग्राम-स्वराज्य

ग्राम-स्वराज्य की मेरी कल्पना यह है कि वह एक ऐसा पूर्ण प्रजातंत्र होगा, जो अपनी अहम जरूरतों के लिए अपने पड़ोसी पर भी निर्भर नहीं करेगा; और फिर

भी बहुतेरी दूसरी जरूरतों के लिए—जिनमें दूसरों का सहयोग अनिवार्य होगा—वह परस्पर सहयोग से काम लेगा। इस तरह हर एक गांव का पहला काम यह होगा कि वह अपनी जरूरत का तमाम अनाज और कपड़े के लिए कपास खुद पैदा कर ले। उसके पास इतनी सुरक्षित जमीन होनी चाहिये, जिसमें ढोर चर सकें और गांव के बड़ों व बच्चों के लिए मनबहलाव के साधन और खेल-कूद के मैदान वगैरा का बन्दोबस्त हो सके। इसके बाद भी जमीन बची तो उसमें वह ऐसी उपयोगी फसलें बोयेगा, जिन्हें बेचकर वह आर्थिक लाभ उठा सके; यों वह गांजा, तम्बाकू, अफीम वगैरा की खेती से बचेगा।

हर एक गांव में गांव की अपनी एक नाटकशाला, पाठशाला और सभा-भवन रहेगा। पानी के लिए उसका अपना इन्तजाम होगा—वाटर वर्क्स होंगे—जिससे गांव के सभी लोगों को शुद्ध पानी मिला करेगा। कुओं और तालाबों पर गांव का पूरा नियंत्रण रखकर यह काम किया जा सकता है। बुनियादी तालीम के आखिरी दरजे तक शिक्षा सब के लिए लाजिमी होगी। जहां तक हो सकेगा, गांव के सारे काम सहयोग के आधार पर किये जायेंगे। जात-पांत और क्रमागत अस्पृश्यता के जैसे भेद आज हमारे समाज में पाये जाते हैं, वैसे इस ग्राम-समाज में बिलकुल नहीं रहेंगे।[1]

सत्याग्रह और असहयोग के शस्त्र के साथ अहिंसा की सत्ता ही ग्रामीण समाज का शासन-बल होगी। गांव की रक्षा के लिए ग्राम-सैनिकों का एक ऐसा दल रहेगा, जिसे लाजिमी तौर पर बारी-बारी से गांव के चौकी-पहरे का काम करना होगा। इसके लिए गांव में ऐसे लोगों का रजिस्टर रखा जायेगा। गांव का शासन चलाने के लिए हर साल गांव के पांच आदमियों की एक पंचायत चुनी जायेगी। इसके लिए नियमानुसार एक खास निर्धारित योग्यता वाले गांव के बालिग स्त्री-पुरुषों को अधिकार होगा कि वे अपने पंच चुन लें। इन पंचायतों को सब प्रकार की आवश्यक सत्ता और अधिकार रहेंगे। चूंकि इस ग्राम-स्वराज्य में आज के प्रचलित अर्थों में सजा या दंड का कोई रिवाज नहीं रहेगा, इसलिए यह पंचायत अपने एक साल के कार्यकाल में स्वयं ही धारा सभा, न्याय सभा और कार्यकारिणी सभा का सारा काम संयुक्त रूप से करेगी।

आज भी अगर कोई गांव चाहे तो अपने यहां इस तरह का प्रजातंत्र कायम कर सकता है। उसके इस काम में मौजूदा सरकार भी ज्यादा दस्तंदाजी नहीं करेगी। क्योंकि उसका गांव से जो भी कारगर संबंध है, वह सिर्फ मालगुजारी वसूल करने तक ही सीमित है। यहां मैंने इस बात का विचार नहीं किया है कि इस तरह के गांव का अपने पास-पड़ोस के गांवों के साथ या केन्द्रीय सरकार के साथ, अगर वैसी कोई सरकार हुई, क्या संबंध रहेगा। मेरा हेतु तो ग्राम-शासन

की एक रूपरेखा पेश करने का ही है। इस ग्राम-शासन में व्यक्तिगत स्वतंत्रता पर आधार रखने वाला संपूर्ण प्रजातंत्र काम करेगा। व्यक्ति ही अपनी इस सरकार का निर्माता भी होगा। उसकी सरकार और वह दोनों अहिंसा के नियम के वश होकर चलेंगे। अपने गांव के साथ वह सारी दुनिया की शक्ति का मुकाबला कर सकेगा। क्योंकि हर एक देहाती के जीवन का सबसे बड़ा नियम यह होगा कि वह अपनी और अपने गांव की इज्जत की रक्षा के लिए मर मिटे।

संभव है ऐसे गांव को तैयार करने में एक आदमी की पूरी जिन्दगी खतम हो जाय। सच्चे प्रजातंत्र का और ग्राम-जीवन का कोई भी प्रेमी एक गांव को लेकर बैठ सकता है और उसी को अपनी सारी दुनिया मानकर उसके काम में मशगूल रह सकता है। निश्चय ही उसे इसका अच्छा फल मिलेगा। वह गांव में बैठते ही एक साथ गांव के भंगी, कतवैये, चौकीदार, वैद्य और शिक्षक का काम शुरू कर देगा। अगर गांव का कोई आदमी उसके पास न फटके, तो भी वह संतोष के साथ अपने सफाई और कताई के काम में जुटा रहेगा।[2]

देहात वालों में ऐसी कला और कारीगरी का विकास होना चाहिये, जिससे बाहर उनकी पैदा की हुई चीजों की कीमत की जा सके। जब गांवों का पूरा-पूरा विकास हो जायेगा, तो देहातियों की बुद्धि और आत्मा को संतुष्ट करने वाली कला-कारीगरों के धनी स्त्री-पुरुषों की गांवों में कमी नहीं रहेगी। गांव में कवि होंगे, चित्रकार होंगे, शिल्पी होंगे, भाषा के पंडित और शोध करने वाले लोग भी होंगे। थोड़े में, जिन्दगी की ऐसी कोई चीज न होगी जो गांव में न मिले। आज हमारे देहात उजड़े हुए और कूड़े-कचरे के ढेर बने हुए हैं। कल वहीं सुन्दर बगीचे होंगे और ग्रामवासियों को ठगना या उनका शोषण करना असंभव हो जायेगा।

इस तरह के गांवों की पुनर्रचना का काम आज से ही शुरू हो जाना चाहिये। गांवों की पुनर्रचना का काम कामचलाऊ नहीं, बल्कि स्थायी होना चाहिये।

उद्योग, हुनर, तन्दुरुस्ती और शिक्षा इन चारों का सुन्दर समन्वय करना चाहिये। नई तालीम में उद्योग और शिक्षा, तन्दुरुस्ती और हुनर का सुन्दर समन्वय है। इन सबके मेल से मां के पेट में आने के समय से लेकर बुढ़ापे तक का एक खूबसूरत फूल तैयार होता है। यही नई तालीम है। इसलिए मैं शुरू में ग्राम-रचना के टुकड़े नहीं करूंगा, बल्कि यह कोशिश करूंगा कि इन चारों का आपस में मेल बैठे। इसलिए मैं किसी उद्योग और शिक्षा को अलग नहीं मानूंगा, बल्कि उद्योग को शिक्षा का जरिया मानूंगा, और इसीलिए ऐसी योजना में नई तालीम को शामिल करूंगा।[3]

मेरी कल्पना की ग्राम-इकाई मजबूत-से-मजबूत होगी। मेरी कल्पना के

गांव में 1000 आदमी रहेंगे। ऐसे गांव को अगर स्वावलम्बन के आधार पर अच्छी तरह संगठित किया जाय, तो वह बहुत कुछ कर सकता है।[4]

आदर्श भारतीय ग्राम इस तरह बनाया जायेगा कि उसमें आसानी से स्वच्छता की पूरी-पूरी व्यवस्था रहे। उसकी झोंपड़ियों में पर्याप्त प्रकाश और हवा का प्रबन्ध होगा, और उनके निर्माण में जिस सामान का उपयोग होगा वह ऐसा होगा, जो गांव के आस-पास पांच मील की त्रिज्या के अन्दर आने वाले प्रदेश में मिल सके। इन झोंपड़ियों में आंगन या खुली जगह होगी, जहां उस घर के लोग अपने उपयोग के लिए साग-भाजियां उगा सकें और अपने मवेशियों को रख सकें। गांव की गलियां और सड़कें जिस धूल को हटाया जा सकता है उससे मुक्त होंगी। उस गांव में उसकी आवश्यकता के अनुसार कुएं होंगे और वे सबके लिए खुले होंगे। उसमें सब लोगों के लिए पूजा के स्थान होंगे, सबके लिए एक सभा-भवन होगा, मवेशियों के चरने के लिए गांव का चरागाह होगा, सहकारी डेरी होगी, प्राथमिक और माध्यमिक शालायें होंगी जिनमें मुख्यत: औद्योगिक शिक्षा दी जायेगी, और झगड़ों के निपटारे के लिए ग्राम-पंचायत होगी। वह अपना अनाज, साग-भाजियां और फल तथा खादी खुद पैदा कर लेगा।[5]

25

पंचायत राज

आजादी नीचे से शुरू होनी चाहिये। हर एक गांव में जमहूरी सल्तनत या पंचायत का राज होगा। उसके पास पूरी सत्ता और ताकत होगी। इसका मतलब यह है कि हर एक गांव को अपने पांव पर खड़ा होना होगा—अपनी जरूरतें खुद पूरी कर लेनी होंगी, ताकि वह अपना सारा कारोबार खुद चला सके। यहां तक कि वह सारी दुनिया के खिलाफ अपनी रक्षा खुद कर सके। उसे तालीम देकर इस हद तक तैयार करना होगा कि वह बाहरी हमले के मुकाबले में अपनी रक्षा करते हुए मर-मिटने के लायक बन जाय। इस तरह आखिर हमारी बुनियाद व्यक्ति पर होगी। इसका यह मतलब नहीं कि पड़ोसियों पर या दुनिया पर भरोसा न रखा जाय; या उनकी राजी-खुशी से दी हुई मदद न ली जाय। कल्पना यह है कि सब लोग आजाद होंगे और सब एक-दूसरे पर अपना असर डाल सकेंगे। जिस समाज का हर एक आदमी यह जानता है कि उसे क्या चाहिये और इससे भी बढ़कर जिसमें यह माना जाता है कि बराबरी की मेहनत करके भी दूसरों को जो

आजादी नीचे से शुरू होनी चाहिये।

चीज नहीं मिलती है वह खुद भी किसी को नहीं लेनी चाहिये, वह समाज जरूर ही बहुत ऊंचे दरजे की सभ्यता वाला होना चाहिये।

ऐसे समाज की रचना सत्य और अहिंसा पर ही हो सकती है। मेरी राय है कि जब तक ईश्वर पर जीता-जागता विश्वास न हो, तब तक सत्य और अहिंसा पर चलना असंभव है। ईश्वर या खुदा वह जिन्दा ताकत है, जिसमें दुनिया की तमाम ताकतें समा जाती हैं। वह किसी का सहारा नहीं लेती और दुनिया की दूसरी सब ताकतों के खतम हो जाने पर भी कायम रहती है। इस जीती-जागती रोशनी पर, जिसने अपने दामन में सब-कुछ लपेट रखा है, मैं यदि विश्वास न रखूं, तो मैं समझ न सकूंगा कि मैं आज किस तरह जिन्दा हूं।

ऐसा समाज अनगिनत गांवों का बना होगा। उसका फैलाव एक के ऊपर एक के ढंग पर नहीं, बल्कि लहरों की तरह एक के बाद एक की शकल में होगा। जिन्दगी मीनार की शकल में नहीं होगी, जहां ऊपर की तंग चोटी को नीचे के चौड़े पाये पर खड़ा होना पड़ता है। वहां तो समुद्र की लहरों की तरह जिन्दगी एक के बाद एक घेरे की शकल में होगी और व्यक्ति उसका मध्यबिन्दु होगा। यह व्यक्ति हमेशा अपने गांव के खातिर मिटने को तैयार रहेगा। गांव अपने इर्दगिर्द के गांवों के लिए मिटने को तैयार होगा। इस तरह आखिर सारा समाज ऐसे लोगों का बन जायेगा, जो उद्धत बनकर कभी किसी पर हमला नहीं करते, बल्कि हमेशा नम्र रहते हैं और अपने में समुद्र की उस शान को महसूस करते हैं जिसके वे एक जरूरी अंग हैं।

इसलिए सबसे बाहर का घेरा या दायरा अपनी ताकत का उपयोग भीतर वालों को कुचलने में नहीं करेगा, बल्कि उन सबको ताकत देगा और उनसे ताकत पायेगा। मुझे ताना दिया जा सकता है कि यह सब तो खयाली तस्वीर है, इसके बारे में सोचकर वक्त क्यों बिगाड़ा जाय? युक्लिड की परिभाषा वाला बिन्दु कोई मनुष्य खींच नहीं सकता, फिर भी उसकी कीमत हमेशा रही है और रहेगी। इसी तरह मेरी इस तस्वीर की भी कीमत है। इसके लिए मनुष्य जिन्दा रह सकता है। अगरचे इस तस्वीर को पूरी तरह बनाना या पाना संभव नहीं है, तो भी इस सही तस्वीर को पाना या इस हद तक पहुंचना हिन्दुस्तान की जिन्दगी का मकसद होना चाहिये। जिस चीज को हम चाहते हैं उसकी सही-सही तस्वीर हमारे सामने होनी चाहिये, तभी हम उससे मिलती-जुलती कोई चीज पाने की आशा रख सकते हैं। अगर हिन्दुस्तान के हर एक गांव में कभी पंचायती राज कायम हुआ, तो मैं अपनी इस तस्वीर की सच्चाई साबित कर सकूंगा—जिसमें सबसे पहला और सबसे आखिरी दोनों बराबर होंगे या यों कहिये कि न तो कोई पहला होगा, न आखिरी।

इस तस्वीर में हर एक धर्म की अपनी पूरी और बराबरी की जगह होगी। हम सब एक ही आलीशान पेड़ के पत्ते हैं। इस पेड़ की जड़ हिलाई नहीं जा सकती, क्योंकि वह पाताल तक पहुंची हुई है। जबरदस्त से जबरदस्त आंधी भी उसे हिला नहीं सकती।

इस तस्वीर में उन मशीनों के लिए कोई जगह नहीं होगी, जो मनुष्य की मेहनत की जगह लेकर कुछ लोगों के हाथों में सारी ताकत इकट्ठी कर देती हैं।

जब पंचायत राज स्थापित हो जायेगा तब लोकमत ऐसे भी अनेक काम कर दिखायेगा, जो हिंसा कभी नहीं कर सकती।

सभ्य लोगों की दुनिया में मेहनत की अपनी अनोखी जगह है। उसमें ऐसी मशीनों की गुंजाइश होगी, जो हर आदमी को उसके काम में मदद पहुंचायें। लेकिन मुझे कबूल करना चाहिये कि मैंने कभी बैठकर यह सोचा नहीं कि इस तरह की मशीन कैसी हो सकती है। सिलाई की सिंगर मशीन का खयाल मुझे आया था। लेकिन उसका जिक्र भी मैंने यों ही कर दिया था। अपनी इस तसवीर को पूर्ण बनाने के लिए मुझे उसकी जरूरत नहीं।[1]

जब पंचायत राज स्थापित हो जायेगा तब लोकमत ऐसे भी अनेक काम कर दिखायेगा, जो हिंसा कभी नहीं कर सकती। जमींदारों, पूंजीपतियों और राजाओं की मौजूदा सत्ता तभी तक चल सकती है, जब तक कि सामान्य जनता को अपनी शक्ति का भान नहीं होता। अगर लोग जमींदारी और पूंजीवाद की बुराई से सहयोग करना बन्द कर दें, तो वह पोषण के अभाव में खुद ही मर जायेगी। पंचायत राज्य में केवल पंचायत की आज्ञा मानी जायेगी और पंचायत अपने बनाये हुए कानून के द्वारा ही अपना कार्य करेगी।[2]

26

ग्रामोद्योग

ग्रामोद्योगों का यदि लोप हो गया, तो भारत के 7 लाख गांवों का सर्वनाश ही समझिये।

ग्रामोद्योग-सम्बंधी मेरी प्रस्तावित योजना पर इधर दैनिक पत्रों में जो टीकायें हुई हैं उन्हें मैंने पढ़ा है। कई पत्रों ने तो मुझे यह सलाह दी है कि मनुष्य की अन्वेषण-बुद्धि ने प्रकृति की जिन शक्तियों को अपने वश में कर लिया है, उनका उपयोग करने से ही गांवों की मुक्ति होगी। उन आलोचकों का यह कहना

है कि प्रगतिशील पश्चिम में जिस तरह पानी, हवा, तेल और बिजली का पूरा-पूरा उपयोग हो रहा है, उसी तरह हमें भी इन चीजों को काम में लाना चाहिये। वे कहते हैं कि इन गुप्त प्राकृतिक शक्तियों पर कब्जा कर लेने से प्रत्येक अमेरिका-वासी 33 गुलामों को रख सकता है, अर्थात् 33 गुलामों का काम वह इन शक्तियों के द्वारा ले सकता है।

इस रास्ते अगर हम हिन्दुस्तान में चले, तो मैं यह बेधड़क कह सकता हूं कि प्रत्येक मनुष्य को 33 गुलाम मिलने के बजाय इस मुल्क के एक-एक मनुष्य की गुलामी 33 गुनी बढ़ जायेगी।

यंत्रों से काम लेना उसी अवस्था में अच्छा होता है, जब कि किसी निर्धारित काम को पूरा करने के लिए आदमी बहुत ही कम हों या नपे-तुले हों। पर यह बात हिन्दुस्तान में तो है नहीं। यहां काम के लिए जितने आदमी चाहिये, उनसे कहीं अधिक बेकार पड़े हुए हैं। इसलिए उद्योगों के यंत्रीकरण से यहां की बेकारी घटेगी या बढ़ेगी? कुछ वर्गगज जमीन खोदने के लिए मैं हल का उपयोग नहीं करूंगा। हमारे यहां सवाल यह नहीं है कि हमारे गांवों में जो लाखों-करोड़ों आदमी पड़े हैं उन्हें परिश्रम की चक्की से निकालकर किस तरह छुट्टी दिलाई जाय, बल्कि यह है कि उन्हें साल में जो कुछ महीनों का समय यों ही बैठे-बैठे आलस में बिताना पड़ता है उसका उपयोग कैसे किया जाय। कुछ लोगों को मेरी यह बात शायद विचित्र लगेगी, पर दरअसल बात यह है कि प्रत्येक मिल सामान्यतः आज गांवों की जनता के लिए त्रास रूप हो रही है। उनकी रोजी पर ये मायाविनी मिलें छापा मार रही हैं। मैंने बारीकी से आंकड़े एकत्र नहीं किये हैं, पर इतना तो मैं कह ही सकता हूं कि गांवों में बैठकर कम-से-कम दस मजदूर जितना काम करते हैं उतना ही काम मिल का एक मजदूर करता है। इसे यों भी कह सकते हैं कि दस आदमियों की रोजी छीनकर यह एक आदमी गांव में जितना कमाता था उससे कहीं अधिक कमा रहा है। इस तरह कताई और बुनाई की मिलों ने गांवों के लोगों की जीविका का एक बड़ा भारी साधन छीन लिया है।

ऊपर की दलील का यह कोई जवाब नहीं है कि ये मिलें जो कपड़ा तैयार करती हैं वह अधिक अच्छा और काफी सस्ता होता है। कारण यह है कि इन मिलों ने अगर हजारों मजदूरों का धंधा छीनकर उन्हें बेकार बना दिया है, तो सस्ते-से-सस्ता मिल का कपड़ा गावों की बनी हुई महंगी-से-महंगी खादी से भी ज्यादा महंगा है। कोयले की खान में काम करने वाले मजदूर जहां रहते हैं वहीं वे कोयले का उपयोग कर सकते हैं, इसलिए उन्हें कोयला महंगा नहीं पड़ता। इसी तरह जो ग्रामवासी अपनी जरूरत भर के लिए खुद खादी बना लेता

है, उसे वह महंगी नहीं पड़ती। पर मिलों का बना कपड़ा अगर गांवों के लोगों को बेकार बना रहा है, तो चावल कूटने और आटा पीसने की मिलें हजारों स्त्रियों की न केवल रोजी ही छीन रही हैं, बल्कि बदले में तमाम जनता के स्वास्थ्य को हानि भी पहुंचा रही हैं। जहां लोगों को मांस खाने में कोई आपत्ति न हो और जहां मांसाहार पुसाता हो, वहां मैदा और पॉलिशदार चावल से शायद हानि न होती हो। लेकिन हमारे देश में, जहां करोड़ों आदमी ऐसे हैं जो मांस मिले तो खाने में आपत्ति नहीं करेंगे, पर जिन्हें मांस मिलता ही नहीं, उन्हें हाथ की चक्की के पिसे हुए गेहूं के आटे और हाथ-कुटे चावल के पौष्टिक तथा जीवनप्रद तत्त्वों से वंचित रखना एक प्रकार का पाप है। इसलिए डॉक्टरों तथा दूसरे आहार-विशेषज्ञों को चाहिये कि मैदे और मिल के कुटे पॉलिशदार चावल से लोगों के स्वास्थ्य की जो हानि हो रही है उससे वे जनता को आगाह कर दें।

मैंने सहज ही नजर में आने वाली जो कुछ मोटी-मोटी बातों की तरफ यहां ध्यान खींचा है, उसका उद्देश्य यही है कि अगर ग्रामवासियों को कुछ काम देना है तो वह यंत्रों के द्वारा संभव नहीं। उनके उद्धार का सच्चा मार्ग तो यही है कि जिन उद्योग-धंधों को वे अब तक किसी कदर करते चले आ रहे हैं, उन्हीं को भलीभांति जीवित किया जाय।[1]

ग्रामोद्योगों की योजना के पीछे मेरी कल्पना तो यह है कि हमें अपनी रोजमर्रा की आवश्यकतायें गांवों की बनी चीजों से ही पूरी करनी चाहिये; और जहां यह मालूम हो कि अमुक चीजें गांवों में मिलती ही नहीं, वहां हमें यह देखना चाहिये कि उन चीजों को थोड़े परिश्रम और संगठन से बनाकर गांव वाले उनसे कुछ मुनाफा उठा सकते हैं या नहीं। मुनाफे का अंदाज लगाने में हमें अपना नहीं, किन्तु गांववालों का खयाल रखना चाहिये। संभव है कि शुरू में हमें साधारण भाव से कुछ अधिक देना पड़े और चीज हलकी मिले। पर अगर हम उन चीजों के बनाने वालों के काम में रस लें और यह आग्रह रखें कि वे बढ़िया-से-बढ़िया चीजें तैयार करें, और सिर्फ आग्रह ही नहीं रखें बल्कि उन लोगों को पूरी मदद भी दें, तो यह हो नहीं सकता कि गांवों की बनी चीजों में दिन-दिन तरक्की न होती जाय।[2]

मैं कहूंगा कि अगर गांवों का नाश होता है तो भारत का भी नाश हो जायेगा। उस हालत में भारत भारत नहीं रहेगा।

मैं कहूंगा कि अगर गांवों का नाश होता है तो भारत का भी नाश हो जायेगा। उस हालत में भारत भारत नहीं रहेगा। दुनिया को उसे जो संदेश देना है उस संदेश को वह खो देगा।

गांवों में फिर से जान तभी आ सकती है, जब वहां की लूट-खसोट रुक जाय। बड़े पैमाने पर माल की पैदावार जरूर ही व्यापारिक प्रतिस्पर्धा तथा माल निकालने की धुन के साथ-साथ गांवों की प्रत्यक्ष अथवा अप्रत्यक्ष रूप से होने वाली लूट के लिए जिम्मेवार है। इसलिए हमें इस बात की सबसे ज्यादा कोशिश करनी चाहिये कि गांव हर बात में स्वावलम्बी और स्वयंपूर्ण हो जायं। वे अपनी जरूरतें पूरी करने भर के लिए चीजें तैयार करें। ग्रामोद्योग के इस अंग की अगर अच्छी तरह रक्षा की जाय, तो फिर भले ही देहाती लोग आजकल के उन यंत्रों और औजारों से भी काम ले सकते हैं, जिन्हें वे बना और खरीद सकते हैं। शर्त सिर्फ यही है कि दूसरों को लूटने के लिए उनका उपयोग नहीं होना चाहिये।[3]

सच तो यह है कि हमें गांवों वाला भारत और शहरों वाला भारत, इन दो में से एक को चुन लेना है। गांव उतने ही पुराने हैं जितना कि यह भारत पुराना है। शहरों को विदेशी आधिपत्य ने बनाया है। जब यह आधिपत्य मिट जायेगा, तब शहरों को गांवों के मातहत होकर रहना पड़ेगा। आज तो शहरों का बोलबाला है और वे गांवों की सारी दौलत खींच लेते हैं। इससे गांवों का ह्रास और नाश हो रहा है। गांवों का शोषण खुद एक संगठित हिंसा है। अगर हमें स्वराज्य की रचना अहिंसा के पाये पर करनी है, तो गांवों को उनका उचित स्थान देना होगा।[4]

बड़े पैमाने पर माल की पैदावार जरूर ही व्यापारिक प्रतिस्पर्धा तथा माल निकालने की धुन के साथ-साथ गांवों की प्रत्यक्ष अथवा अप्रत्यक्ष रूप से होने वाली लूट के लिए जिम्मेवार है।

खादी

मेरे विचार में खादी हिन्दुस्तान की समस्त जनता की एकता की, उसकी आर्थिक स्वतंत्रता और समानता की प्रतीक है, और इसलिए जवाहरलाल के काव्यमय शब्दों में कहूं तो वह 'हिन्दुस्तान की आजादी की पोशाक' है।

इसके सिवा, खादीवृत्ति का अर्थ है, जीवन के लिए जरूरी चीजों की उत्पत्ति और उनके बंटवारे का विकेन्द्रीकरण। इसलिए अब तक जो सिद्धान्त बना है वह यह है कि हर एक गांव को अपनी जरूरत की सब चीजें खुद पैदा कर लेनी चाहिये, और शहरों की जरूरतें पूरी करने के लिए कुछ अधिक उत्पत्ति करनी चाहिये।

मेरे विचार में खादी हिन्दुस्तान की समस्त जनता की एकता की, उसकी आर्थिक स्वतंत्रता और समानता की प्रतीक है।

अलबत्ता, बड़े-बड़े उद्योग-धंधों को तो एक जगह केन्द्रित करके राष्ट्र के

अधीन रखना होगा। लेकिन समूचा देश मिलकर गांवों में जिन बड़े-बड़े आर्थिक उद्योगों को चलायेगा, उनके सामने ये कोई चीज न रहेंगे।

खादी के उत्पादन में ये काम शामिल हैं—कपास बोना, कपास चुनना, उसे झाड़-झटक कर साफ करना और ओटना, रूई पींजना, पूनी बनाना, सूत कातना, सूत को मांड़ लगाना, सूत रंगना, उसका ताना भरना और बाना तैयार करना, सूत बुनना और कपड़ा धोना। इनमें से रंगसाजी को छोड़कर बाकी के सारे काम खादी के सिलसिले में जरूरी और महत्त्व के हैं, और उन्हें किये बिना काम नहीं चल सकता। इनमें से हर एक काम गांवों में अच्छी तरह हो सकता है; और सच तो यह है कि अखिल भारत चरखा-संघ समूचे हिन्दुस्तान के जिन कई गांवों में काम कर रहा है, वहां ये सारे काम आज हो रहे हैं।

खादीवृत्ति का अर्थ है, जीवन के लिए जरूरी चीजों की उत्पत्ति और उनके बंटवारे का विकेन्द्रीकरण।

जब से गांवों में चलने वाले अनेक उद्योगों में से इस मुख्य उद्योग का और इसके आस-पास जुड़ी हुई कई दस्तकारियों का बिना सोचे-समझे, मनमाने तरीके से और बेरहमी के साथ नाश किया गया है, तब से हमारे गांवों की बुद्धि और तेज नष्ट हो गया है। वे सब निस्तेज और निष्प्राण बन गये हैं, और उनकी हालत उनके अपने भूखों मरने वाले मरियल ढोरों की-सी हो गई है।[5]

दूसरे ग्रामोद्योग

खादी के मुकाबले देहात में चलने वाले और देहात के लिए जरूरी दूसरे धन्धों की बात अलग है। उन सब धन्धों में अपनी राजी-खुशी से मजदूरी करने की बात उपयोगी होने जैसी नहीं है। फिर, उनमें से हर एक धन्धा या उद्योग ऐसा है, जिसमें एक खास तादाद में ही लोगों को मजदूरी मिल सकती है। इसलिए ये उद्योग खादी के मुख्य काम में सहायक हो सकते हैं। खादी के अभाव में उनकी कोई हस्ती नहीं, और उनके बिना खादी का गौरव या शोभा नहीं है। हाथ से पीसना, हाथ से कूटना और पछोरना, साबुन बनाना, कागज बनाना, चमड़ा कमाना, तेल पेरना और इस तरह के सामाजिक जीवन के लिए जरूरी और महत्त्व के दूसरे धन्धों के बिना गांवों की आर्थिक रचना संपूर्ण नहीं हो सकती, यानी गांव स्वयंपूर्ण घटक नहीं बन सकते। कांग्रेसी आदमी इन सब धन्धों में दिलचस्पी लेगा, और अगर वह गांव का बाशिन्दा होगा या गांव में जाकर रहता होगा, तो इन धन्धों में नयी जान फूंकेगा और इन्हें नये रास्ते ले जायेगा। हर एक आदमी को, हर हिन्दुस्तानी को, इसे अपना धर्म समझना चाहिये कि जब-जब

और जहां-जहां मिले, वहां वह हमेशा गांवों की बनी चीजें ही बरते। अगर ऐसी चीजों की मांग पैदा हो जाय, तो इसमें जरा भी शक नहीं कि हमारी ज्यादातर जरूरतें गांवों से पूरी हो सकती हैं। जब हम गांवों के लिए सहानुभूति से सोचने लगेंगे और गांवों की बनी चीजें हमें पसन्द आने लगेंगी, तो पश्चिम की नकल के रूप में यंत्रों की बनी चीजें हमें नहीं जंचेंगी; और हम ऐसी राष्ट्रीय अभिरुचि का विकास करेंगे, जो गरीबी, भुखमरी और आलस्य या बेकारी से मुक्त नये हिन्दुस्तान के आदर्श के साथ मेल खाती होगी।[6]

मिश्र खाद

भारत की जनता इस प्रयत्न में खुशी से सहयोग करे, तो यह देश न सिर्फ अनाज की कमी को पूरा कर सकता है, बल्कि हमें जितना चाहिये उससे कहीं ज्यादा अनाज पैदा कर सकता है। यह जीवित खाद (आरगेनिक मैन्युर) जमीन के उपजाऊपन को हमेशा बढ़ाता ही है, कभी कम नहीं करता। हर दिन जो कूड़ा-कचरा इकट्ठा होता है उसे ठीक विधि के अनुसार गड्ढों में इकट्ठा किया जाय, तो उसका सुनहला खाद बन जाता है; और तब उसे खेत की जमीन में मिला दिया जाय तो उससे अनाज की उपज कई गुनी बढ़ जाती है और फलतः हमें करोड़ों रुपयों की बचत होती है। इसके सिवा कूड़े-कचरे का इस तरह खाद बनाने के लिए उपयोग कर लिया जाय, तो आस-पास की जगह साफ रहती है। और स्वच्छता एक सद्‌गुण होने के साथ-साथ स्वास्थ्य की पोषक भी है।[7]

गांवों में चमड़े का धन्धा

हमारे गांवों का चमड़े का धन्धा उतना ही प्राचीन है जितना कि स्वयं भारतवर्ष। यह कोई नहीं बतला सकता कि चमड़ा कमाने का यह धंधा कब अनादर की चीज समझा जाने लगा। प्राचीन काल में तो यह बात हुई नहीं होगी। लेकिन हम जानते हैं कि आज हमारे यहां के इस अत्यन्त जरूरी और उपयोगी उद्योग ने संभवतः दस लाख आदमियों को पुश्तैनी अछूत बना दिया है। वह कुदिन ही होगा जिस दिन से इस अभागे देश में परिश्रम को लोग घृणा की दृष्टि से देखने लगे होंगे और इस प्रकार उसकी उपेक्षा करने लगे होंगे। लाखों-करोड़ों मनुष्य, जो दुनियाके हीर थे और जिनके उद्योग पर यह देश जी रहा था, नीच समझे जाने लगे। और ऊपर से बड़े दीखने वाले थोड़े से अहदी आदमियों का वर्ग प्रतिष्ठित समझा जाने लगा! इसका दुःखद परिणाम यह हुआ कि भारत को नैतिक और आर्थिक दोनों ही प्रकार की भारी क्षति पहुंची। यह हिसाब लगाना असंभव नहीं तो कठिन जरूर है कि इन दोनों में से कौन-सी हानि बड़ी थी। किन्तु किसानों

और कारीगरों के प्रति बताई गई इस अपराध पूर्ण लापरवाही ने हमें दरिद्र, मूढ़ और काहिल बनाकर ही छोड़ा। भारत के पास कौन से साधन नहीं हैं? उसका सुन्दर जलवायु, उसके गगनचुम्बी पर्वत, उसकी विशाल नदियां और उसका विस्तृत समुद्र—ये सब ऐसे असीम साधन हैं कि अगर इन सबका पूरा-पूरा उपयोग किया जाय, तो इस स्वर्ण देश में दारिद्र्य और रोग आयें ही क्यों? पर जब से हमने शारीरिक श्रम से बुद्धि का सम्बन्ध छुड़ाया, तब से हमारी कौम का सब तरह से पतन हो गया; दुनिया में आज हम सबसे अल्पजीवी, निपट साधनहीन और अत्यन्त पराजित प्रजा माने जाते हैं। चमड़े के देशी धंधे की आज जो हालत है, वह शायद मेरे इस कथन का सबसे अच्छा सबूत है।

हिसाब लगाकर देखा गया है कि नौ करोड़ रुपये का कच्चा चमड़ा हर साल हिन्दुस्तान से बाहर जाता है और वह सबका सब बनी-बनाई चीजों के रूप में फिर यहां वापस आ जाता है। यह देश का सिर्फ आर्थिक ही नहीं बौद्धिक शोषण भी है। चमड़ा कमाने और अपने नित्य के उपयोग में आने वाली उसकी अनगिनत चीजें बनाने की शिक्षा हमें आज कहां मिल रही है?

यहां शत-प्रतिशत स्वदेशी-प्रेमी के लिए काफी काम पड़ा हुआ है। साथ ही एक बहुत बड़े सवाल को हल करने में जिस वैज्ञानिक ज्ञान की आवश्यकता है उसे काम में लाने का क्षेत्र भी मौजूद है। इस एक काम से तीन अर्थ सधते हैं। एक तो इससे हरिजनों की सेवा होती है; दूसरे ग्रामवासियों की सेवा होती है; और तीसरे मध्यमवर्ग के जो बुद्धिशाली लोग रोजगार-धन्धे की खोज में बेकार फिरते हैं, उन्हें जीविका का एक प्रतिष्ठित साधन मिल जाता है। और यह लाभ तो जुदा ही है कि गांव की जनता के सीधे संसर्ग में आने का भी उन्हें सुन्दर अवसर मिलता है।[8]

आरंभ कैसे करे?

बहुत से सज्जन तो पत्र लिख-लिखकर और अनेक मित्र खुद मुझसे मिलकर यह प्रश्न पूछ रहे हैं कि किस प्रकार हम ग्रामोद्योग-कार्य का आरंभ करें और सबसे पहले किस चीज को हाथ में लें।

इसका स्पष्ट उत्तर तो यही है कि "इस कार्य का श्रीगणेश आप खुद ही करें, और सबसे पहले उसी काम को हाथ में लें, जो आपको आसान-से-आसान जान पड़े।"

पर इस सूत्रात्मक उत्तर से पूछताछ करने वालों को संतोष थोड़े ही होता है। इसलिए इसे मैं जरा और स्पष्ट कर दूं।

हममें से हर एक आदमी खाने-पीने, पहनने-ओढ़ने और अपने नित्य के

उपयोग की चीजों को जांच-परख सकता है, और विलायती अथवा शहर की बनी चीजों की जगह ग्रामवासियों की बनाई हुई उन चीजों को काम में ला सकता है, जिन्हें कि वे अपनी मढ़ैया में या खेत-खलिहान में चार-छह पैसे के मामूली औजारों से सहज ही तैयार कर सकते हैं। इन औजारों को वे लोग आसानी से चला सकते हैं और बिगड़ जायें तो उन्हें सुधार भी सकते हैं। विदेशी या शहर की बनी चीजों की जगह गांवों की बनी चीजों को आप काम में लाने लगें, तो ग्रामोद्योग-कार्य का यह बड़ा अच्छा आरंभ होगा, और आपके लिए यह खुद ही एक बड़े महत्त्व की चीज होगी। इसके बाद फिर क्या करना होगा, यह तो आप ही मालूम हो जायेगा। मान लीजिये कि आज तक कोई आदमी बंबई के किसी कल-कारखाने में बने टूथब्रश से दांत साफ करता आ रहा है। अब उसकी जगह वह गांव का बना टूथब्रश चाहता है। तो उसे बबूल या नीम की दातौन से दांत साफ करने की सलाह दें। अगर उसके दांत कमजोर हैं या दांत हैं ही नहीं, तो वह दातौन का एक सिरा तो लोढ़ी या हथौड़ी से कुचल ले और दूसरे सिरे को चीरकर उसकी फांकों से जीभी का काम ले। दातौन का यह ब्रश सस्ता भी काफी पड़ेगा और कारखानों के बने हुए अस्वच्छ ब्रशों से स्वच्छ भी अधिक होगा। शहरों के बने दंत-मंजनों को वह छुएगा ही नहीं। वह तो लकड़ी के कोयले को खूब महीन पीसकर और उसमें थोड़ा-सा साफ नमक मिलाकर अपने घर में ही बढ़िया मंजन तैयार कर लेगा। मिल के बने कपड़े के बजाय वह गांव की बुनी खादी पहनेगा, मिल के दले चावल की जगह हाथ के दले बिना पॉलिश किये चावल का और सफेद शक्कर के स्थान पर गांव के बने गुड़ का उपयोग करेगा। इन चीजों को मैंने यहां बतौर नमूने के ही दिया है और इनकी चर्चा यद्यपि मैं 'हरिजन सेवक' में पहले कर चुका हूं, तो भी इस विषय पर मेरे साथ जिन लोगों की लिखा-पढ़ी या बातचीत चल रही है, उनकी बताई हुई कठिनाइयों को दृष्टि में रखकर मैंने पुनः खादी, चावल और गुड़ का यहां उल्लेख किया है।[१]

27

सरकार क्या कर सकती है?

यह पूछना जायज है कि कांग्रेसी मंत्री, जो अब ओहदों पर आ गये हैं, खद्दर और दूसरे देहाती धंधों के लिए क्या करेंगे? मैं तो इस सवाल को और भी फैलाना चाहता हूं, ताकि यह हिन्दुस्तान के तमाम सूबों की सरकारों पर लागू हो। गरीबी

तो हिन्दुस्तान के तमाम सूबों में फैली हुई है। इसी तरह आम जनता के उद्धार के जरिये भी वहां हैं। अखिल भारत चरखा-संघ और अखिल भारत ग्रामोद्योग-संघ का ऐसा ही अनुभव है। एक यह तजबीज भी आयी है कि इस काम के लिए एक अलग मंत्री होना चाहिये। क्योंकि इसके ठीक संगठन में एक मंत्री का पूरा समय लग जायेगा। मैं तो इस तजबीज से डरता हूं, क्योंकि अभी तक हम अपने खर्च के नाप में से अंग्रेजी पैमाने को छोड़ नहीं सके हैं। चाहे अलग मंत्री रखा जाय या न रखा जाय, इस काम के लिए एक महकमा तो बेशक जरूरी है। आजकल खाने और पहनने के संकट के जमाने में यह महकमा बड़ी मदद कर सकता है। अखिल भारत चरखा-संघ और अखिल भारत ग्रामोद्योग-संघ के विशेषज्ञ मंत्रियों से मिल सकते हैं। आज यह संभव है कि थोड़े समय में थोड़ी-से-थोड़ी रकम लगाकर सारे हिन्दुस्तान को खादी पहना दी जाय। हर प्रान्त की सरकार को गांववालों से कहना होगा कि उनको अपने उपयोग के लिए अपनी खादी आप तैयार कर लेनी चाहिये। इस तरह अपने-आप स्थानीय उत्पादन और बंटवारा हो जायेगा। और बेशक शहरों के लिए कम-से-कम कुछ जरूर बच रहेगा, जिससे स्थानीय मिलों पर दबाव कम हो जायेगा। तब ये मिलें दुनिया के दूसरे हिस्सों में कपड़े की जरूरत पूरी करने में हिस्सा लेने योग्य हो जायेंगी।

यह नतीजा कैसे पैदा किया जा सकता है?

सरकारों को चाहिये कि गांववालों को यह सूचना कर दें कि उनसे यह आशा रखी जायेगी कि वे अपने गांव की जरूरतों के लिए एक निश्चित तारीख के अन्दर खादी तैयार करें। इसके बाद उनको कोई कपड़ा नहीं दिया जायेगा। सरकार अपनी तरफ से गांववालों को बिनौले या रूई (जिसकी भी जरूरत हो) दाम के दाम देगी और उत्पादन के औजार भी ऐसे दामों पर देगी, जो आसानी से वसूल होने वाली किस्तों में लगभग पांच साल या इससे भी ज्यादा में अदा हो सकें। सरकार जहां कहीं जरूरी हो उन्हें सिखाने वाले भी दे और यह जिम्मा ले कि अगर गांववालों के पास उनकी तैयार की हुई खादी से उनकी जरूरतें पूरी हो जायं, तो फालतू खादी सरकार खरीद लेगी। इस तरह बिना हलचल के और बहुत थोड़े ऊपरी खर्च के साथ कपड़े की कमी दूर हो जायेगी।

गांवों की जांच-पड़ताल की जायेगी और ऐसी चीजों की एक यादी तैयार ही जायेगी, जो किसी मदद के बिना या बहुत थोड़ी मदद से स्थानीय स्तर पर तैयार हो सकती हैं और जिनकी जरूरत गांव में बरतने के लिए या बाहर बेचने के लिए हो। जैसे, घानी का तेल, घानी की खली, घानी से निकला हुआ जलाने का तेल, हाथ का कुटा हुआ चावल, ताड़ी का गुड़, शहद, खिलौने, मिठाइयां, चटाइयां, हाथ से बना हुआ कागज, गांव का साबुन वगैरा चीजें। अगर इस तरह

काफी ध्यान दिया जाय तो उन गांवों में, जिनमें से ज्यादातर उजड़ चुके हैं या उजड़ रहे हैं, जीवन की चहल-पहल पैदा हो जाय और उनमें अपनी और हिन्दुस्तान के शहरों और कस्बों की बहुत ज्यादा जरूरतें पूरी करने की जो ज्यादा-से-ज्यादा शक्ति है वह दिखाई पड़ने लगे।

फिर हिन्दुस्तान में अनगिनत पशुधन है, जिसकी तरफ हमने ध्यान न देकर गुनाह किया है। गोसेवा-संघ को अभी ठीक अनुभव नहीं है, फिर भी वह कीमती मदद दे सकता है।

बुनियादी तालीम के बिना गांववाले विद्या से वंचित रहते हैं। यह जरूरी बात हिन्दुस्तानी तालीमी संघ पूरी कर सकता है।[1]

28

ग्राम-प्रदर्शनियां

अगर हम यह चाहते हैं और मानते हैं कि गांवों को न केवल जीवित रहना चाहिये, बल्कि उन्हें बलवान तथा समृद्ध बनना चाहिये, तो हमारे दृष्टिकोण में गांव की ही प्रधानता होनी चाहिये। और यदि यह सही हो तो फिर हमारी प्रदर्शनियों में शहरों की तड़क-भड़क के लिए कोई जगह नहीं हो सकती। शहरी खेलों या मनोरंजनों की भी कोई जरूरत नहीं। हम अपनी प्रदर्शनी को 'तमाशे' का रूप नहीं दे सकते, और न उसे आय का साधन ही बना सकते हैं। उसे व्यापारियों के लिए उनके माल का विज्ञापन करने वाला साधन भी नहीं बनने देना चाहिये। वहां किसी तरह की बिक्री नहीं होनी चाहिये। खादी और ग्रामोद्योगों की बनी चीजें भी वहां नहीं बिकनी चाहिये। प्रदर्शनी को शिक्षा का माध्यम होना चाहिये, उसे आकर्षक होना चाहिये और ऐसा होना चाहिये जिसे देखकर गांववालों को कोई ग्रामोद्योग सीखने और चलाने की प्रेरणा मिले। उसे मौजूदा ग्राम-जीवन की त्रुटियां और कमियां दिखानी चाहिये और उन्हें सुधारने के उपाय बताने चाहिये। उसे यह भी बताना चाहिये कि जब ग्राम-सुधार के इस आन्दोलन का आरम्भ हुआ तब से आज तक इस दिशा में क्या-क्या किया जा चुका है। उसे यह भी सिखाना चाहिये कि ग्राम-जीवन को सुन्दर और कलामय कैसे बनाया जा सकता है।

अब हम देखें कि यदि ये सब शर्तें पूरी की जायें तो प्रदर्शनी का रूप क्या होगा:

1. गांवों के दो तरह के नमूने दिखाये जायं—एक तो जैसे वे आज हैं उसका और दूसरा सुधरा हुआ, जैसा कि हम उसे बनाना चाहते हैं। सुधरा हुआ गांव

एकदम साफ-सुथरा होगा। उसके घर, गलियां और सड़कें, आस-पास की जमीन और खेत, सब स्वच्छ होंगे। मवेशियों की हालत भी आज से बेहतर होगी। किताबों, नक्शों और तस्वीरों के द्वारा यह दिखाना चाहिये कि किन उद्योगों से ज्यादा आय हो सकती है और कैसे।

2. उसे यह जरूर बताना चाहिये कि विविध ग्रामोद्योग कैसे चलाये जायें, उनके जरूरी औजार कहां से मिल सकते हैं, और उन्हें कैसे बनाया जा सकता है। हर एक उद्योग की कार्य-प्रणाली प्रत्यक्ष करके दिखाई जानी चाहिये। इनके सिवा नीचे लिखी बातें भी रहनी चाहिये:

(क) आदर्श ग्राम-आहार
(ख) ग्रामोद्योगों और यंत्र-उद्योगों की तुलना
(ग) पशु-पालन की आदर्श शिक्षा
(घ) कला-विभाग
(ङ) ग्रामीण पाखाने का आदर्श नमूना
(च) खेतों से मिलने वाले, यानी कूड़ा-कचरा और गोबर के योग से बनने वाले, खाद और रासायनिक खाद की तुलना
(छ) मवेशियों के चमड़े और उनकी हड्डियों आदि का उपयोग
(ज) ग्रामीण संगीत, ग्रामीण वाद्य और ग्रामीण नाटक
(झ) ग्रामीण खेल, अखाड़े और शारीरिक व्यायाम के प्रकार
(ञ) नयी तालीम
(ट) ग्रामीण दवाइयां
(ठ) ग्रामीण प्रसूति-गृह।

लेख के आरंभ में बताई गई नीति को ध्यान में रखकर इस सूची में और वृद्धि की जा सकती है। मैंने जो कुछ बताया है वह केवल मार्ग-दर्शन के लिए है। उसमें सब आ गया है, ऐसी बात नहीं है। मैंने चरखे की और दूसरे ग्रामोद्योगों की चर्चा नहीं की है, क्योंकि उनकी आवश्यकता तो अब एक जानी-मानी चीज हो गयी है। उनके बिना प्रदर्शनी एकदम व्यर्थ होगी।[1]

29

चरखे का संगीत

मैं जितनी बार चरखे पर सूत निकालता हूं उतनी ही बार भारत के गरीबों का विचार करता हूं। भूख की पीड़ा से व्यथित और पेट भरने के सिवा और कोई

इच्छा न रखने वाले मनुष्य के लिए उसका पेट ही ईश्वर है। उसे जो रोटी देता है वही उसका मालिक है। उसके द्वारा वह ईश्वर के भी दर्शन कर सकता है। ऐसे लोगों को, जिनके हाथ-पैर सही-सलामत हैं, दान देना अपना और उनका दोनों का पतन करना है। उन्हें तो किसी-न-किसी तरह के धंधे की जरूरत है; और वह धंधा, जो करोड़ों को काम देगा, केवल हाथ-कताई का ही हो सकता है।... इसलिए मैंने कताई को प्रायश्चित्त या यज्ञ बताया है। और चूंकि मैं मानता हूं कि जहां गरीबों के लिए शुद्ध और सक्रिय प्रेम है वहां ईश्वर भी है, इसलिए चरखे पर मैं जो सूत निकालता हूं उसके एक-एक धागे में मुझे ईश्वर दिखाई देता है।[1]

मैं जितनी बार चरखे पर सूत निकालता हूं उतनी ही बार भारत के गरीबों का विचार करता हूं।

मेरा पक्का विश्वास है कि हाथ-कताई और हाथ-बुनाई के पुनरुज्जीवन से भारत के आर्थिक और नैतिक पुनरुद्धार में सबसे बड़ी मदद मिलेगी। करोड़ों आदमियों को खेती की आय में वृद्धि करने के लिए कोई सादा उद्योग चाहिये। बरसों पहले वह गृह-उद्योग कताई का था; और करोड़ों को भूखों मरने से बचाना हो तो उन्हें इस योग्य बनाना पड़ेगा कि वे अपने घरों में फिर से कताई जारी कर सकें और हर गांव को अपना ही बुनकर फिर से मिल जाय।[2]

जब मैं सोचता हूं कि यज्ञार्थ किये जाने वाले शरीर-श्रम का सबसे अच्छा और सबको स्वीकार्य रूप क्या होगा, तो मुझे कताई के सिवा और कुछ नहीं सूझता। मैं इससे ज्यादा उदात्त और ज्यादा राष्ट्रीय किसी दूसरी चीज की कल्पना नहीं कर सकता कि प्रतिदिन एक घंटा हम सब कोई ऐसा परिश्रम करें, जो गरीबों को करना ही पड़ता है, और इस तरह उनके साथ और उनके द्वारा सारी मानव-जाति के साथ अपनी एकता साधें। मैं भगवान की इससे अच्छी पूजा की कल्पना नहीं कर सकता कि उसके नाम पर मैं गरीबों के लिए गरीबों की ही तरह परिश्रम करूं। चरखा दुनिया के धन का अधिक समानतापूर्ण बंटवारा सिद्ध करता है।[3]

मैं... चरखे के लिए इस सम्मान का दावा करता हूं कि वह हमारी गरीबी की समस्या को लगभग बिना कुछ खर्च किये और बिना किसी दिखावे के अत्यन्त सरल और स्वाभाविक ढंग से हल कर सकता है। इसलिए चरखा न केवल निरुपयोगी नहीं है... बल्कि वह एक ऐसी आवश्यक चीज है जो हर एक घर में होनी ही चाहिये। वह राष्ट्र की समृद्धि का और इसलिए उसकी आजादी का चिह्न है।

चरखा व्यापारिक युद्ध की नहीं, व्यापारिक शान्ति की निशानी है। उसका संदेश संसार के राष्ट्रों के लिए दुर्भाव का नहीं, परन्तु सद्भाव का और स्वावलम्बन

का है। उसे संसार की शांति के लिए खतरा बनने वाली या उसके साधनों का शोषण करने वाली किसी जल सेना के संरक्षण की जरूरत नहीं होगी; परन्तु उसे जरूरत होगी ऐसे लाखों लोगों के धार्मिक निश्चय की, जो अपने-अपने घरों में उसी तरह सूत कात लें जैसे आज वे अपने-अपने घरों में भोजन बना लेते हैं। मैंने करने के काम न करके और न करने के काम करके ऐसी अनेक भूलें की हैं, जिनके लिए मैं भावी संतानों के शाप का भाजन बन सकता हूं। मगर मुझे विश्वास है कि चरखे का पुनरुद्धार सुझाकर तो मैं उनके आशीर्वाद का ही अधिकारी बना हूं। मैंने उस पर सारी बाजी लगा दी है, क्योंकि चरखे के हर तार में शान्ति, सद्भाव और प्रेम की भावना भरी है। और चूंकि चरखे को छोड़ देने से हिन्दुस्तान गुलाम बना है, इसलिए चरखे के सब फलितार्थों के साथ उसके स्वेच्छापूर्ण पुनरुद्धार का अर्थ होगा हिन्दुस्तान की स्वतंत्रता।[4]

> *मैं... चरखे के लिए इस सम्मान का दावा करता हूं कि वह हमारी गरीबी की समस्या को लगभग बिना कुछ खर्च किये और बिना किसी दिखावे के अत्यन्त सरल और स्वाभाविक ढंग से हल कर सकता है।.... वह राष्ट्र की समृद्धि का और इसलिए उसकी आजादी का चिह्न है।*

कताई के पक्ष में जो दावे किये जाते हैं वे ये हैं :

1. जिन लोगों को फुरसत है और जिन्हें थोड़े से पैसों की भी जरूरत है, उन्हें इससे आसानी से रोजगार मिल जाता है;

2. इसका हजारों को ज्ञान है;

3. यह आसानी से सीखी जाती है;

4. इसमें लगभग कुछ भी पूंजी लगाने की जरूरत नहीं होती;

5. चरखा आसानी से और सस्ते दामों में तैयार किया जा सकता है। हममें से अधिकांश को यह मालूम नहीं है कि कताई एक ठीकरी और बांस की खपच्ची से यानी तकली पर भी की जा सकती है;

6. लोगों को इससे अरुचि नहीं है;

7. इससे अकाल के समय तात्कालिक राहत मिल जाती है;

8. विदेशी कपड़ा खरीदने से भारत का जो धन बाहर चला जा रहा है, उसे यही रोक सकती है;

9. इससे करोड़ों रुपयों की जो बचत होती है, वह अपने-आप सुपात्र गरीबों में बंट जाती है;

10. इसकी छोटी-से-छोटी सफलता से भी लोगों को बहुत कुछ तात्कालिक लाभ होता है;

11. लोगों में सहयोग पैदा करने का यह अत्यंत प्रबल साधन है।[5]

अब आलोचक यह पूछेगा कि 'अगर हाथ-कताई में वे सब गुण हैं जो आप बताते हैं, तो क्या बात है कि अभी तक वह सब जगह नहीं अपनाई गयी है?' प्रश्न बिलकुल न्यायपूर्ण है। उत्तर सीधा है। चरखे का संदेश ऐसे लोगों के पास पहुंचाना है, जिनमें कोई आशा, कोई आरंभ-शक्ति रह नहीं गई है और जिन्हें यों ही छोड़ दिया जाय तो भूखों मर जाना मंजूर है, परन्तु काम करके जिन्दा रहना मंजूर नहीं। पहले यह हाल नहीं था, परन्तु लम्बी उपेक्षा ने आलस्य को उनकी आदत बना दिया है। यह आलस्य ऐसे चरित्रवान और उद्योगी मनुष्यों के सजीव संपर्क से ही मिटाया जा सकता है, जो उनके सामने चरखा चलायें और उन्हें प्रेमपूर्वक रास्ता दिखायें। दूसरी बड़ी कठिनाई खादी के लिए यह है कि उसकी तुरन्त बिक्री नहीं होती। मैं स्वीकार करता हूं कि फिलहाल वह मिल के कपड़े के साथ स्पर्धा नहीं कर सकती। मैं ऐसी किसी घातक स्पर्धा में पड़ूंगा भी नहीं। पूंजीपति लोग बाजार पर कब्जा करने के लिए अपना माल मुफ्त में भी बेच सकते हैं। लेकिन जिस आदमी की एकमात्र पूंजी श्रम है, वह ऐसा नहीं कर सकता। क्या जड़ कृत्रिम गुलाब में—फिर वह कितना ही सुन्दर और सुडौल हो—और जीवित कुदरती गुलाब में, जिसकी कोई दो पंखड़िया समान नहीं होतीं, कोई तुलना हो सकती है? खादी सजीव वस्तु है। लेकिन हिन्दुस्तान ने सच्ची कला की परख खो दी है। इसलिए वह बाहरी कृत्रिम सुन्दरता से सन्तुष्ट हो जाता है। उस स्वस्थ राष्ट्रीय सुरुचि को फिर से जगाइये और भारत का हर गांव उद्योगों से गूंजने लगेगा। अभी तो खादी-संस्थाओं को अपनी अधिकांश शक्ति खादी बेचने में ही लगानी पड़ती है।... अद्भुत बात यह है कि भारी कठिनाइयां होते हुए भी यह आन्दोलन आगे बढ़ रहा है।

मैंने हाथ-कताई के पक्ष में ऊपर जो कुछ कहा है, उससे किसी तरह का विचार-भ्रम नहीं होना चाहिए। मैं हाथ-करघे के विरुद्ध नहीं हूं। वह एक महान और फलता-फूलता गृह-उद्योग है। अगर चरखा सफल हुआ तो हाथ-करघे की प्रगति अपने-आप होगी। अगर चरखा असफल हुआ तो हाथ-करघा मरे बिना नहीं रहेगा।[6]

चरखा मुझे जन-साधारण की आशाओं का प्रतीक मालूम होता है। चरखे को खोकर उन्होंने अपनी आजादी, जैसी कुछ भी वह थी, खो दी। चरखा देहात की खेती की पूर्ति करता था और उसे गौरव प्रदान करता था। वह विधवाओं का मित्र और सहारा था। वह देहातियों को आलस्य से बचाता था, क्योंकि चरखे में पहले और पीछे के सब उद्योग—लोढ़ाई, पिंजाई, ताना करना, मांड़ लगाना, रंगाई और बुनाई—आ जाते थे। और इनसे गांव के बढ़ई और लुहार काम में लगे रहते

थे। चरखे से सात लाख गांव आत्म-निर्भर रहते थे। चरखे के चले जाने पर तेलघानी आदि दूसरे ग्रामोद्योग भी खतम हो गये। इन धंधों की जगह और किसी धंधे ने नहीं ली। इसलिए गांवों के विविध धंधे, उनकी उत्पादक प्रतिभा और उनसे होने वाली थोड़ी आमदनी, सबका सफाया हो गया।

इसलिए अगर ग्रामीणों को फिर से अपनी स्थिति में वापस आना हो, तो सबसे स्वाभाविक बात जो सूझती है, वह यह है कि चरखे और उसके साथ लगी हुई सब बातों का पुनरुद्धार हो।

यह पुनरुद्धार तब तक नहीं हो सकता जब तक बुद्धि और देश-भक्ति वाले नि:स्वार्थ भारतीयों की एक सेना न हो और वह चरखे का संदेश देहातियों में फैलाने और उनकी निस्तेज आंखों में आशा और प्रकाश की किरण जगाने के लिए दत्तचित्त होकर काम न करने लगे। यह सही ढंग के सहयोग और प्रौढ़ शिक्षा का जबरदस्त प्रयत्न है। यह चरखे की शांत परन्तु प्राणदायक गति की तरह ही एक शांत और निश्चित क्रान्ति को लाने वाला है।[7]

30

मिल-उद्योग

हमारी मिलें अभी इतना सूत पैदा नहीं कर सकतीं कि कपड़े की हमारी सारी जरूरत उनसे पूरी हो जाय, और यदि वे करती होतीं तो भी जब तक उन्हें बाध्य न किया जाता वे कीमत कम करने के लिए तैयार न होतीं। उनका उद्देश्य जाहिरा तौर पर जैसे कमाना है और इसलिए यह तो हो नहीं सकता कि वे राष्ट्र की आवश्यकताओं का खयाल करके अपनी कीमतों का नियमन करें। अत: हाथ-कताई ही एक ऐसा साधन है, जिसके द्वारा गरीब देहातियों के हाथों में करोड़ों रुपये रखे जा सकते हैं। हर एक कृषि-प्रधान देश को ऐसे एक पूरक उद्योग की जरूरत होती है, जिससे किसान अपने अवकाश के समय का उपयोग कर सकें। भारत में यह पूरक उद्योग हमेशा कताई रहा है। जिस उद्योग के नाश के फलस्वरूप

उद्योग के नाश के फलस्वरूप गुलामी और गरीबी आयी और उस अनुपम कला-प्रतिभा का लोप हो गया, जो किसी समय चमत्कार पूर्ण भारतीय वस्त्रों में दिखाई देती थी और जो दुनिया की ईर्ष्या का विषय बन गई थी, उस प्राचीन उद्योग को पुनर्जीवित करने के प्रयत्न को क्या स्वप्न-सेवियों का आदर्श कहा जा सकता है?

गुलामी और गरीबी आयी और उस अनुपम कला-प्रतिभा का लोप हो गया, जो किसी समय चमत्कार पूर्ण भारतीय वस्त्रों में दिखाई देती थी और जो दुनिया की ईर्ष्या का विषय बन गई थी, उस प्राचीन उद्योग को पुनर्जीवित करने के प्रयत्न को क्या स्वप्न-सेवियों का आदर्श कहा जा सकता है?[1]

आम तौर पर यह दावा जरूर किया जा सकता है कि बड़ा मिल-उद्योग हिन्दुस्तानी उद्योग है। पर जापान और लंकाशायर के साथ टक्कर लेने की शक्ति होते हुए भी यह उद्योग जितने अंशों में खादी के ऊपर विजय प्राप्त करता है, उतने ही अंशों में जन-साधारण का शोषण करता और उसकी दरिद्रता को बढ़ाता है। सारे देश में भारी-भारी यांत्रिक उद्योग खड़े कर देने की इस जमाने की धुन में मेरे इस विचार को यद्यपि बिलकुल ठुकरा नहीं दिया गया है, तो भी इसके विषय में कुछ लोगों ने शंका तो उठाई ही है। इसके विरोध में यह कहा गया है कि यांत्रिक उद्योगों की प्रगति के कारण जन-साधारण की दरिद्रता जो बढ़ती जाती है वह अनिवार्य है, और इसलिए उसको सहन करना ही चाहिये। इस अनिष्ट को सहन करना तो दूर, मैं तो यह भी नहीं मानता कि वह अनिवार्य है। अखिल भारत चरखा-संघ ने सफलतापूर्वक यह बता दिया है कि लोगों के फुरसत के समय का उपयोग अगर कातने और उसके पूर्व की क्रियाओं में किया जाय, तो इतने से ही गांवों में हिन्दुस्तान की जरूरत के लायक कपड़ा पैदा हो सकता है। कठिनाई तो जनता से मिल का कपड़ा छुड़वाने में है।[2]

मिल-मालिक कुछ परोपकारी तो हैं नहीं कि वे हाथ-करघे के बुनकरों को तब भी सूत देते रहेंगे जब ये उनके साथ उन्हें नुकसान पहुंचाने वाली प्रतिस्पर्धा करने लगेंगे।[3]

ज्यों ही मिल-मालिकों को ऐसा लगेगा कि सूत बेचने के बजाय बुनने में ज्यादा लाभ है, त्यों ही वे उसे बेचना बन्द कर देंगे और बुनना शुरू कर देंगे। वे कोई परोपकारी नहीं हैं। उन्होंने मिलें पैसा कमाने के लिए ही खड़ी की हैं। यदि वे देखेंगे कि सूत बुनने में ज्यादा लाभ है, तो वे उसे हाथ-करघे के बुनकरों को बेचना बन्द कर देंगे।[4]

मिल के सूत का उपयोग हाथ-करघा उद्योग के मार्ग की एक घातक बाधा है। उसकी मुक्ति हाथ-कताई के सूत का उपयोग करने में ही है। अगर चरखा असफल रहा और मिट गया, तो हाथ-करघे का नाश भी निश्चित ही है।[5]

मैं अनेक कम्पनियों के संघबद्ध होकर काम करने या बड़े-बड़े यंत्रों का उपयोग करके उद्योगों का केन्द्रीकरण करने के खिलाफ हूं। अगर भारत खादी को और खादी के फलितार्थों को अपनाये, तो मैं ऐसी आशा करता हूं कि भारत

आधुनिक यंत्रों में से केवल उतनों का ही उपयोग करेगा, जो जीवन की सुख-सुविधा बढ़ाने और श्रम की बचत के लिए आवश्यक माने जायं।[6]

चन्द लोगों के हाथ में धन और सत्ता का केन्द्रीकरण करने के लिए यंत्रों के संघटन को मैं बिलकुल गलत समझता हूं। आजकल यंत्रों की अधिकांश योजनाओं का यही उद्देश्य होता है। चरखे का आन्दोलन यंत्रों द्वारा होने वाला शोषण और धन तथा सत्ता का यह केन्द्रीकरण रोकने के लिए किया जा रहा संघटित प्रयत्न है। इसलिए मेरी योजना में यंत्रों के अधिकारी अपने लाभ की या अपने देश के लाभ की बात नहीं सोचेंगे, बल्कि सारी मनाव-जाति के लाभ की बात सोचेंगे। उदाहरण के लिए, लंकाशायर के लोग अपने यंत्रों का उपयोग भारत के या दूसरे देशों के शोषण के लिए नहीं करेंगे; उलटे, वे ऐसे साधन ढूढ़ेंगे जिनसे भारत अपने कपास को अपने गांवों में ही कपड़े का रूप देने में समर्थ हो जाये। इसी तरह मेरी योजना में अमेरिका के लोग भी अपनी आविष्कारक प्रतिभा के द्वारा दुनिया की दूसरी जातियों का शोषण करने की कोशिश नहीं करेंगे।[7]

31

स्वदेशी

स्वदेशी की भावना का अर्थ है हमारी वह भावना, जो हमें दूर को छोड़कर अपने समीपवर्ती प्रदेश का ही उपयोग और सेवा करना सिखाती है। उदाहरण के लिए, इस परिभाषा के अनुसार धर्म के सम्बन्ध में यह कहा जायेगा कि मुझे अपने पूर्वजों से प्राप्त धर्म का ही पालन करना चाहिये। अपने समीपवर्ती धार्मिक परिवेष्टन का उपयोग इसी तरह हो सकेगा। यदि मैं उसमें दोष पाऊं तो मुझे उन दोषों को दूर करके उसकी सेवा करना चाहिये। इसी तरह राजनीति के क्षेत्र में मुझे स्थानीय संस्थाओं का उपयोग करना चाहिये और उनके जाने-माने दोषों को दूर करके उनकी सेवा करनी चाहिये। अर्थ के क्षेत्र में मुझे अपने पड़ोसियों द्वारा बनायी गयी वस्तुओं का ही उपयोग करना चाहिये और उन उद्योगों की कमियां दूर करके, उन्हें ज्यादा सम्पूर्ण और सक्षम बनाकर उनकी सेवा करना चाहिये। मुझे लगता है कि यदि स्वदेशी को व्यवहार में उतारा जाय, तो मानवता के स्वर्णयुग की अवतारणा की जा सकती है।...

स्वदेशी की भावना का अर्थ है हमारी वह भावना, जो हमें दूर को छोड़कर अपने समीपवर्ती प्रदेश का ही उपयोग और सेवा करना सिखाती है।

ऊपर स्वदेशी की जिन तीन शाखाओं का उल्लेख हुआ है, उन पर अब हम थोड़ा विचार करें। हिन्दू धर्म उसकी बुनियाद में निहित इस स्वदेशी की भावना के कारण ही स्थितिशील और फलस्वरूप अत्यंत शक्तिशाली बन गया। चूंकि वह दूसरे धर्मों के अनुयायियों को अपने दायरे में खींचने की न तो इच्छा ही रखता है और न प्रयत्न ही करता है, इसलिए वह सबसे ज्यादा सहिष्णु है और आज भी वह अपना विस्तार करने की वैसी ही योग्यता रखता है जैसी कि वह भूतकाल में दिखा चुका है। कुछ लोग ऐसा मानते हैं कि उसने बौद्ध धर्म को खदेड़कर भारत के बाहर भगा दिया। यह धारणा गलत है। उलटे उसने बौद्ध धर्म का आत्मसात् कर लिया है। स्वदेशी की भावना के ही कारण हिन्दू अपने धर्म का परिवर्तन करने से इनकार करता है। इसका यह अर्थ नहीं कि वह उसे सर्वश्रेष्ठ मानता है, लेकिन वह जानता है कि वह उसमें जरूरी सुधार दाखिल कर सकता है और उसे सम्पूर्ण बना सकता है। और जो कुछ मैंने हिन्दू धर्म के बारे में कहा है, मेरा खयाल है वह सब दुनिया के दूसरे बड़े धर्मों के लिए भी सही है। अन्तर केवल यह है कि हिन्दू धर्म के लिए यह विशेष रूप से सही है। यहां मुझे एक बात कहनी है। भारत में काम करने वाली मिशनरी संस्थाओं ने भारत के लिए बहुत-कुछ किया है और अभी भी कर रही हैं और भारत इसके लिए उनका कृतज्ञ है। लेकिन यदि मैंने जो कुछ कहा है उसमें कोई सत्य है, तो क्या यह ज्यादा अच्छा न होगा कि वे धर्म-परिवर्तन का कार्य छोड़ दें और केवल परोपकार की ही प्रवृत्तियां जारी रखें? क्या इस तरह वे ईसाई धर्म के आन्तरिक तत्त्व की अधिक सेवा नहीं करेंगी?

स्वदेशी की भावना की खोज करते हुए जब मैं देश की संस्थाओं पर नजर डालता हूं, तो मुझे ग्राम-पंचायतें बहुत ज्यादा आकर्षित करती हैं। भारत वस्तुतः प्रजातंत्र का उपासक देश है; और वह प्रजातंत्र का उपासक है इसलिए वह उन सब चोटों को सह सका है, जो आज तक उस पर की गयी हैं। राजाओं और नवाबों ने, वे भारतीय रहे हों या विदेशी, प्रजा से सिर्फ कर वसूल किया है; उसके सिवा प्रजा से उनका कोई सम्पर्क शायद ही रहा है। और प्रजा ने राजा को उसका प्राप्य देकर अपना बाकी जीवन-व्यवहार अपनी इच्छा के अनुसार चलाया है। वर्ण और जातियों का विशाल संघटन न केवल समाज की धार्मिक आवश्यकतायें पूरी करता था, बल्कि उसकी राजनीतिक आवश्यकताओं की पूर्ति भी करता था। गांववाले अपना आंतरिक कामकाज जाति-संघटन के द्वारा चलाते थे और उसी के द्वारा वे राजकीय शक्ति के अत्याचारों का भी मुकाबला करते थे। जाति-संघटन के द्वारा अपनी संघटन-शक्ति का ऐसा अच्छा परिचय जिस राष्ट्र ने दिया है, उसकी संघटन-शक्ति की क्षमता से इनकार नहीं किया जा सकता। आप

हरिद्वार के कुम्भ-मेले को देखें।... आपको पता चल जायेगा कि जो संघटन लगभग अनायास ही लाखों तीर्थयात्रियों की व्यवस्था कर सकता है, वह कितना कौशलपूर्ण न होगा? फिर भी यह कहने की फैशन हो गयी है कि हम लोगों में संघटन की योग्यता नहीं है। हां, यह बात उनके बारे में अमुक हद तक सही हो सकती है, जो नयी परंपराओं में पले और बड़े हुए हैं।

स्वदेशी की भावना से हट जाने के कारण हमें भयंकर विघ्न-बाधाओं से गुजरना पड़ा है। हम शिक्षित वर्ग के लोगों को हमारी शिक्षा विदेशी भाषा के माध्यम से मिली है। इसलिए आम जनता को हम तनिक भी प्रभावित नहीं कर सके हैं। हम जनता का प्रतिनिधित्व करना चाहते हैं, पर हम उसमें असफल सिद्ध होते हैं। वे किसी अंग्रेज अधिकारी को जितना जानते-पहिचानते हैं, उससे अधिक हमें नहीं जानते-पहिचानते। उनके दिल में क्या है, इसे न अंग्रेज शासक जानते हैं, न हम लोग। उनकी आकांक्षायें हमारी आकांक्षायें नहीं हैं। इसलिए हमारा और उनका सम्बन्ध-सूत्र टूट-सा गया है। हम प्रजा का संघटन करने में असफल सिद्ध हुए हैं, यह बात नहीं है; सच बात यह है कि प्रतिनिधियों में और प्रजा में आपस का नाता ही नहीं है। अगर पिछले पचास वर्षों में हमें अपनी ही भाषाओं के माध्यम से शिक्षा मिली होती, तो हमारे बड़े-बूढ़े, घर के नौकर और पड़ोसी, सब हमारे उस ज्ञान में हिस्सा लेते। बोस और राय जैसे वैज्ञानिकों के आविष्कार रामायण और महाभारत की तरह ही हर एक घर में प्रवेश कर जाते। अभी तो स्थिति ऐसी है कि जनता के लिए ये आविष्कार विदेशी वैज्ञानिकों द्वारा किये गये आविष्कारों जैसे ही हैं। यदि विविध पाठ्य-विषयों की शिक्षा देशी भाषाओं द्वारा दी गयी होती, तो मैं यह कहने का साहस करता हूं कि हमारी इन भाषाओं की आश्चर्यजनक समृद्धि हुई होती। गांवों की स्वच्छता आदि के सवाल वर्षों पहले हल हो गये होते। ग्राम-पंचायतें जीवित शक्ति के रूप में काम कर रही होतीं, भारत को जैसा स्वराज्य चाहिये वैसा स्वराज्य वह भोगता होता और उसे अपनी पुनीत भूमि पर संघटित हत्या का अपमानकारी दृश्य न देखना पड़ता। खैर, अभी भी अवसर है कि हम अपनी भूलें सुधार लें।

अब हम स्वदेशी की अंतिम शाखा पर विचार करें। यहां भी जनता की अधिकांश गरीबी का कारण यह है कि आर्थिक और औद्योगिक जीवन में हमने स्वदेशी के नियम का भंग किया है। अगर भारत में व्यापार की कोई भी वस्तु विदेशों से न लायी गयी होती, तो हमारी भूमि में दूध और मधु की नदियां बहती होतीं। लेकिन यह तो होना नहीं था। हमें लोभ था और इंग्लैण्ड को भी लोभ था। इंग्लैण्ड और भारत का सम्बन्ध स्पष्टतया गलती पर कायम था।

लेकिन यहां रहने में वह गलती नहीं कर रहा है। यहां रहने में उसकी घोषित नीति यह है कि वह भारत को अपनी सम्पत्ति नहीं मानता; वह उसे जनता की धरोहर के रूप में उसी के भले के लिए अपने पास रख रहा है। अगर यह सही है तो लंकाशायर को भारत में व्यापार करने का लालच छोड़ देना चाहिये। और यदि स्वदेशी का सिद्धान्त सही है तो इससे लंकाशायर की कोई हानि नहीं होगी। अलबत्ता, शुरू में कुछ समय के लिए उसे कुछ अटपटा-सा लगेगा। मैं स्वदेशी को बदला लेने के लिए चलाया गया बहिष्कार का आन्दोलन नहीं मानता। मैं उसे ऐसा धार्मिक सिद्धान्त मानता हूं, जिसका पालन सब लोगों को करना चाहिये। मैं अर्थशास्त्री नहीं हूं लेकिन मैंने कुछ किताबें पढ़ी हैं, जिनमें बतलाया गया है कि इंग्लैण्ड आसानी से अपनी सारी जरूरतें खुद पैदा करने वाला आत्म-निर्भर देश बन सकता था। हो सकता है यह बात हास्यास्पद हो; और वह सच नहीं हो सकती, इसका सबसे बड़ा प्रमाण यह है कि इंग्लैण्ड दुनिया के उन देशों में है जो बाहर से सबसे ज्यादा माल आयात करते हैं। लेकिन जब तक भारत अपने जीवन का उत्तम निर्वाह करने योग्य नहीं हो जाता है, तब तक उससे यह आशा नहीं की जा सकती कि यह लंकाशायर के अथवा किसी दूसरे देश के लिए जिये। और वह अपने जीवन का उत्तम निर्वाह तभी कर सकता है जब वह—अपने प्रयत्न से या दूसरों की मदद लेकर—अपनी आवश्यकता की सारी वस्तुएं अपनी ही सीमा में उत्पन्न करने लगे। उसे नाशकारी प्रतिस्पर्धा के उस चक्कर में नहीं पड़ना चाहिये, जो आपसी लड़ाई-झगड़ों, ईर्ष्या और अन्य अनेक बुराइयों को जन्म देता है। लेकिन उसके बड़े सेठों और करोड़पतियों की इस विश्वव्यापी प्रतिस्पर्धा में पड़ने से कौन रोकेगा? कानून तो निश्चय ही ऐसा नहीं कर सकता। लेकिन लोकमत का बल और समुचित शिक्षा अवश्य इस दिशा में बहुत कुछ कर सकती है। हाथ-करघा उद्योग लगभग मरने की स्थिति में है। अपनी यात्राओं में... मैंने भरसक ज्यादा-से-ज्यादा बुनकरों से मिलने और उनकी कठिनाइयां समझने की कोशिश की और मुझे यह देखकर हार्दिक दुःख हुआ कि किस तरह अनेक बुनकर परिवारों को यह उद्योग—जो किसी समय तरक्की पर था और सम्मानास्पद माना जाता था—छोड़ देना पड़ा है।

अगर हम स्वदेशी के सिद्धान्त का पालन करें, तो हमारा और आपका यह कर्त्तव्य होगा कि हम उन बेरोजगार पड़ोसियों को ढूंढ़े, जो हमारी आवश्यकता की वस्तुएं, हमें दे सकते हों और यदि वे इन वस्तुओं को बनाना न जानते हों तो उन्हें उसकी प्रक्रिया सिखायें। ऐसा हो तो भारत का हर एक गांव लगभग एक स्वाश्रयी और स्वयंपूर्ण इकाई बन जाय। दूसरे गांव के साथ वह उन चंद

वस्तुओं का आदान-प्रदान जरूर करेगा, जिन्हें वह खुद अपनी सीमा में पैदा नहीं कर सकता। मुमकिन है कुछ लोगों को यह बात व्यर्थ मालूम हो। उन लोगों से मैं कहूंगा कि भारत एक विचित्र देश है। कोई दयालु मुसलमान शुद्ध पानी पिलाने के लिए तैयार हो, तो भी हजारों परम्परावादी हिन्दू ऐसे हैं जो प्यास से अपना गला सूखने देंगे, लेकिन मुसलमान के हाथ का पानी नहीं पियेंगे। यह बात अर्थहीन तो है, लेकिन इस देश में वह होती है। इसी तरह इन लोगों को एक बार इस बात का निश्चय करा दिया जाय कि धर्म के अनुसार उन्हें भारत में ही बने हुए कपड़े पहनना चाहिये और भारत में ही पैदा हुआ अन्न खाना चाहिये, तो फिर वे कोई दूसरे पकड़े पहनने या दूसरा अन्न खाने से इनकार कर देंगे।

भगवद्गीता का एक श्लोक है, जिसमें कहा गया है कि सामान्य जन श्रेष्ठ जनों का अनुकरण करते हैं। स्वदेशी व्रत लेने पर कुछ समय तक असुविधायें तो भोगनी पड़ेंगी, लेकिन उन असुविधाओं के बावजूद यदि समाज के विचारशील व्यक्ति स्वदेशी का व्रत अपना लें, तो हम उन अनेक बुराइयों का निवारण कर सकते हैं जिनसे हम पीड़ित हैं। मैं कानून द्वारा किये जाने वाले हस्तक्षेप को, वह जीवन के किसी भी विभाग में क्यों न किया जाय, बिलकुल नापसन्द करता हूं। उसके समर्थन में ज्यादा-से-ज्यादा यही कहा जा सकता है कि दूसरी बुराई की तुलना में वह कम बुरी है। लेकिन अपनी इस नापसन्दगी के बावजूद मैं विदेशी माल पर सख्त आयात-कर लगाना न सिर्फ सह लूंगा, बल्कि मैं चाहूंगा कि ऐसा किया जाय। नेटाल एक ब्रिटिश उपनिवेश है, किन्तु उसने एक दूसरे ब्रिटिश उपनिवेश मारीशस से आने वाली शक्कर पर काफी कर लगाया था और इस तरह अपनी शक्कर की रक्षा की थी। इंग्लैण्ड ने भारत पर स्वतंत्र व्यापार की नीति लादकर भारत के प्रति बड़ा अन्याय किया है। यह नीति इंग्लैण्ड के लिए आहार की तरह पोषक सिद्ध हुई होगी, किन्तु भारत के लिए तो वह जहर साबित हुई है।

कहा जाता है कि भारत कम-से-कम आर्थिक जीवन में तो स्वदेशी के नियम का आचरण नहीं कर सकता। जो लोग यह दलील देते हैं वे स्वदेशी को जीवन के एक अनिवार्य सिद्धांत के रूप में नहीं मानते। उनके लिए वह महज देश-सेवा का कार्य है, जो अगर उसमें ज्यादा आत्म-निग्रह करना पड़ता हो तो छोड़ा भी जा सकता है। जैसा कि ऊपर बताया गया है, स्वदेशी एक धार्मिक नियम है जिसका पालन उससे होने वाले सारे शारीरिक कष्टों के बावजूद भी होना ही चाहिये। स्वदेशी का सच्चा प्रेम हो तो सुई या पिन जैसी चीजों का अभाव—क्योंकि वे भारत में नहीं बनती हैं—भय का कारण नहीं होना चाहिए।

स्वदेशी का व्रत लेने वाला ऐसी सैकड़ों चीजों के बिना ही अपना काम चलाना सीख लेगा, जिन्हें आज वह जरूरी समझता है। फिर यह बात भी तो है कि जो लोग स्वदेशी को असंभव कहकर टाल देना चाहते हैं, वे यह भूल जाते हैं कि स्वदेशी आखिर एक आदर्श है जिसे लगातार कोशिश करके क्रमशः प्राप्त करना है। और यदि फिलहाल हम इस नियम को अमुक वस्तुओं तक ही मर्यादित रखें और जो वस्तुएं देश में प्राप्य नहीं हैं उनका उपयोग जारी रखें, तो भी हम आदर्श की दिशा में बढ़ते रह सकते हैं।

अन्त में मुझे स्वदेशी के खिलाफ उठाये जाने वाले एक अन्य आक्षेप पर और विचार करना है। आक्षेपकारों का कहना है कि वह एक अत्यन्त स्वार्थपूर्ण सिद्धान्त है और सभ्यजनों की मानी हुई नीति में उसे कोई स्थान नहीं हो सकता। वे समझते हैं कि स्वदेशी का पालन तो असभ्यता के युग की ओर लौटने जैसा होगा। मैं यहां इस कथन का विस्तृत विश्लेषण नहीं कर सकता। किन्तु मैं यह कहूंगा कि नम्रता और प्रेम के नियमों के साथ एकमात्र स्वदेशी का ही मेल बैठ सकता है। यदि मैं अपने परिवार की भी यथोचित सेवा नहीं कर पाता हूं, तो उस हालत में मेरा सम्पूर्ण भारत की सेवा का विचार करना दुरभिमान ही कहा जायेगा। उस हालत में तो यही अच्छा होगा कि मैं अपना प्रयत्न परिवार की सेवा पर ही केन्द्रित करूं और ऐसा समझूं कि परिवार की सेवा द्वारा मैं पूरे देश की या यों कहो कि पूरी मानव-जाति की सेवा कर रहा हूं। नम्रता और प्रेम इसी में है। कार्य का मूल्य उसके प्रेरक हेतु से निश्चित होता है। परिवार की सेवा मैं उससे दूसरों को होने वाले कष्टों की परवाह किये बिना भी कर सकता हूं। उदाहरण के लिए, हम लोगों से जबरदस्ती उनका पैसा छीनने का पेशा अख्तियार कर सकते हैं। उसके द्वारा हम धनवान बनकर परिवार की अनेक अनुचित मांगों को पूरा कर सकते हैं। लेकिन यदि हम ऐसा करें तो उससे न तो परिवार की सेवा होगी और न राज्य को। परिवार की सेवा का दूसरा तरीका यह होगा कि मैं इस बात को पहिचान लूं कि भगवान ने मुझे अपने आश्रितों के पोषण के लिए हाथ-पांव दिये हैं, और मुझे उनसे काम लेना चाहिये। ऐसा हो तो मैं एकदम अपना और जिनसे मेरा सीधा सम्बन्ध है उनका जीवन सादा बनाने में लग जाऊंगा। यदि मैं ऐसा करूं तो अपने परिवार को भी सेवा करूंगा और किसी दूसरे की कोई हानि भी नहीं करूंगा।

मेरी देशभक्ति वर्जनशील भी है और ग्रहणशील भी है। वह वर्जनशील इस अर्थ में है कि मैं अत्यंत नम्रतापूर्वक अपना ध्यान अपनी जन्मभूमि पर ही देता हूं और ग्रहणशील इस अर्थ में है कि मेरी सेवा में स्पर्धा या विरोध की भावना बिलकुल नहीं है।

जो लोग चरखे से जैसे-तैसे सूत कातकर खादी पहन-पहनाकर स्वदेशी-धर्म का पूरा पालन हुआ मान लेते हैं, वे बड़े मोह में डूबे हुए हैं।

अगर हर एक आदमी यह जीवन-पद्धति अपना ले, तो एकदम आदर्श स्थिति का निर्माण हो जाय। सब लोग उस स्थिति को एक साथ नहीं प्राप्त करेंगे। लेकिन जिन लोगों ने इस बात को समझ लिया है और इसलिए जो उसे अपने आचरण में उतारेंगे, वे स्पष्टतः उस शुभ दिन को पास लाने में बड़ी मदद करेंगे। जीवन की इस योजना में मैं केवल भारत की ही सेवा करता दिखता हूं, फिर भी मैं किसी दूसरे देश को हानि नहीं पहुंचाता। मेरी देशभक्ति वर्जनशील भी है और ग्रहणशील भी है। वह वर्जनशील इस अर्थ में है कि मैं अत्यंत नम्रतापूर्वक अपना ध्यान अपनी जन्मभूमि पर ही देता हूं और ग्रहणशील इस अर्थ में है कि मेरी सेवा में स्पर्धा या विरोध की भावना बिलकुल नहीं है। 'अपनी सम्पत्ति का उपयोग इस तरह करो कि उससे तुम्हारे पड़ोसी को कोई कष्ट न हो'—यह केवल कानून का सिद्धान्त नहीं, परन्तु एक महान जीवन-सिद्धान्त भी है। वह अहिंसा या प्रेम के समुचित पालन की कुंजी है।[1]

लेकिन जो लोग चरखे से जैसे-तैसे सूत कातकर खादी पहन-पहनाकर स्वदेशी-धर्म का पूरा पालन हुआ मान लेते हैं, वे बड़े मोह में डूबे हुए हैं। खादी सामाजिक स्वदेशी की प्रथम सीढ़ी है, वह स्वदेशी-धर्म की आखिरी हद नहीं है। ऐसे खादीधारी देखे गये हैं, जो और सब चीजें परदेशी खरीदते हैं। वे स्वदेशी-धर्म का पालन नहीं करते। वे तो सिर्फ चालू बहाव में बह रहे हैं। स्वदेशी-व्रत का पालन करने वाला हमेशा अपने आस-पास निरीक्षण करेगा और जहां-जहां पड़ोसियों की सेवा की जा सके, यानी जहां-जहां उनके हाथ का तैयार किया हुआ जरूरत का माल होगा, वहां दूसरा छोड़कर उसे लेगा। फिर भले ही स्वदेशी चीज पहले-पहल महंगी और कम दरजे की हो। व्रतधारी उसको सुधारने की कोशिश करेगा। स्वदेशी खराब है, इसलिए कायर बनकर वह परदेशी का इस्तेमाल करने नहीं लग जायेगा।

लेकिन स्वदेशी-धर्म जानने वाला अपने कुएं में डूब नहीं जायेगा। जो चीज स्वदेश में नहीं बनती हो या बड़ी तकलीफ से बन सकती हो, वह परदेश के द्वेष के कारण अपने देश में बनाने लग जाय तो उसमें स्वदेशी-धर्म नहीं है। स्वदेशी-धर्म पालने वाला परदेशी का द्वेष कभी नहीं करेगा। इसलिए पूर्ण स्वदेशी में किसी का द्वेष नहीं है। वह संकुचित धर्म नहीं है। वह प्रेम में से—अहिंसा में से—निकला हुआ सुन्दर धर्म है।[2]

32

गोरक्षा

हिन्दू धर्म की मुख्य वस्तु है गोरक्षा। गोरक्षा मुझे मनुष्य के सारे विकास-क्रम में सबसे अलौकिक वस्तु मालूम हुई है। गाय का अर्थ मैं मनुष्य से नीचे की सारी गूंगी दुनिया करता हूं। इसमें गाय के बहाने इस तत्त्व के द्वारा मनुष्य को संपूर्ण चेतन-सृष्टि के साथ आत्मीयता का अनुभव कराने का प्रयत्न है। मुझे तो यह भी स्पष्ट दीखता है कि गाय को ही यह देवभाव क्यों प्रदान किया गया होगा। हिन्दुस्तान में गाय ही मनुष्य का सबसे सच्चा साथी, सबसे बड़ा आधार था। यही हिन्दुस्तान की एक कामधेनु थी। वह सिर्फ दूध ही नहीं देती थी, बल्कि सारी खेती का आधार-स्तंभ थी। गाय दयाधर्म की मूर्तिमंत कविता है। इस गरीब और शरीफ जानवर में हम केवल दया ही उमड़ती देखते हैं। यह लाखों-करोड़ों हिन्दुस्तानियों को पालने वाली माता है। इस गाय की रक्षा करना ईश्वर की सारी मूक सृष्टि की रक्षा करना है। जिस अज्ञात ऋषि या द्रष्टा ने गोपूजा चलाई उसने गाय से शुरुआत की। इसके सिवा और कोई ध्येय हो ही नहीं सकता। इस पशुसृष्टि की फरियाद मूक होने से और भी प्रभावशाली है। गोरक्षा हिन्दू धर्म की दुनिया को दी हुई एक कीमती भेंट है। और हिन्दू धर्म भी तभी तक रहेगा, जब तक गाय की रक्षा करने वाले हिन्दू हैं।

गाय का अर्थ मैं मनुष्य से नीचे की सारी गूंगी दुनिया करता हूं। इसमें गाय के बहाने इस तत्त्व के द्वारा मनुष्य को संपूर्ण चेतन-सृष्टि के साथ आत्मीयता का अनुभव कराने का प्रयत्न है।

हिन्दुओं की परीक्षा तिलक करने, स्वरशुद्ध मंत्र पढ़ने, तीर्थयात्रायें करने या जात-बिरादरी के छोटे-छोटे नियमों को कट्टरता से पालने से नहीं होगी, बल्कि गाय को बचाने की उनकी शक्ति से ही होगी।[1]

गोमाता जन्म देने वाली मां से कहीं बढ़कर है। मां तो साल दो साल दूध पिलाकर हमसे फिर जीवनभर सेवा की आशा रखती है। पर गोमाता को तो सिवा दाने और घास के कोई सेवा की आवश्यकता ही नहीं। मां की तो हमें उसकी बीमारी में सेवा करनी पड़ती है। परन्तु गोमाता केवल जीवन-पर्यन्त ही हमारी अटूट सेवा नहीं करती, बल्कि उसके मरने के बाद भी हम उसके मांस, चर्म, हड्डी, सींग आदि से अनेक लाभ उठाते हैं। यह सब मैं जन्मदात्री माता का दरजा कम करने को नहीं कहता, बल्कि यह दिखाने के लिए कहता हूं कि गोमाता हमारे लिए कितनी पूज्य है।[2]

हमारे ढोरों की दुर्दशा के लिए अपनी गरीबी का राग भी हम नहीं अलाप सकते। यह हमारी निर्दय लापरवाही के सिवा और किसी भी बात की सूचक नहीं है। हालांकि हमारे पिंजरापोल हमारी दयावृत्ति पर खड़ी हुई संस्थायें हैं, तो भी वे उस वृत्ति का अत्यन्त भद्दा अमल करने वाली संस्थायें ही हैं। वे आदर्श गोशालाओं या डेरियों और समृद्ध राष्ट्रीय संस्थाओं के रूप में चलने के बजाय केवल लूले-लंगड़े ढोर रखने के धर्मादा खाते बन गये हैं। गोरक्षा के धर्म का दावा करते हुए भी हमने गाय और उसकी सन्तान को गुलाम बनाया है और हम खुद भी गुलाम बन गये हैं।[3]

लेकिन मैं फिर से इस बात पर जोर देता हूं कि... कानून बनाकर गोवध बन्द करने से गोरक्षा नहीं हो जाती। वह तो गोरक्षा के काम का छोटे-से-छोटा भाग है।... लोग ऐसा मानते दीखते हैं कि किसी भी बुराई के विरुद्ध कोई कानून बना कि तुरन्त वह किसी झंझट के बिना मिट जायेगी। ऐसी भयंकर आत्म-वंचना और कोई नहीं हो सकती। किसी दुष्ट बुद्धि वाले अज्ञानी या छोटे से समाज के खिलाफ कानून बनाया जाता है और उसका असर भी होता है। लेकिन जिस कानून के विरुद्ध समझदार और संगठित लोकमत हो, या धर्म के बहाने छोटे-से-छोटे मंडल का भी विरोध हो, वह कानून सफल नहीं होता। गोरक्षा के प्रश्न का जैसे-जैसे मैं अधिक अध्ययन करता जाता हूं, वैसे-वैसे मेरा यह मत दृढ़ होता जाता है कि गांवों और उनकी जनता की रक्षा तभी हो सकती है, जब कि मेरी ऊपर बताई हुई दिशा में निरन्तर प्रयत्न किया जाय।[4]

गाय की रक्षा करना ईश्वर की सारी मूक सृष्टि की रक्षा करना है।

अब सवाल यह है कि जब गाय अपने पालन-पोषण के खर्च से भी कम दूध देने लगती है या दूसरी तरह से नुकसान पहुंचाने वाला बोझ बन जाती है, तब बिना मारे उसे कैसे बचाया जा सकता है? इस सवाल का जवाब थोड़े में इस तरह दिया जा सकता है:

1. हिन्दू गाय और उसकी सन्तान की तरफ अपना फर्ज पूरा करके उसे बचा सकते हैं। अगर वे ऐसा करें तो हमारे जानवर हिन्दुस्तान और दुनिया के गौरव बन सकते हैं। आज इससे बिलकुल उलटा ही हो रहा है।

2. जानवरों के पालन-पोषण का शास्त्र सीखकर गाय की रक्षा की जा सकती है। आज तो इस काम में पूरी अन्धाधुन्धी चलती है।

3. हिन्दुस्तान में आज जिस बेरहम तरीके से बैलों को बधिया बनाया जाता है, उसकी जगह पश्चिम के हमदर्दी भरे और नरम तरीके काम में लाकर उसे कष्ट से बचाया जा सकता है।

4. हिन्दुस्तान के सारे पिंजरापोलों का पूरा-पूरा सुधार किया जाना चाहिये। आज तो हर जगह पिंजरापोल का इन्तजाम ऐसे लोग करते हैं, जिनके पास न तो कोई योजना होती है और न वे अपने काम की जानकारी ही न रखते हैं।

5. जब ये महत्त्व के काम कर लिये जायेंगे, तो मुसलमान खुद दूसरे किसी कारण से नहीं तो अपने हिन्दू भाइयों के खातिर ही मांस या दूसरे मतलब के लिए गाय को न मारने की जरूरत को समझ लेंगे।

पाठक यह देखेंगे कि ऊपर बताई हुई जरूरतों के पीछे एक खास चीज है। वह है अहिंसा जिसे दूसरे शब्दों में प्राणिमात्र पर दया कहा जाता है। अगर इस सबसे बड़े महत्त्व की बात को समझ लिया जाय, तो दूसरी सब बातें आसान बन जाती हैं। जहां अहिंसा है वहां अपार धीरज, भीतरी शान्ति, भले-बुरे का ज्ञान, आत्मत्याग और सच्ची जानकारी भी है। गोरक्षा कोई आसान काम नहीं है। उसके नाम पर देश में बहुत पैसा बरबाद किया जाता है। फिर भी अहिंसा के न होने से हिन्दू गाय के रक्षक बनने के बजाय उसके नाश करने वाले बन गये हैं। गोरक्षा का काम हिन्दुस्तान से विदेशी हुकूमत को हटाने के काम से भी ज्यादा कठिन है।[5]

[नोट : कहा जाता है कि हिन्दुस्तान की गाय रोजाना लगभग 2 पौण्ड दूध देती है, जब कि न्यूजीलैण्ड की 14 पौण्ड, इंग्लैण्ड की 15 पौण्ड और हालैण्ड की गाय रोजाना 20 पौण्ड दूध देती है। जैसे-जैसे दूध की पैदावार बढ़ती है वैस-वैसे तन्दुरुस्ती के आंकड़े भी बढ़ते हैं।]

मुझे यह देखकर आश्चर्य होता है कि हम लोग भैंस के दूध-घी का कितना पक्षपात करते हैं। असल में हम निकट का स्वार्थ देखते हैं, दूर के लाभ का विचार नहीं करते। नहीं तो यह साफ है कि अन्त में गाय ही ज्यादा उपयोगी है। गाय के घी और मक्खन में एक खास तरह का पीला रंग होता है, जिसमें भैंस के मक्खन से कहीं अधिक केरोटीन यानी विटामिन 'ए' रहता है। उसमें एक खास तरह का स्वाद भी है। मुझसे मिलने आने वाले विदेशी यात्री सेवाग्राम में गाय का शुद्ध दूध पीकर खुश हो जाते हैं। और यूरोप में तो भैंस के घी और मक्खन के बारे में कोई जानता ही नहीं। हिन्दुस्तान ही एक ऐसा देश है, जहां भैंस का घी-दूध इतना पसन्द किया जाता है। इससे गाय की बरबादी हुई है। इसीलिए मैं कहता हूं कि हम सिर्फ गाय पर ही जोर न देंगे तो गाय नहीं बच सकेगी।[6]

33

सहकारी गो पालन

प्रत्येक किसान अपने घर में गाय-बैल रखकर उनका पालन भली-भांति और शास्त्रीय पद्धति से नहीं कर सकता। गोवंश के ह्रास के अनेक कारणों में व्यक्तिगत गोपालन भी एक कारण रहा है। यह बोझ वैयक्तिक किसान की शक्ति के बिलकुल बाहर है।

मैं तो यहां तक कहता हूं कि आज संसार हर एक काम में सामुदायिक रूप से शक्ति का संगठन करने की ओर जा रहा है। इस संगठन का नाम सहयोग है। बहुत-सी बातें आजकल सहयोग से हो रही हैं। हमारे मुल्क में भी सहयोग आया तो है, लेकिन वह ऐसे विकृत रूप में आया है कि उसका सही लाभ हिन्दुस्तान के गरीबों को बिलकुल नहीं मिलता।

हमारी आबादी बढ़ती जा रही है और उसके साथ किसान की व्यक्तिगत जमीन कम होती जा रही है। नतीजा यह हुआ है कि प्रत्येक किसान के पास जितनी चाहिये उतनी जमीन नहीं है। जो है वह उसकी अड़चनों को बढ़ाने वाली है। ऐसा किसान अपने घर में या खेत पर गाय-बैल नहीं रख सकता। रखता है तो अपने हाथों अपनी बरबादी को न्यौता भी देता है। आज हिन्दुस्तान की यही हालत है। धर्म, दया या नीति की परवाह न करने वाला अर्थशास्त्र तो पुकार-पुकार कर कहता है कि आज हिन्दुस्तान में लाखों पशु मनुष्य को खा रहे हैं। क्योंकि उनसे कुछ लाभ नहीं पहुंचने पर भी उन्हें खिलाना तो पड़ता ही है। इसलिए उन्हें मार डालना चाहिये। लेकिन धर्म कहो, नीति कहो या दया कहो, ये हमें इन निकम्मे पशुओं को मारने से रोकते हैं।

इस हालत में क्या किया जाये? यही कि जितना प्रयत्न पशुओं को जीवित रखने और उन्हें बोझ न बनने देने का हो सकता है उतना किया जाय। इस प्रयत्न में सहयोग का बड़ा महत्त्व है। सहयोग अथवा सामुदायिक पद्धति से पशु-पालन करने से:

1. जगह बचेगी। किसान को अपने घर में पशु नहीं रखने पड़ेंगे। आज तो जिस घर में किसान रहता है, उसी में उसके सारे मवेशी भी रहते हैं। इससे हवा बिगड़ती है और घर में गंदगी रहती है। मनुष्य पशु के साथ एक ही घर में रहने के लिए पैदा नहीं किया गया है। ऐसा करने में न दया है, न ज्ञान।

2. पशुओं की वृद्धि होने पर एक घर में रहना असंभव हो जाता है। इसलिए किसान बछड़े को बेच डालता है और भैंसे या पाड़े को मार डालता है, या मरने

के लिए छोड़ देता है। यह अधमता है। सहयोग से यह रुकेगा।

3. जब पशु बीमार होता है तब व्यक्तिगत रूप से किसान उसका शास्त्रीय उपचार नहीं करवा सकता। सहयोग से ही चिकित्सा सुलभ होती है।

4. प्रत्येक किसान सांड़ नहीं रख सकता। सहयोग के आधार पर बहुत से पशुओं के लिए एक अच्छा सांड़ रखना सरल है।

5. प्रत्येक किसान गोचर-भूमि तो ठीक पशुओं के लिए व्यायाम की यानी हिरने-फिरने की भूमि भी नहीं छोड़ सकता। किन्तु सहयोग के द्वारा ये दोनों सुविधायें आसानी से मिल सकती हैं।

6. व्यक्तिगत रूप में किसान को घास इत्यादि पर बहुत खर्च करना पड़ता है। सहयोग के द्वारा कम खर्च में काम चल जायेगा।

7. किसान व्यक्तिगत रूप में अपना दूध आसानी से नहीं बेच सकता। सहयोग के द्वारा उसे दाम भी अच्छे मिलेंगे और वह दूध में पानी वगैरा मिलाने के लालच से भी बच सकेगा।

8. व्यक्तिगत रूप में किसान के लिए पशुओं की परीक्षा करना असंभव है, किन्तु गांव भर के पशुओं की परीक्षा सुलभ है। और उनकी नसल के सुधार का प्रश्न भी आसान हो जाता है।

9. सामुदायिक या सहयोगी पद्धति के पक्ष में इतने कारण पर्याप्त होने चाहिये। परन्तु सबसे बड़ी और सचोट दलील तो यह है कि व्यक्तिगत पद्धति के कारण ही हमारी और पशुओं की दशा आज इतनी दयनीय हो उठी है। उसे बदल दें तो हम भी बच सकते हैं और पशुओं को भी बचा सकते हैं।

मेरा तो विश्वास है कि जब हम अपनी जमीन को सामुदायिक पद्धति से जोतेंगे, तभी उससे फायदा उठा सकेंगे। गांव की खेती अलग-अलग सौ टुकड़ों में बंट जाय, इसके बनिस्बत क्या यह बेहतर नहीं होगा कि सौ कुटुम्ब सारे गांव की खेती सहयोग से करें और उसकी आमदनी आपस में बांट लिया करें? और जो खेती के लिए सच है, वह पशुओं के लिए भी सच है।

यह दूसरी बात है कि आज लोगों को सहयोग की पद्धति पर लाने में कठिनाई है। कठिनाई तो सभी सच्चे और अच्छे कामों में होती है। गोसेवा के सभी अंग कठिन हैं। कठिनाइयां दूर करने से ही सेवा का मार्ग सुगम बन सकता है। यहां तो मुझे इतना ही बताना था कि सामुदायिक पद्धति क्या चीज है और यह कि वैयक्तिक पद्धति गलत है और सामुदायिक सही है। व्यक्ति अपने स्वातंत्र्य की रक्षा भी सहयोग को स्वीकार करके ही का सकता है। अतएव सामुदायिक पद्धति अहिंसात्मक है, वैयक्तिक हिंसात्मक।[1]

गोबर, कचरे और मनुष्य के मल वगैरा में से खूबसूरत और सुगन्धित खाद

मिल सकता है। यह सुनहली चीज है। धूल में से धन पैदा करने की बात है।... यह खाद बनाना भी एक ग्रामोद्योग है। यह तभी चल सकता है जब करोड़ों लोग उसमें हिस्सा लें, मदद दें।[2]

34

गांवों की सफाई

श्रम और बुद्धि के बीच जो अलगाव हो गया है, उसके कारण हम अपने गांवों के प्रति इतने लापरवाह हो गये हैं कि वह एक गुनाह ही माना जा सकता है। नतीजा यह हुआ है कि देश में जगह-जगह सुहावने और मनभावने छोटे-छोटे गांवों के बदले हमें घूरे जैसे गंदे गांव देखने को मिलते हैं। बहुत से या यों कहिये कि करीब-करीब सभी गांवों में घुसते समय जो अनुभव होता है, उससे दिल को खुशी नहीं होती। गांव के बाहर और आस-पास इतनी गंदगी होती है और वहां इतनी बदबू आती है कि अक्सर गांव में जाने वाले को आंख मूंदकर और नाक दबाकर ही जाना पड़ता है। ज्यादातर कांग्रेसी गांव के बाशिन्दे होने चाहिये; अगर ऐसा हो तो उनका फर्ज हो जाता है कि वे अपने गांवों को सब तरह से सफाई के नमूने बनायें। लेकिन गांववालों के हमेशा के यानी रोज-रोज के जीवन में शरीक होने या उनके साथ घुलने-मिलने को उन्होंने कभी अपना कर्त्तव्य माना ही नहीं। हमने राष्ट्रीय या सामाजिक सफाई को न तो जरूरी गुण माना, और न उसका विकास ही किया। यों रिवाज के कारण हम अपने ढंग से नहा भर लेते हैं, मगर जिस नदी, तालाब या कुएं के किनारे हम श्राद्ध या वैसी ही दूसरी कोई धार्मिक क्रिया करते हैं और जिन जलाशयों में पवित्र होने के विचार से हम नहाते हैं, उनके पानी को बिगाड़ने या गन्दा करने में हमें कोई हिचक नहीं होती। हमारी इस कमजोरी को मैं एक बड़ा दुर्गुण मानता हूं। इस दुर्गुण का ही यह नतीजा है कि हमारे गांवों की और हमारी पवित्र नदियों के पवित्र तटों की लज्जाजनक दुर्दशा और गन्दगी से पैदा होने वाली बीमारियां हमें भोगनी पड़ती हैं।[1]

श्रम और बुद्धि के बीच जो अलगाव हो गया है, उसके कारण हम अपने गांवों के प्रति इतने लापरवाह हो गये हैं कि वह एक गुनाह ही माना जा सकता है।

गांवों में करने के कार्य ये हैं कि उनमें जहां-जहां कूड़े-करकट तथा गोबर के ढेर हों, वहां-वहां से उनको हटाया जाय और कुओं तथा तालाबों की सफाई की जाय। अगर कार्यकर्ता लोग नौकर रखे हुए भंगियों की भांति खुद रोज सफाई

का काम करना शुरू कर दें और साथ ही गांववालों को यह भी बतलाते रहें कि उनसे सफाई के कार्य में शरीक होने की आशा रखी जाती है, ताकि आगे चलकर अन्त में सारा काम गांववाले स्वयं करने लग जायें, तो यह निश्चित है कि आगे या पीछे गांववाले इस कार्य में अवश्य सहयोग देने लगेंगे।

वहां के बाजार तथा गलियों को सब प्रकार का कूड़ा-करकट हटाकर स्वच्छ बना लेना चाहिये। फिर उस कूड़े का वर्गीकरण कर देना चाहिये। उसमें से कुछ का तो खाद बनाया जा सकता है, कुछ को सिर्फ जमीन में गाड़ देना भर बस होगा और कुछ हिस्सा ऐसा होगा कि जो सीधा सम्पत्ति के रूप में परिणत किया जा सकेगा। वहां मिली हुई प्रत्येक हड्डी एक बहुमूल्य कच्चा माल होगी, जिससे बहुत-सी उपयोगी चीजें बनाई जा सकेंगी, या जिसे पीसकर कीमती खाद बनाया जा सकेगा। कपड़े के फटे-पुराने चिथड़ों तथा रद्दी कागजों से कागज बनाये जा सकते हैं और इधर-उधर से इकट्ठा किया हुआ मल-मूत्र गांव के खेतों के लिए सुनहले खाद का काम देगा। मल-मूत्र को उपयोगी बनाने के लिए यह करना चाहिये कि उसके साथ—चाहे वह सूखा हो या तरल—मिट्टी मिलाकर उसे ज्यादा-से-ज्यादा एक फुट गहरा गड्ढा खोदकर जमीन में गाड़ दिया जाय। गांवों की स्वास्थ्य-रक्षा पर लिखी हुई अपनी पुस्तक में डॉ. पूअरे कहते हैं कि जमीन में मल-मूत्र नौ या बारह इंच से अधिक गहरा नहीं गाड़ना चाहिये। (मैं यह बात केवल स्मृति के आधार पर लिख रहा हूं।) उनकी मान्यता यह है कि जमीन की ऊपरी सतह सूक्ष्म जीवों से परिपूर्ण होती है और हवा एवं रोशनी की सहायता से—जो कि आसानी से वहां तक पहुंच जाती हैं—ये जीव मल-मूत्र को एक हफ्ते के अन्दर एक अच्छी, मुलायम और सुगन्धित मिट्टी में बदल देते हैं। कोई भी ग्रामवासी स्वयं इस बात की सच्चाई का पता लगा सकता है। यह कार्य दो प्रकार से किया जा सकता है। या तो पाखाने बनाकर उनमें शौच जाने के लिए मिट्टी तथा लोहे की बाल्टियां रख दी जायं और फिर प्रतिदिन उन बाल्टियों को पहले से तैयार की हुई जमीन में खाली करके ऊपर से मिट्टी डाल दी जाय, या फिर जमीन में चौरस गड्ढा खोदकर सीधे उसी में मल-मूत्र का त्याग करके ऊपर से मिट्टी डाल दी जाय। यह मल-मूत्र या तो देहात के सामूहिक खेतों में गाड़ा जा सकता है या व्यक्तिगत खेतों में। लेकिन यह कार्य तभी संभव है जब कि गांव वाले सहयोग दें। कोई भी उद्योगी ग्रामवासी कम-से-कम इतना काम तो खुद भी कर ही सकता है कि मल-मूत्र को एकत्र करके उसको अपने लिए सम्पत्ति में परिवर्तित कर दे। आजकल तो यह सारा कीमती खाद, जो लाखों रुपये की कीमत का है, प्रतिदिन व्यर्थ जाता है और बदले में हवा को गन्दी करता तथा बीमारियां फैलाता रहता है।

गांवों के तालाबों से स्त्री और पुरुष सब स्नान करने, कपड़े धोने, पानी पीने तथा भोजन बनाने का काम लिया करते हैं। बहुत से गांवों के तालाब पशुओं के काम भी आते हैं। बहुधा उनमें भैंसें बैठी हुई पाई जाती हैं। आश्चर्य तो यह है कि तालाबों का इतना पापपूर्ण दुरुपयोग होते रहने पर भी महामारियों से गांवों का नाश अब तक क्यों नहीं हो पाया है? आरोग्य-विज्ञान इस विषय में एकमत है कि पानी की सफाई के संबंध में गांववालों की उपेक्षा-वृत्ति ही उनकी बहुत-सी बीमारियों का कारण है।

पाठक इस बात को स्वीकार करेंगे कि इस प्रकार का सेवाकार्य शिक्षाप्रद होने के साथ-ही-साथ अलौकिक रूप से आनन्ददायक भी है और इसमें भारतवर्ष के सन्ताप-पीड़ित जन-समाज का अनिर्वचनीय कल्याण भी समाया हुआ है। मुझे उम्मीद है कि इस समस्या को सुलझाने के तरीके का मैंने ऊपर जो वर्णन किया है, उससे इतना तो साफ हो गया होगा कि अगर ऐसे उत्साही कार्यकर्ता मिल जायं, जो झाड़ू और फावड़े को भी उतने ही आराम और गर्व के साथ हाथ में ले लें जैसे कि वे कलम और पेंसिल को लेते हैं, तो इस कार्य में खर्च का कोई सवाल ही नहीं उठेगा। अगर किसी खर्च की जरूरत पड़ेगी भी तो वह केवल झाड़ू, फावड़ा, टोकरी, कुदाली और शायद कुछ कीटाणु-नाशक दवाइयां खरीदने तक ही सीमित रहेगा। सूखी राख संभवत: उतनी ही अच्छी कीटाणु-नाशक दवा है, जितनी कि कोई रसायनशास्त्री दे सकता है।[2]

आदर्श भारतीय गांव इस तरह बसाया और बनाया जाना चाहिये, जिससे वह सम्पूर्णतया नीरोग हो सके। उसके झोंपड़ों और मकानों में काफी प्रकाश और वायु आ-जा सके। ये झोंपड़े ऐसी चीजों के बने हों जो पांच मील की सीमा के अन्दर उपलब्ध हो सकती हैं। हर मकान के आस-पास या आगे-पीछे इतना बड़ा आंगन हो, जिसमें गृहस्थ अपने लिए साग-भाजी लगा सकें और अपने पशुओं को रख सकें। गांव की गलियों और रास्तों पर जहां तक हो सके धूल न हो। अपनी जरूरत के अनुसार गांव में कुएं हों, जिनसे गांव के सब लोग पानी भर सकें। सबके लिए प्रार्थना-घर या मंदिर हों, सार्वजनिक सभा वगैरा के लिए एक अलग स्थान हो, गांव की अपनी गोचर-भूमि हो, सहकारी ढंग की एक गोशाला हो, ऐसी प्राथमिक और माध्यमिक शालायें हों जिनमें उद्योग की शिक्षा सर्व-प्रधान वस्तु हो, और गांव के अपने मामलों का निपटारा करने के लिए एक ग्राम-पंचायत भी हो। अपनी जरूरतों के लिए अनाज, साग-भाजी, फल, खादी वगैरा खुद गांव में ही पैदा हों। एक आदर्श गांव की मेरी अपनी यह कल्पना है। मौजूदा परिस्थिति में उसके मकान ज्यों-के-त्यों रहेंगे, सिर्फ यहां-वहां थोड़ा-सा सुधार कर देना अभी काफी होगा। अगर कहीं जमींदार हो और वह भला आदमी हो या

गांव के लोगों में सहयोग और प्रेमभाव हो, तो बगैर सरकारी सहायता के खुद ग्रामीण ही—जिनमें जमींदार भी शामिल है—अपने बल पर लगभग ये सारी बातें कर सकते हैं। हां, सिर्फ नये सिरे से मकानों को बनाने की बात छोड़ दीजिये। और अगर सरकारी सहायता भी मिल जाय तब तो ग्रामों की इस तरह पुनर्रचना हो सकती है कि जिसकी कोई सीमा ही नहीं। पर अभी तो मैं यही सोच रहा हूं कि खुद ग्राम निवासी अपने बल पर परस्पर सहयेाग के साथ और सारे गांव के भले के लिए हिल-मिलकर मेहनत करें, तो वे क्या-क्या कर सकते हैं? मुझे तो यह निश्चय हो गया है कि अगर उन्हें उचित सलाह और मार्गदर्शन मिलता रहे, तो गांव की—मैं व्यक्तियों की बात नहीं करता—आय बराबर दूनी हो सकती है। व्यापारी दृष्टि से काम में आने लायक अखूट साधन-सामग्री हर गांव में भले ही न हो, पर स्थानीय उपयोग और लाभ के लिए तो लगभग हर गांव में है। पर सबसे बड़ी बदकिस्मती तो यह है कि अपनी दशा सुधारने के लिए गांव के लोग खुद कुछ नहीं करना चाहते।

एक गांव के कार्यकर्ता को सबसे पहले गांव की सफाई और आरोग्य के सवाल को अपने हाथ में लेना चाहिये। यों तो ग्रामसेवकों को किंकर्त्तव्य-विमूढ़ बना देने वाली अनेक समस्यायें हैं, पर यह समस्या ऐसी है जिसकी सबसे अधिक लापरवाही की जा रही है। फलत: गांव की तन्दुरुस्ती बिगड़ती रहती है और रोग फैलते रहते हैं। अगर ग्रामसेवक स्वेच्छापूर्वक भंगी बन जाय, तो वह प्रतिदिन मैला उठाकर उसका खाद बना सकता है और गांव के रास्ते बुहार सकता है। वह लोगों से कहे कि उन्हें पाखाना-पेशाब कहां करना चाहिये, किस तरह सफाई रखनी चाहिये, उसके क्या लाभ हैं, और सफाई के न रखने से क्या-क्या नुकसान होते हैं। गांव के लोग उसकी बात चाहे सुनें या न सुनें, वह अपना काम बराबर करता रहे।[3]

35

गांव का आरोग्य

मेरी राय में जिस जगह शरीर-सफाई, घर-सफाई और ग्राम-सफाई हो तथा युक्ताहार और योग्य व्यायाम हो, वहां कम-से-कम बीमारी होती है। और, अगर चित्तशुद्धि भी हो, तो कहा जा सकता है कि बीमारी असंभव हो जाती है। राम नाम के बिना चित्तशुद्धि नहीं हो सकती। अगर देहात वाले इतनी बात समझ जायं, तो वैद्य, हकीम या डॉक्टर की जरूरत न रह जाय।

कुदरती उपचार के गर्भ में यह बात रही है कि मानव-जीवन की आदर्श रचना में देहात की या शहर की आदर्श रचना आ ही जाती है। और उसका मध्यबिन्दु तो ईश्वर ही हो सकता है।

कुदरती इलाज के गर्भ में यह बात रही है कि उसमें कम-से-कम खर्च और ज्यादा से ज्यादा सादगी होनी चाहिये। कुदरती उपचार का आदर्श ही यह है कि जहां तक संभव हो, उसके साधन ऐसे होने चाहिये कि उपचार देहात में ही हो सके। जो साधन नहीं हैं वे पैदा किये जाने चाहिये। कुदरती उपचार में जीवन-परिवर्तन की बात आती है। यह कोई वैद्य की दी हुई पुड़िया लेने की बात नहीं है, और न अस्पताल जाकर मुफ्त दवा लेने या वहां रहने की बात है। जो मुफ्त दवा लेता है वह भिक्षुक बनता है। जो कुदरती उपचार करता है, वह कभी भिक्षुक नहीं बनता। वह अपनी प्रतिष्ठा बढ़ाता है और अच्छा होने का उपाय खुद ही कर लेता है। वह अपने शरीर से जहर निकालकर ऐसा प्रयत्न करता है, जिससे दुबारा बीमार न पड़ सके। और कुदरती इलाज में मध्यबिन्दु तो रामनाम ही है न?

पथ्य खुराक—युक्ताहार—इस उपचार का अनिवार्य अंग है। आज हमारे देहात हमारी ही तरह कंगाल हैं। देहात में साग-सब्जी, फल-दूध वगैरा पैदा करना कुदरती इलाज का खास अंग है। इसमें जो समय खर्च होता है, वह व्यर्थ नहीं जाता। बल्कि उससे सारे देहातियों को और आखिर में सारे हिन्दुस्तान को लाभ होता है।[1]

निचोड़ यह निकला कि अगर हम सफाई के नियम जानें, उनका पालन करें और सही खुराक लें, तो हम खुद अपने डॉक्टर बन जायें। जो आदमी जीने के लिए खाता है, जो पांच महाभूतों का यानी मिट्टी, पानी, आकाश, सूरज और हवा का दोस्त बनकर रहता है, जो उनको बनाने वाले ईश्वर का दास बनकर जीता है, वह कभी बीमार न पड़ेगा। पड़ा भी तो ईश्वर के भरोसे रहता हुआ शान्ति से मर जायेगा। वह अपने गांव के मैदानों या खेतों में मिलने वाली जड़ी-बूटी या औषधि लेकर ही सन्तोष मानेगा। करोड़ों लोग इसी तरह जीते और मरते हैं। उन्होंने तो डॉक्टर का नाम तक नहीं सुना। वे उसका मुंह कहां से देखें? हम भी ठीक ऐसे ही बन जायं और हमारे पास जो देहाती लड़के और बड़े आते हैं, उनको भी इसी तरह रहना सिखा दें। डॉक्टर लोग कहते हैं कि 100 में से 99 रोग गन्दगी से, न खाने जैसा खाने से और खाने लायक चीजों के न मिलने और न खाने से होते हैं। अगर हम इन 99 लोगों को जीने की कला सिखा दें, तो बाकी एक को हम भूल जा सकते हैं। उसके लिए कोई परोपकारी डॉक्टर मिल जायेगा। हम उसकी फिकर न करें। आज हमें न तो अच्छा पानी मिलता है, न

अच्छी मिट्टी और न साफ हवा ही मिलती है। हम सूरज से छिप-छिपकर रहते हैं। अगर हम इन सब बातों को सोचें और सही खुराक सही तरीके से लें, तो समझिये कि हमने जमानों का काम कर लिया। इसका ज्ञान पाने के लिए न तो हमें कोई डिग्री चाहिये और न करोड़ों रुपये! जरूरत सिर्फ इस बात की है कि हममें ईश्वर पर श्रद्धा हो, सेवा की लगन हो, पांच महाभूतों का कुछ परिचय हो, और सही भोजन का सही ज्ञान हो। इतना तो हम स्कूल और कॉलेज की शिक्षा के बनिस्बत खुद ही थोड़ी मेहनत से और थोड़े समय में हासिल कर सकते हैं।[2]

> *जान-अनजान कुदरत के कानूनों को तोड़ने से ही बीमारी पैदा होती है। इसलिए उसका इलाज भी यही हो सकता है कि बीमार फिर कुदरत के कानूनों पर अमल करना शुरू कर दे।*

जाने-अनजाने कुदरत के कानूनों को तोड़ने से ही बीमारी पैदा होती है। इसलिए उसका इलाज भी यही हो सकता है कि बीमार फिर कुदरत के कानूनों पर अमल करना शुरू कर दे। जिस आदमी ने कुदरत के कानून को हद से ज्यादा तोड़ा है, उसे तो कुदरत की सजा भोगनी ही पड़ेगी, या फिर उससे बचने के लिए अपनी जरूरत के मुताबिक डॉक्टरों या सर्जनों की मदद लेनी होगी। वाजिब सजा को सोच-समझकर चुपचाप सह लेने से मन की ताकत बढ़ती है, मगर उसे टालने की कोशिश करने से मन कमजोर बनता है।[3]

मैं यह जानना चाहूंगा कि ये डॉक्टर और वैज्ञानिक लोग देश के लिए क्या कर रहे हैं? वे हमेशा खास-खास बीमारियों के इलाज के नये-नये तरीके सीखने के लिए विदेशों में जाने के लिए तैयार दिखाई देते हैं। मेरी सलाह है कि वे हिन्दुस्तान के 7 लाख गांवों की तरफ ध्यान दें। ऐसा करने पर उन्हें जल्दी ही मालूम हो जायेगा कि डॉक्टरी की डिग्रियां लिये हुए सारे मर्द और औरतों की, पश्चिमी नहीं बल्कि पूर्वी ढंग पर, ग्रामसेवा के काम में जरूरत है। तब वे इलाज के बहुत से देशी तरीकों को अपना लेंगे। जब हिन्दुस्तान के गांवों में ही कई तरह की जड़ी-बूटियों और दवाइयों का अखूट भण्डार मौजूद है, तब उसे पश्चिमी देशों से दवाइयां मंगाने की कोई जरूरत नहीं। लेकिन दवाइयों से भी ज्यादा इन डॉक्टरों को जीने का सही तरीका गांववालों को सिखाना होगा।[4]

मेरा कुदरती इलाज तो सिर्फ गांववालों और गांवों के लिए ही है। इसलिए उसमें खुर्दबीन, एक्स-रे वगैरा की कोई जगह नहीं है। और न ही कुदरती इलाज में कुनैन, अमिटीन, पेनिसिलीन वगैरा दवाओं की गुंजाइश है। उसमें अपनी सफाई, घर की सफाई, गांव की सफाई और तन्दुरुस्ती की हिफाजत का पहला और पूरा-पूरा स्थान है। इसकी तह में खयाल यह है कि अगर इतना किया जाय

या हो सके, तो कोई बीमारी ही न हो। और बीमारी आ जाय तो उसे मिटाने के लिए कुदरत के सभी कानूनों पर अमल करने के साथ-साथ राम-नाम ही उसका असल इलाज है। यह इलाज सार्वजनिक या आम नहीं हो सकता। जब तक खुद इलाज करने वाले में राम-नाम की सिद्धि न आ जाय, तब तक राम-नाम-रूपी इलाज को एकदम आम नहीं बनाया जा सकता।[5]

36

गांवों का आहार

हाथ-कुटाई का चावल

अगर चावल पुरानी पद्धति से गांवों में ही कूटा जाय, तो उसकी मजदूरी हाथ-कुटाई करने वाली बहनों के हाथ में जायेगी और चावल खाने वाले लाखों लोगों को, जिन्हें आज मिलों के पालिश किये हुए चावल से केवल स्टार्च मिलता है, हाथ-कुटे चावल से कुछ पोषक तत्त्व भी मिलेंगे। चावल पैदा करने वाले प्रदेशों में जहां-तहां जो भयावनी चावल की मिलें खड़ी दिखायी देती हैं, उनका कारण मनुष्य का वह अमर्यादित लोभ ही है, जो न तो अपनी तृप्ति के लिए अपने पंजे में आये हुए लोगों के स्वास्थ्य की परवाह करता है और न उनके सुख की। अगर लोकमत शक्तिशाली होता तो वह चावल की मिलों के मालिकों से इस व्यापार को—जो समूचे राष्ट्र के स्वास्थ्य को खोखला बनाता है और गरीबों को जीविकोपार्जन के एक ईमानदारी के साधन से वंचित करता है—बंद करने का अनुरोध करता और हाथ-कुटाई के चावलों के ही उपयोग का आग्रह रखकर चावल कूटनेवाली मिलों का चलना अशक्य कर देता।[1]

गेहूं का चोकर-युक्त आटा

यह तो सभी डॉक्टरों की राय है कि बिना चोकर का आटा उतना ही हानिकर है जितना कि पालिश किया हुआ चावल। बाजार में जो महीन आटा या मैदा बिकता है उसके मुकाबले में घर की चक्की का पिसा हुआ बिना चला गेहूं का आटा अच्छा भी होता है और सस्ता भी। सस्ता इसलिए होता है कि पिसाई का पैसा बच जाता है। फिर घर के पिसे हुए आटे का वजन कम नहीं होता। महीन आटे या मैदे में तौल कम हो जाती है। गेहूं का सबसे पौष्टिक अंश उसके चोकर में होता है। गेहूं की भूसी चालकर निकाल डालने से उसके पौष्टिक तत्त्व की बहुत बड़ी हानि होती है। ग्रामवासी या दूसरे लोग, जो घर की चक्की का पिसा

आटा बिना चला हुआ खाते हैं, वे पैसे के साथ-साथ अपना स्वास्थ्य भी नष्ट होने से बचा लेते हैं। आज आटे की मिलें जो लाखों रुपये कमा रही हैं, उस रकम का काफी बड़ा हिस्सा गांवों में हाथ की चक्कियां फिर से चलने लगने से गांवों में ही रहेगा और वह सत्पात्र गरीबों के बीच बंटता रहेगा।[2]

गुड़

डॉक्टरों की राय के अनुसार गुड़... सफेद चीनी की अपेक्षा कहीं अधिक पौष्टिक है; और अगर गांववालों ने गुड़ बनाना छोड़ दिया, तो उनके बाल-बच्चों के आहार में से एक जरूरी चीज निकल जायेगी। वे खुद शायद गुड़ के बिना अपना काम चला सकेंगे, पर उनके बच्चों की शारीरिक ताकत गुड़ के अभाव में निश्चय ही घट जायेगी।... अगर गुड़ बनाना जारी रहा और लोगों ने उसका उपयोग करना न छोड़ा, तो ग्रामवासियों का करोड़ों रुपया उनके पास ही रहेगा।[3]

हरी पत्ता-भाजियां

आहार या विटामिनों के विषय पर लिखी गयी कोई भी आधुनिक पाठ्य-पुस्तक उठाइये, तो उसमें आप इस बात की जोरदार सिफारिश पायेंगे कि हर एक भोजन के साथ थोड़ी-सी कच्ची हरी पत्ता-भाजी जरूर ली जाय। बेशक, खाने से पहले उन्हें चार-छह बार अच्छी तरह धो लेना चाहिये, ताकि उनमें लगी हुई मिट्टी और दूसरा कचरा बिलकुल साफ हो जाय। ये पत्ता-भाजियां हर एक गांव में आसानी से मिल सकती हैं; सिर्फ उन्हें तोड़ने की जरूरत है। फिर भी, हरी पत्ता-भाजियां शहरों के ही लोगों के शौक की चीज समझी जाती हैं।

भारत के अधिकांश हिस्सों में गांववाले तो दाल, चावल या रोटी पर ही गुजारा करते हैं और इनके साथ बहुत-सी मिर्चें खाते हैं, जो शरीर को नुकसान पहुंचाती हैं। चूंकि गांवों के आर्थिक पुनर्गठन का काम आहार के सुधार से शुरू किया गया है, इसलिए सस्ते और सादे ऐसे खाद्यों को ढूंढ़ निकालना बहुत जरूरी है, जिनसे गांववाले अपना खोया हुआ स्वास्थ्य पुनः प्राप्त कर सकें। भोजन के साथ थोड़ी-सी हरी पत्ता-भाजी लेने से गांव के लोग ऐसे अनेक रोगों से बच जायेंगे जिनसे वे आज तकलीफ भोगते हैं। गांववालों के भोजन में विटामिनों की कमी है; उनमें से अधिकांश की पूर्ति ताजे हरे पत्तों से हो सकती है। मैंने अपने भोजन में सरसों, सोया, शलजम, गाजर और मूली की पत्तियां लेना शुरू लिया है। यह कहने की जरूरत नहीं कि शलजम, गाजर और मूली की सिर्फ पत्तियां ही नहीं, उनके कंद भी कच्चे खाये जाते हैं। इनकी पत्तियों या कंदों को आग पर पकाकर खाना उनके सुप्रिय स्वाद को मारना और पैसे का दुर्व्यय करना है। आग

पर पकाने से इन भाजियों के विटामिन बिलकुल या अधिकांश नष्ट हो जाते हैं। इन्हें पकाकर खाना इनके स्वाद की हत्या करना है। ऐसा मैं इसलिए कहता हूं कि कच्ची भाजियों में एक प्राकृतिक स्वाद होता है, जो पकाने से नष्ट हो जाता है।[4]

37

ग्राम सेवक

गांवों में जाकर काम करने से हम चौंकते हैं। हम शहरी लोगों को देहाती जीवन अपनाना बहुत मुश्किल मालूम होता है। बहुतों के शरीर ही गांव की कठिन चर्या को सहने से इनकार कर देते हैं। परन्तु यदि हम स्वराज्य की स्थापना जनता की भलाई के लिए करना चाहते हैं, तथा सिर्फ शासकों के मौजूदा दल की जगह उनके जैसा ही कोई दूसरा दल—जो शायद उनसे भी बुरा सिद्ध हो—नहीं बिठाना चाहते, तो इस कठिनाई का मुकाबला हमें साहस के साथ ही नहीं बल्कि वीरता के साथ, अपने प्राणों की बाजी लगाकर करना होगा। आज तक देहाती लोग, हजारों और लाखों की संख्या में, हमारे जीवन का पोषण करने के लिए मरते आये है; अब उनके जीवन का पोषण करने के लिए हमें मरना होगा। बेशक, उनके मरने में और हमारे मरने में बुनियादी फर्क होगा। वे बिन-जाने और अनिच्छापूर्वक मरे हैं। उनके इस विवश बलिदान ने हमें गिराया है। अब यदि हम ज्ञानपूर्वक और इच्छापूर्वक मरेंगे, तो हमारा बलिदान हमें और हमारे साथ समूचे राष्ट्र को ऊपर उठायेगा। यदि हम एक आजाद और स्वावलम्बी देश की तरह जीना चाहते हैं, तो इस आवश्यक बलिदान से हमें अपना कदम पीछे नहीं हटाना चाहिये।[1]

सुसंस्कृत घर जैसी कोई पाठशाला नहीं और ईमानदार तथा सदाचारी माता-पिता जैसे कोई शिक्षक नहीं। स्कूलों में मिलने वाली प्रचलित शिक्षा गांववालों पर एक व्यर्थ का बोझ है, जिसका उनके लिए कोई उपयोग नहीं है। उनके बच्चे उसे पाने की आशा नहीं कर सकते। और भगवान को धन्यवाद है कि यदि उन्हें सुसंस्कृत घर की तालीम मिल सके, तो उन्हें कभी भी उसकी कमी खटकेगी नहीं। अगर ग्रामसेवक संस्कारवान नहीं है, अगर वह अपने घर में सुसंस्कृत वातावरण पैदा करने को क्षमता नहीं रखता, तो उसे ग्रामसेवक बनने की, ग्रामसेवक होने का सम्मान और अधिकार पाने की, आकांक्षा छोड़ देना चाहिये।... उन्हें लिखने-पढ़ने के ज्ञान की नहीं, अपनी आर्थिक स्थिति के और उसे सुधारने के उपायों के ज्ञान की जरूरत है। आज तो वे यंत्रों की तरह जड़वत् काम करते हैं;

न तो उनमें अपने आस-पास की परिस्थितियों के प्रति अपनी जिम्मेदारी का भान है और न उन्हें अपने काम में कोई आनन्द ही आता है।[2]

गांवों की ऐसी बुरी हालत का कारण यह है कि जिन्हें शिक्षा का सौभाग्य प्राप्त हुआ है, उन्होंने गांवों की बहुत उपेक्षा की है। उन्होंने अपने लिए शहरी जीवन चुना है। ग्राम-आन्दोलन तो इसी बात का एक प्रयत्न है कि जो लोग सेवा की भावना रखते हैं, उन्हें गांवों में बसकर ग्रामवासियों की सेवा में लग जाने के लिए प्रेरित करके गांवों के साथ स्वास्थ्यप्रद संपर्क स्थापित किया जाय। जो लोग सेवाभाव से ग्रामों में बसे हैं, वे अपने सामने कठिनाइयां देखकर हतोत्साह नहीं होते। वे तो इस बात को जानकर ही वहां जाते हैं कि अनेक कठिनाइयों में, यहां तक कि गांववालों की उदासीनता के होते हुए भी, उन्हें वहां काम करना है। जिन्हें अपने मिशन में और खुद अपने-आप में विश्वास है, वे ही गांववालों की सेवा करके उनके जीवन पर कुछ असर डाल सकेंगे। सच्चा जीवन बिताना खुद ऐसा सबक है, जिसका आस-पास के लोगों पर जरूर असर पड़ता है। लेकिन इस नवयुवक के साथ शायद कठिनाई यह है कि वह किसी सेवाभाव से नहीं, बल्कि सिर्फ अपने जीवन-निर्वाह के लिए रोजी कमाने को गांव में गया है। और जो सिर्फ कमाई के लिए ही वहां जाते हैं, उनके लिए ग्राम-जीवन में कोई आकर्षण नहीं है, यह मैं स्वीकार करता हूं। सेवाभाव के बगैर जो लोग गांवों में जाते हैं, उनके लिए तो उसकी नवीनता नष्ट होते ही ग्राम-जीवन नीरस हो जायेगा।

अतः गांवों में जाने वाले किसी नवयुवक को कठिनाइयों से घबराकर तो कभी अपना रास्ता नहीं छोड़ना चाहिये। सब्र के साथ प्रयत्न जारी रखा जाय, तो मालूम पड़ेगा कि गांव वाले शहरवालों से बहुत भिन्न नहीं हैं। और उन पर दया करने और ध्यान देने से वे भी साथ देंगे। यह निस्सन्देह सच है कि गांवों में देश के बड़े आदमियों के सम्पर्क का अवसर नहीं मिलता है। हां, ग्राम-मनोवृत्ति की वृद्धि होने पर नेताओं के लिए यह जरूरी हो जायेगा कि वे गांवों में दौरा करके उनके साथ जीवित सम्पर्क स्थापित करें। मगर चैतन्य, रामकृष्ण, तुलसीदास, कबीर, नानक, दादू, तुकाराम, तिरुवल्लुवर जैसे सन्तों के ग्रन्थों के रूप में महान और श्रेष्ठ जनों का सत्संग तो सबको आज भी प्राप्त है। कठिनाई यही है कि मन को इन स्थायी महत्त्व की बातों को ग्रहण करने लायक कैसे बनाया जाय। अगर आधुनिक विचारों का राजनीतिक, सामाजिक, आर्थिक और वैज्ञानिक साहित्य प्राप्त करने से यहां आशय हो, तो कुतूहल शांत करने के लिए ऐसा साहित्य मिल सकता है। लेकिन मैं यह मंजूर करता हूं कि जिस आसानी से धार्मिक साहित्य मिल जाता है वैसे यह साहित्य नहीं मिलता। सन्तों ने तो सर्व-साधारण के ही

लिए लिखा और कहा है। पर आधुनिक विचारों को सर्व-साधारण के ग्रहण करने योग्य रूप में अनूदित करने का शौक अभी पूरे रूप में सामने नहीं आया है। यह जरूर है कि समय रहते ऐसा होना चाहिये। अतएव नवयुवकों को मेरी सलाह है कि... वे अपना प्रयत्न छोड़ न दें, बल्कि उसमें लगे रहें और अपनी उपस्थिति से गांवों को अधिक प्रिय और रहने योग्य बना दें। लेकिन यह वे करेंगे ऐसी सेवा के ही द्वारा, जो गांववालों के अनुकूल हो। अपने ही परिश्रम से गांवों को अधिक साफ-सुथरा बनाकर और अपनी योग्यतानुसार गांवों की निरक्षरता दूर करके हर एक व्यक्ति इसकी शुरुआत कर सकता है। और अगर उनके जीवन साफ, सुघड़ और परिश्रमी हों, तो इसमें कोई शक नहीं कि जिन गांवों में वे काम कर रहे होंगे, उनमें भी उसकी छूत फैलेगी और गांववाले भी साफ, सुघड़ और परिश्रमी बनेंगे।[3]

ग्राम सेवा के आवश्यक अंग

ग्राम-उद्धार में अगर सफाई न आवे, तो हमारे गांव कचरे के घूरे जैसे ही रहेंगे। ग्राम-सफाई का सवाल प्रजा के जीवन का अविभाज्य अंग है। यह प्रश्न जितना आवश्यक है उतना ही कठिन भी है। दीर्घ काल से जिस अस्वच्छता की आदत हमें पड़ गई है, उसे दूर करने के लिए महान पराक्रम की आवश्यकता है। जो सेवक ग्राम-सफाई का शास्त्र नहीं जानता, खुद भंगी का काम नहीं करता, वह ग्राम सेवा के लायक नहीं बन सकता।

नई तालीम के बिना हिन्दुस्तान के करोड़ों बालकों को शिक्षण देना लगभग असंभव है, यह चीज सर्वमान्य हो गई कही जा सकती है। इसलिए ग्रामसेवक को उसका ज्ञान होना ही चाहिये। उसे नई तालीम का शिक्षक होना चाहिये। इस तालीम के पीछे प्रौढ़-शिक्षण तो अपने-आप चला आयेगा। जहां नई तालीम ने घर कर लिया होगा, वहां बच्चे ही माता-पिता के शिक्षक बन जाने वाले हैं। कुछ भी हो, ग्रामसेवक के मन में प्रौढ़-शिक्षण देने की लगन होनी चाहिये।

स्त्री को अर्धांगिनी माना गया है। जब तक कानून से स्त्री और पुरुष के हक समान नहीं माने जाते, जब तक लड़की के जन्म का लड़के के जन्म जितना ही स्वागत नहीं किया जाता, तब तक समझना चाहिये कि हिन्दुस्तान लकवे के रोग से ग्रस्त है। स्त्री की अवगणना अहिंसा की विरोधी है। इसलिए ग्रामसेवक को चाहिये कि वह हर स्त्री को मां, बहन या बेटी के समान समझे और उसके प्रति आदर-भाव रखे। ऐसा ग्रामसेवक ही ग्रामवासियों का विश्वास प्राप्त कर सकेगा।

रोगी प्रजा के लिए स्वराज्य प्राप्त करना मैं असंभव मानता हूं। इसलिए हम

लोग आरोग्य-शास्त्र की जो अवगणना करते हैं वह दूर होनी चाहिये। अत: ग्रामसेवक को आरोग्य-शास्त्र का सामान्य ज्ञान होना चाहिये।

राष्ट्रभाषा के बिना राष्ट्र नहीं बन सकता। 'हिन्दी-हिन्दुस्तानी-उर्दू' के झगड़े में न पड़कर ग्रामसेवक, अगर वह राष्ट्रभाषा नहीं जानता, उसका ज्ञान हासिल करे। उसकी बोली ऐसी होनी चाहिए, जिसे हिन्दू-मुसलमान सब समझ सकें।

हमने अंग्रेजी के मोह में फंसकर मातृभाषा का द्रोह किया है। इस द्रोह के प्रायश्चित्त के तौर पर भी ग्रामसेवक मातृभाषा के प्रति लोगों के मन में प्रेम उत्पन्न करेगा। उसके मन में हिन्दुस्तान की सब भाषाओं के लिए आदर होगा। उसकी अपनी मातृभाषा जो भी हो, जिस प्रदेश में वह बसेगा वहां की मातृभाषा वह स्वयं सीखकर अपनी मातृभाषा के प्रति वहां के लोगों की भावना बढ़ायेगा।

अगर इस सबके साथ-साथ आर्थिक समानता का प्रचार न किया गया, तो यह सब निकम्मा समझना चाहिये। आर्थिक समानता का यह अर्थ हरगिज नहीं कि हर एक के पास धन की समान राशि होगी। मगर यह अर्थ जरूर है कि हर एक के पास ऐसा घर-बार, वस्त्र और खाने-पीने का समान होगा कि जिससे वह सुख से रह सके। और जो घातक असमानता आज मौजूद है, वह केवल अहिंसक उपायों से ही नष्ट होगी।[4]

आवश्यक योग्यतायें

[नीचे दी गई कुछ आवश्यक योग्यतायें गांधीजी ने सत्याग्रहियों के लिए आवश्यक बतलाई थीं। लेकिन चूंकि उनके मतानुसार एक ग्रामसेवक को भी सच्चा सत्याग्रही होना चाहिये, इसलिए ये योग्यतायें ग्रामसेवक पर भी लागू होने वाली मानी जा सकती हैं।]

1. ईश्वर में उसकी सजीव श्रद्धा होनी चाहिये, क्योंकि वही उसका आधार है।

2. वह सत्य और अहिंसा को धर्म मानता हो और इसलिए उसे मनुष्य-स्वभाव की सुप्त सात्त्विकता में विश्वास होना चाहिये। अपनी तपश्चर्या के रूप में प्रदर्शित सत्य और प्रेम के द्वारा वह उस सात्त्विकता को जाग्रत करना चाहता है।

3. वह चारित्र्यवान हो और अपने लक्ष्य के लिए जान और माल को कुरबान करने के लिए तैयार हो।

4. वह आदतन खादीधारी हो और कातता हो। हिन्दुस्तान के लिए यह लाजिमी है।

5. वह निर्व्यसनी हो, जिससे कि उसकी बुद्धि हमेशा स्वच्छ और स्थिर रहे।

6. अनुशासन के नियमों का पालन करने में हमेशा तत्पर रहता हो।

यह न समझना चाहिये कि इन शर्तों में ही सत्याग्रही की योग्यताओं की परिसमाप्ति हो जाती है। ये तो केवल दिशा-दर्शक हैं।[5]

38

समग्र ग्राम सेवा

गांव में जितने लोग रहते हैं उन्हें पहचानना, उन्हें जो सेवा चाहिये वह देना, अर्थात् उसके लिए साधन जुटा देना और उनको वह काम करना सिखा देना, दूसरे कार्यकर्ता पैदा करना आदि काम ग्रामसेवक करेगा। ग्रामसेवक ग्रामवासियों पर इतना प्रभाव डालेगा कि वे खुद आकर उससे सेवा मांगेंगे, और उसके लिए जो साधन या दूसरे कार्यकर्ता चाहिये, उन्हें जुटाने के लिए उसकी पूरी मदद करेंगे। मानों कि मैं देहात में घानी लगाकर बैठा हूं, तो मैं घानी से संबंध रखने वाले सब काम तो कर ही लूंगा। मगर मैं सामान्य 15-20 रुपये कमाने वाला घांची (तेली) नहीं बनूंगा। मैं तो महात्मा घांची बनूंगा। 'महात्मा' शब्द मैंने विनोद में इस्तेमाल किया। इसका अर्थ केवल यह है कि अपने घांचीपने में मैं इतनी सिद्धि डाल दूंगा कि गांववाले आश्चर्यचकित हो जायेंगे। मैं गीता पढ़ने वाला, कुरानशरीफ पढ़ने वाला, उनके लड़कों को शिक्षा दे सकने की शक्ति रखने वाला घांची होऊंगा। समय के अभाव से मैं लड़कों को सिखा न सकूं, यह दूसरी बात है। लोग आकर कहेंगे : 'तेली महाशय, हमारे लड़कों के लिए एक शिक्षक तो ला दीजियेगा।' मैं कहूंगा, 'शिक्षक मैं ला दूंगा, मगर उसका खर्च आपको बरदाश्त करना होगा।' वे खुशी से उसका स्वीकार करेंगे। मैं उन्हें कातना सिखा दूंगा। जब वे बुनकर की मदद की मांग करेंगे, तो शिक्षक की तरह उन्हें बुनकर ला दूंगा, ताकि जो चाहे सो बुनना भी सीख ले। उन्हें मैं ग्राम-सफाई का महत्त्व बताऊंगा। जब वे सफाई के लिए भंगी मांगेंगे तो मैं कहूंगा, मैं खुद भंगी हूं, आइए आपको यह काम भी सिखा दूं। यह है मेरी समग्र ग्राम सेवा की कल्पना। आप कह सकते हैं कि इस युग में तो ऐसा घांची पैदा नहीं होने वाला है, तो मैं आप से कहूंगा, तब इस युग में ग्राम भी ऐसे-के-ऐसे रहने वाले हैं।

रशिया के घांची को लीजिये। तेल की मिलें चलाने वाले भी तो घांची ही हैं न? उनके पास पैसे रहते हैं। मगर पैसे को क्या महत्त्व देना था? पैसा तो मनुष्य के हाथ का मैल है। सच्ची शक्ति ज्ञान में रही है। ज्ञानी के पास नैतिक प्रतिष्ठा और नैतिक बल रहता है, इसलिए सब लोग ऐसे आदमी की सलाह पूछने जाते हैं।[1]

गांवों में दलबंदी और मतभेद

यह हिन्दुस्तान की बदकिस्मती है कि जैसी दलबन्दी और मतभेद शहरों में हैं, वैसे ही देहातों में भी देखे जाते हैं। और जब गांवों की भलाई का खयाल न रखते हुए अपनी पार्टी की ताकत बढ़ाने के लिए गांवों का उपयोग करने के खयाल से राजनीतिक सत्ता की बू हमारे देहातों में पहुंचती है, तो उससे देहातियों को मदद मिलने के बजाय उनकी तरक्की में रुकावट ही होती है। मैं तो कहूंगा कि चाहे जो नतीजा हो, हमें ज्यादा-से-ज्यादा मात्रा में स्थानीय मदद लेनी चाहिये। और अगर हम राजनीतिक सत्ता हड़पने की बुराई से दूर रहें, तो हमारे हाथों कोई बुराई होने की संभावना नहीं रहती। हमें याद रखना चाहिये कि शहरों के अंग्रेजी पढ़े-लिखें स्त्री-पुरुषों ने हिन्दुस्तान के आधार बने हुए गांवों को भुला देने का गुनाह किया है। इसलिए आज तक की हमारी इस लापरवाही को याद करने से हममें धीरज पैदा होगा। अभी तक मैं जिस-जिस गांव में गया हूं, वहां मुझे एक-न-एक सच्चा कार्यकर्ता मिला ही है। लेकिन गांवों में भी लेने लायक कोई अच्छी चीज होती है, ऐसा मानने की नम्रता हममें नहीं है। और यही कारण है कि हमें वहां कोई नहीं मिलता। बेशक, हमें स्थानीय राजनीतिक मामलों से परे रहना चाहिये। लेकिन यह हम तभी कर सकते हैं, जब हम सारी पार्टियों की और किसी भी पार्टी में शामिल न होने वाले लोगों की सच्ची मदद लेना सीख जायेंगे।[2]

39

युवकों को आह्वान

मेरी आशा देश के युवकों पर है। उनमें से जो बुरी आदतों के शिकार हैं, वे स्वभाव से बुरे नहीं हैं। वे उनमें लाचारी से और बिना सोचे-समझे फंस जाते हैं। उन्हें समझना चाहिये कि इससे उनका और देश के युवकों का कितना नुकसान हुआ है। उन्हें यह भी समझना चाहिये कि कठोर अनुशासन द्वारा नियमित जीवन ही उन्हें और राष्ट्र को सम्पूर्ण विनाश से बचा सकता है; कोई दूसरी चीज नहीं।[1]

सबसे बड़ी बात तो यह है कि उन्हें ईश्वर की खोज करनी चाहिये और प्रलोभनों से बचने के लिए उसकी मदद मांगनी चाहिये। उसके बिना यंत्र की तरह केवल अनुशासन का पालन करने से विशेष लाभ नहीं होगा। ईश्वर की खोज का, उसके ध्यान और दर्शन का अर्थ यह है कि जिस तरह बालक बिना किसी प्रदर्शन की आवश्यकता के अपनी मां के प्रेम को महसूस करता है, उसी तरह हम भी यह महसूस करें कि ईश्वर हमारे हृदयों में विराजमान है।[2]

युवकों को, जो भविष्य के विधाता होने का दावा करते हैं, राष्ट्र का नमक—रक्षक तत्त्व—होना चाहिये। यदि यह नमक ही अपना खारापन छोड़ दे, तो उसे खारा कैसे बनाया जाय?[3]

युवक तो सर्वत्र भावना के प्रवाह में बह जाने वाले होते हैं। इसीलिए अध्ययन-काल में, यानी कम-से-कम 25 वर्ष की आयु तक, प्रतिज्ञापूर्वक ब्रह्मचर्य का पालन करने की आवश्यकता है।[4]

युवावस्था की निर्दोष पवित्रता एक अमूल्य निधि है। इन्द्रियों की क्षणिक तृप्ति के लिए, जिसे भूल से सुख का नाम दिया जाता है, उसे खोना नहीं चाहिये।[5]

अपना सारा ज्ञान और पांडित्य तराजू के एक पलड़े पर और सत्य तथा पवित्रता को दूसरे पलड़े पर रखकर देखो। सत्य और पवित्रता वाला पलड़ा पहले पलड़े से कहीं भारी पड़ेगा। नैतिक अपवित्रता की विषैली हवा आज हमारे विद्यार्थियों में भी जा पहुंची है और किसी छिपी हुई महामारी की तरह उनकी भयंकर बरबादी कर रही है। इसलिए मैं तुम लोगों से, लड़कों से और लड़कियों से, अनुरोध करता हूं कि तुम अपने मन और शरीर को पवित्र रखो। तुम्हारा सारा पांडित्य और शास्त्रों का तुम्हारा सारा अध्ययन बिलकुल बेकार होगा, यदि तुम उनकी शिक्षाओं को अपने दैनिक जीवन में न उतार सको। मैं जानता हूं कि कुछ शिक्षक भी ऐसे हैं, जो पवित्र और स्वच्छ जीवन नहीं बिताते। उनसे मैं कहूंगा कि वे अपने छात्रों को दुनिया का सारा ज्ञान सिखा दें, परन्तु यदि वे उनमें सत्य और पवित्रता की लगन पैदा न करें, तो यही कहना होगा कि उन्होंने अपने छात्रों का द्रोह किया है और उन्हें ऊपर उठाने के बजाय आत्मनाश के मार्ग की ओर प्रवृत्त किया है। चरित्र के अभाव में ज्ञान बुराई को ही बढ़ाने वाली शक्ति है, जैसा कि हम ऊपर से भले दिखाई देने वाले किन्तु भीतर से चोरी और बेईमानी का धंधा करने वाले अनेक लोगों के मामले में देखते हैं।[6]

युवकों को, जो भविष्य के विधाता होने का दावा करते हैं, राष्ट्र का नमक—रक्षक तत्त्व—होना चाहिये। यदि यह नमक ही अपना खारापन छोड़ दे, तो उसे खारा कैसे बनाया जाय?

मैं चाहता हूं कि तुम (नवयुवक) गांवों में जाओ और वहां जमकर बैठ जाओ—उनके मालिकों या उपकारकर्ताओं की तरह नहीं, बल्कि उनके विनम्र सेवकों की तरह। तुम्हारी दैनिक चर्या से और तुम्हारे रहन-सहन से उन्हें समझने दो कि उन्हें खुद क्या करना है और अपना रहने का ढंग किस तरह बदलना है; महज भावना का कोई उपयोग नहीं है, ठीक उसी तरह जैसे कि भाप का अपने-

आप में कोई उपयोग नहीं। भाप को उचित नियंत्रण में रखा जाय तभी उसमें प्रचंड शक्ति पैदा होती है। यही बात भावना की है। मैं चाहता हूं कि तुम भारत की आहत आत्मा के लिए शान्तिदायी लेप लेकर जाने वाले भगवान के दूतों की तरह उनके बीच में जा पहुंचो।[7]

अनेक लड़कों और लड़कियों के या तुम चाहो तो कह सकते हो कि हजारों लड़कों और लड़कियों के पिता के नाते मैं तुमसे कहना चाहता हूं कि आखिर तुम्हारा भाग्य तुम्हारे ही हाथों में है। यदि तुम केवल दो शर्तों का पालन करो तो तुम पाठशाला में क्या सीखते हो या क्या नहीं सीखते, इसकी मैं बिलकुल परवाह नहीं करूंगा। एक शर्त तो यह कि परिस्थिति कुछ भी क्यों न हो, तुम्हें भारी-से-भारी कठिनाइयों में भी पूरी निर्भयता के साथ सत्य का ही पालन करना चाहिये। सत्यनिष्ठ लड़का—सच्चा वीर अपने मन में कभी किसी चींटी को भी चोट पहुंचाने का खयाल नहीं आने देगा। वह अपनी पाठशाला के सारे कमजोर लड़कों का रक्षक बनकर रहेगा और पाठशाला के भीतर या बाहर उन सब लोगों की मदद करेगा जिन्हें उसकी मदद की आवश्यकता है। जो लड़का मन, शरीर और कार्य की पवित्रता की रक्षा नहीं करता, उसका पाठशाला में कोई काम नहीं, उसे पाठशाला से निकाल देना चाहिये। शूरवीर लड़का हमेशा अपना मन पवित्र रखेगा, अपनी आंखें पवित्र रखेगा और अपने हाथ पवित्र रखेगा। जीवन के इन बुनियादी उसूलों को सीखने के लिए तुम्हें किसी स्कूल में जाने की आवश्यकता नहीं है। और यदि तुमने इस त्रिविध पवित्रता को प्राप्त कर लिया, तो तुम यह मान लो कि तुम्हारे जीवन का निर्माण सुदृढ़ नींव पर होगा।[8]

हम एक ऊंची ग्राम-सभ्यता के उत्तराधिकारी हैं। हमारे देश की विशालता, आबादी की विशालता और हमारी भूमि की स्थिति तथा आबहवा ने, मेरी राय में, मानो यह तय कर दिया है कि उसकी सभ्यता ग्राम-सभ्यता ही होगी। उसके दोष तो मशहूर हैं, लेकिन उनमें कोई ऐसा नहीं है जिसका इलाज न हो सकता हो। इस सभ्यता को मिटाकर उसकी जगह दूसरी सभ्यता को जमाना मुझे तो अशक्य मालूम होता है। हां, हम लोग किन्हीं कठोर उपायों के द्वारा अपनी आबादी 30 करोड़ से घटाकर 3 करोड़ या 30 लाख तक करने को तैयार हो जायं तो दूसरी बात है। इसलिए यह मानकर कि हम लोगों को मौजूदा ग्राम-सभ्यता ही कायम रखना है और उसके माने हुए दोषों को दूर करने का प्रयत्न करना है, मैं उन दोषों के इलाज सुझा सकता हूं। लेकिन इन इलाजों का उपयोग तभी हो सकता है जब कि देश का युवक-वर्ग ग्राम-जीवन को अपना ले। और अगर वे ऐसा करना चाहते हों, तो उन्हें अपने जीवन का तौर-तरीका बदलना चाहिये और अपनी छुट्टियों का हर एक दिन अपने कालेज या हाईस्कूल के आस-पास वाले गांवों में

बिताना चाहिये; और जो लोग अपनी शिक्षा पूरी कर चुके हों या जो शिक्षा ले ही न रहे हों, उन्हें गांवों में बसने का इरादा कर लेना चाहिये।[9]

शारीरिक श्रम के साथ अकारण ही जो शर्म की भावना जुड़ गयी है वह अगर दूर की जा सके, तो सामान्य बुद्धि वाले हर एक युवक और युवती के लिए उन्हें जितना चाहिये उससे कहीं अधिक काम पड़ा हुआ है।[10]

जो आदमी अपनी जीविका ईमानदारी से कमाना चाहता है, वह किसी भी श्रम को छोटा यानी अपनी प्रतिष्ठा को घटाने वाला नहीं मानेगा। महत्त्व की बात यह है कि भगवान ने हमें जो हाथ-पांव दिये हैं, उनका उपयोग करने के लिए हम तैयार रहें।[11]

40

राष्ट्र का आरोग्य, स्वच्छता और आहार

अब तो यह बात निर्विवाद सिद्ध हो चुकी है कि तन्दुरुस्ती के नियमों को न जानने से और उन नियमों के पालन में लापरवाह रहने से ही मनुष्य-जाति का जिन-जिन रोगों से परिचय हुआ है, उनमें से ज्यादातर रोग उसे होते हैं। बेशक, हमारे देश की दूसरे देशों से बढ़ी-चढ़ी मृत्युसंख्या का ज्यादातर कारण गरीबी है, जो हमारे देशवासियों के शरीर को कुरेदकर खा रही है; लेकिन अगर उनको तन्दुरुस्ती के नियमों की ठीक-ठीक तालीम दी जाय, तो इसमें बहुत कमी की जा सकती है।

मनुष्य-जाति के लिए साधारणतः पहला नियम यह है कि मन चंगा है तो शरीर भी चंगा है। नीरोग शरीर में निर्विकार मन का वास होता है, यह एक स्वयंसिद्ध सच्चाई है। मन और शरीर के बीच अटूट सम्बन्ध है। अगर हमारे मन निर्विकार यानी नीरोग हों, तो वे हर तरह की हिंसा से मुक्त हो जायं; फिर हमारे हाथों तन्दुरुस्ती के नियमों का सहज भाव से पालन होने लगे और किसी तरह की खास कोशिश के बिना ही हमारे शरीर तन्दुरुस्त रहने लगें। इन कारणों से मैं यह आशा रखता हूं कि कोई भी कांग्रेसी रचनात्मक कार्यक्रम के इस अंग के बारे में लापरवाह न रहेगा। तन्दुरुस्ती के कायदे और आरोग्यशास्त्र के नियम बिलकुल सरल और सादे हैं, और वे आसानी से सीखे जा सकते हैं। मगर उन पर अमल करना मुश्किल है। नीचे मैं ऐसे कुछ नियम देता हूं :

1. हमेशा शुद्ध विचार करो और तमाम गन्दे व निकम्मे विचारों को मन से निकाल दो।

2. दिन-रात ताजी-से-ताजी हवा का सेवन करो।

3. शरीर और मन के काम का तौल बनाये रखो, यानी दोनों को बेमेल न होने दो।

4. तनकर खड़े रहो, तनकर बैठो और अपने हर काम में साफ़-सुथरे रहो; और इन सब आदतों को अपनी आन्तरिक स्वस्थता का प्रतिबिम्ब बनने दो।

5. खाना इसलिए खाओ कि अपने जैसे अपने मानव-बन्धुओं की सेवा के लिए ही जिया जा सके। भोग-भोगने के लिए जीने और खाने का विचार छोड़ दो। अतएव उतना ही खाओ जितने से आपका मन और आपका शरीर अच्छी हालत में रहे और ठीक से काम कर सके। आदमी जैसा खाना खाता है, वैसा ही बन जाता है।

6. आप जो पानी पीयें, जो खाना खायें और जिस हवा में सांस लें, वे सब बिलकुल साफ होने चाहिये। आप सिर्फ अपनी निज की सफाई से सन्तोष न मानें, बल्कि हवा, पानी और खुराक की जितनी सफाई आप अपने लिए रखें, उतनी ही सफाई का शौक आप अपने आस-पास के वातावरण में भी फैलायें।[1]

न्यूनतम आहार

एक समय एक ही अनाज इस्तेमाल करना चाहिये। चपाती, दाल-भात, दूध-घी, गुड़ और तेल ये खाद्य-पदार्थ सब्जी-तरकारी और फलों के उपरान्त आम तौर पर हमारे घरों में इस्तेमाल किये जाते हैं। आरोग्य की दृष्टि से यह मेल ठीक नहीं है। जिन लोगों को दूध, पनीर, अंडे या मांस के रूप में 'स्नायुवर्धक तत्त्व' मिल जाते हैं, उन्हें दाल की बिलकुल जरूरत नहीं रहती। गरीब लोगों को तो सिर्फ वनस्पति द्वारा ही स्नायुवर्धक तत्त्व मिल सकते हैं। अगर धनिक वर्ग दाल और तेल लेना छोड़ दे, तो गरीबों को जीवन-निर्वाह के लिए ये आवश्यक पदार्थ मिलने लगें। इन बेचारों को न तो प्राणियों के शरीर से पैदा हुए स्नायुवर्द्धक तत्त्व और न चर्बी ही मिल सकती है। अन्न को दलिया की तरह मुलायम बनाकर कभी न खाना चाहिये। अगर उसको किसी रसीली या तरल चीज में डुबोये बगैर सूखा ही खाया जाय, तो आधी मात्रा से ही काम चल जाता है। अन्न को कच्ची सलाद, जैसे कि प्याज, गाजर, मूली, लेटिस, हरी पत्तियां और टमाटर के साथ खाया जाय तो अच्छा होता है। कच्ची हरी सब्जियों को सलाद के एक दो औंस ही आठ औंस पकाई हुई सब्जियों के बराबर होते हैं। चपाती या डबल रोटी दूध के साथ नहीं लेनी चाहिये। शुरू में एक वक्त चपाती या डबल रोटी और कच्ची सब्जियां, और दूसरे वक्त पकाई हुई सब्जी, दूध या दही के साथ ले सकते हैं। मिष्टान्न भोजन बिलकुल बन्द

कर देना चाहिये। इसकी जगह गुड़ या थोड़ी मात्रा में शक्कर अकेले या दूध या डबल रोटी के साथ ले सकते हैं।

ताजे फल खाना अच्छा है, परन्तु शरीर के पोषण के लिए थोड़ा फल-सेवन भी पर्याप्त होता है। यह महंगी वस्तु है और धनिक लोगों के आवश्यकता से अत्यन्त अधिक फल-सेवन के कारण गरीबों और बीमारों को, जिन्हें धनिकों की अपेक्षा अधिक फलों की जरूरत है, फल मिलना दुश्वार हो गया है।

कोई भी वैद्य या डॉक्टर, जिसने भोजन के शास्त्र का अध्ययन किया है, प्रमाण के साथ कह सकेगा कि मैंने ऊपर जो बताया है, उससे शरीर को किसी प्रकार का नुकसान नहीं हो सकता। उलटे, तन्दुरुस्ती अधिक अच्छी अवश्य हो सकती है।[2]

मनुष्य को अपनी शक्ति के सर्वोच्च स्तर पर कार्य कर सकने के लिए पूरा पोषण पहुंचाने की वनस्पति-जगत की अपार क्षमता की आधुनिक औषधि-विज्ञान ने अभी तक कोई जांच-पड़ताल नहीं की है। उसने तो बस मांस या बहुत हुआ तो दूध और दूध से प्राप्त दूसरे पदार्थों का ही सहारा पकड़ रखा है। भारतीय चिकित्सकों का, जो परम्परा से शाकाहारी हैं, कर्त्तव्य है कि वे इस कार्य को पूरा करें। विटामिनों की तेजी से हो रही खोजों से, और इस सम्भावना से कि अधिक महत्त्व के विटामिनों को सूर्य से सीधा पाया जा सकता है, ऐसा प्रकट होता है कि आहार के क्षेत्र में एक बड़ी क्रान्ति होने जा रही है और उसके विषय में अभी तक जो स्वीकृत सिद्धान्त चले आ रहे थे तथा औषधि-विज्ञान अभी तक जिन विश्वासों का पोषण करता आ रहा था, उनमें शीघ्र ही परिवर्तन होने वाला है।[3]

> *मनुष्य जैसा आहार करता है वैसा ही वह बनता है—इस कहावत में काफी सत्य है। आहार जितना तामस होगा, शरीर भी उतना ही तामस होगा।*

मुझे ऐसा दिखाई देता है कि इस रास्ते की विकट कठिनाइयों को पार करने और अपने प्राणों की बाजी लगाकर भी इस विषय के सत्य को ढूंढ़ निकालने का काम निष्णात डॉक्टर लोग नहीं, बल्कि सामान्य परन्तु उत्साही जिज्ञासु ही करने वाले हैं। यदि सत्य के इन विनम्र शोधकों को वैज्ञानिक लोग मदद दें, तो मुझे उससे ही सन्तोष हो जायेगा।[4]

मेरा यह विश्वास है कि मनुष्यों को शायद ही दवा लेने की आवश्यकता रहती है। पथ्य तथा पानी, मिट्टी इत्यादि के घरेलू उपचारों से एक हजार में से 999 रोगी स्वस्थ हो सकते हैं।[5]

शरीर का भगवान के मंदिर की तरह उपयोग करने के बजाय हम उसका

उपयोग विषय-भोगों के साधन की तरह करते हैं और इन विषय-सुखों को बढ़ाने की कोशिश में डॉक्टरों के पास दौड़े जाने में तथा अपने पार्थिव आवास, इस शरीर का, दुरुपयोग करने में लज्जा का अनुभव नहीं करते।[6]

मनुष्य जैसा आहार करता है वैसा ही वह बनता है—इस कहावत में काफी सत्य है। आहार जितना तामस होगा, शरीर भी उतना ही तामस होगा।[7]

मैं यह अवश्य महसूस करता हूं कि आध्यात्मिक प्रगति के क्रम में एक अवस्था ऐसी जरूर आती है, जिसकी यह मांग होती है कि हम अपने शरीर की आवश्यकताओं की पूर्ति के लिए अपने सहजीवी प्राणियों की हत्या करना बन्द कर दें। आपके साथ शाकाहार के प्रति अपने इस आकर्षण की चर्चा करते हुए मुझ गोल्डस्मिथ की ये सुन्दर पंक्तियां याद आती हैं :

पहाड़ की इस घाटी में आजादी से विचरने वाले
इन प्राणियों की मैं हत्या नहीं करता।
जो परमशक्ति हमें अपनी दया का दान देती है,
उससे मैं दया की सीख लेता हूं;
और उन्हें अपनी दया देता हूं।[8]

किसी भी देश में, किसी भी जलवायु में और किसी भी स्थिति में, जिसमें मनुष्यों का रहना साधारणतः सम्भव हो, मेरी समझ में हम लोगों के लिए मांसाहार आवश्यक नहीं है। मेरा विश्वास है कि हमारी नसल (मनुष्य-जाति) के लिए मांसाहार अनुपयुक्त है। अगर हम पशुओं से अपने को ऊंचा मानते हैं, तो उनकी नकल करने में भूल करते हैं। यह बात अनुभव-सिद्ध है कि जिन्हें आत्म-संयम इष्ट है, उनके लिए मांसाहार अनुपयुक्त है।

किन्तु चरित्र-गठन और आत्म-संयम के लिए भोजन के महत्त्व का अनुमान करने में अति करना भी भूल है। इस बात को भूलना नहीं होगा कि इसके लिए भोजन एक मुख्य वस्तु है। मगर जिस प्रकार भोजन में किसी तरह का संयम न रखना और मनमाना खाना-पीना अनुचित है, उसी प्रकार सभी धर्म-कर्म का सार भोजन में ही मान बैठना भी, जैसा कि प्रायः हिन्दुस्तान में हुआ करता है, गलत है। हिन्दू धर्म के अमूल्य उपदेशों में शाकाहार भी एक है। इसे हलके मन से छोड़ देना ठीक नहीं होगा। इसलिए इस भूल का संशोधन करना परमावश्यक है कि शाकाहार के कारण दिमाग और देह से हम कमजोर हो गये हैं और कर्मशीलता में आलसी या निराग्रही बन गये हैं। हिन्दू धर्म के बड़े-से-बड़े सुधारक अपने अपने जमाने के सबसे बड़े कर्मठ पुरुष हुए हैं। जैसे, शंकर या दयानन्द के जमाने का कौन पुरुष उनसे अधिक कर्मशीलता दिखा सका था?[9]

उपवास कब किया जाय?

अपने और अपने ही जैसे दूसरे प्रयोगियों के काफी विस्तृत अनुभव के आधार पर मैं बिना किसी हिचकिचाहट के यह कहता हूं कि नीचे लिखी हालतों में उपवास जरूर किया जाय :

1. यदि कब्ज की शिकायत हो, 2. यदि शरीर में रक्त का अभाव हो और उसका रंग पीला पड़ गया हो, 3. यदि बुखार मालूम होता हो, 4. यदि अपच हो, 5. यदि सिर में दर्द हो, 6. यदि संधिवात हो, 7. यदि घुटनों में और शरीर के दूसरे जोड़ों में दर्द की बीमारी हो, 8. यदि बेचैनी महसूस होती हो, 9. यदि मन उदास हो, 10. यदि अतिशय आनन्द के कारण मन ठिकाने न हो।

यदि इन अवसरों पर उपवास का आश्रय लिया जाय, तो डॉक्टरों की या कोई दूसरी पेटेण्ट दवाइयां खाने की कोई जरूरत न रहेगी।[10]

राष्ट्रीय भोजन

मेरा खयाल है कि हमें ऐसी टेव डालनी चाहिये कि अपने प्रान्त के सिवा दूसरे प्रान्तों में प्रचलित भोजन को भी हम स्वाद से खा सकें। मैं जानता हूं कि यह सवाल उतना आसान नहीं है, जितना वह दिखाई देता है। मैं ऐसे कई दक्षिण-भारतीयों को जानता हूं, जिन्होंने गुजराती भोजन करने की आदत डालने की बेहद कोशिश की, लेकिन जो उसमें कामयाब नहीं हो सके। दूसरी तरफ, गुजरातियों को दक्षिण-भारतीयों की विधि से बनायी गयी रसोई पसन्द नहीं आती। बंगाल के लोगों की बानगियां दूसरे प्रान्त वालों को आसानी से नहीं रुचतीं। लेकिन यदि हम प्रान्तीयता से ऊपर उठकर अपनी रहन-सहन की आदतों में राष्ट्रीय बनना चाहें, तो हमें अपनी भोजन-सम्बन्धी आदतों में फर्क करने के लिए तथा उनके आदान-प्रदान के लिए तैयार होना पड़ेगा, अपनी रुचियां सादी करनी पड़ेंगी और ऐसी बानगियां बनाने और खाने का रिवाज डालना होगा, जो स्वास्थ्यप्रद हों और जिन्हें सब लोग निःसंकोच ले सकें। इसके लिए पहले तो हमें विविध प्रान्तों, जातियों और समुदायों के भोजन का सावधानी से अध्ययन करना होगा। दुर्भाग्य से या सौभाग्य से, न सिर्फ हर एक प्रान्त का अपना विशेष भोजन है, बल्कि एक ही प्रान्त के विविध समुदायों की भोजन की अपनी-अपनी शैलियां हैं। इसलिए राष्ट्रीय कार्यकर्ताओं को चाहिये कि वे विविध प्रान्तों के भोजनों का और उन्हें बनाने की विधियों का अध्ययन करें तथा इन विविध भोजनों में पायी जाने वाली ऐसी सामान्य, सादी और सस्ती बानगियां ढूंढ़ निकालें, जिन्हें सब लोग अपने पाचन-यंत्र को बिगाड़ने का खतरा उठाये बिना खा सकें। और जो भी हो, यह तो स्वीकार करना ही चाहिये कि विविध प्रान्तों

और जातियों के रीति-रिवाजों और रहन-सहन के तरीकों का ज्ञान हमारे कार्यकर्ताओं को होना ही चाहिये और इस ज्ञान का न होना शर्म की बात मानी जानी चाहिये।... इस कोशिश में हमारा उद्देश्य सामान्य लोगों के लिए कुछ समान बानगियां ढूंढ़ निकालने का होना चाहिये। और हमारी इच्छा हो तो यह आसानी से हो सकता है। लेकिन इसे संभव बनाने के लिए कार्यकर्ताओं को स्वेच्छापूर्वक रसोई करने की कला सीखनी पड़ेगी, विविध भोजनों के पोषक मूल्यों का अध्ययन करना होगा और आसानी से बनने वाली सस्ती बानगियां तय करनी पड़ेंगी।[11]

कोढ़ का रोग

हिन्दुस्तान में लाखों आदमी इस रोग के शिकार हैं। लोग कोढ़ की बीमारी से और कोढ़ियों से नफरत करते हैं। मेरी राय में जो लोग गन्दे विचार रखते हैं, वे शरीर के कोढ़ियों से ज्यादा बुरे कोढ़ी हैं। किसी दूसरी बीमारी के बजाय कोढ़ की बीमारी के बारे में ही कलंक की बात क्यों समझी जानी चाहिये?

पहले सिर्फ ईसाई मिशनरी ही कोढ़ियों की सेवा का करीब-करीब सारा भार अपने ऊपर लिये हुए थे। मगर बाद में परोपकार की भावना वाले हिन्दुस्तानियों ने भी (अगरचे बहुत कम तादाद में) इस सेवा के काम को अपने हाथ में लिया। मैंने ऐसी एक संस्था कलकत्ता में देखी है। इस तरह के दूसरे जनसेवक श्री मनोहर दीवान हैं। वे श्री विनोबा के शिष्य हैं और उनकी प्रेरणा से उन्होंने यह काम अपने हाथ में लिया है। मैं उन्हें सच्चा महात्मा मानता हूं।[12]

खुजली, हैजा, यहां तक कि मामूली जुकाम भी ऐसी छूत की बीमारियां हैं, जिनसे कोढ़ की छूत शायद बहुत कम लगती है। दूसरी छूत की बीमारियों के बजाय कोढ़ के बारे में इतनी नफरत क्यों रहनी चाहिये? मैं आपसे कह चुका हूं कि सच्चे कोढ़ी तो वे हैं जिनके दिल गन्दे हैं। किसी इन्सान को अपने से नीचा समझना, किसी जाति या फिरके को नफरत की नजर से देखना बीमार दिमाग की निशानी है, जिसे मैं शरीर के कोढ़ से ज्यादा बुरा समझता हूं। ऐसे लोग समाज के असली कोढ़ी हैं। मैं खुद तो शब्दों को ज्यादा महत्त्व नहीं देता। अगर गुलाब को किसी दूसरे नाम से पुकारा जाय, तो उसकी खुशबू चली नहीं जायेगी।[13]

41

शराब और अन्य मादक द्रव्य

जैसा कि कहा जाता है, शराब शैतान की ईजाद है। इस्लाम की किताबों में कहा गया है कि जब शैतान ने पुरुषों और स्त्रियों को ललचाना शुरू किया, तो उसने

उन्हें शराब दिखाई थी। मैंने कितने ही मामलों में यह देखा है कि शराब आदमियों से न सिर्फ उनका पैसा छीन लेती है, बल्कि उनकी बुद्धि भी हर लेती है। उसके नशे में वे कुछ क्षणों के लिए उचित और अनुचित का, पुण्य और पाप का, यहां तक कि मां और पत्नी का भेद भी भूल जाते हैं। मैंने शराब के नशे में मस्त बैरिस्टरों को नालियों में लोटते और पुलिस के द्वारा घर ले जाये जाते देखा है। दो अवसरों पर मैंने जहाज के कप्तानों को शराब के नशे में ऐसा गर्क देखा है कि उनकी हालत जब तक उनका होश वापिस नहीं आया तब तक अपने जहाजों का नियंत्रण करने योग्य नहीं रह गयी थी। मांसाहार और शराब, दोनों के बारे में उत्तम नियम तो यह है कि हमें खाने, पीने और आमोद-प्रमोद के लिए नहीं जीना चाहिये, बल्कि इसलिए खाना और पीना चाहिये कि हमारे शरीर ईश्वर के मन्दिर बन जायं और हम उनका उपयोग मनुष्य की सेवा में कर सकें। औषधि के रूप में कभी-कभी शराब की आवश्यकता हो सकती है और मुमकिन है कि जब आदमी मरने के करीब हो तो शराब का घूंट उसकी जिन्दगी को थोड़ा और बढ़ा दे। लेकिन शराब के पक्ष में इससे अधिक और कुछ नहीं कहा जा सकता।[1]

आपको ऊपर से ठीक दिखाई देने वाली इस दलील के भुलावे में नहीं आना चाहिये कि शराबबन्दी जोर-जबरदस्ती के आधार पर नहीं होनी चाहिये और जो लोग शराब पीना चाहते हैं उन्हें उसकी सुविधाएं मिलनी ही चाहिये। राज्य का यह कोई कर्त्तव्य नहीं है कि वह अपनी प्रजा की कुटेवों के लिए अपनी ओर से सुविधायें दे। हम वेश्यालयों को अपना व्यापार चलाने के लिए अनुमति-पत्र नहीं देते। इसी तरह हम चोरों को अपनी चोरी की प्रवृत्ति पूरी करने की सुविधायें नहीं देते। मैं शराब को चोरी और व्यभिचार, दोनों से ज्यादा निंद्य मानता हूं। क्या वह अक्सर इन दोनों बुराइयों की जननी नहीं होती?[2]

शराब की लत कुटेव तो है ही, लेकिन कुटेव से भी ज्यादा वह एक बीमारी है। मैं ऐसे बीसियों आदमियों को जानता हूं, जो यदि छोड़ सकें तो शराब पीना बड़ी खुशी से छोड़ दें। मैं ऐसे भी कुछ लोगों को जानता हूं, जिन्होंने यह कहा है कि शराब उनके सामने न लायी जाय। और जब उनके कहने के अनुसार शराब उनके सामने नहीं लायी गयी, तो मैंने उन्हें लाचार होकर शराब की चोरी करते हुए देखा है। लेकिन इसलिए मैं यह नहीं मानता कि शराब उनके

शराब और अन्य मादक द्रव्यों से होने वाली हानि कई अंशों में मलेरिया आदि बीमारियों से होने वाली हानि की अपेक्षा असंख्य गुनी ज्यादा है। कारण, बीमारियों से तो केवल शरीर को ही हानि पहुंचती है, जब कि शराब आदि से शरीर और आत्मा, दोनों का नाश हो जाता है।

पास से हटा लेना गलत था। बीमारों को अपने–आपसे यानी अपनी अनुचित इच्छाओं से लड़ने में हमें मदद देनी ही चाहिये।[3]

मजदूरों के साथ अपनी आत्मीयता के फलस्वरूप मैं जानता हूं कि शराब की लत में फंसे हुए मजदूरों के घरों का शराब ने कैसा नाश किया है। मैं जानता हूं कि शराब आसानी से न मिल सकती होती तो वे शराब को छूते भी नहीं। इसके सिवा, हमारे पास हाल के ऐसे प्रमाण मौजूद हैं कि शराबियों में से ही कई खुद शराबबन्दी की मांग कर रहे हैं।[4]

शराब की आदत मनुष्य की आत्मा का नाश कर देती है और उसे धीरे–धीरे पशु बना डालती है, जो पत्नी, मां और बहन में भेद करना भूल जाता है। शराब के नशे में यह भेद भूल जाने वाले लोगों को मैंने खुद देखा है।[5]

शराब और अन्य मादक द्रव्यों से होने वाली हानि कई अंशों में मलेरिया आदि बीमारियों से होने वाली हानि की अपेक्षा असंख्य गुनी ज्यादा है। कारण, बीमारियों से तो केवल शरीर को ही हानि पहुंचती है, जब कि शराब आदि से शरीर और आत्मा, दोनों का नाश हो जाता है।[6]

मैं भारत का गरीब होना पसन्द करूंगा, लेकिन मैं यह बरदाश्त नहीं कर सकता कि हमारे हजारों लोग शराबी हों। अगर भारत में शराबबन्दी जारी करने के लिए लोगों को शिक्षा देना बन्द करना पड़े तो कोई परवाह नहीं; मैं यह कीमत चुकाकर भी शराब खोरी को बन्द करूंगा।[7]

जो राष्ट्र शराब की आदत का शिकार है, कहना चाहिये कि उसके सामने विनाश मुंह बाये खड़ा है। इतिहास में इस बात के कितने ही प्रमाण हैं कि इस बुराई के कारण कई साम्राज्य मिट्टी में मिल गये हैं। प्राचीन भारतीय इतिहास में हम जानते हैं कि वह पराक्रमी जाति, जिसमें श्रीकृष्ण ने जन्म लिया था, इसी बुराई के कारण नष्ट हो गयी। रोम–साम्राज्य के पतन का एक सहायक कारण निस्सन्देह यह बुराई ही थी।[8]

यदि मुझे एक घंटे के लिए भारत का डिक्टेटर बना दिया जाय, तो मेरा पहला काम यह होगा कि शराब की दुकानों को बिना मुआवजा दिये बंद करा दिया जाय और कारखानों के मालिकों को अपने मजदूरों के लिए मनुष्योचित परिस्थितियां निर्माण करने तथा उनके हित में ऐसे उपाहार–गृह और मनोरंजन–गृह खोलने के लिए मजबूर किया जाय, जहां मजदूरों को ताजगी देने वाले निर्दोष पेय और उतने ही निर्दोष मनोरंजन प्राप्त हो सकें।[9]

ताड़ी

एक पक्ष ऐसा है कि जो निश्चित (मर्यादित) मात्रा में शराब पीने का समर्थन करता है और कहता है कि इससे फायदा होता है। मुझे इस दलील में कुछ सार

नहीं लगता। पर घड़ी भर के लिए इस दलील को मान लें, तो भी अनेक ऐसे लोगों के खातिर, जो कि मर्यादा में रह ही नहीं सकते, इस चीज का त्याग करना चाहिये।

पारसी भाइयों ने ताड़ी का बहुत समर्थन किया है। वे कहते हैं कि ताड़ी में मादकता तो है, मगर ताड़ी एक खुराक है और दूसरी खुराक को हजम करने में मदद पहुंचाती है। इस दलील पर मैंने खूब विचार किया है और इस बारे में काफी पढ़ा भी है। मगर ताड़ी पीने वाले बहुत से गरीबों की मैंने जो दुर्दशा देखी है, उस पर से मैं इस निर्णय पर पहुंचा हूं कि ताड़ी को मनुष्य की खुराक में स्थान देने की कोई आवश्यकता नहीं है।

ताड़ी में जो गुण माने गये हैं वे सब हमें दूसरी खुराक में मिल जाते हैं। ताड़ी खजूरी के रस से बनती है। खजूरी के शुद्ध रस में मादकता बिलकुल नहीं होती। उसे नीरा कहते हैं। ताजी नीरा को ऐसी-की-ऐसी पीने से कई लोगों को दस्त साफ आता है। मैंने खुद नीरा पीकर देखी है। मुझ पर उसका ऐसा असर नहीं हुआ। परन्तु वह खुराक का काम तो अच्छी तरह से देती है। चाय इत्यादि के बदले मनुष्य सबेरे नीरा पी ले, तो उसे दूसरा कुछ पीने या खाने की आवश्यकता नहीं रहनी चाहिये।

नीरा को गन्ने के रस की तरह पकाया जाय, तो उससे बहुत अच्छा गुड़ तैयार होता है। खजूरी ताड़ की एक किस्म है। हमारे देश में अनेक प्रकार के ताड़ कुदरती तौर पर उगते हैं। उन सबमें से नीरा निकल सकती है। नीरा ऐसी चीज है जिसे निकालने की जगह पर ही तुरन्त पीना अच्छा है। नीरा में मादकता जल्दी पैदा हो जाती है। इसलिए जहां उसका तुरंत उपयोग न हो सके वहां उसका गुड़ बना लिया जाय, तो वह गन्ने के गुड़ की जगह ले सकता है। कई लोग मानते हैं कि ताड़-गुड़ गन्ने के गुड़ के अधिक गुणकारी है। उसमें मिठास कम होती है, इसलिए वह गन्ने के गुड़ की अपेक्षा अधिक मात्रा में खाया जा सकता है। जिन ताड़ों के रस से ताड़ी बनाई जाती है उन्हीं से गुड़ बनाया जाय, तो हिन्दुस्तान में गुड़ और खांड़ की कभी तंगी पैदा न हो और गरीबों को सस्ते दाम में अच्छा गुड़ मिल सके।

ताड़-गुड़ की मिश्री और शक्कर भी बनाई जा सकती है। मगर गुड़ शक्कर या चीनी से बहुत अधिक गुणकारी है। गुड़ में जो क्षार होते हैं वे शक्कर या चीनी में नहीं होते। जैसे बिना भूसी का आटा और बिना भूसी का चावल होता है, वैसे ही बिना क्षार की शक्कर को समझना चाहिये। अर्थात् यह कहा जा सकता है कि खुराक जितनी अधिक स्वाभाविक स्थिति में खाई जाय, उतना ही अधिक पोषण उसमें से हमें मिलता है।[10]

बीड़ी और सिगरेट पीना

शराब की तरह बीड़ी और सिगरेट के लिए भी मेरे मन में गहरा तिरस्कार है। बीड़ी और सिगरेट को मैं कुटेव ही मानता हूं। वह मनुष्य की विवेक-बुद्धि को जड़ बना देती है और अक्सर शराब से ज्यादा बुरी सिद्ध होती है, क्योंकि उसका परिणाम अप्रत्यक्ष रीति से होता है। यह आदत आदमी को एक बार लग भर जाय, फिर उससे पिंड छुड़ाना बहुत कठिन होता है। इसके सिवा वह खर्चीली भी है। वह मुंह को दुर्गन्ध-युक्त बनाती है, दांतों का रंग बिगाड़ती है और कभी-कभी कैंसर जैसी भयानक बीमारी को जन्म देती है। वह एक गंदी आदत है।[11]

एक दृष्टि से बीड़ी और सिगरेट पीना शराब से भी ज्यादा बड़ी बुराई है, क्योंकि इस व्यसन का शिकार उससे होने वाली हानि को समय रहते अनुभव नहीं करता। वह जंगलीपन का चिह्न नहीं मानी जाती, बल्कि सभ्य लोग तो उसका गुणगान भी करते हैं। मैं इतना कहूंगा कि जो लोग छोड़ सकते हैं वे उसे छोड़ दें और दूसरों के लिए उदाहरण पेश करें।[12]

तम्बाकू ने तो गजब ही ढाया है। भाग्य से ही कोई इसके पंजे से छूटता है।... टॉल्स्टॉय ने इसे व्यसनों में सबसे खराब व्यसन माना है।

हिन्दुस्तान में हम लोग तम्बाकू केवल पीते ही नहीं, सूंघते भी हैं और जरदे के रूप में खाते भी हैं।... आरोग्य का पुजारी दृढ़ निश्चय करके सब व्यसनों की गुलामी से छूट जायेगा। बहुतों को इसमें से एक या दो या तीनों व्यसन लगे होते हैं। इसलिए उन्हें इससे घृणा नहीं होती। मगर शान्त चित्त से विचार किया जाय तो तम्बाकू फूंकने की क्रिया में या लगभग सारा दिन जरदे या पान के बीड़े से गाल भर रखने में या नसवार की डिबिया खोलकर सूंघते रहने में कोई शोभा नहीं है। ये तीनों व्यसन गंदे हैं।[13]

42

शहरों की सफाई

पश्चिम से हम एक चीज जरूर सीख सकते हैं और वह हमें सीखनी ही चाहिये—वह है शहरों की सफाई का शास्त्र। पश्चिम के लोगों ने सामुदायिक आरोग्य और सफाई का एक शास्त्र ही तैयार कर लिया है, जिससे हमें बहुत-कुछ सीखना है। बेशक, सफाई की पश्चिम की पद्धतियों को हम अपनी आवश्यकताओं के अनुसार बदल सकते हैं।[1]

'भगवान के प्रेम के बाद महत्त्व की दृष्टि से दूसरा स्थान स्वच्छता के प्रेम का ही है।' जिस तरह हमारा मन मलिन हो तो हम भगवान का प्रेम सम्पादित नहीं कर सकते, उसी तरह हमारा शरीर मलिन हो तो भी हम उसका आशीर्वाद नहीं पा सकते। और शहर अस्वच्छ हो तो शरीर स्वच्छ रहना संभव नहीं है।[2]

कोई भी म्युनिसिपैलिटी शहर की अस्वच्छता और आबादी की सघनता का सवाल महज टैक्स वसूल करके और सफाई का काम करने वाले नौकरों को रखकर हल करने की आशा नहीं कर सकती। यह जरूरी सुधार तो अमीर और गरीब, सब लोगों के सम्पूर्ण और स्वेच्छापूर्ण सहयोग द्वारा ही शक्य है।[3]

हम अछूत भाइयों की बस्ती वाले गांवों की सफाई करते हैं यह अच्छा है। पर वह काफी नहीं है। अछूत लोग समझाने-बुझाने से समझ जाते हैं। क्या हमें यह कहना पड़ेगा कि तथाकथित उच्च जातियों के लोग समझाने-बुझाने से नहीं समझते; या कि शहर का जीवन बिताने के लिए आरोग्य और सफाई के जिन नियमों का पालन करना जरूरी है वे उन पर लागू नहीं होते? गांवों में तो हम कई बातें किसी किस्म का खतरा उठाये बिना कर सकते हैं। लेकिन शहरों की घनी आबादी वाली तंग गलियों में, जहां सांस लेने के लिए साफ हवा भी मुश्किल से मिलती है, हम ऐसा नहीं कर सकते। वहां का जीवन दूसरे प्रकार का है और वहां हमें सफाई के ज्यादा बारीक नियमों का पालन करना चाहिये। क्या हम ऐसा कर सकते हैं? भारत के हर एक शहर के मध्यवर्ती भागों में सफाई की जो दयनीय स्थिति दिखायी देती है, उसकी जिम्मेदारी हम म्युनिसिपैलिटी पर नहीं डाल सकते। और मेरा खयाल है कि दुनिया की कोई भी म्युनिसिपैलिटी लोगों के अमुक वर्ग की उन आदतों का प्रतिकार नहीं कर सकती, जो उन्हें पीढ़ियों की परम्परा से मिली है।... इसलिए मैं कहना चाहता हूं कि अगर हम अपनी म्युनिसिपैलिटियों से यह उम्मीद करते हों कि इन बड़े शहरों में जो सफाई-सम्बंधी सुधार का सवाल पेश है उसे वे इस स्वेच्छापूर्ण सहयोग की मदद के बिना ही हल कर लेंगी तो यह अशक्य है। अलबत्ता, मेरा मतलब यह बिलकुल नहीं है कि म्युनिसिपैलिटियों की इस सम्बन्ध में कोई जिम्मेदारी नहीं है।[4]

पश्चिम के लोगों ने सामुदायिक आरोग्य और सफाई का एक शास्त्र ही तैयार कर लिया है, जिससे हमें बहुत-कुछ सीखना है।

मुझे म्युनिसिपैलिटी की प्रवृत्तियों में बहुत दिलचस्पी है। म्युनिसिपैलिटी का सदस्य होना सचमुच बड़ा सौभाग्य है। लेकिन सार्वजनिक जीवन का अनुभव रखने वाले व्यक्ति के नाते मैं आपसे यह भी कह दूं कि इस सौभाग्यपूर्ण अधिकार के उचित निर्वाह की एक अनिवार्य शर्त यह है कि इन सदस्यों को इस

पद से कोई निजी स्वार्थ साधने की इच्छा न रखनी चाहिये। उन्हें अपना कार्य सेवाभाव से ही करना चाहिये। तभी उसकी पवित्रता कायम रहेगी। उन्हें अपने को शहर की सफाई का काम करने वाले भंगी कहने में गौरव का अनुभव करना चाहिये। मेरी मातृभाषा में म्युनिसिपैलिटी का एक सार्थक नाम है; लोग उसे 'कचरा-पट्टी' कहते हैं, जिसका मतलब है भंगियों का विभाग। सचमुच म्युनिसिपैलिटी को सफाई-काम करने वाली एक प्रमुख संस्था होना ही चाहिये और उसमें न सिर्फ शहर की बाहरी सफाई का बल्कि सामाजिक और सार्वजनिक जीवन की भीतरी सफाई का भी समावेश होना चाहिये।[5]

यदि मैं किसी म्युनिसिपैलिटी या लोकल बोर्ड की सीमा में रहने वाला उसका करदाता होता, तो जब तक करके रूप में हम इन संस्थाओं को जो पैसा देते हैं वह उससे चौगुनी सेवाओं के रूप में न लौटाया जाता तब तक अतिरिक्त कर के रूप में एक पाई भी ज्यादा देने से मैं इनकार कर देता और दूसरों को भी ऐसा ही करने की सलाह देता। जो लोग लोकल बोर्डों या म्युनिसिपैलिटियों में प्रतिनिधियों की हैसियत से जाते हैं, वे वहां प्रतिष्ठा के लालच से या आपस में लड़ने-झगड़ने के लिए नहीं जाते, बल्कि नागरिकों की प्रेमपूर्ण सेवा करने के लिए जाते हैं। यह सेवा पैसे पर आधार नहीं रखती। हमारा देश गरीब है। अगर म्युनिसिपैलिटियों में जाने वाले सदस्यों में सेवा की भावना हो, तो वे अवैतनिक मेहतर, भंगी और सड़कें बनाने वाले बन जायेंगे और उसमें गौरव का अनुभव करेंगे। वे दूसरे सदस्यों को, जो कांग्रेस के टिकिट पर न चुने गये हों, अपने काम में शरीक होने का न्यौता देंगे; और अपने में और अपने कार्य में उन्हें श्रद्धा होगी, तो उनके उदाहरण का दूसरों पर अवश्य ही अनुकूल प्रभाव पड़ेगा। इसका अर्थ यह है कि म्युनिसिपल संस्था के सदस्य को अपना सारा समय उसी काम में लगाने वाला होना चाहिये। उसका अपना कोई स्वार्थ नहीं होना चाहिये। उनका दूसरा कदम यह होगा कि म्युनिसिपैलिटी या लोकल बोर्ड की सीमा के अन्दर रहने वाली सारी वयस्क आबादी की गणना कर ली जाय और उन सबसे म्युनिसिपैलिटी की प्रवृत्तियों में योग देने के लिए कहा जाय। इसका एक व्यवस्थित रजिस्टर रखा जाना चाहिये। जो लोग ज्यादा गरीब हैं और पैसे की मदद नहीं दे सकते उनसे, अगर वे सशक्त हों तो, श्रमदान करने के लिए कहा जा सकता है।[6]

अगर मैले का ठीक-ठीक उपयोग किया जाय, तो हमें लाखों रुपयों की कीमत का खाद मिले और साथ ही कितनी ही बीमारियों से मुक्ति मिल जाय। अपनी गंदी आदतों से हम अपनी पवित्र नदियों के किनारे बिगाड़ते हैं और मक्खियों की पैदाइश के लिए बढ़िया जमीन तैयार करते हैं। परिणाम यह होता

है कि हमारी दण्डनीय लापरवाही के कारण जो मक्खियां खुले मैले पर बैठती हैं, वे ही हमारे नहाने के बाद हमारे शरीर पर बैठती हैं और उसे गंदा बनाती हैं। इस भयंकर गंदगी से बचने के लिए कोई बड़ा साधन नहीं चाहिये; मात्र मामूली फावड़े का उपयोग करने की जरूरत है। जहां-तहां शौच के लिए बैठ जाना, नाक साफ करना या सड़क पर थूकना ईश्वर और मानव-जाति के खिलाफ अपराध है और दूसरों के प्रति लिहाज की दयनीय कमी प्रकट करता है। जो आदमी अपनी गंदगी को ढकता नहीं है वह भारी सजा का पात्र है, फिर चाहे वह जंगल में ही क्यों न रहता हो।[7]

43

विदेशी माध्यम की बुराई

करोड़ों लोगों को अंग्रेजी की शिक्षा देना उन्हें गुलामी में डालने जैसा है। मेकॉले ने शिक्षा की जो बुनियाद डाली, वह सचमुच गुलामी की बुनियाद थी। उसने इसी इरादे से अपनी योजना बनाई थी, ऐसा मैं सुझाना नहीं चाहता। लेकिन उसके काम का नतीजा यही निकला है।... यह क्या कम जुल्म की बात है कि अपने देश में अगर मुझे इन्साफ पाना हो, तो मुझे अंग्रेजी भाषा का उपयोग करना पड़े! बैरिस्टर होने पर मैं स्वभाषा बोल ही नहीं सकूं! दूसरे आदमी को मेरे लिए तरजुमा कर देना चाहिये! यह कुछ कम दंभ है? यह गुलामी की हद नहीं तो और क्या है? इसमें मैं अंग्रेजों का दोष निकालूं या अपना? हिन्दुस्तान को गुलाम बनाने वाले तो हम अंग्रेजी जानने वाले लोग हैं। प्रजा की हाय अंग्रेजों पर नहीं पड़ेगी, बल्कि हम लोगों पर पड़ेगी।[1]

विदेशी भाषा द्वारा शिक्षा पाने में जो बोझ दिमाग पर पड़ता है वह असह्य है। यह बोझ केवल हमारे ही बच्चे उठा सकते हैं, लेकिन उसकी कीमत उन्हें चुकानी ही पड़ती है। वे दूसरा बोझ उठाने के लायक नहीं रह जाते। इससे हमारे ग्रेज्युएट अधिकतर निकम्मे, कमजोर, निरुत्साही, रोगी और कोरे नकलची बन जाते हैं। उनमें खोज की शक्ति, विचार करने की ताकत, साहस, धीरज, बहादुरी, निडरता आदि गुण बहुत क्षीण हो जाते हैं। इससे हम नयी योजनायें नहीं बना सकते। बनाते हैं तो उन्हें पूरा नहीं कर सकते। कुछ लोग, जिनमें उपरोक्त गुण दिखाई देते हैं, अकाल मृत्यु के शिकार हो जाते हैं।... अंग्रेजी शिक्षा पाये हुए हम लोग इस नुकसान का अंदाज नहीं लगा सकते। यदि हम यह अंदाज लगा सकें कि सामान्य लोगों पर हमने कितना कम असर डाला है, तो उसका कुछ खयाल हो सकता है।

मां के दूध के साथ जो संस्कार मिलते हैं और जो मीठे शब्द सुनाई देते हैं, उनके और पाठशाला के बीच जो मेल होना चाहिये, वह विदेशी भाषा द्वारा शिक्षा लेने से टूट जाता है। इसे तोड़ने वालों का हेतु पवित्र हो तो भी वे जनता के दुश्मन हैं। हम ऐसी शिक्षा के शिकार होकर मातृद्रोह करते हैं। विदेशी भाषा द्वारा मिलने वाली शिक्षा की हानि यहीं नहीं रुकती। शिक्षित वर्ग और सामान्य जनता के बीच में भेद पड़ गया है। हम सामान्य जनता को नहीं पहचानते। सामान्य जनता हमें नहीं जानती। हमें तो वह साहब समझ बैठती है और हमसे डरती है; वह हम पर भरोसा नहीं करती।... सौभाग्य से शिक्षित वर्ग अपनी मूर्च्छा से जागते दिखाई दे रहे हैं। आम लोगों के साथ मिलते समय उन्हें ऊपर बताये हुए दोष स्वयं दिखाई देते हैं। उनमें जो जोश है वह जनता में कैसे भरा जाय? अंग्रेजी से तो यह काम हो नहीं सकता।... यह रुकावट पैदा हो जाने से राष्ट्रीय जीवन का प्रवाह रुक गया है।

सच तो यह है कि जब अंग्रेजी अपनी जगह पर चली जायेगी और मातृभाषा को अपना पद मिल जायेगा, तब हमारे मन जो अभी रुंधे हुए हैं, कैद से छूटेंगे और शिक्षित और सुसंस्कृत होने पर भी ताजा रहे हुए हमारे दिमाग को अंग्रेजी भाषा का ज्ञान प्राप्त करने का बोझ भारी नहीं लगेगा। और मेरा तो यह भी विश्वास है कि उस समय सीखी हुई अंग्रेजी हमारी आज की अंग्रेजी से ज्यादा शोभा देने वाली होगी।

जब हम मातृभाषा द्वारा शिक्षा पाने लगेंगे, तब हमारे घर के लोगों के साथ हमारा दूसरा ही संबंध रहेगा। आज हम अपनी स्त्रियों को अपनी सच्ची जीवन-सहचरी नहीं बना सकते। उन्हें हमारे कामों का बहुत कम पता होता है। हमारे माता-पिता को हमारी पढ़ाई का कुछ पता नहीं होता। यदि हम अपनी भाषा के जरिये सारा ऊंचा ज्ञान लेते हों, तो हम अपने धोबी, नाई, भंगी, सबको सहज ही शिक्षा दे सकेंगे। विलायत में हजामत कराते-कराते हम नाई से राजनीति की बातें कर सकते हैं। यहां तो हम अपने कुटुम्ब में भी ऐसा नहीं कर सकते। इसका कारण यह नहीं कि हमारे कुटुम्बी या नाई अज्ञानी हैं। उस अंग्रेज नाई के बराबर ज्ञानी तो ये भी हैं। इनके साथ हम महाभारत, रामायण और तीर्थों की बातें करते हैं, क्योंकि जनता को इसी दिशा की शिक्षा मिलती है। परन्तु स्कूल की शिक्षा घर तक नहीं पहुंच सकती, क्योंकि अंग्रेजी में सीखा हुआ हम अपने कुटुम्बियों को नहीं समझा सकते।

आजकल हमारी धारासभाओं का सारा कामकाज अंग्रेजी में होता है। बहुतेरे क्षेत्रों में यही हाल हो रहा है। इससे विद्याधन कंजूस की दौलत की तरह गड़ा हुआ पड़ा रहता है।... ऐसा कहते हैं कि भारत में पहाड़ों की चोटियों पर से

चौमासे में पानी के जो प्रपात गिरते हैं, उनसे हम अपने अविचार के कारण कोई लाभ नहीं उठाते। हम हमेशा लाखों रुपये का सोने जैसा कीमती खाद पैदा करते हैं और उसका उचित उपयोग न करने के कारण रोगों के शिकार बनते हैं। इसी तरह अंग्रेजी भाषा पढ़ने के बोझ से कुचले हुए हम लोग दीर्घदृष्टि न रखने के कारण ऊपर लिखे अनुसार जनता को जो कुछ मिलना चाहिये वह नहीं दे सकते। इस वाक्य में अतिशयोक्ति नहीं है। यह तो मेरी तीव्र भावना को बताने वाला है। मातृभाषा का जो अनादर हम कर रहे हैं, उसका हमें भारी प्रायश्चित्त करना पड़ेगा। इससे आम जनता का बड़ा नुकसान हुआ है। इस नुकसान से उसे बचाना मैं पढ़े-लिखे लोगों का पहला फर्ज समझता हूं।[2]

(20 अक्तूबर, 1917 में भड़ौंच में हुई दूसरी गुजरात शिक्षा-परिषद् के अध्यक्ष-पद से दिये गये भाषण से।)

अंग्रेजी सीखने के लिए हमारा जो विचारहीन मोह है, उससे खुद मुक्त होकर और समाज को मुक्त करके हम भारतीय जनता की एक बड़ी-से-बड़ी सेवा कर सकते हैं। अंग्रेजी हमारी शालाओं और विद्यालयों में शिक्षा का माध्यम हो गयी है। वह हमारे देश की राष्ट्रभाषा हुई जा रही है। हमारे विचार उसी में प्रगट होते हैं।... अंग्रेजी के ज्ञान की आवश्यकता के विश्वास ने हमें गुलाम बना दिया है। उसने हमें सच्ची देशसेवा करने में असमर्थ बना दिया है। अगर आदत ने हमें अन्धा न बना दिया होता, तो हम यह देखे बिना न रहते कि शिक्षा का माध्यम अंग्रेजी होने के कारण जनता से हमारा सम्बन्ध टूट गया है, राष्ट्र का उत्तम मानस उपयुक्त भाषा के अभाव में अप्रकाशित रह जाता है और आधुनिक शिक्षा से हमें जो नये-नये विचार प्राप्त हुए हैं उनका लाभ सामान्य लोगों को नहीं मिलता। पिछले 60 वर्षों से हमारी सारी शक्ति ज्ञानोपार्जन के बजाय अपरिचित शब्द और उनके उच्चारण सीखने में खर्च हो रही है। हमें अपने माता-पिता जो तालीम मिलती है उसकी नींव पर नया निर्माण करने के बजाय हमने उस तालीम को ही भुला दिया है। इतिहास में इस बात की कोई दूसरी मिसाल नहीं मिलती। यह हमारे राष्ट्र की एक अत्यन्त दुःखपूर्ण घटना है। हमारी पहली और बड़ी-से-बड़ी समाज-सेवा यह होगी कि हम अपनी प्रान्तीय भाषाओं का उपयोग शुरू करें, हिन्दी को राष्ट्रभाषा के रूप में उसका स्वाभाविक स्थान दें, प्रान्तीय कामकाज प्रान्तीय भाषाओं में करें और राष्ट्रीय कामकाज हिन्दी में करें। जब तक हमारे स्कूल और कॉलेज प्रान्तीय भाषाओं के माध्यम से शिक्षण देना शुरू नहीं करते, तब तक हमें इस दिशा में लगातार कोशिश करनी चाहिये।... वह दिन शीघ्र ही आना चाहिये जब हमारी विधान-सभायें राष्ट्रीय सवालों की चर्चा प्रान्तीय भाषाओं में या जरूरत के अनुसार हिन्दी में करेंगी। अभी तक सामान्य जनता तो विधान-

सभाओं में होने वाली इन चर्चाओं से बिलकुल बेखबर ही रही है। स्वदेशी भाषाओं के पत्रों ने इस घातक भूल को सुधारने की कुछ कोशिश की है। लेकिन यह काम उनकी क्षमताओं से बड़ा सिद्ध हुआ है। 'पत्रिका' अपना तीखा व्यंग्य और 'बंगाली' अपना पाण्डित्य तो अंग्रेजी पढ़े-लिखे लोगों के लिए ही परोसता है। गम्भीर विचारकों की इस पुरानी भूमि में हमारे बीच में टैगोर, बोस या राय का होना आश्चर्य का विषय नहीं होना चाहिये। दुःख की बात हो यह है कि इन मनीषियों की संख्या हमारे यहां इतनी कम है।

(27 दिसम्बर, 1917 में कलकत्ता में हुई पहली अ.भा. समाज-सेवा परिषद् के अध्यक्षीय भाषण से।)

यह मेरा निश्चित मत है कि आज की अंग्रेजी शिक्षा ने शिक्षित भारतीयों को निर्बल और शक्तिहीन बना दिया है। इसने भारतीय विद्यार्थियों की शक्ति पर भारी बोझ डाला है, और हमें नकलची बना दिया है। देशी भाषाओं को अपनी जगह से हटाकर अंग्रेजी को बैठाने की प्रक्रिया अंग्रेजों के साथ हमारे सम्बन्ध का एक सबसे दुःखद प्रकरण है। राजा राममोहनराय ज्यादा बड़े सुधारक हुए होते और लोकमान्य तिलक ज्यादा बड़े विद्वान बने होते, अगर उन्हें अंग्रेजी में सोचने और अपने विचारों को दूसरों तक मुख्यतः अंग्रेजी में पहुंचाने की कठिनाई से आरम्भ नहीं करना पड़ता। अगर वे थोड़ी कम अस्वाभाविक पद्धति में पढ़-लिखकर बड़े होते, तो अपने लोगों पर उनका असर, जो कि अद्‌भुत था, और भी जयादा हुआ होता! इसमें कोई शक नहीं कि अंग्रेजी साहित्य के समृद्ध भंडार का ज्ञान प्राप्त करने से इन दोनों को लाभ हुआ। लेकिन इस भंडार तक उनकी पहुंच उनकी अपनी मातृभाषाओं के जरिये होनी चाहिये थी। कोई भी देश नकलचियों की जाति पैदा करके राष्ट्र नहीं बन सकता। जरा कल्पना कीजिये कि यदि अंग्रेजों के पास बाइबल का अपना प्रमाणभूत संस्करण न होता तो उनका क्या हाल होता? मेरा विश्वास है कि चैतन्य, कबीर, नानक, गुरु गोविन्द सिंह, शिवाजी और प्रताप राजा राममोहनराय और तिलक की अपेक्षा ज्यादा बड़े पुरुष थे।

मैं जानता हूं कि तुलनायें करना अच्छा नहीं है। अपने-अपने ढंग से सभी समान रूप से बड़े हैं। लेकिन फल की दृष्टि से देखें तो जनता पर राममोहन राय या तिलक का असर उतना स्थायी और दूरगामी नहीं है जितना कि चैतन्य आदि का। उन्हें जिन बाधाओं का मुकाबला करना पड़ा उनकी दृष्टि से वे असाधारण कोटि के महापुरुष थे; और जिस शिक्षा-प्रणाली से उन्हें अपनी तालीम लेनी पड़ी उसकी बाधा यदि उन्हें न सहनी पड़ी होती, तो उन्होंने अवश्य ही ज्यादा बड़ी सफलतायें प्राप्त की होतीं। मैं यह मानने से इनकार करता हूं कि यदि राजा राममोहन राय और लोकमान्य तिलक को अंग्रेजी भाषा

का ज्ञान न होता, तो उन्हें वे सब विचार सूझते ही नहीं जो उन्होंने किये। भारत आज जिन वहमों का शिकार है उनमें सबसे बड़ा वहम यह है कि स्वातंत्र्य से सम्बन्धित विचारों को हृदयंगम करने के लिए और तर्कशुद्ध चिन्तन की क्षमता का विकास करने के लिए अंग्रेजी भाषा का ज्ञान आवश्यक है। यह याद रखना जरूरी है कि पिछले पचास वर्षों से देश के सामने शिक्षा की एक ही प्रणाली रही है और विचारों की अभिव्यक्ति के लिए उसके पास जबरन लादा हुआ एक ही माध्यम रहा है। इसलिए हमारे पास इस बात का निर्णय करने के लिए कि मौजूदा स्कूलों और कॉलेजों में मिलने वाली शिक्षा न होती तो हमारी क्या हालत होती, जो सामग्री चाहिये वह है ही नहीं। लेकिन यह हम जरूर जानते हैं कि भारत पचास साल पहले की अपेक्षा आज ज्यादा गरीब है, अपनी रक्षा करने में आज ज्यादा असमर्थ है और उसके लड़के-लड़कियों की शरीर-सम्पत्ति घट गयी है। इसके उत्तर में कोई मुझसे यह न कहे कि इसका कारण मौजूदा शासन-प्रणाली का दोष है। कारण, शिक्षा-प्रणाली इस शासन-प्रणाली का सबसे दोषयुक्त अंग है।

इस शिक्षा-प्रणाली का जन्म ही एक बड़ी भ्रान्ति में से हुआ है। अंग्रेज शासक ईमानदारी से यह मानते थे कि देशी शिक्षा-प्रणाली निकम्मी से भी ज्यादा बुरी है। और इस शिक्षा-प्रणाली का पोषण पाप में हुआ, क्योंकि उसका उद्देश्य भारतीयों को शरीर, मन और आत्मा में बौना बनाने का रहा है।[3]

रविबाबू को उत्तर

...आज अगर लोग अंग्रेजी पढ़ते हैं, तो व्यापारी बुद्धि से और तथाकथित राजनीतिक फायदे के लिए ही पढ़ते हैं। हमारे विद्यार्थी ऐसा मानने लगे हैं (और अभी की हालत देखते हुए यह बिलकुल स्वाभाविक है) कि अंग्रेजी के बिना उन्हें सरकारी नौकरी हरगिज नहीं मिल सकती। लड़कियों को तो इसीलिए अंग्रेजी पढ़ाई जाती है कि उन्हें अच्छा वर मिल जायेगा! मैं ऐसी कई मिसालें जानता हूं, जिनमें स्त्रियां इसलिए अंग्रेजी पढ़ना चाहती हैं कि अंग्रेजों के साथ उन्हें अंग्रेजी बोलना आ जाय। मैंने ऐसे कितने ही पति देखे हैं कि जिनकी स्त्रियां उनके साथ या उनके दोस्तों के साथ अंग्रेजी में न बोल सकें तो उन्हें दुःख होता है! मैं ऐसे भी कुछ कुटुम्बों को जानता हूं, जिनमें अंग्रेजी भाषा को अपनी मातृभाषा 'बना लिया' जाता है! सैकड़ों नौजवान ऐसा समझते हैं कि अंग्रेजी जाने बिना हिन्दुस्तान को स्वराज्य मिलना नामुमकिन-सा है। इस बुराई ने समाज में इतना घर कर लिया है, मानो शिक्षा का अर्थ अंग्रेजी भाषा के ज्ञान के सिवा और कुछ है ही नहीं। मेरे खयाल से तो ये सब हमारी गुलामी और गिरावट की साफ निशानियां

हैं। आज जिस तरह देशी भाषाओं की उपेक्षा की जाती है और उनके विद्वानों व लेखकों को रोटी के भी लाले पड़े हुए हैं, वह मुझसे देखा नहीं जाता। मां-बाप अपने बच्चों को और पति अपनी स्त्री को अपनी भाषा छोड़कर अंग्रेजी में पत्र लिखे, तो वह मुझसे कैसे बरदाश्त हो सकता है? मुझे लगता है कि कवि-सम्राट के बराबर ही मेरी भी स्वतंत्र और खुली हवा पर श्रद्धा है। मैं नहीं चाहता कि मेरा घर सब तरफ खड़ी हुई दीवारों से घिरा रहे और उसके दरवाजे और खिड़कियां बन्द कर दी जायं। मैं भी यही चाहता हूं कि मेरे घर के आस-पास देश-विदेश की संस्कृति की हवा बहती रहे। पर मैं यह नहीं चाहता कि उस हवा के कारण जमीन पर से मेरे पैर उखड़ जायं और मैं औंधे मुंह गिर पड़ूं। मैं दूसरों के घरों में हस्तक्षेप करने वाले व्यक्ति, भिखारी या गुलाम की हैसियत से रहने के लिए तैयार नहीं। झूठे घमण्ड के वश होकर या तथाकथित सामाजिक प्रतिष्ठा पाने के लिए मैं अपने देश की बहनों पर अंग्रेजी विद्या का नाहक बोझ डालने से इनकार करता हूं। मैं चाहता हूं कि हमारे देश के जवान लड़के-लड़कियों को साहित्य में रस हो, तो वे भले ही दुनिया की दूसरी भाषाओं की तरह ही अंग्रेजी भी जी भर कर पढ़ें। फिर मैं उनसे आशा रखूंगा कि वे अपने अंग्रेजी पढ़ने का लाभ डॉ. बोस, राय और खुद कवि-सम्राट की तरह हिन्दुस्तान को और दुनिया को दें। लेकिन मुझे यह नहीं बरदाश्त होगा कि हिन्दुस्तान का एक भी आदमी अपनी मातृभाषा को भूल जाय, उसकी हँसी उड़ावे, उससे शरमाये या उसे ऐसा लगे कि वह अपने अच्छे-से-अच्छे विचार अपनी भाषा में नहीं रख सकता। मैं संकुचित या बन्द दरवाजे वाले धर्म में विश्वास ही नहीं रखता। मेरे धर्म में ईश्वर की पैदा की हुई छोटी-से-छोटी चीज के लिए भी जगह है। मगर उसमें जाति, धर्म, वर्ण या रंग के घमण्ड के लिए कोई स्थान नहीं है।[4]

इस विदेशी भाषा के माध्यम ने बच्चों के दिमाग को शिथिल कर दिया है, उनके स्नायुओं पर अनावश्यक जोर डाला है, उन्हें रट्टू और नकलची बना दिया है तथा मौलिक कार्यों और विचारों के लिए सर्वथा अयोग्य बना दिया है। इसकी वजह से वे अपनी शिक्षा का सार अपने परिवार के लोगों तथा आम जनता तक पहुंचाने में असमर्थ हो गये हैं। विदेशी माध्यम ने हमारे बालकों को अपने ही घर में पूरा विदेशी बना दिया है। यह वर्तमान शिक्षा-प्रणाली का सबसे बड़ा करुण पहलू है। विदेशी माध्यम ने हमारी देशी भाषाओं की प्रगति और विकास को रोक दिया है। अगर मेरे हाथों में तानाशाही सत्ता हो, तो मैं आज से ही विदेशी माध्यम के जरिये दी जाने वाली हमारे लड़कों और लड़कियों की शिक्षा बन्द कर दूं और सारे शिक्षकों और प्रोफेसरों से यह माध्यम तुरन्त बदलवा दूं या उन्हें बरखास्त करा दूं। मैं पाठ्य-पुस्तकों की तैयारी का इन्तजार नहीं करूंगा। वे तो माध्यम के

परिवर्तन के पीछे-पीछे अपने-आप चली आयेंगी। यह एक ऐसी बुराई है जिसका तुरन्त इलाज होना चाहिये।[5]

हमें जो कुछ उच्च शिक्षा मिली है अथवा जो भी शिक्षा मिली है वह केवल अंग्रेजी के ही द्वारा न मिली होती, तो ऐसी स्वयंसिद्ध बात को दलीलें देकर सिद्ध करने की कोई जरूरत न होती कि किसी भी देश के बच्चों को अपनी राष्ट्रीयता टिकाये रखने के लिए नीची या ऊंची सारी शिक्षा उनकी मातृभाषा के जरिये ही मिलनी चाहिये। यह स्वयंसिद्ध बात है कि जब तक किसी देश के नौजवान ऐसी भाषा में शिक्षा पाकर उसे पचा न लें जिसे प्रजा समझ सके, तब तक वे अपने देश की जनता के साथ न तो जीता-जागता संबंध पैदा कर सकते हैं और न उसे कायम रख सकते हैं। आज इस देश के हजारों नौजवान एक ऐसी विदेशी भाषा और उसके मुहावरों पर अधिकार पाने में कई साल नष्ट करने को मजबूर किये जाते हैं, जो उनके दैनिक जीवन के लिए बिलकुल बेकार है और जिसे सीखने में उन्हें अपनी मातृभाषा या उसके साहित्य की उपेक्षा करनी पड़ती है। इससे होने वाली राष्ट्र की अपार हानि का अंदाजा कौन लगा सकता है? इससे बढ़कर कोई वहम कभी था ही नहीं कि अमुक भाषा का विकास हो ही नहीं सकता, या उसके द्वारा गूढ़ अथवा वैज्ञानिक विचार समझाये ही नहीं जा सकते। भाषा तो अपने बोलने वाले के चरित्र और विकास का सच्चा प्रतिबिम्ब है।

इस विदेशी भाषा के माध्यम ने बच्चों के दिमाग को शिथिल कर दिया है, उनके स्नायुओं पर अनावश्यक जोर डाला है, उन्हें रट्टू और नकलची बना दिया है तथा मौलिक कार्यों और विचारों के लिए सर्वथा अयोग्य बना दिया है। इसकी वजह से वे अपनी शिक्षा का सार अपने परिवार के लोगों तथा आम जनता तक पहुंचाने में असमर्थ हो गये हैं।

विदेशी शासन अनेक दोषों में देश के नौजवानों पर डाला गया विदेशी भाषा के माध्यम का घातक बोझ इतिहास में एक सबसे बड़ा दोष माना जायेगा। इस माध्यम ने राष्ट्र की शक्ति हर ली है, विद्यार्थियों की आयु घटा दी है, उन्हें आम जनता से दूर कर दिया है और शिक्षण को बिना कारण खर्चीला बना दिया है। अगर यह प्रक्रिया अब भी जारी रही, तो जान पड़ता है वह राष्ट्र की आत्मा को नष्ट कर देगी। इसलिए शिक्षित भारतीय जितनी जल्दी विदेशी माध्यम के भयंकर वशीकरण से बाहर निकल जायं, उतना ही उनका और जनता का लाभ होगा।[6]

44

मेरा अपना अनुभव

12 बरस की उमर तक मैंने जो भी शिक्षा पाई वह अपनी मातृभाषा गुजराती में ही पाई थी। उस समय गणित, इतिहास और भूगोल का मुझे थोड़ा-थोड़ा ज्ञान था। इसके बाद मैं एक हाईस्कूल में दाखिल हुआ। इसमें भी पहले तीन साल तक तो मातृभाषा ही शिक्षा का माध्यम रही। लेकिन स्कूल-मास्टर का काम तो विद्यार्थियों के दिमाग में जबरदस्ती अंग्रेजी ठूंसना था। इसलिए हमारा आधे से अधिक समय अंग्रेजी और उसके मनमाने हिज्जों तथा उच्चारण पर काबू पाने में लगाया जाता था। ऐसी भाषा का पढ़ना हमारे लिए एक कष्टपूर्ण अनुभव था, जिसका उच्चारण ठीक उसी तरह नहीं होता जैसी कि वह लिखी जाती है। हिज्जों को कण्ठस्थ करना एक अजीब-सा अनुभव था। लेकिन यह तो मैं प्रसंगवश कह गया, वस्तुतः मेरी दलील से इसका कोई संबंध नहीं है। मगर पहले तीन साल तो तुलना में ठीक ही निकल गये।

जिल्लत तो चौथे साल से शुरू हुई। अलजबरा (बीजगणित), केमिस्ट्री (रसायनशास्त्र), एस्ट्रानॉमी (ज्योतिष), हिस्ट्री (इतिहास), ज्यॉग्राफी (भूगोल) हर एक विषय मातृभाषा के बजाय अंग्रेजी में ही पढ़ना पड़ा। कक्षा में अगर कोई विद्यार्थी गुजराती, जिसे कि वह समझता था, बोलता तो उसे सजा दी जाती थी। हां, अंग्रेजी को, जिसे न तो वह पूरी तरह समझ सकता था और न शुद्ध बोल सकता था, अगर वह बुरी तरह बोलता तो भी शिक्षक को कोई आपति नहीं होती थी। शिक्षक भला इस बात की फिक्र क्यों करे? क्योंकि खुद उसकी ही अंग्रेजी निर्दोष नहीं थी। इसके सिवा और हो भी क्या सकता था? क्योंकि अंग्रेजी उसके लिए भी उसी तरह विदेशी भाषा थी, जिस तरह कि उसके विद्यार्थियों के लिए थी। इससे बड़ी गड़बड़ होती थी। हम विद्यार्थियों को अनेक बातें कण्ठस्थ करनी पड़तीं, हालांकि हम उन्हें पूरी तरह समझ नहीं सकते थे और कभी-कभी तो बिलकुल ही नहीं समझते थे। शिक्षक के हमें ज्यॉमेटरी (रेखागणित) समझाने की भरपूर कोशिश करने पर मेरा सिर घूमने लगता था। सच तो यह है कि युक्लिड (रेखागणित) की पहली पुस्तक के 13वें साध्य तक हम न पहुंच गये, तब तक मेरी समझ में ज्यॉमेटरी बिलकुल नहीं आई। और पाठकों के सामने मुझे यह मंजूर करना ही चाहिये कि मातृभाषा के अपने सारे प्रेम के बावजूद आज भी मैं यह नहीं जानता कि ज्यॉमेटरी, अलजबरा आदि की पारिभाषिक बातों को गुजराती में क्या कहते हैं। हां, यह अब मैं जरूर देखता हूं कि जितना गणित,

रेखागणित, बीजगणित, रसायनशास्त्र और ज्योतिष सीखने में मुझे चार साल लगे, अगर अंग्रेजी के बजाय गुजराती में उन्हें पढ़ा होता तो उतना मैंने एक ही साल में आसानी से सीख लिया होता। उस हालत में मैं आसानी और स्पष्टता के साथ इन विषयों को समझ लेता। गुजराती का मेरा शब्दज्ञान कहीं ज्यादा समृद्ध हो गया होता, और उस ज्ञान का मैंने अपने घर में उपयोग किया होता। लेकिन इस अंग्रेजी के माध्यम ने तो मेरे और मेरे कुटुम्बियों के बीच, जो कि अंग्रेजी स्कूलों में नहीं पढ़े थे, एक अगम्य खाई खड़ी कर दी। मेरे पिता को कुछ पता न था कि मैं क्या कर रहा हूं। मैं चाहता तो भी अपने पिता की इस बात में दिलचस्पी पैदा नहीं कर सकता था कि मैं क्या पढ़ रहा हूं। क्योंकि यद्यपि बुद्धि की उनमें कोई कमी न थी, मगर वे अंग्रेजी नहीं जानते थे। इस प्रकार मैं अपने ही घर में बड़ी तेजी के साथ अजनबी बनता जा रहा था। निश्चय ही मैं औरों से ऊंचा आदमी बन गया था। यहां तक कि मेरी पोशाक भी अपने-आप बदलने लगी। लेकिन मेरा जो हाल हुआ वह कोई असाधारण अनुभव नहीं था, बल्कि अधिकांश लोगों का यही हाल होता है।

हाईस्कूल के प्रथम तीन वर्षों में मेरे सामान्य ज्ञान में बहुत कम वृद्धि हुई। यह समय तो लड़कों को हर एक चीज अंग्रेजी के जरिये सीखने की तैयारी का था। हाईस्कूल तो अंग्रेजी की सांस्कृतिक विजय के लिए थे। मेरे हाईस्कूल के तीन सौ विद्यार्थियों ने जो ज्ञान प्राप्त किया वह तो हमीं तक सीमित रहा, वह सर्व-साधारण तक पहुंचाने के लिए नहीं था।

एक-दो शब्द साहित्य के बारे में भी। अंग्रेजी गद्य और पद्य की हमें कई किताबें पढ़नी पड़ी थीं। इसमें शक नहीं कि यह बढ़िया साहित्य था। लेकिन सर्व-साधारण की सेवा या उसके संपर्क में आने में उस ज्ञान का मेरे लिए कोई उपयोग नहीं हुआ है। मैं यह कहने में असमर्थ हूं कि मैंने अंग्रेजी गद्य और पद्य न पढ़ा होता तो मैं एक बेशकीमती खजाने से वंचित रह जाता। इसके बजाय सच तो यह है कि अगर वे सात साल मैंने गुजराती पर प्रभुत्व प्राप्त करने में लगाये होते और गणित, विज्ञान तथा संस्कृत आदि विषयों को गुजराती में पढ़ा होता, तो इस तरह प्राप्त किये हुए ज्ञान में अपने अड़ोसी-पड़ोसियों को आसानी से हिस्सेदार बनाया होता। उस हालत में मैंने गुजराती साहित्य को समृद्ध किया होता, और कौन कह सकता है कि अमल में उतारने की अपनी आदत तथा देश और मातृभाषा के प्रति अपने बेहद प्रेम के कारण सर्व-साधारण की सेवा में मैं और भी अधिक अपनी देन क्यों न दे पाता?

यह हरगिज न समझना चाहिये कि अंग्रेजी या उसके श्रेष्ठ साहित्य का मैं विरोधी हूं। 'हरिजन' मेरे अंग्रेजी-प्रेम का पर्याप्त प्रमाण है। लेकिन उसके

साहित्य की महत्ता भारतीय राष्ट्र के लिए उससे अधिक उपयोगी नहीं, जितना कि इंग्लैण्ड का समशीतोष्ण जलवायु या वहां के सुन्दर दृश्य हो सकते हैं। भारत को तो अपने ही जलवायु, दृश्यों और साहित्य में तरक्की करनी होगी, फिर चाहे वे अंग्रेजी जलवायु, दृश्यों और साहित्य से घटिया दरजे के ही क्यों न हों। हमें और हमारे बच्चों को तो अपनी ही विरासत बनानी चाहिये। अगर हम दूसरों की विरासत लेंगे तो हमारी अपनी नष्ट हो जायेगी। सच तो यह है कि विदेशी सामग्री पर हम कभी उन्नति नहीं कर सकते। मैं तो चाहता हूं कि राष्ट्र अपनी ही भाषा का भंडार भरे और इसके लिए संसार की अन्य भाषाओं का भंडार भी अपनी ही देशी भाषाओं में संचित करे। रवीन्द्रनाथ की अनुपम कृतियों का सौन्दर्य जानने के लिए मुझे बंगाली पढ़ने की कोई जरूरत नहीं, क्योंकि सुन्दर अनुवादों के द्वारा मैं उसे पा लेता हूं। इसी तरह टॉल्स्टॉय की संक्षिप्त कहानियों की कदर करने के लिए गुजराती लड़के-लड़कियों को रूसी भाषा पढ़ने की कोई जरूरत नहीं, क्योंकि अच्छे अनुवादों के जरिये वे उन्हें पढ़ लेते हैं। अंग्रेजों को इस बात का गर्व है कि संसार की सर्वोत्तम साहित्यिक रचनायें प्रकाशित होने के एक सप्ताह के अन्दर-अन्दर सरल अंग्रेजी में उनके हाथों में आ पहुंचती हैं। ऐसी हालत में शेक्सपियर और मिल्टन के सर्वोत्तम विचारों और रचनाओं के लिए मुझे अंग्रेजी पढ़ने की जरूरत क्यों हो?

यह एक तरह की अच्छी मितव्ययिता होगी कि ऐसे विद्यार्थियों का अलग ही एक वर्ग कर दिया जाय, जिनका काम यह हो कि संसार की विभिन्न भाषाओं में पढ़ने लायक जो सर्वोत्तम सामग्री हो उसको पढ़ें और देशी भाषाओं में उसका अनुवाद करें। हमारे प्रभुओं ने तो हमारे लिए गलत ही रास्ता चुना है और आदत पड़ जाने के कारण गलती ही हमें ठीक मालूम पड़ने लगी है।

हमारी इस झूठी अभारतीय शिक्षा से लाखों आदमियों का दिन-दिन जो अधिकाधिक नुकसान हो रहा है, उसके प्रमाण मैं रोज ही पा रहा हूं। जो ग्रेज्युएट मेरे आदरणीय साथी हैं, उन्हें जब अपने आन्तरिक विचारों को व्यक्त करना पड़ता है तब वे खुद ही परेशान हो जाते हैं। वे तो अपने ही घरों में अजनबी बन गये हैं। अपनी मातृभाषा के शब्दों का उनका ज्ञान इतना सीमित है कि अंग्रेजी शब्दों और वाक्यों तक का सहारा लिये बगैर वे अपने भाषण को समाप्त नहीं कर सकते। और न अंग्रेजी किताबों के बगैर वे रह सकते हैं। आपस में भी वे अक्सर अंग्रेजी में ही लिखा-पढ़ी करते हैं। अपने साथियों का उदाहरण मैं यह बताने के लिए दे रहा हूं कि इस बुराई ने कितनी गहरी जड़ जमा ली है। क्योंकि हम लोगों ने अपने को सुधारने का खुद जान-बूझकर प्रयत्न किया है।

हमारे कॉलेजों में जो समय की बरबादी होती है, उसके पक्ष में दलील यह

दी जाती है कि कॉलेजों में पढ़ने के कारण इतने विद्यार्थियों में से अगर एक जगदीश बसु भी पैदा हो सके, तो हमें इस बरबादी की चिन्ता करने की जरूरत नहीं। अगर यह बरबादी अनिवार्य होती तो मैं जरूर इस दलील का समर्थन करता। लेकिन मैं आशा करता हूं कि मैंने यह बतला दिया है कि यह न तो पहले अनिवार्य थी और न आज ही अनिवार्य है। क्योंकि जगदीश बसु कोई वर्तमान शिक्षा की उपज नहीं थे। वे तो भयंकर कठिनाइयों और बाधाओं के बावजूद अपने परिश्रम की बदौलत ऊंचे उठे, और उनका ज्ञान लगभग ऐसा बन गया जो सर्व-साधारण तक नहीं पहुंच सकता। बल्कि मालूम ऐसा पड़ता है कि हम यह सोचने लगे हैं कि जब तक कोई अंग्रेजी न जाने तब तक वह बसु के सदृश महान वैज्ञानिक होने की आशा नहीं कर सकता। यह ऐसी मिथ्या धारणा है जिससे अधिक बड़ी की मैं कल्पना ही नहीं कर सकता। जिस तरह हम अपने को लाचार समझते मालूम पड़ते हैं, उस तरह एक भी जापानी अपने को नहीं समझता।

शिक्षा का माध्यम तो एकदम और हर हालत में बदला जाना चाहिये और प्रान्तीय भाषाओं को उनका न्यायसंगत स्थान मिलना चाहिये। यह जो दंडनीय बरबादी रोज-बरोज हो रही है इसके बजाय तो मैं अस्थायी रूप से अव्यवस्था हो जाना भी ज्यादा पसन्द करूंगा।

प्रान्तीय भाषाओं का दरजा और व्यावहारिक मूल्य बढ़ाने के लिए मैं चाहूंगा कि अदालतों की कार्रवाई अपने-अपने प्रान्त की भाषा में हो। प्रान्तीय धारासभाओं की कार्रवाई भी प्रान्तीय भाषा में या जहां एक से अधिक भाषायें प्रचलित हों वहां उनमें होनी चाहिये। धारासभाओं के सदस्यों से मैं कहना चाहता हूं कि वे चाहें तो एक महीने के अन्दर-अन्दर अपने प्रान्तों की भाषायें भलीभांति समझ सकते हैं। तामिल-भाषी के लिए ऐसी कोई रुकावट नहीं कि वह तेलगू, मलयालम और कन्नड़ का, जो कि सब तामिल से मिलती-जुलती ही हैं, मामूली व्याकरण और कुछ सौ शब्द आसानी से न सीख सके। केन्द्र में हिन्दुस्तानी का प्रमुख स्थान रहना चाहिये।

मेरी सम्मति में यह कोई ऐसा प्रश्न नहीं है, जिसका निर्णय साहित्यज्ञों के द्वारा हो। वे इस बात का निर्णय नहीं कर सकते कि किस स्थान के लड़के-लड़कियों की पढ़ाई किस भाषा में हो। क्योंकि इस प्रश्न का निर्णय तो हर एक देश में पहले से ही हो चुका है। न वे यही निर्णय कर सकते हैं कि किन विषयों की पढ़ाई हो। क्योंकि यह उस देश की आवश्यकताओं पर निर्भर करता है, जिस देश के बालकों को शिक्षा देनी हो। उन्हें तो बस यही सुविधा प्राप्त है कि राष्ट्र की इच्छा को यथासंभव सर्वोत्तम रूप में अमल में लायें। अत: जब हमारा देश

वस्तुत: स्वतंत्र होगा तब शिक्षा के माध्यम का प्रश्न केवल एक ही तरह से हल होगा। साहित्यिक लोग पाठयक्रम बनायेंगे और फिर उसके अनुसार पाठ्य-पुस्तकें तैयार करेंगे। और स्वतंत्र भारत की शिक्षा पाने वाले लोग देश की जरूरतें उसी तरह पूरी करेंगे, जिस तरह आज वे विदेशी शासकों की जरूरतें पूरी करते हैं। जब तक हम शिक्षित वर्ग इस प्रश्न के साथ खिलवाड़ करते रहेंगे तब तक मुझे इस बात का बहुत भय है कि हम जिस स्वतंत्र और स्वस्थ भारत का स्वप्न देखते हैं उसका निर्माण नहीं कर पायेंगे। हमें जी-तोड़ प्रयत्न करके अपने बन्धन से मुक्त होना चाहिये, चाहे वह शिक्षणात्मक हो, आर्थिक हो, सामाजिक हो या राजनीतिक हो। हमारी तीन-चौथाई लड़ाई तो वह प्रयत्न होगा जो कि इसके लिए किया जायगा।[1]

45

भारत की सांस्कृतिक विरासत

मेरा यह कहना नहीं है कि हम शेष दुनिया से बचकर रहें या अपने आस-पास दीवालें खड़ी कर लें। यह तो मेरे विचारों से बड़ी दूर भटक जाना है। लेकिन मैं यह जरूर कहता हूं कि पहले हम अपनी संस्कृति का सम्मान करना सीखें और उसे आत्मसात् करें। दूसरी संस्कृतियों के सम्मान की, उनकी विशेषताओं को समझने और स्वीकार करने की बात उसके बाद ही आ सकती है, उसके पहले कभी नहीं। मेरी यह दृढ़ मान्यता है कि हमारी संस्कृति में जैसी मूल्यवान निधियां हैं वैसी किसी दूसरी संस्कृति में नहीं हैं। हमने उसे पहिचाना नहीं है; हमें उसके अध्ययन का तिरस्कार करना, उसके गुणों की कम कीमत करना सिखाया गया है। अपने आचरण में उसका व्यवहार करना तो हमने लगभग छोड़ ही दिया है। आचार के बिना कोरा बौद्धिक ज्ञान उस निर्जीव देह की तरह है, जिसे मसाला भरकर सुरक्षित रखा जाता है। वह शायद देखने में अच्छा लग सकता है, किन्तु उसमें प्रेरणा देने की शक्ति नहीं होती। मेरा धर्म मुझे आदेश देता है कि मैं अपनी संस्कृति को सीखूं, ग्रहण करूं और उसके अनुसार चलूं; अन्यथा अपनी संस्कृति से विच्छिन्न होकर हम एक समाज के रूप में मानो आत्महत्या कर लेंगे। किन्तु साथ ही वह मुझे दूसरों की संस्कृतियों का अनादर करने या उन्हें तुच्छ समझने से भी रोकता है।[1]

वह उन विविध संस्कृतियों के समन्वय की पोषक है, जो इस देश में सुस्थिर हो गयी हैं, जिन्होंने भारतीय जीवन को प्रभावित किया है और जो खुद भी इस

भूमि के वातावरण से प्रभावित हुई हैं। जैसा कि स्वाभाविक है, वह समन्वय स्वदेशी ढंग का होगा, अर्थात् उसमें प्रत्येक संस्कृति को अपना उचित स्थान प्राप्त होगा। वह अमरीकी ढंग का नहीं होगा, जिसमें कोई एक प्रमुख संस्कृति बाकी सबको पचा डालती है और जिसका उद्देश्य सुमेल साधना नहीं बल्कि कृत्रिम और जबरदस्ती लादी जाने वाली एकता निर्माण करना है।[2]

ऐसी कोई भी संस्कृति, जो सबसे बचकर रहना चाहती हो, जीवित नहीं रह सकती।

हमारे समय की भारतीय संस्कृति अभी निर्माण की अवस्था में है। हम लोगों में से कई उन सारी संस्कृतियों का एक सुन्दर सम्मिश्रण रचने का प्रयत्न कर रहे हैं, जो आज आपस में लड़ती दिखायी देती हैं। ऐसी कोई भी संस्कृति, जो सबसे बचकर रहना चाहती हो, जीवित नहीं रह सकती। भारत में आज शुद्ध आर्य संस्कृति जैसी कोई चीज नहीं है। आर्य लोग भारत के ही रहने वाले थे या यहां बाहर से आये थे और यहां के मूल निवासियों ने उनका विरोध किया था, इस सवाल में मुझे ज्यादा दिलचस्पी नहीं है। जिस बात में मेरी दिलचस्पी है वह यह है कि मेरे अतिप्राचीन पूर्वज एक-दूसरे के साथ पूरी आजादी से घुल-मिल गये थे, और हम उनकी वर्तमान सन्तान उस मेल का ही परिणाम हैं। अपनी जन्मभूमि का और इस पृथ्वी माता का, जो हमारा पोषण करती है, हम कोई हित कर रहे हैं या उस पर बोझ रूप हैं, यह तो भविष्य ही बतायेगा।[3]

46

नई तालीम

अन्य देशों के बारे में कुछ भी सही हो, कम-से-कम भारत में तो—जहां अस्सी फीसदी आबादी खेती करने वाली है और दूसरी दस फीसदी उद्योगों में काम करने वाली है—शिक्षा को निरी साहित्यिक बना देने तथा लड़कों और लड़कियों को उत्तर-जीवन में हाथ के काम के लिए अयोग्य बना देना गुनाह है। मेरी तो राय है कि चूंकि हमारा अधिकांश समय अपनी रोजी कमाने में लगता है, इसलिए हमारे बच्चों को बचपन से ही इस प्रकार के परिश्रम का गौरव सिखाना चाहिये। हमारे बालकों की पढ़ाई ऐसी नहीं होनी चाहिये, जिससे वे मेहनत का तिरस्कार करने लगे। कोई कारण नहीं कि क्यों एक किसान का बेटा किसी स्कूल में जाने के बाद खेती के मजदूर के रूप में आजकल की तरह निकम्मा बन जाय। यह अफसोस की बात है कि हमारी पाठशालाओं के लड़के शारीरिक श्रम

को तिरस्कार की दृष्टि से चाहे न देखते हों, पर नापसन्दगी की नजर से तो जरूर देखते हैं।[1]

मेरी राय में तो इस देश में, जहां लाखों आदमी भूखों मरते हैं, बुद्धिपूर्वक किया जाने वाला श्रम ही सच्ची प्राथमिक शिक्षा या प्रौढ़शिक्षा है।...अक्षर-ज्ञान हाथ की शिक्षा के बाद आना चाहिये। हाथ से काम करने की क्षमता—हस्त-कौशल ही तो वह चीज है, जो मनुष्य को पशु से अलग करती है। लिखना-पढ़ना जाने बिना मनुष्य का सम्पूर्ण विकास नहीं हो सकता, ऐसा मानना एक वहम ही है। इसमें कोई शक नहीं कि अक्षर-ज्ञान से जीवन का सौन्दर्य बढ़ जाता है, लेकिन यह बात गलत है कि उसके बिना मनुष्य का नैतिक, शारीरिक और आर्थिक विकास हो ही नहीं सकता।[2]

हमारे बालकों की पढ़ाई ऐसी नहीं होनी चाहिये, जिससे वे मेहनत का तिरस्कार करने लगें।

मेरा मत है कि बुद्धि की सच्ची शिक्षा हाथ, पैर, आंख, कान, नाक आदि शरीर के अंगों के ठीक अभ्यास और शिक्षण से ही हो सकती है। दूसरे शब्दों में, इन्द्रियों के बुद्धिपूर्वक उपयोग से बालक की बुद्धि के विकास का उत्तम और शीघ्रतम मार्ग मिलता है। परन्तु जब तक मस्तिष्क और शरीर का विकास साथ-साथ न हो और उसी प्रमाण में आत्मा की जागृति न होती रहे, तब तक केवल बुद्धि के एकांगी विकास से कुछ विशेष लाभ नहीं होगा। आध्यात्मिक शिक्षा से मेरा आशय हृदय की तालीम से है। इसलिए मस्तिष्क का ठीक और चतुर्मुखी विकास तभी हो सकता है, जब वह बच्चे की शारीरिक और आध्यात्मिक शक्तियों की तालीम के साथ-साथ होता हो। ये सब बातें एक और अविभाज्य हैं। इसलिए इस सिद्धान्त के अनुसार यह मान बैठना बिलकुल गलत होगा कि उनका विकास टुकड़े-टुकड़े करके या एक-दूसरे से स्वतंत्र रूप में किया जा सकता है।[3]

शरीर, मन और आत्मा की विविध शक्तियों में ठीक-ठीक सहकार और सुमेल न होने के दुष्परिणाम स्पष्ट हैं। वे हमारे चारों ओर विद्यमान हैं; इतना ही है कि वर्तमान विकृत संस्कारों के कारण वे हमें दिखाई नहीं देते।[4]

मनुष्य न तो कोरी बुद्धि है, न स्थूल शरीर है और न केवल हृदय या आत्मा ही है। संपूर्ण मनुष्य के निर्माण के लिए तीनों के उचित और एक रस मेल की जरूरत होती है और यही शिक्षा की सच्ची व्यवस्था है।[5]

शिक्षा से मेरा अभिप्राय यह है कि बालक की या प्रौढ़ की शरीर, मन तथा आत्मा की उत्तम क्षमताओं को उद्घाटित किया जाय और बाहर प्रकाश में लाया जाय। अक्षर-ज्ञान न तो शिक्षा का अन्तिम लक्ष्य है और न उसका आरम्भ। वह

तो मनुष्य की शिक्षा के कई साधनों में से केवल एक साधन है। अक्षर-ज्ञान अपने-आप में शिक्षा नहीं है। इसलिए मैं बच्चे की शिक्षा का श्रीगणेश उसे कोई उपयोगी दस्तकारी सिखाकर और जिस क्षण से वह अपनी शिक्षा का आरम्भ करे उसी क्षण से उसे उत्पादन के योग्य बनाकर करूंगा। मेरा मत है कि इस प्रकार की शिक्षा-प्रणाली में मस्तिष्क और आत्मा का उच्चतम विकास संभव है। अलबत्ता, प्रत्येक दस्तकारी आजकल की तरह निरे यांत्रिक ढंग से न सिखाकर वैज्ञानिक तरीके पर सिखानी पड़ेगी, अर्थात् बालक को प्रत्येक क्रिया का क्यों और कैसे बताना होगा।[6]

> *अक्षर-ज्ञान न तो शिक्षा का अन्तिम लक्ष्य है और न उसका आरम्भ। वह तो मनुष्य की शिक्षा के कई साधनों में से केवल एक साधन है। अक्षर-ज्ञान अपने-आप में शिक्षा नहीं है।*

शिक्षा की मेरी योजना में हाथ अक्षर लिखना सीखने के पहले औजार चलाना सीखेंगे। आंखें जिस तरह दूसरी चीजों को तस्वीरों के रूप में देखती और उन्हें पहिचानना सीखती हैं, उसी तरह वे अक्षरों और शब्दों को तस्वीरों की तरह देखकर उन्हें पढ़ना सीखेंगी और कान चीजों के नाम और वाक्यों का आशय पकड़ना सीखेंगे। गरज यह कि सारी तालीम स्वाभाविक होगी। बालकों पर वह लादी नहीं जायेगी, बल्कि वे उसमें स्वतः दिलचस्पी लेंगे। और इसलिए यह तालीम दुनिया की दूसरी तमाम शिक्षा-पद्धतियों से जल्दी फल देने वाली और सस्ती होगी।[7]

हाथ का काम इस सारी योजना का केन्द्रबिन्दु होगा।... हाथ की तालीम का मतलब यह नहीं होगा कि विद्यार्थी पाठशाला के संग्रहालय में रखने लायक वस्तुयें बनायें या ऐसे खिलौने बनायें जिनका कोई मूल्य नहीं। उन्हें ऐसी वस्तुयें बनाना चाहिये, जो बाजार में बेची जा सकें। कारखानों के प्रारंभिक काल में जिस तरह बच्चे मार के भय से काम करते थे, उस तरह हमारे बच्चे यह काम नहीं करेंगे। वे उसे इसलिए करेंगे कि इससे उन्हें आनन्द मिलता है और उनकी बुद्धि को स्फूर्ति मिलती है।[8]

मैं भारत के लिए निःशुल्क और अनिवार्य प्राथमिक शिक्षा के सिद्धान्त में दृढ़तापूर्वक मानता हूं। मैं यह भी मानता हूं कि इस लक्ष्य को पाने का सिर्फ यही एक रास्ता है कि हम बच्चों को कोई उपयोगी उद्योग सिखायें और उसके द्वारा उनकी शारीरिक, मानसिक तथा आध्यात्मिक शक्तियों का विकास सिद्ध करें। ऐसा किया जाय तो हमारे गांवों के लगातार बढ़ रहे नाश की प्रक्रिया रुकेगी और ऐसी न्यायपूर्ण समाज-व्यवस्था की नींव पड़ेगी, जिसमें अमीरों और गरीबों के

अस्वाभाविक विभेद की गुंजाइश नहीं होगी और हर एक को जीवन-मजदूरी और स्वतंत्रता के अधिकारों का आश्वासन दिया जा सकेगा।[9]

ओटाई और कताई आदि गांवों में चलने योग्य हाथ-उद्योगों के द्वारा प्राथमिक शिक्षण की मेरी योजना की कल्पना चुपचाप चलने वाली ऐसी सामाजिक क्रांति के रूप में की गयी है, जिसके अत्यन्त दूरगामी परिणाम होंगे। वह शहरों और गांवों में स्वस्थ और नैतिक सम्बन्धों की स्थापना के लिए सुदृढ़ आधार पेश करेगी और इस तरह मौजूदा सामाजिक अरक्षितता और वर्गों के पारस्परिक सम्बंधों की मौजूदा कटुता की बुराइयां बड़ी हद तक दूर होंगी।[10]

> *मैं भारत के लिए निःशुल्क और अनिवार्य प्राथमिक शिक्षा के सिद्धांत को दृढ़तापूर्वक मानता हूं।*

47

बुनियादी शिक्षा

इस तालीम की मंशा यह है कि गांव के बच्चों को सुधार-संवार कर उन्हें गांव का आदर्श बाशिन्दा बनाया जाय। इसकी योजना खासकर उन्हीं को ध्यान में रखकर तैयार की गई है। इस योजना की असल प्रेरणा भी गांवों से ही मिली है। जो कांग्रेसजन स्वराज्य की इमारत को बिलकुल उसकी नींव या बुनियाद से चुनना चाहते हैं, वे देश के बच्चों की उपेक्षा कर ही नहीं सकते। परदेशी हुकूमत चलाने वालों ने, अनजाने ही क्यों न हो, शिक्षा के क्षेत्र में अपने काम की शुरुआत बिना चूके बिलकुल छोटे बच्चों से की है। हमारे यहां जिसे प्राथमिक शिक्षा कहा जाता है वह तो एक मजाक है; उसमें गांवों में बसने वाले हिन्दुस्तान की जरूरतों और मांगों का जरा भी विचार नहीं किया गया है; और वैसे देखा जाय तो उसमें शहरों का भी कोई विचार नहीं हुआ है। बुनियादी तालीम हिन्दुस्तान के तमाम बच्चों को, फिर वे गांवों के रहने वाले हों या शहरों के, हिन्दुस्तान के सभी श्रेष्ठ और स्थायी तत्त्वों के साथ जोड़ देती है। यह तालीम बालक के मन और शरीर दोनों का विकास करती है; बालक को अपने वतन के साथ जोड़े रखती है; उसे अपने और देश के भविष्य का गौरवपूर्ण चित्र दिखाती है; और उस चित्र में देखे हुए भविष्य के हिन्दुस्तान का निर्माण करने में बालक या बालिकायें अपने स्कूल जाने के दिन से ही हाथ बंटाने लगें, इसका इन्तजाम करती है।[1]

बुनियादी शिक्षा का उद्देश्य दस्तकारी के माध्यम से बालकों का शारीरिक, बौद्धिक और नैतिक विकास करना है। लेकिन मैं मानता हूं कि कोई भी पद्धति,

जो शैक्षणिक दृष्टि से सही हो और जो अच्छी तरह चलायी जाय, आर्थिक दृष्टि से भी उपयुक्त सिद्ध होगी। उदाहरण के लिए, हम अपने बच्चों को मिट्टी के खिलौने बनाना भी सिखा सकते हैं, जो बाद में तोड़कर फेंक दिये जाते हैं। इससे भी उनकी बुद्धि का विकास तो होगा। लेकिन इसमें इस महत्त्वपूर्ण नैतिक सिद्धान्त की उपेक्षा होती है कि मनुष्य के श्रम और साधन-सामग्री का अपव्यय कदापि न होना चाहिये। उनका अनुत्पादक उपयोग कभी नहीं करना चाहिये। अपने जीवन के प्रत्येक क्षण का सदुपयोग ही होना चाहिये, इस सिद्धान्त के पालन का आग्रह नागरिकता के गुण का विकास करने वाली सर्वोत्तम शिक्षा है,साथ ही इससे बुनियादी तालीम स्वावलम्बी भी बनती है।[2]

यहां हम बुनियादी तालीम के खास-खास सिद्धान्तों पर विचार करें :

1. पूरी शिक्षा स्वावलम्बी होनी चाहिये। यानी, आखिर में पूंजी को छोड़कर अपना सारा खर्च उसे खुद देना चाहिये।

2. इसमें आखिरी दरजे तक हाथ का पूरा-पूरा उपयोग किया जाय। यानी, विद्यार्थी अपने हाथों से कोई-न-कोई उद्योग-धंधा आखिरी दरजे तक करें।

3. सारी तालीम विद्यार्थियों की प्रान्तीय भाषा द्वारा दी जानी चाहिये।

4. इसमें साम्प्रदायिक धार्मिक शिक्षा के लिए कोई जगह नहीं होगी। लेकिन बुनियादी नैतिक तालीम के लिए काफी गुंजाइश होगी।

5. यह तालीम, फिर उसे बच्चे लें या बड़े, औरतें लें या मर्द, विद्यार्थियों के घरों में पहुंचेगी।

6. चूंकि इस तालीम को पाने वाले लाखों-करोड़ों विद्यार्थी अपने-आपको सारे हिन्दुस्तान के नागरिक समझेंगे, इसलिए उन्हें एक आंतर-प्रांतीय भाषा सीखनी होगी। सारे देश की यह एक भाषा नागरी या उर्दू में लिखी जाने वाली हिन्दुस्तानी ही हो सकती है। इसलिए विद्यार्थियों को दोनों लिपियां अच्छी तरह सीखनी होंगी।[3]

हमारे जैसे गरीब देश में हाथ की तालीम जारी करने से दो हेतु सिद्ध होंगे। उससे हमारे बालकों की शिक्षा का खर्च निकल आयेगा और वे ऐसा धंधा सीख लेंगे, जिसका अगर वे चाहें तो उत्तर-जीवन में अपनी जीविका के लिए सहारा ले सकते हैं। इस पद्धति से हमारे बालक आत्म-निर्भर अवश्य हो जायेंगे। राष्ट्र को कोई चीज इतना कमजोर नहीं बनायेगी, जितना यह बात कि हम श्रम का तिरस्कार करना सीखें।[4]

48

उच्च शिक्षा

मैं कॉलेज की शिक्षा में कायापलट करके उसे राष्ट्रीय आवश्यकताओं के अनुकूल बनाऊंगा। यंत्र विद्या के तथा अन्य इंजीनियरों के लिए डिग्रियां होंगी। वे भिन्न-भिन्न उद्योगों के साथ जोड़ दिये जायेंगे और उन उद्योगों को जिन स्नातकों की जरूरत होगी उनके प्रशिक्षण का खर्च वे उद्योग ही देंगे। इस प्रकार टाटा वालों से आशा की जायेगी कि वे राज्य की देखरेख में इंजीनियरों को तालीम देने के लिए एक कॉलेज चलायें। इसी तरह मिलों के संघ अपनी जरूरतों के स्नातकों को तालीम देने के लिए अपना कॉलेज चलायेंगे।

इसी तरह और उद्योगों के नाम लिये जा सकते हैं। वाणिज्य-व्यवसाय वालों का अपना कॉलेज होगा। अब रह जाते हैं कला, औषधि और खेती। कई खानगी कला-कॉलेज आज भी स्वावलम्बी हैं। इसलिए राज्य ऐसे कॉलेज चलाना बन्द कर देगा। डॉक्टरी के कॉलेज प्रामाणिक अस्पतालों के साथ जोड़ दिये जायेंगे। चूंकि ये धनवानों में लोकप्रिय हैं, इसलिए उनसे आशा रखी जाती है कि वे स्वेच्छा से दान देकर डॉक्टरी के कॉलेजों को चलायेंगे। और कृषि-कॉलेज तो अपने नाम को सार्थक करने के लिए स्वावलम्बी होने ही चाहिये। मुझे कुछ कृषि-स्नातकों का दु:खद अनुभव है। उनका ज्ञान ऊपरी होता है। उसमें व्यावहारिक अनुभव की कमी होती है। परन्तु यदि वे देश की जरूरतें पूरी करने वाले और स्वावलम्बी खेतों पर तालीम लें, तो उन्हें अपनी डिग्रियां लेने के बाद और अपने मालिकों के खर्च पर तजुरबा हासिल नहीं करना पड़ेगा।[1]

राज्य के विश्वविद्यालय खालिस परीक्षा लेने वाली संस्थायें रहें और वे अपना खर्च परीक्षा-शुल्क से ही निकाल लिया करें।

विश्वविद्यालय शिक्षा के सारे क्षेत्र की देखरेख रखेंगे और शिक्षा के विभिन्न विभागों के पाठयक्रम तैयार करके उन्हें मंजूरी देंगे। कोई खानगी स्कूल अपने-अपने विश्वविद्यालयों से पूर्व-स्वीकृति लिये बिना नहीं चलाये जाने चाहिये। विश्वविद्यालय के स्वीकृति-पत्र प्रमाणित योग्यता वाले और प्रामाणिक व्यक्तियों की किसी भी संस्था को उदारतापूर्वक दिये जाने चाहिये। और हमेशा यह समझकर चला जायेगा कि विश्वविद्यालयों का राज्य पर कोई खर्च नहीं पड़ेगा। उसे सिर्फ एक केन्द्रीय शिक्षा-विभाग का खर्च ही उठाना होगा।[2]

नये विश्वविद्यालय

प्रान्तों में नये विश्वविद्यालय कायम करने की लोगों पर सनक-सी सवार हो गई मालूम होती है। गुजरात गुजराती के लिए, महाराष्ट्र मराठी के लिए, कर्नाटक कन्नड़ के लिए, उड़ीसा उड़िया के लिए और आसाम आसामी के लिए विश्वविद्यालय चाहता है। मैं अवश्य मानता हूं कि अगर इन संपन्न प्रांतीय भाषाओं और उन्हें बोलने वाले लोगों की पूरी उन्नति करनी हो, तो ये विश्वविद्यालय होने चाहिये।

साथ ही मुझे डर है कि इस लक्ष्य को पूरा करने में हम अनुचित जल्दबाजी कर रहे हैं। इसके लिए पहला कदम प्रान्तों का भाषावार राजनीतिक बंटवारा होना चाहिये। उनका शासन अलग हो जायेगा तो स्वाभाविक तौर पर जहां विश्वविद्यालय नहीं हैं वहां वे कायम हो जायेंगे।

नये विश्वविद्यालय के लिए उचित पृष्ठभूमि होनी चाहिये। विश्वविद्यालय हों उसके पहले उनका पोषण करने वाले स्कूल और कॉलेज होने चाहिये, जहां अपनी-अपनी प्रान्तीय भाषाओं के माध्यम से शिक्षा दी जाय। तभी विश्वविद्यालयों का आवश्यक वातावरण खड़ा हुआ माना जा सकता है। विश्वविद्यालय चोटी पर होता है। शानदार चोटी तभी कायम रह सकती है जब बुनियाद अच्छी हो।

हम राजनीतिक दृष्टि से तो स्वतंत्र हो गये, परन्तु पश्चिम के सूक्ष्म प्रभाव से मुक्त नहीं हुए हैं। मुझे उस विचारधारा के राजनीतिज्ञों से कुछ नहीं कहना है, जो यह मानते हैं कि ज्ञान पश्चिम से ही आ सकता है। मैं इस विश्वास से भी सहमत नहीं हूं कि पश्चिम से कोई अच्छी बात नहीं मिल सकती। मगर मुझे यह डर जरूर है कि अभी तक इस मामलें में हम किसी निर्णय पर नहीं पहुंच सके हैं। आशा है कोई यह दावा नहीं करेगा कि चूंकि हमें विदेशी प्रभुता से राजनीतिक मुक्ति मिल गयी मालूम होती है, सिर्फ इसीलिए हम विदेशी भाषा और विदेशी विचारों के प्रभाव से भी मुक्त हो गये हैं। क्या यह बुद्धिमानी नहीं है, क्या देश के प्रति हमारे कर्त्तव्य की यह मांग नहीं है कि नये विश्वविद्यालय खड़े करने से पहले हम जरा सुस्ता कर अपनी नवप्राप्त स्वतंत्रता के प्राणवायु से अपने फेफड़ों को भर लें? विश्वविद्यालय को बहुत-सी शानदार इमारतों और सोने-चांदी के खजाने की कभी आवश्यकता नहीं होती। उसे सबसे ज्यादा जरूरत लोकमत द्वारा समझ कर दिये गये सहारे की रहती है। उसके पास शिक्षकों का एक बड़ा भण्डार होना चाहिये। उसके संस्थापक दूरदर्शी होने चाहिये।

मेरी राय में विश्वविद्यालयों की स्थापना के लिए रुपया जुटाना लोकतांत्रिक राज्य का काम नहीं है। लोगों को उनकी जरूरत होगी तो वे आवश्यक पैसा खुद

जुटा लेंगे। इस प्रकार स्थापित विश्वविद्यालय देश के भूषण होंगे। जहां शासन विदेशियों के हाथों में होता है, वहां लोगों को जो कुछ मिलता है वह सब ऊपर से आता है और इस प्रकार वे अधिकाधिक पराधीन हो जाते हैं। जहां उसका आधार जनता की इच्छा पर होता है और इसलिए व्यापक होता है, वहां हर चीज नीचे से उठती है और इसलिए टिकती है। वह दीखने में भी अच्छी होती है और लोगों को शक्ति देती है। ऐसी लोकतांत्रिक योजना में विद्या-प्रचार में लगाया हुआ रुपया लोगों को दस गुना लाभ पहुंचाता है, जैसे अच्छी जमीन में बोया हुआ बीज बढ़िया फसल देता है। विदेशी प्रभुता के अधीन कायम किये गये विश्वविद्यालय उलटी दिशा में चले हैं। शायद दूसरा कोई परिणाम हो भी नहीं सकता था। इसलिए जब तक भारतवर्ष अपनी नवप्राप्त स्वतंत्रता को पचा न ले, विश्वविद्यालय कायम करने के बारे में हर दृष्टि से सावधान रहना चाहिये।[3]

प्रौढ़शिक्षा

अगर बड़ी उमर के स्त्री-पुरुषों को तालीम देने या पढ़ाने का काम मेरे जिम्मे हो, तो मैं अपने विद्यार्थियों को अपने देश के विस्तार और उसकी महत्ता का बोध कराकर उनकी पढ़ाई शुरू करूं। हमारे देहातियों के खयाल में उनका गांव ही उनका समूचा देश होता है। जब वे किसी दूसरे गांव को जाते हैं तो इस तरह बात करते हैं, मानो उनका अपना गांव ही उनका समूचा देश या वतन हो। 'हिन्दुस्तान' तो उनके खयाल से भूगोल की किताबों में बरता जाने वाला एक शब्दमात्र है। हमारे गांवों में कितना घोर अज्ञान घुसा हुआ है, इसका हमें अंदाज भी नहीं है। हमारे देहाती भाई और बहन नहीं जानते कि इस देश में जो विदेशी हुकूमत चल रही है, उसका देश पर कितना बुरा असर हुआ है।... वे नहीं जानते कि इस हुकूमत के पंजे से, इसकी बला से, कैसे छूटा जाय। फिर, उन्हें इस बात का भी तो खयाल नहीं है कि विदेशियों की जो हुकूमत यहां कायम है, उसका एक कारण उनकी अपनी कमजोरियां और खामियां भी हैं; और दूसरे, वे यह भी नहीं जानते कि इस परदेशी हुकूमत की बला को दूर करने की ताकत खुद उनमें है। इसलिए बड़ी उमर के अपने देशवासियों की शिक्षा का सबसे पहला अर्थ मैं यह करता हूं कि उन्हें जबानी तौर पर यानी सीधी बातचीत के जरिये सच्ची राजनीतिक तालीम दी जाय।... इस जबानी तालीम के साथ ही साथ लिखने-पढ़ने की तालीम भी चलेगी। इसके लिए खास लियाकत की जरूरत है। इस सिलसिले में पढ़ाई के वक्त को भरसक कम करने के खयाल से कई तरीके आजमाये जा रहे हैं।[4]

जन-साधारण में फैली हुई व्यापक निरक्षरता भारत का कलंक है। वह

मिटना ही चाहिये। बेशक, साक्षरता की मुहिम का आरम्भ और अंत वर्णमाला के ज्ञान के साथ ही नहीं हो जाना चाहिये। वह उपयोगी ज्ञान के प्रचार के साथ-साथ चलनी चाहिये। लिखने-पढ़ने और अंकगणित का शुष्क ज्ञान देहातियों के जीवन का स्थायी अंग न आज है और न कभी हो सकता है। उन्हें ऐसा ज्ञान देना चाहिये जिसका उन्हें रोज उपयोग करना पड़े। वह उन पर थोपा नहीं जाना चाहिये। उसकी उन्हें भूख होनी चाहिये। आजकल उन्हें जो कुछ मिलता है वह ऐसा है, जिसकी न तो उन्हें आवश्यकता है और न कदर है। ग्रामवासियों को गांव का गणित, गांव का भूगोल, गांव का इतिहास और साहित्य का वह ज्ञान सिखाइये जिसे उन्हें रोज काम में लेना पड़े, अर्थात् चिट्ठी-पत्री लिखना और पढ़ना बताइये। वे इस ज्ञान को जुटाकर रखेंगे और आगे की मंजिलों की तरफ बढ़ेंगे। जिन पुस्तकों से उन्हें दैनिक उपयोग की कोई सामग्री नहीं मिलती, वे उनके लिए किसी काम की नहीं।[5]

> *जन-साधारण में फैली हुई व्यापक निरक्षरता भारत का कलंक है। वह मिटना ही चाहिये।... साक्षरता की मुहिम का आरम्भ और अंत वर्णमाला के ज्ञान के साथ ही नहीं हो जाना चाहिये। वह उपयोगी ज्ञान के प्रचार के साथ-साथ चलनी चाहिये।*

धार्मिक शिक्षा

...इसमें कोई शक नहीं कि सरकारी स्कूल-कॉलेजों से निकले हुए अधिकतर लड़के धार्मिक शिक्षण से कोरे ही होते हैं।... मैं जानता हूं कि इस विचार वाले लोग भी हैं कि सार्वजनिक स्कूलों में सिर्फ अपने-अपने विषयों की ही शिक्षा देना चाहिये। मैं यह भी जानता हूं कि हिन्दुस्तान जैसे देश में, जहां पर संसार के अधिकतर धर्मों के अनुयायी मिलते हैं और जहां एक ही धर्म के इतने भेद और उपभेद हैं, धार्मिक शिक्षण का प्रबन्ध करना कठिन होगा। लेकिन अगर हिन्दुस्तान को आध्यात्मिकता का दिवाला नहीं निकालना है, तो उसे धार्मिक शिक्षा को भी विषयों के शिक्षण के बराबर ही महत्त्व देना पड़ेगा। यह सच है कि धार्मिक पुस्तकों के ज्ञान की तुलना धर्म से नहीं की जा सकती। मगर जब हमें धर्म नहीं मिल सकता तो हमें अपने लड़कों और लड़कियों को उससे दूसरे नम्बर की वस्तु देने में ही संतोष मानना पड़ेगा। और फिर स्कूलों में ऐसी शिक्षा दी जाय या नहीं, मगर सयाने लड़कों को तो जैसे और विषयों में वैसे धार्मिक विषय में भी स्वावलम्बन की आदत डालनी ही पड़ेगी। जैसे आज उनकी वाद-विवाद या चरखा-समितियां हैं, वैसे ही वे धार्मिक वर्ग भी खोलें।[6]

मैं नहीं मानता कि सरकार मजहबी तालीम से सम्बन्ध रख सकती है या उस तालीम को निभा सकती है। मेरा विश्वास है कि मजहबी तालीम पूरी तरह से सिर्फ मजहबी अंजुमनों का ही विषय होनी चाहिये। धर्म और नीति को मिलाना नहीं चाहिये। मेरे विश्वास के मुताबिक बुनियादी नीति सब धर्मों में एक ही है। बुनियादी नीति की तालीम देना बेशक सरकार का नाम है। धर्म से मेरा मतलब बुनियादी नीति नहीं बल्कि वह है, जिसका सिक्का लगाकर अलग-अलग जमातें बनाई जाती हैं। हमने सरकारी मदद पाने वाले मजहब और सरकारी मजहब के बहुत नतीजे सहे हैं। जो समाज या समूह अपने धर्म की हिफाजत के लिए किसी हद तक या पूरी तौर पर सरकारी मदद पर निर्भर रहता है, वह धर्म जैसी कोई चीज रखने का अधिकारी नहीं है, या कह कहना ज्यादा ठीक होगा कि उसका कोई धर्म नहीं होता।[7]

धार्मिक शिक्षा के पाठ्यक्रम में अपने सिवा दूसरे धर्मों के सिद्धान्तों का अध्ययन भी शामिल होना चाहिये। इसके लिए विद्यार्थियों को ऐसी तालीम दी जानी चाहिये, जिससे वे संसार के विभिन्न महान धर्मों के सिद्धांतों को आदर और उदारतापूर्ण सहनशीलता की भावना रखकर समझने और उनकी कदर करने की आदत डालें। यह काम ठीक ढंग से किया जाय तो इससे उनकी आध्यात्मिक निष्ठा दृढ़ होगी और स्वयं अपने धर्म की अधिक अच्छी समझ प्राप्त करने में मदद मिलेगी। परन्तु एक नियम ऐसा है जिसे सब महान धर्मों का अध्ययन करते समय हमेशा ध्यान में रखना चाहिये; और वह यह है कि अलग-अलग धर्मों का अध्ययन उनके माने हुए भक्तों की रचनाओं के द्वारा ही करना चाहिये।[8]

पाठ्य-पुस्तकें

इसमें कोई सन्देह नहीं है कि आम स्कूलों में जो पुस्तकें खास तौर पर बच्चों के लिए इस्तेमाल की जाती हैं, वे जब हानिकारक नहीं होती हैं तो अधिकांश में निकम्मी अवश्य होती हैं। इससे इनकार नहीं किया जा सकता कि उनमें से बहुत-सी होशियारी के साथ लिखी जाती हैं। जिन लोगों और जिन परिस्थितियों के लिए वे लिखी जाती हैं, उनके लिए वे सबसे अच्छी भी हो सकती हैं। परन्तु वे भारतीय लड़कों और लड़कियों के लिए और भारतीय परिस्थतियों के लिए नहीं लिखी जातीं। जब वे इस तरह लिखी जाती हैं तो वे आम तौर पर अधकचरी नकल होती हैं और उनसे विद्यार्थियों की आवश्यकताएं पूरी नहीं होतीं।

इसलिए मैं इस नतीजे पर पहुंचा हूं कि पुस्तकों की आवश्यकता विद्यार्थियों की अपेक्षा शिक्षकों के लिए अधिक है। और प्रत्येक शिक्षक को, यदि अपने विद्यार्थियों के प्रति वह पूरा न्याय करना चाहता है, उपलब्ध सामग्री से अपना

सच्ची शिक्षा का काम शिक्षा पाने वाले लड़कों और लड़कियों के उत्तम गुणों को बाहर लाना है। यह काम विद्यार्थियों के दिमाग में अनाप-शनाप और अनचाही जानकारी ठूंस देने से कभी नहीं हो सकता। इस तरह की जानकारी एक जड़ बोझ बन जाती है, जो उनकी सारी मौलिकता को कुचल डालती है और उन्हें निरी मशीनें बना देती है।

दैनिक पाठ खुद तैयार करना होगा। इसे भी उसे अपनी कक्षा की विशेष आवश्यकताओं के अनुकूल बनाना होगा। सच्ची शिक्षा का काम शिक्षा पाने वाले लड़कों और लड़कियों के उत्तम गुणों को बाहर लाना है। यह काम विद्यार्थियों के दिमाग में अनाप-शनाप और अनचाही जानकारी ठूंस देने से कभी नहीं हो सकता। इस तरह की जानकारी एक जड़ बोझ बन जाती है, जो उनकी सारी मौलिकता को कुचल डालती है और उन्हें निरी मशीनें बना देती है।[9]

अध्यापक

अध्यापक कैसे हों इस सम्बंध में मैं इस पुराने विचार को मानने वाला हूं कि उन्हें अध्यापन, अध्यापन-कार्य के लिए अपने अनिवार्य प्रेम के कारण ही करना चाहिये और इस कार्य से अपने जीवन-निर्वाह के लिए जितना आवश्यक हो उतना ही लेकर संतुष्ट रहना चाहिये। रोमन कैथलिकों में यह विचार अभी तक बचा रहा है और वे दुनिया की कुछ सर्वोत्तम संस्थायें चला रहे हैं। प्राचीन भारतीय ऋषियों ने तो और भी ऊंचा आदर्श स्वीकार किया था। वे विद्यार्थियों को अपने परिवार में ही शामिल कर लेते थे। लेकिन जो शिक्षा वे उन दिनों दिया करते थे,वह सामान्य जनता के लिए नहीं थी। उन्होंने तो मनुष्य-जाति के सच्चे शिक्षकों की एक पूरी जाति का ही निर्माण कर दिया। सामान्य जनता को उसकी तालीम घरों में और अपने परम्परागत उद्योग-धंधों में मिलती थी। उन दिनों के लिए वह काफी अच्छी व्यवस्था थी। अब परिस्थितियां बदल गयी हैं। साहित्यिक तालीम के लिए आम मांग है और यह मांग जोरदार भी है। विशिष्ट वर्गों की शिक्षा पर जैसा ध्यान दिया जाता है, सामान्य लोग भी अब अपनी शिक्षा पर वैसा ही ध्यान चाहते हैं। यह बात कहां तक सम्भव है और मनुष्य-जाति के लिए कहां तक कल्याणकारी है, इस प्रश्न की चर्चा यहां नहीं हो सकती। लोगों में ज्ञान की इच्छा पैदा हो और वे उसकी मांग करें, इसमें कोई बुराई नहीं है। अगर इस इच्छा को उचित दिशा में मोड़ा गया तो उससे लाभ ही होगा। इसलिए अब हमें जो अनिवार्य है उसे टालने के उपाय ढूंढ़ना छोड़कर इस स्थिति का अच्छे-से-अच्छा उपयोग करना चाहिये। इस काम के लिए हजारों शिक्षकों की आवश्यकता होगी

और वे महज कहने से नहीं मिल जायेंगे। और न वे अपना जीवन-निर्वाह भीख मांग कर करेंगे। हमें उन्हें एक निश्चित वेतन देने की पूरी व्यवस्था करनी होगी। हमें शिक्षकों की मानो एक पूरी सेना ही लगेगी। उनके कार्य के महत्त्व और मूल्य के अनुसार उन्हें पैसा दिया जाय यह तो अशक्य है। राष्ट्र अपनी आर्थिक क्षमता के अनुसार ही उन्हें यथाशक्ति देगा। अलबत्ता, यह आशा रखी जा सकती है कि ज्यों-ज्यों लोग दूसरे धंधों के मुकाबले में इस कार्य के महत्त्व को समझेंगे, त्यों-त्यों वे उन्हें ज्यादा पैसा देने को भी तैयार होंगे। लेकिन सम्भव है उनकी आय में यह अपेक्षित वृद्धि बहुत धीरे-धीरे हो। इसलिए ऐसे अनेक पुरुषों और स्त्रियों को आगे आना चाहिये, जो आर्थिक लाभ की परवाह न करके शुद्ध देश-सेवा के भाव से अध्यापन का धंधा अपनायें। यदि ऐसा हो तो राष्ट्र शिक्षक के धंधे को छोटा नहीं समझेगा, बल्कि इन त्यागी स्त्रियों और पुरुषों को अपना प्रेम और आदर प्रदान करेगा। और इस तरह विचार करने पर हम इस नतीजे पर पहुंचते हैं कि जिस तरह स्वराज्य हमें मुख्यतः अपने ही प्रयत्नों से मिलेगा, उसी तरह शिक्षकों के दर्जे की वृद्धि भी मुख्यतः उनके ही प्रयत्नों से संभव होगी। उन्हें सफलता तक पहुंचने के लिए मार्ग की कठिनाइयों से वीरतापूर्वक जूझना चाहिये और धीरज रखकर आगे बढ़ते जाना चाहिये।[10]

स्वावलम्बी शिक्षा

यह सुझाव अक्सर दिया गया है... कि यदि शिक्षा अनिवार्य करनी हो या शिक्षा-प्राप्ति की इच्छा रखने वाले सब लड़के-लड़कियों के लिए उसे सुलभ बनाना हो, तो हमारे स्कूल और कॉलेज पूरे नहीं तो करीब-करीब स्वावलम्बी हो जाने चाहिये। दान, राजकीय सहायता अथवा विद्यार्थियों से ली जाने वाली फीस के द्वारा भी उन्हें स्वावलम्बी बनाया जा सकता है, लेकिन यहां वैसा स्वावलम्बन इष्ट नहीं है। विद्यार्थियों को खुद कुछ ऐसा काम करते रहना चाहिये, जिससे आर्थिक प्राप्ति हो और इस तरह स्कूल तथा कॉलेज स्वावलम्बी बनें। औद्योगिक तालीम को अनिवार्य बनाकर ही ऐसा किया जा सकता है। विद्यार्थियों को साहित्यिक तालीम के साथ-साथ औद्योगिक तालीम भी मिलनी चाहिये, इस आवश्यकता के सिवा—और आजकल इस बात का महत्त्व अधिकाधिक स्वीकार किया जा रहा है—हमारे देश में तो औद्योगिक तालीम की आवश्यकता शिक्षा को स्वावलंबी बनाने के लिए भी है। लेकिन यह तभी हो सकता है जब हमारे विद्यार्थी श्रम का गौरव अनुभव करना सीखें और हाथ-उद्योग के अज्ञान को समाज में अप्रतिष्ठा का चिह्न समझने का रिवाज पड़े। अमेरिका में, जो कि दुनिया का सबसे धनी देश है और इसलिए जहां शिक्षा को स्वावलम्बी बनाने की

आवश्यकता कम-से-कम है, विद्यार्थी प्राय: अपनी पढ़ाई का पूरा अथवा आंशिक खर्च खुद कोई उद्योग करके निकालते हैं।... अगर अमेरिका अपने स्कूल और कॉलेज इस तरह चलाता है कि विद्यार्थी अपनी पढ़ाई का खर्च खुद निकाल लिया करें, तो हमारे स्कूलों और कॉलेजों में तो इस बात की आवश्यकता और अधिक मानी जानी चाहिये। हम गरीब विद्यार्थियों को फीस की माफी आदि की सुविधा दें, उससे क्या यह ज्यादा अच्छा नहीं होगा कि हम उनके लिए ऐसा कोई काम दें, जिसे करके वे अपना खर्च खुद निकाल लें? भारतीय युवकों के मन में यह वहम भरकर कि अपनी जीविका कमाने अथवा पढ़ाई का खर्च निकालने के लिए हाथ-पांव की मेहनत करना भद्रोचित नहीं है, हम उनका अपार अहित करते हैं। यह अहित नैतिक भी है और भौतिक भी है; तथा भौतिक की अपेक्षा नैतिक ज्यादा है। फीस आदि की माफी धर्मबुद्धि रखने वाले विद्यार्थी के मन पर आजीवन बोझ की तरह पड़ी रहती है, और ऐसा होना भी चाहिये। अपने उत्तर-जीवन में कोई इस बात का स्मरण कराना पसन्द नहीं करता कि उसे अपनी शिक्षा के लिए दान का आधार लेना पड़ा था। लेकिन यदि उसने अपनी शिक्षा के लिए परिश्रमपूर्वक उद्योग किया हो और इस तरह अपनी पढ़ाई का खर्च निकालने के साथ-साथ अपनी बुद्धि, शरीर और आत्मा का विकास भी सिद्ध किया हो, तो ऐसा कौन है जो अपने उन दिनों को गर्व से याद न करेगा?[11]

49

शिक्षा का आश्रमी आदर्श

शिक्षा के बारे में मेरी अपनी कुछ मान्यतायें हैं। इन्हें मेरे सहकारियों ने पूरा-पूरा स्वीकार तो नहीं किया, है, फिर भी यहां देता हूं :

1. लड़कों और लड़कियों को एक साथ शिक्षा देनी चाहिये। यह बाल्यावस्था आठ वर्ष तक मानी जाय।

2. उनका समय मुख्यत: शारीरिक काम में बीतना चाहिये और यह काम भी शिक्षक की देखरेख में होना चाहिये। शारीरिक काम को शिक्षा का अंग माना जाय।

3. हर लड़के और लड़की की रुचि को पहचानकर उसे काम सौंपना चाहिये।

4. हर एक काम लेते समय उसके कारण की जानकारी करानी चाहिये।

5. लड़का या लड़की समझने लगे, तभी से उसे साधारण ज्ञान देना चाहिये। उसका यह ज्ञान अक्षर-ज्ञान से पहले शुरू होना चाहिये।

6. अक्षर-ज्ञान को सुन्दर लेखन-कला का अंग समझकर पहले बच्चे को भूमिति की आकृतियां खींचना सिखाया जाय; और उसकी अंगुलियों पर उसका काबू हो जाय, तब उसे वर्णमाला लिखना सिखाया जाय। यानी उसे शुरू से ही शुद्ध अक्षर लिखना सिखाया जाय।

7. लिखने से पहले बच्चा पढ़ना सीखे। यानी अक्षरों को चित्र समझकर उन्हें पहचानना सीखे और फिर चित्र खींचे।

8. इस तरह से जो बच्चा शिक्षक के मुंह से ज्ञान पायेगा, वह आठ वर्ष के भीतर अपनी शक्ति के अनुसार काफी ज्ञान पा लेगा।

9. बच्चों को जबरन कुछ न सिखाया जाय।

10. वे जो सींखें उसमें उन्हें रस आना ही चाहिये।

11. बच्चों को शिक्षा खेल जैसी लगनी चाहिये। खेल-कूद भी शिक्षा का अंग है।

12. बच्चों की सारी शिक्षा मातृभाषा द्वारा होनी चाहिये।

13. बच्चों को हिन्दी-उर्दू का ज्ञान राष्ट्रभाषा के तौर पर दिया जाय। उसका आरम्भ अक्षर-ज्ञान से पहले होना चाहिये।

14. धार्मिक शिक्षा जरूरी मानी जाय। वह पुस्तक द्वारा नहीं बल्कि शिक्षक के आचरण और उसके मुंह से मिलनी चाहिये।

15. नौ से सोलह वर्ष का दूसरा काल है।

16. दूसरे काल में भी अन्त तक लड़के-लड़कियों की शिक्षा साथ-साथ हो तो अच्छा है।

17. दूसरे काल में हिन्दू बालक को संस्कृत का और मुसलमान बालक को अरबी का ज्ञान मिलना चाहिये।

18. इस काल में भी शारीरिक काम तो चालू ही रहेगा। पढ़ाई-लिखाई का समय जरूरत के अनुसार बढ़ाया जाना चाहिये।

19. इस काल में माता-पिता का धंधा यदि निश्चित रूप से मालूम हो, तो बच्चे को उसी धंधे का ज्ञान मिलना चाहिये; और उसे इस तरह तैयार किया जाय कि वह अपने बाप-दादा के धंधे से जीविका चलाना पसन्द करे। यह नियम लड़की पर लागू नहीं होता।

20. सोलह वर्ष तक लड़के-लड़कियों को दुनिया के इतिहास और भूगोल का तथा वनस्पति-शास्त्र, खगोल-विद्या, गणित, भूमिति और बीजगणित का साधारण ज्ञान हो जाना चाहिये।

21. सोलह वर्ष के लड़के-लड़की को सीना-पिरोना और रसोई बनाना आ जाना चाहिये।

22. सोलह से पचीस वर्ष के समय को मैं तीसरा काल मानता हूं। इस काल में प्रत्येक युवक और युवती को उसकी इच्छा और स्थिति के अनुसार शिक्षा मिले।

23. नौ वर्ष के बाद आरम्भ होने वाली शिक्षा स्वावलम्बी होनी चाहिये। यानी विद्यार्थी पढ़ते हुए ऐसे उद्योगों में लगे रहें, जिनकी आमदनी से शाला का खर्च चले।

24. शाला में आमदनी तो पहले से ही होने लगनी चाहिये। किन्तु शुरू के वर्षों में खर्च पूरा होने लायक आमदनी नहीं होगी।

25. शिक्षकों को बड़ी-बड़ी तनखाहें नहीं मिल सकतीं, किन्तु वे जीविका चलाने लायक तो होनी ही चाहिये। शिक्षकों में सेवा-भावना होनी चाहिये। प्राथमिक शिक्षा के लिए कैसे भी शिक्षक से काम चलाने का रिवाज निन्दनीय है। सभी शिक्षक चरित्रवान होने चाहिये।

26. शिक्षा के लिए बड़ी और खर्चीली इमारतों की जरूरत नहीं है।

27. अंग्रेजी का अभ्यास भाषा के रूप में ही हो सकता है और उसे पाठ्यक्रम में जगह मिलनी चाहिये। जैसे हिन्दी राष्ट्रभाषा है, वैसे ही अंग्रेजी का उपयोग दूसरे राष्ट्रों के साथ के व्यवहार और व्यापार के लिए है।[1]

*

स्त्रियों की विशेष शिक्षा कैसी हो और कहां से शुरू हो, इसके विषय में मैं खुद निश्चय नहीं कर सका हूं। लेकिन यह मेरा दृढ़ मत है कि जितनी सुविधा पुरुष को मिलती है उतनी ही स्त्री को भी मिलनी चाहिये और जहां विशेष सुविधा की जरूरत हो वहां विशेष सुविधा भी मिलनी चाहिये।

प्रौढ़ आयु वाले निरक्षर स्त्री-पुरुषों के लिए रात्रि वर्गों की जरूरत है ही। किन्तु मैं ऐसा नहीं मानता कि उन्हें अक्षर-ज्ञान होना ही चाहिये। उनके लिए भाषणों आदि के जरिये साधारण ज्ञान मिलने की सुविधा होनी चाहिये। और जिन्हें पढ़ना-लिखना सीखने की इच्छा हो, उनके लिए उसकी पूरी सुविधा होनी चाहिये।

आश्रम में हमने आज तक जितने प्रयोग किये हैं, उनसे हमें इस एक बात का निश्चय हो गया है कि शिक्षा में उद्योग को और खासकर कताई को बड़ा स्थान मिलना चाहिये। शिक्षा ज्यादातर स्वावलम्बी देहाती जीवन को ताकत पहुंचाने वाली और उस जीवन के साथ सम्बंध रखने वाली होनी चाहिये।

सच्ची शिक्षा तो स्कूल छोड़ने के बाद शुरू होती है। जिसने उसका महत्त्व समझा है वह सदा ही विद्यार्थी है। अपना कर्त्तव्य-पालन करते हुए उसे अपना ज्ञान रोज बढ़ाना चाहिये। जो सब काम समझकर करता है उसका ज्ञान रोज बढ़ना ही चाहिये।

शिक्षा की प्रगति में एक चीज रुकावट डालती है। शिक्षक के बिना शिक्षा ली ही नहीं जा सकती, यह वहम समाज की बुद्धि को रोक रहा है। मनुष्य का सच्चा शिक्षक वह खुद ही है। आजकल तो अपने-आप शिक्षा प्राप्त करने के साधन खूब बढ़ गये हैं। बहुत-सी बातों का ज्ञान लगन से हर एक को मिल सकता है और जहां शिक्षक की ही जरूरत होती है वहां वह खुद शिक्षक ढूंढ़ लेता है। अनुभव बड़े-से-बड़ा स्कूल है। कई धन्धे ऐसे हैं जो स्कूल में नहीं सीखे जा सकते, बल्कि उन धंधों की दुकानों पर या कारखानों में ही सीखे जा सकते हैं। उनका स्कूल में पाया हुआ ज्ञान अक्सर तोते का-सा होता है। इसलिए बड़ी उमर वालों के लिए स्कूल के बजाय इच्छा की, लगन की और आत्म-विश्वास की जरूरत है।

जिसने शिक्षा का महत्त्व समझा है वह सदा ही विद्यार्थी है।

बच्चों की शिक्षा मां-बाप का धर्म है। ऐसा सोचें तो हमें बेशुमार पाठशालाओं की अपेक्षा सच्ची शिक्षा का वायुमण्डल पैदा करने की ज्यादा जरूरत है। वह पैदा हुआ फिर तो जहां पाठशाला चाहिये वहां वह जरूर खड़ी हो जायेगी।

आश्रम की शिक्षा इस दृष्टि से होती है और इस दृष्टि से सोचने पर हमें सफलता भी एक हद तक अच्छी मिली है। आश्रम का हर विभाग एक स्कूल है।[2]

50

राष्ट्रभाषा और लिपि

अगर हमें एक राष्ट्र होने का अपना दावा सिद्ध करना है, तो हमारी अनेक बातें एक-सी होनी चाहिये। भिन्न-भिन्न धर्म और सम्प्रदायों को एक सूत्र में बांधने वाली हमारी एक सामान्य संस्कृति है। हमारी त्रुटियां और बाधायें भी एक-सी हैं। मैं यह बताने की कोशिश कर रहा हूं कि हमारी पोशाक के लिए एक ही तरह का कपड़ा न केवल वांछनीय है, बल्कि आवश्यक भी है। हमें एक सामान्य भाषा की भी जरूरत है—देशी भाषाओं की जगह पर नहीं परन्तु उनके सिवा। इस

बात में साधारण सहमति है कि यह माध्यम हिन्दुस्तानी ही होना चाहिये, जो हिन्दी और उर्दू के मेल से बने और जिसमें न तो संस्कृत की और न फारसी या अरबी की ही भरमार हो। हमारे रास्ते की सबसे बड़ी रुकावट हमारी देशी भाषाओं की कई लिपियां हैं। अगर एक सामान्य लिपि अपनाना संभव हो, तो एक सामान्य भाषा का हमारा जो स्वप्न है—अभी तो वह स्वप्न ही है—उसे पूरा करने के मार्ग की एक बड़ी बाधा दूर हो जायेगी।

हमें एक सामान्य भाषा की भी जरूरत है—देशी भाषाओं की जगह पर नहीं परन्तु उनके सिवा।

भिन्न-भिन्न लिपियों का होना कई तरह से बाधक है। वह ज्ञान की प्राप्ति में एक कारगर रुकावट है। आर्य भाषाओं में इतनी समानता है कि अगर भिन्न-भिन्न लिपियां सीखने में बहुत-सा समय बरबाद न करना पड़े, तो हम सब किसी बड़ी कठिनाई के बिना कई भाषायें जान लें। उदाहरण के लिए, जो लोग संस्कृत का थोड़ा भी ज्ञान रखते हैं, उनमें से अधिकांश को रवीन्द्रनाथ टागोर की अद्वितीय कृतियों को समझने में कोई कठिनाई न हो, अगर वे सब देवनागरी लिपि में छपें। परन्तु बंगला लिपि मानो गैर-बंगालियों के लिए 'दूर रहो' की सूचना है। इसी तरह यदि बंगाली लोग देवनागरी लिपि जानते हों, तो वे तुलसीदास की रचनाओं की अद्‌भुत सुन्दरता और आध्यात्मिकता का तथा अन्य अनेक हिन्दुस्तानी लेखकों का आनन्द अनायास लूट सकते हैं।... समस्त भारत के लिए एक सामान्य लिपि एक दूर का आदर्श है। परन्तु जो भारतीय संस्कृत से उत्पन्न भाषायें और दक्षिण की भाषायें बोलते हैं, उन सबके लिए एक सामान्य लिपि एक व्यावहारिक आदर्श है, अगर हम सिर्फ अपनी-अपनी प्रान्तीयता को छोड़ दें। उदाहरण के लिए, किसी गुजराती का गुजराती लिपि से चिपटे रहना अच्छी बात नहीं है। प्रान्त-प्रेम वहां अच्छा है जहां वह अखिल भारतीय देश-प्रेम की बड़ी धारा को पुष्ट करता है। इसी प्रकार अखिल भारतीय प्रेम भी उसी हद तक अच्छा है, जहां तक वह विश्वप्रेम के और भी बड़े लक्ष्य की पूर्ति करता है। परन्तु जो प्रान्तप्रेम यह कहता है कि "भारत कुछ नहीं, गुजरात ही सर्वस्व है", वह बुरी चीज है।... मैं मानता हूं कि इस बात का कोई प्रत्यक्ष प्रमाण देने की जरूरत नहीं कि देवनागरी ही सर्व-सामान्य लिपि होनी चाहिये, क्योंकि उसके पक्ष में निर्णायक बात यह है कि उसे भारत के अधिकांश भाग के लोग जानते हैं।... जो वृत्ति इतनी वर्जनशील और संकीर्ण हो कि हर बोली को चिरस्थायी बनाना और विकसित करना चाहती हो, वह राष्ट्र-विरोधी और विश्व-विरोधी है। मेरी विनम्र सम्मति में तमाम अविकसित और अलिखित बोलियों का बलिदान करके उन्हें हिन्दुस्तानी की बड़ी धारा में मिला देना चाहिये। वह आत्मोत्कर्ष के लिए

की गयी कुरबानी होगी, आत्महत्या नहीं। अगर हमें सुसंस्कृत भारत के लिए एक सामान्य भाषा बनानी हो, तो हमें भाषाओं और लिपियों की संख्या बढ़ाने वाली या देश की शक्तियों को छिन्न-भिन्न करने वाली किसी भी क्रिया का बढ़ना रोकना होगा। हमें एक सामान्य भाषा की वृद्धि करनी होगी।... अगर मेरी चले तो जमी हुई प्रान्तीय लिपि के साथ-साथ मैं सब प्रान्तों में देवनागरी लिपि और उर्दू लिपि का सीखना अनिवार्य कर दूं और विभिन्न देशी भाषाओं की मुख्य-मुख्य पुस्तकों को उनके शब्दशः हिन्दुस्तानी अनुवाद के साथ देवनागरी में छपवा दूं।[1]

हमें राष्ट्रभाषा का भी विचार करना चाहिये। यदि अंग्रेजी राष्ट्रभाषा बनने वाली हो, तो उसे हमारे स्कूलों में अनिवार्य स्थान मिलना चाहिये। तो अब हम पहले यह सोचें कि क्या अंग्रेजी हमारी राष्ट्रभाषा हो सकती है?

कुछ स्वदेशाभिमानी विद्वान ऐसा कहते हैं कि अंग्रेजी राष्ट्रभाषा हो सकती है या नहीं, यह प्रश्न ही अज्ञान का द्योतक है। उनकी राय में अंग्रेजी तो राष्ट्रभाषा बन ही चुकी है।

हमारे पढ़े-लिखे लोगों की दशा को देखते हुए ऐसा लगता है कि अंग्रेजी के बिना हमारा कारोबार बन्द हो जायेगा। ऐसा होने पर भी जरा गहरे जाकर देखेंगे, तो पता चलेगा कि अंग्रेजी राष्ट्रभाषा न तो हो सकती है, और न होनी चाहिये।

तब फिर हम यह देखें कि राष्ट्रभाषा के क्या लक्षण होने चाहिये :

1. वह भाषा सरकारी नौकरों के लिए आसान होनी चाहिये।
2. उस भाषा के द्वारा भारत का आपसी धार्मिक, आर्थिक और राजनीतिक कामकाज हो सकना चाहिये।
3. उस भाषा को भारत के ज्यादातर लोग बोलते हों।
4. वह भाषा राष्ट्र के लिए आसान हो।
5. उस भाषा का विचार करते समय क्षणिक या कुछ समय तक रहने वाली स्थिति पर जोर न दिया जाय।

अंग्रेजी भाषा में इनमें से एक भी लक्षण नहीं है।

पहला लक्षण मुझे अन्त में रखना चाहिये था। परन्तु मैंने उसे पहले इसलिए रखा है कि वह लक्षण अंग्रेजी भाषा में दिखाई पड़ सकता है। ज्यादा सोचने पर हम देखेंगे कि आज भी राज्य के नौकरों के लिए वह भाषा आसान नहीं है। यहां के शासन का ढांचा इस तरह सोचा गया है कि उसमें अंग्रेज कम होंगे, यहां तक कि अन्त में वाइसरॉय और दूसरे अंगुलियों पर गिनने लायक अंग्रेज ही उसमें रहेंगे। अधिकतर कर्मचारी आज भी भारतीय हैं और वे दिन-दिन बढ़ते ही

जायेंगे। यह तो सभी मानेंगे कि इस वर्ग के लिए भारत की किसी भी भाषा से अंग्रेजी ज्यादा कठिन है।

दूसरा लक्षण विचारते समय हम देखते हैं कि जब तक आम लोग अंग्रेजी बोलने वाले न हो जायं, तब तक हमारा धार्मिक व्यवहार अंग्रेजी में नहीं हो सकता। इस हद तक अंग्रेजी भाषा का समाज में फैल जाना असंभव मालूम होता है।

तीसरा लक्षण अंग्रेजी में नहीं हो सकता, क्योंकि वह भारत के अधिकतर लोगों की भाषा नहीं है।

चौथा लक्षण भी अंग्रेजी में नहीं है, क्योंकि सारे राष्ट्र के लिए वह इतनी आसान नहीं है।

पांचवें लक्षण पर विचार करते समय हम देखते हैं कि अंग्रेजी भाषा की आज की सत्ता क्षणिक है। सदा बनी रहने वाली स्थिति तो यह है कि भारत मे जनता के राष्ट्रीय काम में अंग्रेजी भाषा की जरूरत थोड़ी ही रहेगी। अंग्रेजी साम्राज्य के कामकाज में उसकी जरूरत रहेगी। यह दूसरी बात है कि वह साम्राज्य के राजनीतिक कामकाज (डिप्लोमेसी) की भाषा होगी। उस काम के लिए अंग्रेजी की जरूरत रहेगी। हमें अंग्रेजी भाषा से कुछ भी वैर नहीं है। हमारा आग्रह तो इतना ही है कि उसे हद से बाहर न जाने दिया जाय। साम्राज्य की भाषा तो अंग्रेजी ही होगी और इसलिए हम अपने मालवीयजी, शास्त्रीजी, बेनर्जी आदि को यह भाषा सीखने के लिए मजबूर करेंगे और यह विश्वास रखें कि वे लोग भारत की कीर्ति विदेशों में फैलायेंगे। परन्तु राष्ट्र की भाषा अंग्रेजी नहीं हो सकती। अंग्रेजी को राष्ट्रभाषा बनाना 'एस्पेरेण्टो' दाखिल करने जैसी बात है। यह कल्पना ही हमारी कमजोरी को प्रकट करती है कि अंग्रेजी राष्ट्रभाषा हो सकती है। 'एस्पेरेण्टो' के लिए प्रयत्न करना हमारी अज्ञानता का और निर्बलता का सूचक होगा।

तो फिर कौन–सी भाषा इन पांच लक्षणों वाली है ? यह माने बिना काम नहीं चल सकता कि हिन्दी भाषा में ये सारे लक्षण मौजूद हैं।

ये पांच लक्षण रखने में हिन्दी की होड़ करने वाली और कोई भाषा नहीं है। हिन्दी के बाद दूसरा दर्जा बंगला का है। फिर भी बंगाली लोग बंगाल के बाहर हिन्दी का ही उपयोग करते हैं। हिन्दी बोलने वाले जहां जाते हैं वहां हिन्दी का ही उपयोग करते हैं और इससे किसी को अचम्भा नहीं होता। हिन्दी के धर्मोपदेशक और उर्दू के मौलवी सारे भारत में अपने भाषण हिन्दी में ही देते हैं और अपढ़ जनता उन्हें समझ लेती है। जहां अपढ़ गुजराती भी उत्तर में जाकर थोड़ी–बहुत हिन्दी का उपयोग कर लेता है, वहां उत्तर का 'भैया' बम्बई के सेठ की नौकरी करते हुए भी गुजराती बोलने से इनकार करता है और सेठ 'भैया' के साथ टूटी–

फूटी हिन्दी बोल लेता है। मैंने देखा है कि ठेठ द्राविड़ प्रान्त में भी हिन्दी की आवाज सुनाई देती है। यह कहना ठीक नहीं कि मद्रास में तो अंग्रेजी से ही काम चलता है। वहां भी मैंने अपना सारा काम हिन्दी से चलाया है। सैकड़ों मद्रासी मुसाफिरों को मैंने दूसरे लोगों के साथ हिन्दी में बोलते सुना है। इसके सिवा, मद्रास के मुसलमान भाई तो अच्छी तरह हिन्दी बोलना जानते हैं। यहां यह ध्यान में रखना चाहिये कि सारे भारत के मुसलमान उर्दू बोलते हैं और उनकी संख्या सारे प्रान्तों में कुछ कम नहीं है।

इस तरह हिन्दी भाषा पहले से ही राष्ट्रभाषा बन चुकी है। हमने वर्षों पहले उसका राष्ट्रभाषा के रूप में उपयोग किया है। उर्दू भी हिन्दी की इस शक्ति से ही पैदा हुई है।

मुसलमान बादशाह भारत में फारसी-अरबी को राष्ट्रभाषा नहीं बना सके। उन्होंने हिन्दी के व्याकरण को मानकर उर्दू लिपि काम में ली और फारसी शब्दों का ज्यादा उपयोग किया। परन्तु आम लोगों के साथ अपना व्यवहार वे विदेशी भाषा के द्वारा नहीं चला सके। यह हालत अंग्रेज अधिकारियों से छिपी हुई नहीं है। जिन्हें लड़ाकू वर्गों का अनुभव है, वे जानते हैं कि सैनिकों के लिए चीजों के नाम हिन्दी या उर्दू में रखने पड़ते हैं।

इस तरह हम देखते हैं कि हिन्दी ही राष्ट्रभाषा हो सकती है। फिर भी मद्रास के पढ़े-लिखों के लिए यह सवाल कठिन है। लेकिन दक्षिणी, बंगाली, सिंधी और गुजराती लोगों के लिए तो वह बड़ा आसान है। कुछ महीनों में वे हिन्दी पर अच्छा काबू करके राष्ट्रीय कामकाज उसमें चला सकते हैं। तामिल भाइयों के बारे में यह उतना आसान नहीं। तामिल आदि द्राविड़ी हिस्सों की अपनी भाषायें हैं और उनकी बनावट और उनका व्याकरण संस्कृत से अलग है। शब्दों की एकता के सिवा और कोई एकता संस्कृत भाषाओं और द्राविड़ भाषाओं में नहीं पाई जाती।

परन्तु यह कठिनाई सिर्फ आज के पढ़े-लिखे लोगों के लिए ही है। उनके स्वदेशाभिमान पर भरोसा करने और विशेष प्रयत्न करके हिन्दी सीख लेने की आशा रखने का हमें अधिकार है। भविष्य में यदि हिन्दी को उसका राष्ट्रभाषा का पद मिले, तो हर मद्रासी स्कूल में हिन्दी पढ़ाई जायेगी और मद्रास तथा दूसरे प्रान्तों के बीच विशेष परिचय होने की

> *जितने साल हम अंग्रेजी सीखने में बरबाद करते हैं, उतने महीने भी अगर हम हिन्दुस्तानी सीखने की तकलीफ न उठायें, तो सचमुच कहना होगा कि जन-साधारण के प्रति अपने प्रेम की जो डींगें हम हांका करते हैं वे निरी डींगें ही हैं।*

संभावना बढ़ जायेगी। अंग्रेजी भाषा द्राविड़ जनता में नहीं घुस सकी। पर हिन्दी को घुसने में देर नहीं लगेगी। तेलगू जाति तो आज भी यह प्रयत्न कर रही है।[2]

(20 अक्तूबर, 1917 को भड़ौच में हुई दूसरी गुजरात शिक्षा-परिषद के अध्यक्ष-पद से दिये गये भाषण से।)

जितने साल हम अंग्रेजी सीखने में बरबाद करते हैं,उतने महीने भी अगर हम हिन्दुस्तानी सीखने की तकलीफ न उठायें, तो सचमुच कहना होगा कि जन-साधारण के प्रति अपने प्रेम की जो डींगें हम हांका करते हैं वे निरी डींगें ही हैं।[3]

51

प्रान्तीय भाषायें

हमने अपनी मातृभाषाओं के मुकाबले अंग्रेजी से ज्यादा मुहब्बत रखी, जिसका नतीजा यह हुआ कि पढ़े-लिखे और राजनीतिक दृष्टि से जागे हुए ऊंचे तबके के लोगों के साथ आम लोगों का रिश्ता बिलकुल टूट गया और उन दोनों के बीच एक गहरी खाई बन गई। यही वजह है कि हिन्दुस्तान की भाषायें गरीब बन गई हैं, और उन्हें पूरा पोषण नहीं मिला। अपनी मातृभाषा में दुर्बोध और गहरे तात्त्विक विचारों को प्रकट करने की अपनी व्यर्थ चेष्टा में हम गोते खाते हैं। हमारे पास विज्ञान के निश्चित पारिभाषिक शब्द नहीं हैं। इस सबका नतीजा खतरनाक हुआ है। हमारी आम जनता आधुनिक मानस से यानी नये जमाने के विचारों से बिलकुल अछूती रही है। हिन्दुस्तान की महान भाषाओं की जो अवगणना हुई है और उसकी वजह से हिन्दुस्तान को जो बेहद नुकसान पहुंचा है, उसका कोई अंदाजा या माप आज हम निकाल नहीं सकते, क्योंकि हम इस घटना के बहुत नजदीक हैं। मगर इतनी बात तो आसानी से समझी जा सकती है कि अगर आज तक हुए नुकसान का इलाज नहीं किया गया, यानी जो हानि हो चुकी है उसकी भरपाई करने की कोशिश हमने न की, तो हमारी आम जनता को मानसिक मुक्ति नहीं मिलेगी। वह रूढ़ियों और वहमों से घिरी रहेगी। नतीजा यह होगा कि आम जनता स्वराज्य के निर्माण में कोई ठोस मदद नहीं पहुंचा सकेगी। अहिंसा की बुनियाद पर रचे गये स्वराज्य की चर्चा में यह बात शामिल है कि हमारा हर एक आदमी आजादी की हमारी लड़ाई में खुद स्वतंत्र रूप से सीधा हाथ बंटाये। लेकिन अगर हमारी आम जनता लड़ाई के हर पहलू और उसकी हर सीढ़ी से परिचित न हो और उसके रहस्य को भलीभांति न समझती हो, तो स्वराज्य की रचना में वह अपना हिस्सा किस तरह अदा करेगी? और जब

तक सर्व–साधारण की अपनी बोली में लड़ाई के हर पहलू व कदम को अच्छी तरह समझाया नहीं जाता, तब तक उनसे यह उम्मीद कैसे की जाय कि वे उसमें हाथ बंटायेंगे?[1]

मेरी मातृभाषा में कितनी ही खामियां क्यों न हों, मैं उससे उसी तरह चिपटा रहूंगा जिस तरह अपनी मां की छाती से। वही मुझे जीवनदायी दूध दे सकती है। मैं अंग्रेजी को भी उसकी जगह प्यार करता हूं। लेकिन अगर अंग्रेजी उस जगह को हड़पना चाहती है जिसकी वह हकदार नहीं है, तो मैं उससे सख्त नफरत करूंगा। यह बात मानी हुई है कि अंग्रेजी आज सारी दुनिया की भाषा बन गई है। इसलिए मैं उसे दूसरी जबान के तौर पर जगह दूंगा—लेकिन विश्वविद्यालय के पाठयक्रम में, स्कूलों में नहीं। वह कुछ लोगों के सीखने की चीज हो सकती है, लाखों–करोड़ों की नहीं। आज जब हमारे पास प्राइमरी शिक्षा को भी मुल्क में लाजिमी बनाने के जरिये नहीं हैं, तो हम अंग्रेजी सिखाने के जरिये कहां से जुटा सकते हैं? रूस ने बिना अंग्रेजी के विज्ञान में इतनी उन्नति की है। आज अपनी मानसिक गुलामी की वजह से ही हम यह मानने लगे हैं कि अंग्रेजी के बिना हमारा काम चल नहीं सकता। मैं इस चीज को नहीं मानता।[2]

अगर सरकारें और उनके दफ्तर सावधानी नहीं लेंगे, तो मुमकिन है कि अंग्रेजी भाषा हिन्दुस्तानी की जगह को हड़प ले। इससे हिन्दुस्तान के उन करोड़ों लोगों को बेहद नुकसान होगा, जो कभी भी अंग्रेजी समझ नहीं सकेंगे। मेरे खयाल में प्रान्तीय सरकारों के लिए यह बहुत आसान बात होनी चाहिये कि वे अपने यहां ऐसे कर्मचारी रखें, जो सारा काम प्रान्तीय भाषाओं में और अन्तर–प्रान्तीय भाषा में कर सकें। मेरी राय में अन्तर–प्रान्तीय भाषा सिर्फ नागरी या उर्दू लिपि में लिखी जाने वाली हिन्दुस्तानी ही हो सकती है।

यह जरूरी फेरफार करने में एक दिन भी खोना देश को भारी सांस्कृतिक नुकसान पहुंचाना है। सबसे पहली और जरूरी चीज यह है कि हम अपनी उन प्रान्तीय भाषाओं का संशोधन करें, जो हिन्दुस्तान को वरदान की तरह मिली हुई हैं। यह कहना दिमागी आलस के सिवा और कुछ नहीं है कि हमारी अदालतों, हमारे स्कूलों और यहां तक कि हमारे दफ्तरों में भी यह भाषा–सम्बंधी फेरफार करने के लिए कुछ समय, शायद कुछ बरस चाहिये। हां, जब तक प्रान्तों का भाषा के आधार पर फिर से बंटवारा नहीं होता, तब तक बम्बई और मद्रास जैसे प्रान्तों में, जहां बहुत–सी भाषायें बोली जाती हैं, थोड़ी मुश्किल जरूर होगी। प्रान्तीय सरकारें ऐसा कोई तरीका खोज सकती हैं, जिससे उन प्रान्तों के लोग वहां अपनापन अनुभव कर सकें। जब तक हिन्दुस्तानी संघ इस सवाल को हल न कर ले कि अन्तर–प्रान्तीय भाषा नागरी या उर्दू लिपि में लिखी जाने वाली

हिन्दुस्तानी हो, या सिर्फ नागरी लिपि में लिखी जाने वाली हिन्दी, तब तक प्रान्तीय सरकारें ठहरी न रहें। इसकी वजह से उन्हें जरूरी सुधार करने में देर न लगानी चाहिये। भाषा के बारे में यह एक बिलकुल गैर-जरूरी विवाद खड़ा हो गया है, जिसकी वजह से हिन्दुस्तान में अंग्रेजी भाषा घुस सकती है। और अगर ऐसा हुआ तो इस देश के लिए वह एक ऐसे कलंक की बात होगी, जिसे धोना हमेशा के लिए असंभव होगा। अगर सारे सरकारी दफ्तरों में प्रांतीय भाषा इस्तेमाल करने का कदम इसी वक्त उठाया जाय, तो अन्तर-प्रान्तीय भाषा का उपयोग तो उसके बाद तुरन्त ही होने लगेगा। प्रान्तों को केन्द्र से सम्बन्ध रखना ही पड़ेगा। और अगर केन्द्रीय सरकार ने शीघ्र ही यह महसूस करने की समझदारी की कि उन मुट्ठीभर हिन्दुस्तानियों के लिए हिन्दुस्तान की संस्कृति को नुकसान नहीं पहुंचाना चाहिये, जो इतने आलसी हैं कि जिस भाषा को किसी भी पार्टी या वर्ग का दिल दुखाये बगैर सारे हिन्दुस्तान में आसानी से अपनाया जा सकता है उसे भी नहीं सीख सकते, तो ऐसी हालत में प्रान्तीय सरकारें केन्द्रीय सरकार से अंग्रेजी में अपना व्यवहार रखने का साहस नहीं कर सकेंगी। मेरा मतलब यह है कि जिस तरह हमारी आजादी को जबरदस्ती छीनने वाले अंग्रेजों की सियासी हुकूमत को हमने सफलतापूर्वक इस देश से निकाल दिया, उसी तरह हमारी संस्कृति को दबाने वाली अंग्रेजी भाषा को भी हमें यहां से निकाल बाहर करना चाहिये। हां, व्यापार और राजनीति की अन्तर-राष्ट्रीय भाषा के नाते समृद्ध अंग्रेजी का अपना स्वाभाविक स्थान हमेशा कायम रहेगा।[3]

संस्कृत का स्थान

मेरी राय में धार्मिक बातों में संस्कृत का उपयोग करना छोड़ा नहीं जा सकता। अनुवाद कितना ही शुद्ध क्यों न हो, किन्तु वह मूल मंत्रों का स्थान नहीं ले सकता। मूल मंत्रों में अपनी एक विशेषता है, जो अनुवाद में नहीं आ सकती। इसके सिवा यदि हम इन मंत्रों को, जिनका पाठ शताब्दियों तक संस्कृत में ही होता रहा है, अब अपनी देशी भाषाओं में दुहराने लगें, तो इससे उनकी गंभीरता में कमी आयेगी। लेकिन साथ ही मेरा स्पष्ट मत है कि मंत्र का पाठ और विधि का अनुष्ठान करने वाले को मंत्र का अर्थ और विधि का तात्पर्य अच्छी तरह समझाया जाना चाहिये। हिन्दू बालक की शिक्षा संस्कृत के प्रारंभिक ज्ञान के बिना अधूरी मानी जानी चाहिये। संस्कृत भाषा और संस्कृत साहित्य का अध्ययन यथेष्ट मात्रा में न चलता रहा तो हिन्दू धर्म का नाश हो जायेगा। मौजूदा शिक्षा-पद्धति की कमियों के कारण ही संस्कृत सीखना कठिन मालूम होता है; असल में वह कठिन नहीं है। लेकिन कठिन हो तो भी धर्म का आचरण और ज्यादा

कठिन है। इसलिए जो धर्म का आचरण करना चाहता है, उसे अपने मार्ग की तमाम सीढ़ियों को, फिर वे कितनी भी कठिन क्यों न दिखाई दें, आसान ही समझना चाहिये।[4]

52

दक्षिण में हिन्दी *

मुझे पक्का विश्वास है कि किसी दिन द्रविड़ भाई-बहन गंभीर भाव से हिन्दी का अभ्यास करने लग जायेंगे। आज अंग्रेजी पर प्रभुत्व प्राप्त करने के लिए वे जितनी

***अंग्रेजी का ज्ञान**

नीचे दिये जा रहे आंकड़े, जो कि 1951 की जन-गणना पर आधारित हैं, राजभाषा कमीशन की रिपोर्ट के पृ. 468 से लिये गये हैं।

(आंकड़े हजार के माने जायें)

राज्य	*आबादी*	*पढ़े-लिखों की संख्या*	*अंग्रेजी पढ़े-लिखों की संख्या (मैट्रिक या कोई समकक्ष परीक्षा)*	*पढ़े-लिखों में अंग्रेजी पढ़े-लिखों का शतमान*	*कुल आबादी में अंग्रेजी पढ़े-लिखों का शतमान*
1	2	3	4	5	6
बम्बई	35956	8829	458	5.19	1.27
पंजाब	12641	2039	325	15.93	2.56
पश्चिमी बंगाल	24810	6088	597	9.81	2.41
अजमेर	693	139	18	13.11	2.63
दक्षिण भारत (मद्रास, मैसूर, त्रावन-कोर-कोचीन और कुर्ग)	75600	17234	876	5.08	1.15
मद्रास (आन्ध्र के विभाजन के बाद)	35735	7800	400	5.13	1.12
आन्ध्र	20508	3108	165	5.32	0.81
मैसूर (बेलारी तालुके के साथ)	9849	1956	136	6.94	1.38

मेहनत करते हैं, उसका आठवां हिस्सा भी हिन्दी सीखने में करें, तो बाकी हिन्दुस्तान के जो दरवाजे आज उनके लिए बन्द हैं वे खुल जायं और वे इस तरह हमारे साथ एक हो जायं जैसे पहले कभी न थे। मैं जानता हूं कि इस पर कुछ लोग यह कहेंगे कि यह दलील तो दोनों ओर लागू होती है। द्रविड़ लोगों की संख्या कम है; इसलिए राष्ट्र की शक्ति के मितव्यय की दृष्टि से यह जरूरी है कि हिन्दुस्तान के बाकी सब लोगों को द्रविड़ भारत के साथ बातचीत करने के लिए तामिल, तेलगू, कन्नड़ और मलयालम सिखाने के बदले द्रविड़ भारतवालों को शेष हिन्दुस्तान की आम भाषा सीख लेनी चाहिये। यही कारण है कि मद्रास प्रदेश में हिन्दी-प्रचार का कार्य तीव्रता से किया जा रहा है।

कोई भी द्रविड़ यह न सोचे कि हिन्दी सीखना जरा भी मुश्किल है। अगर रोज के मनोरंजन के समय में से नियमपूर्वक थोड़ा समय निकाला जाय, तो साधारण आदमी एक साल में हिन्दी सीख सकता है। मैं तो यह भी सुझाने की हिम्मत करता हूं कि अब बड़ी-बड़ी म्युनिसिपैलिटियां अपने मदरसों में हिन्दी की पढ़ाई को वैकल्पिक बना दें। मैं अपने अनुभव से यह कह सकता हूं कि द्रविड़ बालक अद्‌भुत सरलता से हिन्दी सीख लेते हैं। शायद कुछ ही लोग यह जानते होंगे कि दक्षिण अफ्रीका में रहने वाले लगभग सभी तामिल-तेलगू-भाषी लोग हिन्दी को समझते हैं, और उसमें बातचीत कर सकते हैं। इसलिए मैं यह आशा करता हूं कि उदार मारवाड़ियों ने मुफ्त हिन्दी सीखने की जो सहूलियत पैदा कर दी है, मद्रास के नौजवान उसकी कदर करेंगे—यानी वे इस सहूलियत से लाभ उठायेंगे।[1]

हिन्दी का ज्ञान

दक्षिण में हुए हिन्दी-प्रचार के ये आंकड़े दक्षिण भारत हिन्दी प्रचार सभा, मद्रास की रिपोर्ट से लिये गये हैं और 1918-1955 के काल में वहां हिन्दी का जो प्रचार हुआ उसका प्रमाण बतलाते हैं।

(आंकड़े लाख के माने जायें)

	आबादी	*पढ़े-लिखों की संख्या*	*हिन्दी पढ़े-लिखों की संख्या*
आन्ध्र	203.2	30.4	8.02
तामिलनाडु	277.7	51.8	8.98
केरल	140.1	72.8	14.22
कर्नाटक	228.4	48.7	9.87
तेलंगाना	80.0	13.3	1.36
मद्रास शहर	14.2	4.3	1.75

हिन्दुस्तान की दूसरी कोई भाषा न सीखने के बारे में बंगाल का अपना जो पूर्वाग्रह है और द्रविड़ लोगों को हिन्दुस्तानी सीखने में जो कठिनाई मालूम होती है, उसकी वजह से हिन्दुस्तानी न जानने के कारण शेष हिन्दुस्तानी से अलग पड़ जाने वाले दो प्रान्त हैं—बंगाल और मद्रास। अगर कोई साधारण बंगाली हिन्दुस्तानी सीखने में रोज तीन घण्टे खर्च करे, तो सचमुच ही दो महीनों में वह उसे सीख लेगा; और इसी रफ्तार से सीखने में द्रविड़ को छह महीने लगेंगे। कोई बंगाली या द्रविड़ इतने समय में अंग्रेजी सीख लेने की आशा नहीं कर सकता। हिन्दुस्तानी जानने वालों के मुकाबले अंग्रेजी जानने वाले हिन्दुस्तानियों की संख्या कम है। अंग्रेजी जानने से इन थोड़े से लोगों के साथ ही विचार-विनिमय के द्वार खुलते हैं। इसके विपरीत हिन्दुस्तानी का कामचलाऊ ज्ञान अपने देश के बहुत ही ज्यादा भाई-बहनों के साथ बातचीत करने की शक्ति प्रदान करता है।... मैं द्रविड़ भाइयों की कठिनाई को समझता हूं; लेकिन मातृभूमि के प्रति उनके प्रेम और उद्यम के सामने कोई चीज कठिन नहीं है।[2]

अंग्रेजी अन्तर-राष्ट्रीय व्यापार की भाषा है, कूटनीति की भाषा है, उसमें अनेक बढ़िया साहित्यिक रत्न भरे हैं और उसके द्वारा हमें पाश्चात्य विचार और संस्कृति का परिचय होता है। इसलिए हममें से कुछ लोगों के लिए अंग्रेजी जानना जरूरी है। वे राष्ट्रीय व्यापार और अन्तर-राष्ट्रीय कूटनीति के विभाग चला सकते हैं और राष्ट्र को पश्चिम का उत्तम साहित्य, विचार और विज्ञान दे सकते हैं। यह अंग्रेजी का उचित उपयोग होगा। आजकल तो अंग्रेजी ने हमारे हृदयों के प्रिय-से-प्रिय स्थान पर जबरन अधिकार कर लिया है और हमारी मातृभाषाओं को वहां से सिंहासन-च्युत कर दिया है। अंग्रेजों के साथ हमारे बराबरी के संबंध न होने के कारण वह इस अस्वाभाविक स्थान पर बैठ गयी है। अंग्रेजी के ज्ञान के बिना ही भारतीय मस्तिष्क का उच्च-से-उच्च विकास संभव होना चाहिये। हमारे लड़कों और लड़कियों को यह सोचने का प्रोत्साहन देना कि अंग्रेजी जाने बिना उत्तम समाज में प्रवेश करना असंभव है, भारत के पुरुष-समाज के और खास तौर पर नारी-समाज के प्रति हिंसा करना है। यह विचार इतना अपमानजनक है कि इसे सहन नहीं किया जा सकता। अंग्रेजी के मोह से छुटकारा पाना स्वराज्य के लिए एक जरूरी शर्त है।[3]

अगर हम बनावटी वातावरण में न रहते होते, तो दक्षिणवासी लोगों को न तो हिन्दी सीखने में कोई कष्ट मालूम होता, और न उसकी व्यर्थता का अनुभव ही होता। हिन्दी-भाषी लोगों को दक्षिण की भाषा सीखने की जितनी जरूरत है, उसकी अपेक्षा दक्षिण वालों को हिन्दी सीखने की आवश्यकता अवश्य ही अधिक है। सारे हिन्दुस्तान में हिन्दी बोलने और समझने वालों की संख्या दक्षिण

की भाषायें बोलने वालों से दुगुनी है। प्रान्तीय भाषा या भाषाओं के बदले में नहीं, बल्कि उनके अलावा एक प्रान्त का दूसरे प्रान्त से सम्बन्ध जोड़ने के लिए एक सर्व-सामान्य भाषा की आवश्यकता है। ऐसी भाषा तो हिन्दी-हिन्दुस्तानी ही हो सकती है।

कुछ लोग, जो अपने मन से सर्व-साधारण का खयाल ही भुला देते हैं, अंग्रेजी को हिन्दी की बराबरी से चलने वाली ही नहीं, बल्कि एकमात्र शक्य राष्ट्रभाषा मानते हैं। परदेशी जुए की मोहिनी न होती, तो इस बात की कोई कल्पना भी न करता। दक्षिण-भारत की सर्व-साधारण जनता के लिए, जिसे राष्ट्रीय कार्य में ज्यादा-से-ज्यादा हाथ बंटाना होगा, कौन-सी भाषा सीखना आसान है—जिस भाषा में अपनी भाषाओं के बहुतेरे शब्द एक से हैं और जो उन्हें एकदम लगभग सारे उत्तरी हिन्दुस्तान के सम्पर्क में लाती है वह हिन्दी, या मुट्ठीभर लोगों द्वारा बोली जाने वाली सब तरह से विदेशी अंग्रेजी?

इस पसन्द का सच्चा आधार हमारी स्वराज्य-विषयक कल्पना पर निर्भर है। अगर स्वराज्य अंग्रेजी बोलने वाले भारतीयों का और उन्हीं के लिए होने वाला हो, तो निस्सन्देह अंग्रेजी ही राष्ट्रभाषा होगी। लेकिन अगर स्वराज्य करोड़ों भूखों मरने वालों का, करोड़ों निरक्षरों का, निरक्षर बहनों का और दलितों व अन्त्यजों का हो और इन सबके लिए हो, तो हिन्दी ही एकमात्र राष्ट्रभाषा हो सकती है।[4]

यद्यपि मैं इन दक्षिण की भाषाओं को संस्कृत की पुत्रियां मानता हूं, तो भी ये हिन्दी, उड़िया, बंगला, आसामी, पंजाबी, सिन्धी, मराठी और गुजराती से भिन्न हैं। इनका व्याकरण हिन्दी से बिल्कुल भिन्न है। इनको संस्कृत की पुत्रियां कहने से मेरा अभिप्राय इतना ही है कि इन सब में संस्कृत शब्द काफी हैं, और जब संकट आ पड़ता है तब ये संस्कृत-माता को पुकारती हैं और नये शब्दों के रूप में उसका दूध पीती हैं। प्राचीन काल में भले ये स्वतंत्र भाषायें रही हों, पर अब तो ये संस्कृत से शब्द लेकर अपना गौरव बढ़ा रही हैं। इसके अतिरिक्त और भी तो कई कारण इनको संस्कृत की पुत्रियां कहने के हैं, पर उन्हें इस समय जाने दीजिये।

मैं हमेशा से यह मानता रहा हूं कि हम किसी भी हालत में प्रांतीय भाषाओं को नुकसान पहुंचाना या मिटाना नहीं चाहते। हमारा मतलब तो सिर्फ यह है कि विभिन्न प्रान्तों के पारस्परिक सम्बन्ध के लिए हम हिन्दी भाषा सीखें। ऐसा कहने से हिन्दी के प्रति हमारा कोई पक्षपात प्रकट नहीं होता। हिन्दी को हम राष्ट्रभाषा मानते हैं। वह राष्ट्रीय होने के लायक है। वही भाषा राष्ट्रीय बन सकती है, जिसे अधिक संख्या में लोग जानते-बोलते हों और जो सीखने में सुगम हो। और इसका कोई ध्यान देने लायक विरोध आज तक सुनने में नहीं आया है।

यदि हिन्दी अंग्रेजी का स्थान ले, तो कम-से-कम मुझे तो अच्छा ही लगेगा। लेकिन अंग्रेजी भाषा के महत्त्व को हम अच्छी तरह जानते हैं। आधुनिक ज्ञान की प्राप्ति, आधुनिक साहित्य के अध्ययन, सारे जगत के परिचय, अर्थप्राप्ति तथा राज्याधिकारियों के साथ सम्पर्क रखने और ऐसे ही अन्य कार्यों के लिए हमें अंग्रेजी के ज्ञान की आवश्यकता है। इच्छा न रहते हुए भी हमको अंग्रेजी पढ़नी होगी। यही हो भी रहा है। अंग्रेजी अन्तर-राष्ट्रीय भाषा है।

लेकिन अंग्रेजी राष्ट्रभाषा कभी नहीं बन सकती। आज उसका साम्राज्य-सा जरूर दिखाई देता है। इसके प्रभुत्व से बचने के लिए काफी प्रयत्न करते हुए भी हमारे राष्ट्रीय कार्यों में अंग्रेजी ने बहुत बड़ा स्थान ले रखा है। लेकिन इससे हमें इस भ्रम में कभी न पड़ना चाहिये कि अंग्रेजी राष्ट्रभाषा बन रही है।

इसकी परीक्षा प्रत्येक प्रान्त में हम आसानी से कर सकते हैं। बंगाल अथवा दक्षिण-भारत को ही ले लीजिये, जहां अंग्रेजी का प्रभाव सबसे अधिक है। यदि वहां जनता के मारफत हम कुछ भी काम करना चाहते हैं, तो वह आज हिन्दी द्वारा भले ही न कर सकें, पर अंग्रेजी द्वारा तो कर ही नहीं सकते। हिन्दी के दो-चार शब्दों से हम अपना भाव कुछ तो प्रगट कर ही देंगे। पर अंग्रेजी से तो इतना भी नहीं कर सकते।

हां, यह अवश्य माना जा सकता है कि अब तक हमारे यहां एक भी भाषा राष्ट्रभाषा नहीं बन पाई है। अंग्रेजी राजभाषा है। ऐसा होना स्वाभाविक भी है। अंग्रेजी का इससे आगे बढ़ना मैं असंभव समझता हूं, चाहे कितना भी प्रयत्न क्यों न किया जाय। अगर हिन्दुस्तान को हमें सचमुच एक राष्ट्र बनाना है, तो चाहे कोई माने या न माने, राष्ट्रभाषा तो हिन्दी ही बन सकती है; क्योंकि जो स्थान हिन्दी को प्राप्त है, वह किसी दूसरी भाषा को कभी नहीं मिल सकता। हिन्दू-मुसलमान दोनों को मिलाकर करीब बाईस करोड़ मनुष्यों की भाषा थोड़े-बहुत फेरफार से हिन्दी-हिन्दुस्तानी ही है।

इसलिए उचित और संभव तो यही है कि प्रत्येक प्रान्त में उस प्रान्त की भाषा का, सारे देश के पारस्परिक व्यवहार के लिए हिन्दी का और अन्तर-राष्ट्रीय उपयोग के लिए अंग्रेजी का व्यवहार हो। हिन्दी बोलने वालों की संख्या करोड़ों की रहेगी, किन्तु अंग्रेजी बोलने वालों की संख्या कुछ लाख से आगे कभी नहीं बढ़ सकेगी। इसका प्रयत्न भी करना जनता के साथ अन्याय करना होगा।

(इन्दौर में सन् 1935 में हुए हिन्दी-साहित्य-सम्मेलन के 24 वें अधिवेशन में अध्यक्ष-पद से दिये गये गांधीजी के मूल हिन्दी भाषण से।)

हिन्दुस्तानी हमारी राष्ट्रभाषा है या होगी, ऐसी घोषणायें यदि हमने सच्चाई

के साथ की हैं, तो फिर हिन्दुस्तानी की पढ़ाई अनिवार्य करने में कोई बुराई नहीं है। इंग्लैण्ड के स्कूलों में लैटिन सीखना अनिवार्य था और शायद अब भी है। उसके अध्ययन से अंग्रेजी के अध्ययन में कोई बाधा नहीं पड़ी। उलटे, इस सुसंस्कृत भाषा के ज्ञान से अंग्रेजी की समृद्धि ही हुई है। 'मातृभाषा खतरे में है' ऐसा जो शोर मचाया जाता है, वह या तो अज्ञानवश मचाया जाता है या उसमें पाखण्ड है। और जो लोग ईमानदारी से ऐसा सोचते हैं, उनकी देशभक्ति पर— यह देखकर कि वे बच्चों द्वारा हिन्दुस्तानी सीखने के लिए रोज एक घंटा दिया जाना भी पसन्द नहीं करते—हमें तरस आता है। अगर हमें अखिल भारतीय राष्ट्रीयता प्राप्त करनी है, तो हमें इस प्रान्तीयता की दीवार को तोड़ना ही होगा। सवाल यह है कि हिन्दुस्तान एक देश और एक राष्ट्र है या अनेक देशों और राष्ट्रों का समूह है?[5]

53

विद्यार्थियों के लिए अनुशासन के नियम

1. विद्यार्थियों को दलबन्दी वाली राजनीति में कभी शामिल नहीं होना चाहिये। विद्यार्थी विद्या के खोजी और ज्ञान की शोध करने वाले हैं, राजनीति के खिलाड़ी नहीं।

2. उन्हें राजनीतिक हड़तालें न करनी चाहिये। विद्यार्थी वीरों की पूजा चाहे करें, उन्हें करनी चाहिये; लेकिन जब उनके वीर जेलों में जायं, या मर जायं, या यों कहिये कि उन्हें फांसी पर लटकाया जाय, तब उनके प्रति अपनी भक्ति प्रकट करने के लिए उनको उन वीरों के उत्तम गुणों का अनुकरण करना चाहिये, हड़ताल नहीं। ऐसे मौकों पर विद्यार्थियों का शोक असह्य हो जाय और हर एक विद्यार्थी की वैसी भावना बन जाय, तो अपनी संस्था के अधिकारी की सम्मति से स्कूल और कॉलेज बन्द रखे जायं। संस्था के अधिकारी विद्यार्थियों की बात न सुनें, तो उन्हें छूट है कि वे उचित रीति से, सभ्यतापूर्वक, अपनी-अपनी संस्थाओं से बाहर निकल आयें और तब तक वापस न जायें जब तक संस्था के व्यवस्थापक पछताकर उन्हें वापस न बुलायें। किसी भी हालत में और किसी भी विचार से उन्हें अपने से भिन्न मत रखने वाले विद्यार्थियों या स्कूल-कॉलेज के अधिकारियों के साथ जबरदस्ती न करनी चाहिये। उन्हें यह विश्वास होना चाहिये कि अगर वे अपनी मर्यादा के अनुरूप व्यवहार करेंगे और मिलकर रहेंगे तो जीत उन्हीं की होगी।

3. सब विद्यार्थियों को सेवा के खातिर शास्त्रीय तरीके से कातना चाहिये। कताई के अपने साधनों और दूसरे औजारों को उन्हें हमेशा साफ-सुथरा, सुव्यवस्थित और अच्छी हालत में रखना चाहिये। संभव हो तो वे अपने हथियारों, औजारों या साधनों को खुद ही बनाना सीख लें। अलबत्ता, उनका काता हुआ सूत सबसे बढ़िया होगा। कताई-सम्बन्धी सारे साहित्य का और उसमें छिपे आर्थिक, सामाजिक, नैतिक और राजनीतिक सब रहस्यों का उन्हें अध्ययन करना चाहिये।

4. अपने पहनने-ओढ़ने के लिए वे हमेशा खादी का ही उपयोग करें, और गांवों में बनी चीजों के बदले परदेश की या यंत्रों की बनी वैसी चीजों को कभी न बरतें।

5. वन्देमातरम् गाने या राष्ट्रीय झण्डा फहराने के मामले में वे दूसरों पर जबरदस्ती न करें। राष्ट्रीय झण्डे के बिल्ले वे खुद अपने बदन पर चाहे लगायें, लेकिन दूसरों को उसके लिए मजबूर न करें।

6. तिरंगे झण्डे के संदेश को अपने जीवन में उतारकर दिल में साम्प्रदायिकता या अस्पृश्यता को घुसने न दें। दूसरे धर्मों वाले विद्यार्थियों और हरिजनों को अपने भाई समझकर उनके साथ सच्ची दोस्ती कायम करें।

7. अपने दुःखी-दर्दी पड़ोसियों की सहायता के लिए वे तुरन्त दौड़ जायं; आस-पास के गांवों में सफाई का और भंगी का काम करें और गांव के बड़ी उमरवाले स्त्री-पुरुषों व बच्चों को पढ़ावें।

8. आज हिन्दुस्तान का जो दोहरा स्वरूप तय हुआ है, उसके अनुसार उसकी दोनों शैलियों और दोनों लिपियों के साथ वे राष्ट्रभाषा हिन्दुस्तानी सीख लें, ताकि जब हिन्दी या उर्दू बोली जाय अथवा नागरी या उर्दू लिपि लिखी जाय, तब उन्हें वह नई न मालूम हो।

9. विद्यार्थी जो भी कुछ नया सीखें, उस सबको अपनी मातृभाषा में लिख लें; और जब वे हर हफ्ते अपने आस-पास के गांवों में दौरा करने निकलें, तो उसे अपने साथ ले जायं और लोगों तक पहुंचायें।

10. वे लुक-छिपकर कुछ न करें; जो करें खुल्लम-खुल्ला करें। अपने हर काम में उनका व्यवहार बिलकुल शुद्ध हो। वे अपने जीवन को संयमी और निर्मल बनायें। किसी चीज से न डरें और निर्भय रहकर अपने कमजोर साथियों की रक्षा करने में मुस्तैद रहें; और दंगों के अवसर पर अपनी जान की परवाह न करके अहिंसक रीति से उन्हें मिटाने को तैयार रहें। और, जब स्वराज्य की आखिरी लड़ाई छिड़ जाय, तब अपनी शिक्षण-संस्थायें छोड़कर लड़ाई में कूद पड़ें और जरूरत पड़ने पर देश की आजादी के लिए अपनी जान कुरबान कर दें।

11. अपने साथ पढ़ने वाली विद्यार्थिनी बहनों के प्रति वे अपना व्यवहार बिलकुल शुद्ध और सभ्यतापूर्ण रखें।

ऊपर विद्यार्थियों के लिए मैंने जो कार्यक्रम सुझाया है, उस पर अमल करने के लिए उन्हें समय निकालना होगा। मैं जानता हूं कि वे अपना बहुत-सा समय यों ही बरबाद कर देते हैं। अपने समय में सख्त काट-कसर करके वे मेरे द्वारा सुझाये गये काम के लिए कई घण्टों का समय निकाल सकते हैं। लेकिन किसी भी विद्यार्थी पर मैं बेजा बोझा लादना नहीं चाहता। इसलिए देश से प्रेम रखने वाले विद्यार्थियों को मेरी यह सलाह है कि वे अपने अभ्यास के समय में से एक साल का समय इस काम के लिए अलग निकाल लें; मैं यह नहीं कहता कि एक ही बार में वे सारा साल दे दें। मेरी सलाह यह है कि वे अपने समूचे अभ्यास-काल में इस साल को बांट लें और थोड़ा-थोड़ा करके पूरा करें। उन्हें यह जानकर आश्चर्य होगा कि इस तरह बिताया हुआ साल व्यर्थ नहीं गया। इस समय में की गई मेहनत के जरिये वे देश की आजादी की लड़ाई में अपना ठोस हिस्सा अदा करेंगे, और साथ ही अपनी मानसिक, नैतिक और शारीरिक शक्तियां भी बहुत-कुछ बढ़ा लेंगे।[1]

पश्चिम की भद्दी नकल और शुद्ध तथा परिष्कृत अंग्रेजी बोलने व लिखने की योग्यता से स्वतंत्रता देवी के मंदिर की रचना में एक भी ईंट नहीं जुड़ेगी।

पश्चिम की भद्दी नकल और शुद्ध तथा परिष्कृत अंग्रेजी बोलने व लिखने की योग्यता से स्वतंत्रता देवी के मंदिर की रचना में एक भी ईंट नहीं जुड़ेगी। विद्यार्थी-जगत को आज जो शिक्षा मिल रही है, वह भूखे-नंगे भारत के लिए बेहद महंगी है। उसे बहुत ही थोड़े लोग प्राप्त करने की आशा रख सकते हैं। इसलिए विद्यार्थियों से यह आशा रखी जाती है कि वे राष्ट्र के लिए अपना जीवन तक न्यौछावर करके अपने को उस शिक्षा के योग्य बनायेंगे। विद्यार्थियों को समाज की रक्षा करने वाले सुधार-कार्य में तो अगुआ बनना ही चाहिये। वे राष्ट्र में जो कुछ अच्छा है उसकी रक्षा करें और समाज में जो बेशुमार बुराइयां घुस गई हैं उनसे निर्भयतापूर्वक समाज को मुक्त करें।

विद्यार्थियों को देश के करोड़ों मूक लोगों पर असर डालना होगा। उन्हें किसी प्रान्त, नगर, वर्ग या जाति की दृष्टि से नहीं, बल्कि एक महाद्वीप और करोड़ों मनुष्यों की दृष्टि से सोचना सीखना चाहिये। इन करोड़ों लोगों में अछूत, शराबी, गुंडे और वेश्यायें भी शामिल हैं, हमारे बीच जिनके अस्तित्व के लिए हम सभी जिम्मेदार हैं। प्राचीन काल में विद्यार्थी ब्रह्मचारी अर्थात् ईश्वर के साथ और उससे डरकर चलने वाले कहलाते थे। राजा और बड़े-बूढ़े लोग उनकी

इज्जत करते थे। राष्ट्र खुशी-खुशी उनका खर्च बरदाश्त करता था और बदले में वे राष्ट्र को सौ गुनी बलवान आत्मायें, सौ गुने बलवान मस्तिष्क और सौ गुनी बलिष्ठ भुजायें देते थे। आधुनिक संसार में गिरे हुए राष्ट्रों के विद्यार्थी उन राष्ट्रों के आशादीप समझे जाते हैं और जीवन के हर क्षेत्र में वे सुधारों के त्यागी नेता बन गये हैं। भारत में भी ऐसे विद्यार्थियों के उदाहरण मौजूद हैं। परन्तु वे इने-गिने हैं। मेरा कहना इतना ही है कि विद्यार्थी-सम्मेलनों को इस प्रकार के संगठित कार्यों की हिमायत करनी चाहिये, जो ब्रह्मचारियों की प्रतिष्ठा के योग्य हों।[2]

विद्यार्थियों को अपनी सारी छुट्टियां ग्रामसेवा में लगानी चाहिये। इसके लिए उन्हें मामूली रास्तों पर घूमने जाने के बजाय उन गांवों में जाना चाहिये, जो उनकी संस्थाओं के पास हों। वहां जाकर उन्हें गांव के लोगों की हालत का अध्ययन करना चाहिये और उनसे दोस्ती करनी चाहिये। इस आदत से वे देहात वालों के सम्पर्क में आयेंगे। और जब विद्यार्थी सचमुच उनमें जाकर रहेंगे तब पहले के कभी-कभी के सम्पर्क के कारण गांववाले उन्हें अपना हितैषी समझकर उनका स्वागत करेंगे, न कि अजनबी मानकर उन पर सन्देह करेंगे। लम्बी छुट्टियों में विद्यार्थी देहात में ठहरें, प्रौढ़ शिक्षा के वर्ग चलायें, ग्रामवासियों को सफाई के नियम सिखायें और मामूली बीमारियों के बीमारों की दवा-दारू और देखभाल करें। वे उनमें चरखा भी जारी करें और उन्हें अपने हर फालतू समय का उपयोग करना सिखायें। यह काम कर सकने के लिए विद्यार्थियों और शिक्षकों को छुट्टियों के उपयोग के बारे में अपने विचार बदलने होंगे। अक्सर विचारहीन शिक्षक छुट्टियों में घर करने के लिए विद्यार्थियों को पढ़ाई का काम दे देते हैं। मेरी राय में यह आदत हर तरह से बुरी है। छुट्टियों का समय ही तो ऐसा होता है, जब विद्यार्थियों का मन पढ़ाई के रोजमर्रा के कामकाज से मुक्त रहना चाहिये और स्वावलम्बन तथा मौलिक विकास के लिए स्वतंत्र रहना चाहिये। मैंने जिस ग्रामसेवा का जिक्र किया है, वह मनोरंजन का और बोझ न मालूम होने वाली शिक्षा का उत्तम रूप है। स्पष्ट ही यह सेवा पढ़ाई पूरी करने के बाद केवल ग्रामसेवा के काम में लग जाने की सबसे अच्छी तैयारी है।[3]

अपनी योग्यताओं को रुपया-आना-पाई में भुनाने के बजाय देश की सेवा में अर्पित करो। यदि तुम डॉक्टर हो तो देश में इतनी बीमारी है कि उसे दूर करने में तुम्हारी सारी डॉक्टरी विद्या काम आ सकती है। यदि तुम वकील हो तो देश में लड़ाई-झगड़ों की कमी नहीं है। उन्हें बढ़ाने के बजाय तुम लोगों में आपसी समझौता कराओ और इस तरह विनाशक मुकदमेबाजी को दूर करके लोगों की सेवा करो। यदि तुम इंजीनियर हो तो अपने देशवासियों की आवश्यकताओं के अनुरूप आदर्श घरों का निर्माण करो। ये घर उनके साधनों की सीमा के अन्दर

होने चाहिये और फिर भी शुद्ध हवा और प्रकाश से भरपूर तथा स्वास्थ्यप्रद होने चाहिये। तुमने जो भी सीखा है उसमें ऐसा कुछ नहीं है, जिसका देश की सेवा के काम में सदुपयोग न हो सके।[4]

विद्यार्थी और राजनीति

विद्यार्थियों को अपनी राय रखने और उसे प्रगट करने की पूरी आजादी होनी चाहिये। उन्हें जो भी राजनीतिक दल अच्छा लगता हो, उसके साथ वे खुले तौर पर सहानुभूति रख सकते हैं। लेकिन मेरी राय में जब तक वे अध्ययन कर रहे हैं, तब तक उन्हें कार्य की स्वतंत्रता नहीं दी जा सकती। कोई विद्यार्थी अपना अध्ययन भी करता रहे और साथ ही सक्रिय राजनीतिक कार्यकर्ता भी हो यह शक्य नहीं है।[5]

विद्यार्थियों का दलगत राजनीति में पड़ने से काम नहीं चल सकता। जैसे वे सब प्रकार की पुस्तकें पढ़ते हैं, वैसे सब दलों की बात सुन सकते हैं। परन्तु उनका काम यह है कि सबकी सच्चाई को हजम करें और बाकी को फेंक दें। यही एकमात्र उचित रवैया है जिसे वे अपना सकते हैं।

सत्ता की राजनीति विद्यार्थी-संसार के लिए अपरिचित होनी चाहिये। वे ज्यों ही इस तरह से काम में पड़ेंगे, त्यों ही विद्यार्थी के पद से च्युत हो जायेंगे और इसलिए देश के संकट-काल में उसकी सेवा करने में असफल होंगे।[6]

54

भारतीय स्त्रियों का पुनरुत्थान

जिस रूढ़ि और कानून के बनाने में स्त्री का कोई हाथ नहीं था और जिसके लिए सिर्फ पुरुष ही जिम्मेदार है, उस कानून और रूढ़ि के जुल्मों ने स्त्री को लगातार कुचला है। अहिंसा की नींव पर रचे गये जीवन की योजना में जितना और जैसा अधिकार पुरुष को अपने भविष्य की रचना का है, उतना और वैसा ही अधिकार स्त्री को भी अपना भविष्य तय करने का है। लेकिन अहिंसक समाज की व्यवस्था में जो अधिकार मिलते हैं, वे किसी-न-किसी कर्त्तव्य या धर्म के पालन से प्राप्त होते हैं। इसलिए यह भी मानना चाहिये कि सामाजिक आचार-व्यवहार के नियम स्त्री और पुरुष दोनों आपस में मिलकर और राजी-खुशी से तय करें। इन नियमों का पालन करने के लिए बाहर की किसी सत्ता या हुकूमत की जबरदस्ती काम न देगी। स्त्रियों के साथ अपने व्यवहार और बरताव में पुरुषों ने

इस सत्य को पूरी तरह पहचाना नहीं है। स्त्री को अपना मित्र या साथी मानने के बदले पुरुष ने अपने को उसका स्वामी माना है। कांग्रेसवालों का यह खास हक है कि वे हिन्दुस्तान की स्त्रियों को उनकी इस गिरी हुई हालत से हाथ पकड़कर ऊपर उठावें। पुराने जमाने का गुलाम नहीं जानता था कि उसे आजाद होना है, या कि वह आजाद हो सकता है। औरतों की हालत भी आज कुछ ऐसी ही है। जब उस गुलाम को आजादी मिली तो कुछ समय तक उसे ऐसा मालूम हुआ, मानों उसका सहारा ही जाता रहा। औरतों को यह सिखाया गया है कि वे अपने को पुरुषों की दासी समझें। इसलिए कांग्रेस वालों का यह फर्ज है कि वे स्त्रियों को उनकी मौलिक स्थिति का पूरा बोध करावें और उन्हें इस तरह की तालीम दें, जिससे वे जीवन में पुरुषों के साथ बराबरी के दरजे से हाथ बंटाने लायक बनें।

एक बार मन का निश्चय हो जाने के बाद इस क्रान्ति का काम आसान है। इसलिए कांग्रेस वाले इसकी शुरुआत अपने घर से करें। वे अपनी पत्नियों को मन बहलाने की गुड़िया या भोग-विलास का साधन मानने के बदले उनको सेवा के समान कार्य में अपना सम्मान्य साथी समझें। इसके लिए जिन स्त्रियों को स्कूल या कॉलेज की शिक्षा नहीं मिली है, वे अपने पतियों से जितना बन पड़े सीखें। जो बात पत्नियों के लिए कही गई है, वही जरूरी परिवर्तन के साथ माताओं और बेटियों के लिए भी समझनी चाहिये।

यह कहने की जरूरत नहीं कि हिन्दुस्तान की स्त्रियों की लाचारी का यह एकतरफा चित्र ही मैंने यहां दिया है। मैं भलीभांति जानता हूं कि गांवों में औरतें अपने मर्दों के साथ बराबरी से टक्कर लेती हैं; कुछ मामलों में वे उनसे बढ़ी-चढ़ी हैं और उन पर हुकूमत भी चलाती हैं। लेकिन हमें बाहर से देखने वाला कोई भी तटस्थ आदमी यह कहेगा कि हमारे समूचे समाज में कानून और रूढ़ि की रू से औरतों को जो दरजा मिला है, उसमें कई खामियां हैं और उन्हें जड़मूल से सुधारने की जरूरत है।[1]

कानून की रचना ज्यादातर पुरुषों के द्वारा हुई है। और इस काम को करने में, जिसे करने का जिम्मा मनुष्य ने अपने ऊपर खुद ही उठा लिया है, उसने हमेशा न्याय और विवेक का पालन नहीं किया है। स्त्रियों में नये जीवन का संचार करने के हमारे प्रयत्न का अधिकांश भाग उन दूषणों को दूर करने में खर्च होना चाहिये, जिनका हमारे शास्त्रों ने स्त्रियों के जन्मजात और अनिवार्य लक्षण कहकर वर्णन किया है। इस काम को कौन करेगा और कैसे करेगा? मेरी नम्र राय में इस प्रयत्न की सिद्धि के लिए हमें सीता, दमयन्ती और द्रौपदी जैसी पवित्र और दृढ़ता तथा संयम आदि गुणों से युक्त स्त्रियां प्रकट करनी होंगी। यदि हम अपने बीच में ऐसी स्त्रियां प्रकट कर सके, तो इन आधुनिक देवियों को वही मान्यता मिलेगी जो

अभी तक हमारे शास्त्रों को प्राप्त है। उस हालत में हमारी स्मृतियों में स्त्री-जाति के सम्बन्ध में यहां-वहां जो असम्मान-सूचक उक्तियां मिलती हैं उन पर हम लज्जित होंगे। ऐसी क्रांतियां हिन्दू धर्म में प्राचीन काल में हो चुकी हैं और भविष्य में भी होंगी और वे हमारे धर्म को ज्यादा स्थायी बनायेंगी।[2]

स्त्री पुरुष की साथिन है, जिसकी बौद्धिक क्षमतायें पुरुष की बौद्धिक क्षमताओं से किसी तरह कम नहीं हैं। पुरुष की प्रवृत्तियों में, उन प्रवृत्तियों के प्रत्येक अंग और उपांग में भाग लेने का उसे अधिकार है; और आजादी तथा स्वाधीनता का उसे उतना ही अधिकार है जितना पुरुष को है। जिस तरह मनुष्य अपनी प्रवृत्ति के क्षेत्र में सर्वोच्च स्थान का अधिकारी माना गया है, उसी तरह स्त्री भी अपनी प्रवृत्ति के क्षेत्र में मानी जानी चाहिये। स्त्रियां पढ़ना-लिखना सीखें और उसके परिणामस्वरूप यह स्थिति आये, ऐसा नहीं होना चाहिये। यह तो हमारी सामाजिक व्यवस्था की सहज अवस्था ही होनी चाहिये। महज एक दूषित रूढ़ि और रिवाज के कारण बिलकुल ही मूर्ख और नालायक पुरुष भी स्त्रियों से बड़े माने जाते हैं, यद्यपि वे इस बड़प्पन के पात्र नहीं होते और न वह उन्हें मिलना चाहिये। हमारे कई आन्दोलनों की प्रगति हमारे स्त्री-समाज की पिछड़ी हुई हालत के कारण बीच में ही रुक जाती है। इसी तरह हमारे किये हुए काम का जैसा और जितना फल आना चाहिये, वैसा और उतना नहीं आता। हमारी दशा उस कंजूस व्यापारी के जैसी है, जो अपने व्यापार में पर्याप्त पूंजी नहीं लगाता और इसलिए नुकसान उठाता है।[3]

पुरुष की समानता

स्त्रियों के अधिकारों के सवाल पर मैं किसी तरह का समझौता स्वीकार नहीं कर सकता। मेरी राय में उन पर ऐसा कोई कानूनी प्रतिबंध नहीं लगाया जाना चाहिये, जो पुरुषों पर न लगाया गया हो। पुत्रों और कन्याओं में किसी तरह का भेद नहीं होना चाहिये। उनके साथ पूरी समानता का व्यवहार होना चाहिये।[4]

> *स्त्रियों के अधिकारों के सवाल पर मैं किसी तरह का समझौता स्वीकार नहीं कर सकता। मेरी राय में उन पर ऐसा कोई कानूनी प्रतिबंध नहीं लगाया जाना चाहिये, जो पुरुषों पर न लगाया गया हो। पुत्रों और कन्याओं में किसी तरह का भेद नहीं होना चाहिये। उनके साथ पूरी समानता का व्यवहार होना चाहिये।*

पुरुष और स्त्री की समानता का यह अर्थ नहीं कि वे समान धन्धे भी करें। स्त्री के शस्त्र धारण करने या शिकार करने के खिलाफ कोई कानूनी बाधा न होनी चाहिये। लेकिन

जो काम पुरुष के करने के हैं, उनसे वह स्वभावतः विरत होगी। प्रकृति ने स्त्री और पुरुष को एक-दूसरे के पूरक के रूप में सिरजा है। जिस तरह उनके आकार में भेद है, उसी तरह उनके कार्य भी मर्यादित हैं।[5]

विवाह-संस्कार

यदि हम स्त्री-पुरुष के सम्बन्धों के सवाल को स्वस्थ और शुद्ध मन से देखें और अपने को भावी पीढ़ियों के कल्याण का ट्रस्टी मानें, तो आज इस क्षेत्र में जो दुःख नजर आते हैं, उनमें से अधिकांश दुःख टाले जा सकते हैं।[6]

विवाह जीवन की एक स्वाभाविक घटना है और उसे किसी भी तरह दूषित या कुत्सित मानना गलत है।... आदर्श यह है कि विवाह को एक पवित्र संस्कार समझा जाय और तदनुसार विवाहित अवस्था में संयम का पालन किया जाय।[7]

परदा-प्रथा

पवित्रता स्त्रियों को बाहरी मर्यादाओं में जकड़कर रखने से उत्पन्न होने वाली चीज नहीं है। उसकी रक्षा उन्हें परदे की दीवाल से घेरकर नहीं की जा सकती। उसकी उत्पत्ति और उसका विकास भीतर से होना चाहिये। और उसकी कसौटी यह है कि वह पवित्रता किसी भी प्रलोभन से डिगे नहीं। इस कसौटी पर वह खरी सिद्ध हो तभी उसका कोई मूल्य माना जा सकता है।[8]

और स्त्रियों की पवित्रता के विषय में पुरुष मानसिक अस्वस्थता की सूचक इतनी चिन्ता क्यों दिखाते हैं? क्या पुरुषों की पवित्रता के विषय में स्त्रियों को कुछ कहने का अधिकार है? पुरुषों के शील की पवित्रता के विषय में हम स्त्रियों को तो कोई चिन्ता करते हुए नहीं सुनते। स्त्रियों के शील की पवित्रता के नियमन का अधिकार अपने हाथों में लेने की इच्छा पुरुषों को क्यों करनी चाहिये? पवित्रता कोई ऐसी चीज नहीं है, जो ऊपर से लादी जा सके। वह तो भीतर से विकसित होने वाली और इसलिए वैयक्तिक प्रयत्न से सिद्ध होने वाली चीज है।[9]

स्त्रियों की पवित्रता के विषय में पुरुष मानसिक अस्वस्थता की सूचक इतनी चिन्ता क्यों दिखाते हैं? क्या पुरुषों की पवित्रता के विषय में स्त्रियों को कुछ कहने का अधिकार है? पुरुषों के शील की पवित्रता के विषय में हम स्त्रियों को तो कोई चिन्ता करते हुए नहीं सुनते।

दहेज की प्रथा

यह प्रथा नष्ट होनी चाहिये। विवाह लड़के-लड़की के माता-पिताओं द्वारा पैसे ले-देकर किया हुआ सौदा नहीं होना चाहिये। इस प्रथा का जातिप्रथा से गहरा सम्बन्ध है। जब तक चुनाव का क्षेत्र अमुक जाति के इने-गिने लड़कों या लड़कियों तक ही मर्यादित रहेगा तब तक यह प्रथा भी रहेगी, भले इसके खिलाफ जो भी कहा जाय। यदि इस बुराई का उच्छेद करना हो तो लड़कियों को या लड़कों को या उनके माता-पिताओं को जाति के बन्धन तोड़ने पड़ेंगे। इस सबका मतलब है चरित्र की ऐसी शिक्षा, जो देश के युवकों और युवतियों के मानस में आमूल परिवर्तन कर दे।[10]

कोई भी ऐसा युवक, जो दहेज को विवाह की शर्त बनाता है, अपनी शिक्षा को कलंकित करता है, अपने देश को कलंकित करता है और नारी-जाति का अपमान करता है। देश में आजकल बहुतेरे युवक-आन्दोलन चल रहे हैं। मैं चाहता हूं कि ये आन्दोलन इस किस्म के सवालों को अपने हाथ में लें। ऐसे संघटनों को किसी ठोस सुधार-कार्य का प्रतिनिधि होना चाहिये और यह सुधार-कार्य उन्हें अपने अन्दर से ही शुरू करना चाहिये। लेकिन देखा गया है कि इस तरह के सुधार-कार्य के प्रतिनिधि होने के बजाय वे अक्सर आत्म-प्रशंसा करने वाली समितियों का रूप ले लेते हैं।... दहेज की इस नीचे गिराने वाली प्रथा के खिलाफ बलवान लोकमत पैदा करना चाहिये; और जो युवक इस पाप के सोने से अपने हाथ गंदे करते हैं, उनका समाज से बहिष्कार किया जाना चाहिये। लड़कियों के माता-पिताओं को अंग्रेजी डिग्रियों का मोह छोड़ देना चाहिये, और अपनी कन्याओं के लिए सच्चे और स्त्री-जाति के प्रति सम्मान की भावना रखने वाले सुयोग्य वरों की खोज में अपनी जाति या प्रान्त के भी तंग दायरे के बाहर जाने में संकोच नहीं करना चाहिये।[11]

विधवाओं का पुनर्विवाह

जिस स्त्री ने अपने पति के प्रेम का अनुभव किया हो, उसके द्वारा स्वेच्छा से और समझ-बूझकर स्वीकार किया गया वैधव्य जीवन को सौन्दर्य और गौरव प्रदान करता है, घर को पवित्र बनाता है और धर्म को ऊपर उठाता है। लेकिन धर्म या रिवाज के द्वारा ऊपर से लादा हुआ वैधव्य एक असह्य बोझ है; वह गुप्त पापाचार के द्वारा घर को अपवित्र करता है और धर्म को गिराता है।

यदि हम पावित्र्य की और हिन्दू धर्म की रक्षा करना चाहते हैं, तो इस जबरदस्ती लादे जाने वाले वैधव्य के विष से हमें मुक्त होना ही होगा। इस सुधार की शुरुआत उन लोगों को करनी चाहिये, जिनके यहां बाल-विधवायें हों। उन्हें

साहसपूर्वक इन बाल-विधवाओं का योग्य लड़कों से विवाह करा देना चाहिये। बाल-विधवाओं के इस विवाह को मैं पुनर्विवाह का नाम नहीं देना चाहता, क्योंकि मैं मानता हूं कि उनका विवाह तो कभी हुआ ही नहीं था।[12]

तलाक

विवाह विवाह-सूत्र से बंधे हुए दोनों साथियों को एक-दूसरे के साथ शरीर-सम्बन्ध का अधिकार देता है। लेकिन इस अधिकार की एक मर्यादा है। इस अधिकार का उपभोग तभी हो जब दोनों साथी इस सम्बन्ध की इच्छा रखते हों। एक साथी दूसरे से उसकी अनिच्छा होते हुए भी इस सम्बन्ध की मांग करे, ऐसा अधिकार विवाह नहीं देता। जब इनमें से कोई भी एक साथी नैतिक अथवा अन्य किसी कारण से दूसरे की ऐसी इच्छा का पालन करने में असमर्थ हो तब क्या करना चाहिये, यह एक अलग सवाल है। व्यक्तिगत तौर पर यदि तलाक ही इस सवाल का एकमात्र उपाय हो, तो अपनी नैतिक प्रगति को रोकने के बजाय मैं इस उपाय को ही स्वीकार कर लूंगा—बशर्ते कि मेरे संयम का कारण नैतिक ही हो।[13]

मैं विवाहित अवस्था को भी जीवन के दूसरे हिस्सों की तरह साधना की ही अवस्था मानता हूं। जीवन कर्त्तव्य-पालन है, एक लगातार चलने वाली परीक्षा है। विवाहित जीवन का लक्ष्य दोनों साथियों का पारस्परिक कल्याण साधना है—यहां इस जीवन में और इस जीवन के बाद भी। यह संस्था मानव-जाति के हित के लिए है। दो में से कोई एक साथी विवाह के अनुशासन को तोड़े, तो दूसरे को विवाह-सम्बन्ध भंग करने का अधिकार हो जाता है। यहां विवाह-सम्बन्ध का भंग नैतिक है, शारीरिक नहीं; लेकिन इसमें तलाक की बात नहीं है। स्त्री या पुरुष अपने साथी से अलग हो जायेगा, लेकिन उसी उद्देश्य की सिद्धि के लिए जिसके लिए वे विवाह-सूत्र में बंधे थे। हिन्दू धर्म स्त्री-पुरुष दोनों को एक-दूसरे का समकक्ष मानता है; कोई किसी से न तो कम है, न ज्यादा। बेशक, न जाने कब से स्त्री को छोटा और पुरुष को बड़ा मानने वाला एक भिन्न रिवाज चल पड़ा है। लेकिन ऐसी तो और कितनी ही बुराइयां समाज में घुस आयी हैं। जो भी हो, मैं यह जरूर जानता हूं कि हिन्दू धर्म व्यक्ति को इस बात की पूरी आजादी देता है कि वह आत्म-साक्षात्कार के लिए जो कुछ करना आवश्यक हो सो करे, क्योंकि वही मानव-जन्म का सच्चा उद्देश्य है।[14]

स्त्रियों के शील की रक्षा

मैंने हमेशा यह माना है कि किसी स्त्री की इच्छा के खिलाफ उसका शील भंग नहीं किया जा सकता। इस अत्याचार की शिकार वह तब होती है जब उसके मन

पर डर छा जाता है या जब उसे अपने नैतिक बल की प्रतीति नहीं होती। अगर वह आक्रमणकारी के शारीरिक बल का मुकाबला नहीं कर सकती, तो उसकी पवित्रता उसे, आक्रमणकारी उसके शील का भंग कर सके उसके पहले ही, मरने का इच्छाबल अवश्य दे सकती है। सीता का उदाहरण लीजिये। शारीरिक दृष्टि से रावण की तुलना में वे कुछ भी नहीं थीं, किन्तु उनकी पवित्रता रावण के अपार राक्षसी बल से भी ज्यादा शक्तिशाली सिद्ध हुई। रावण ने उन्हें अनेक तरह के प्रलोभन देकर जीतना चाहा, लेकिन उन्हें वासना-पूर्ति के लिए छूने की हिम्मत वह नहीं कर सका। दूसरी ओर, यदि स्त्री अपने शारीरिक बल पर या हथियार पर भरोसा करे, तो अपनी शक्ति के चुक जाने पर वह निश्चय ही हार जायेगी।[15]

किसी स्त्री पर जब आक्रमण हो उस समय उसे हिंसा और अहिंसा का विचार करने की जरूरत नहीं। उसका पहला कर्त्तव्य आत्मरक्षा करना है। अपने शील की रक्षा के लिए उसे जो भी उपाय सूझे उसका उपयोग करने की उसे पूरी आजादी है। भगवान ने उसे दांत और नाखून तो दिये ही हैं। उसे अपनी पूरी ताकत के साथ उनका उपयोग करना चाहिये और यदि जरूरत पड़ जाय तो प्रयत्न करते हुए मर जाना चाहिये। जिस पुरुष या स्त्री ने मरने का सारा डर छोड़ दिया है, वह न केवल अपनी ही रक्षा कर सकेगी, बल्कि अपने प्राणों का बलिदान करके दूसरों की रक्षा भी कर सकेगी।[16]

वेश्यावृत्ति

वेश्यावृत्ति दुनिया में हमेशा रही है यह सही है। लेकिन आज की तरह वह कभी शहरी जीवन का अभिन्न अंग भी रही होगी, इसमें मुझे शंका है। जो भी हो, एक समय ऐसा जरूर आना चाहिये और आयेगा जब कि मानव-जाति इस अभिशाप के खिलाफ उठ खड़ी होगी; और जिस तरह उसने दूसरे अनेक बुरे रिवाजों को, भले वे कितने भी पुराने रहे हों, मिटा दिया है, उसी तरह वेश्यावृत्ति को भी वह भूतकाल की चीज बना देगी।[17]

55

स्त्रियों की शिक्षा

मैंने समय-समय पर यह बताया है कि स्त्री में विद्या का अभाव इस बात का कारण नहीं होना चाहिये कि पुरुष स्त्री से मनुष्य-समाज के स्वाभाविक अधिकार छीन ले या उसे वे अधिकार न दे। किन्तु इन स्वाभाविक अधिकारों को काम में

लाने के लिए, उनकी शोभा बढ़ाने के लिए और उनका प्रचार करने के लिए स्त्रियों में विद्या की जरूरत अवश्य है। साथ ही, विद्या के बिना लाखों को शुद्ध आत्मज्ञान भी नहीं मिल सकता।

स्त्री और पुरुष समान दरजे के हैं, परन्तु एक नहीं; उनकी अनोखी जोड़ी है। वे एक-दूसरे की कमी पूरी करने वाले हैं और दोनों एक-दूसरे का सहारा हैं। यहां तक कि एक के बिना दूसरा रह नहीं सकता। किन्तु यह सिद्धान्त ऊपर की स्थिति में से ही निकल आता है कि पुरुष या स्त्री कोई एक अपनी जगह से गिर जाय तो दोनों का नाश हो जाता है। इसलिए स्त्री-शिक्षा की योजना बनाने वालों को यह बात हमेशा याद रखनी चाहिये। दम्पती के बाहरी कामों में पुरुष सर्वोपरि है। बाहरी कामों का विशेष ज्ञान उसके लिए जरूरी है। भीतरी कामों में स्त्री की प्रधानता है। इसलिए गृह-व्यवस्था, बच्चों की देखभाल, उनकी शिक्षा वगैरा के बारे में स्त्री को विशेष ज्ञान होना चाहिये। यहां किसी को कोई भी ज्ञान प्राप्त करने से रोकने की कल्पना नहीं है। किन्तु शिक्षा का क्रम इन विचारों को ध्यान में रखकर न बनाया गया हो, तो स्त्री-पुरुष दोनों को अपने-अपने क्षेत्र में पूर्णता प्राप्त करने का मौका नहीं मिलता।

मुझे ऐसा लगा है कि हमारी मामूली पढ़ाई में स्त्री या पुरुष किसी के लिए भी अंग्रेजी जरूरी नहीं है। कमाई के खातिर या राजनीतिक कामों के लिए ही पुरुषों को अंग्रेजी भाषा जानने की जरूरत हो सकती है। मैं नहीं मानता कि स्त्रियों को नौकरी ढूंढ़ने या व्यापार करने की झंझट में पड़ना चाहिये। इसलिए अंग्रेजी भाषा थोड़ी ही स्त्रियां सीखेंगी। और जिन्हें सीखना होगा वे पुरुषों के लिए खोली हुई शालाओं में ही सीख सकेंगी। स्त्रियों के लिए खोली हुई शाला में अंग्रेजी जारी करना हमारी गुलामी की उमर बढ़ाने का कारण बन जायेगा। यह वाक्य मैंने बहुतों के मुंह से सुना है और बहुत जगह सुना है कि अंग्रेजी भाषा में भरा हुआ खजाना पुरुषों की तरह स्त्रियों को भी मिलना चाहिये। मैं नम्रता के साथ कहूंगा कि इसमें कहीं-न-कहीं भूल है। यह तो कोई नहीं कहता कि पुरुषों को अंग्रेजी का खजाना दिया जाय और स्त्रियों को न दिया जाय।

जिसे साहित्य का शौक है वह अगर सारी दुनिया का साहित्य समझना चाहे, तो उसे रोककर रखने वाला इस दुनिया में कोई पैदा नहीं हुआ है। परन्तु जहां आम लोगों की जरूरतें समझकर शिक्षा का क्रम तैयार किया गया हो, वहां ऊपर बताये हुए साहित्य-प्रेमियों के लिए योजना तैयार नहीं की जा सकती। स्त्री या पुरुष को अंग्रेजी भाषा सीखने में अपना समय नहीं लगाना चाहिये। यह बात मैं उनका आनन्द कम करने के लिए नहीं कहता, बल्कि इसलिए कहता हूं कि जो आनन्द अंग्रेजी शिक्षा पाने वाले बड़े कष्ट से लेते हैं वह हमें आसानी से मिले।

पृथ्वी अमूल्य रत्नों से भरी है। सारे साहित्य-रत्न अंग्रेजी भाषा में ही नहीं हैं। दूसरी भाषायें भी रत्नों से भरी हैं। मुझे ये सारे रत्न आम जनता के लिए चाहिये। ऐसा करने के लिए एक ही उपाय है और वह यह कि हममें से कुछ ऐसी शक्तिवाले लोग ये भाषायें सीखें और उनके रत्न हमें अपनी भाषा में दें।[1]

मैं स्त्रियों की समुचित शिक्षा का हिमायती हूं, लेकिन मैं यह भी मानता हूं कि स्त्री दुनिया की प्रगति में अपना योग पुरुष की नकल करके या उसकी प्रतिस्पर्धा करके नहीं दे सकती। वह चाहे तो प्रतिस्पर्धा कर सकती है। लेकिन पुरुष की नकल करके वह उस ऊंचाई तक नहीं उठ सकती, जिस ऊंचाई तक उठना उसके लिए सम्भव है। उसे पुरुष की पूरक बनना चाहिये।[2]

सहशिक्षा

मैं अभी तक निश्चयपूर्वक यह नहीं कह सकता कि सहशिक्षा सफल होगी या नहीं होगी। पश्चिम में वह सफल हुई हो ऐसा नहीं लगता। वर्षों पहले मैंने खुद उसका प्रयोग किया था और वह भी इस हद तक कि लड़के और लड़कियां उसी बरामदे में सोते थे। उनके बीच में कोई आड़ नहीं होती थी; अलबत्ता, मैं और श्रीमती गांधी भी उनके साथ उसी बरामदे में सोते थे। मुझे कहना चाहिये कि इस प्रयोग के परिणाम अच्छे नहीं आये।

...सहशिक्षा अभी प्रयोग की ही अवस्था में है और उसके परिणाम के बारे में पक्ष अथवा विपक्ष में निश्चयपूर्वक हम कुछ नहीं कह सकते। मेरा खयाल है कि इस दिशा में हमें आरम्भ परिवार से करना चाहिये। परिवार में लड़के-लड़कियों को साथ-साथ स्वाभाविक तौर पर और आजादी के वातावरण में बढ़ने देना चाहिये। सहशिक्षा इस तरह अपने-आप आयेगी।[3]

अगर आप स्कूलों में इकट्ठी तालीम दें और ट्रेनिंग स्कूलों में न दें, तो बच्चे समझेंगे कि कहीं कुछ-न-कुछ गड़बड़ है।

मेरे बच्चे अगर बुरे भी हैं तो भी मैं उन्हें खतरे में पड़ने दूंगा। एक दिन हमें काम-प्रवृत्ति को छोड़ना होगा। हमें हिन्दुस्तान के लिए पश्चिम की मिसालें नहीं ढूंढ़नी चाहिये। ट्रेनिंग स्कूलों में अगर सिखाने वाले शिक्षक लायक और पवित्र हों, नयी तालीम की भावना से भरे हों, तो कोई खतरा नहीं। दुर्भाग्य से कुछ घटनायें ऐसी हो भी जायें तो कोई परवाह नहीं। वे तो हर जगह होंगी। मैं यह बात साहसपूर्वक कहता तो हूं, लेकिन मैं इसके खतरों से बेखबर नहीं हूं।[4]

56

संतति-नियमन

सन्तति के जन्म को मर्यादित करने की आवश्यकता के बारे में दो मत हो ही नहीं सकते। परन्तु इसका एकमात्र उपाय है आत्म-संयम या ब्रह्मचर्य, जो कि युगों से हमें प्राप्त है। यह रामबाण और सर्वोपरि उपाय है, और जो इसका सेवन करते हैं उन्हें लाभ-ही-लाभ होता है। डॉक्टर लोगों का मानव-जाति पर बड़ा उपकार होगा, यदि वे सन्तति-नियमन के लिए कृत्रिम साधनों की तजवीज करने के बजाय आत्म-संयम के साधन निर्माण करें।

कृत्रिम साधनों की सलाह देना मानों बुराई का हौसला बढ़ाना है। उससे पुरुष और स्त्री दोनों उच्छृंखल हो जाते हैं। और इन कृत्रिम साधनों को जो प्रतिष्ठा दी जा रही है, उससे उस संयम के ह्रास की गति बढ़े बिना न रहेगी, जो कि लोकमत के कारण हम पर रहता है। कृत्रिम साधनों के अवलंबन का कुफल होगा नपुंसकता और क्षीणवीर्यता। यह दवा रोग से भी ज्यादा बदतर साबित हुए बिना न रहेगी।

अपने कर्म के फल को भोगने से दुम दबाना दोष है, अनीतिपूर्ण है। जो शख्स जरूरत से ज्यादा खा लेता है, उसके लिए यही अच्छा है कि उसके पेट में दर्द हो और उसे लंघन करना पड़े। जबान को काबू में न रखकर अनाप-शनाप खा लेना और फिर बलवर्धक या दूसरी दवाइयां खकर उसके नतीजे से बचना बुरा है। पशु की तरह विषय-भोग में गर्क रहकर अपने इस कृत्य के फल से बचना और भी बुरा है। प्रकृति बड़ी कठोर शासक है। वह अपने कानून-भंग का पूरा बदला बिना आगा-पीछा देखे चुकाती है। केवल नैतिक संयम के द्वारा ही हमें नैतिक फल मिल सकता है। संयम के दूसरे तमाम साधन अपने हेतु के ही विनाशक सिद्ध होंगे।[1]

विषय-भोग करते हुए भी कृत्रिम उपायों के द्वारा प्रजोत्पत्ति रोकने की प्रथा पुरानी है। मगर पूर्वकाल में वह गुप्त रूप से चलती थी। आधुनिक सभ्यता के इस जमाने में उसे ऊंचा स्थान मिल गया है, और कृत्रिम उपायों की रचना भी व्यवस्थित तरीके से की गयी है। इस प्रथा को परमार्थ का जामा पहनाया गया है। इन उपायों के हिमायती कहते हैं कि भोगेच्छा स्वाभाविक वस्तु है, शायद उसे ईश्वर का वरदान भी कहा जा सकता है। उसे निकाल फेंकना अशक्य है। उस पर संयम का अंकुश रखना कठिन है।

> *कृत्रिम साधनों की सलाह देना मानों बुराई का हौसला बढ़ाना है।*

और अगर संयम के सिवा दूसरा कोई उपाय न ढूंढ़ा जाय, तो असंख्य स्त्रियों के लिए प्रजोत्पत्ति बोझरूप हो जायेगी; और भोग से उत्पन्न होने वाली प्रजा इतनी बढ़ जायेगी कि मनुष्य-जाति के लिए पूरी खुराक ही नहीं मिल सकेगी। इन दो आपत्तियों को रोकने के लिए कृत्रिम उपायों की योजना करना मनुष्य का धर्म हो जाता है।

मुझ पर इस दलील का असर नहीं हुआ है। क्योंकि इन उपायों के द्वारा मनुष्य अनेक दूसरी मुसीबतें मोल लेता है। मगर सबसे बड़ा नुकसान तो यह है कि कृत्रिम उपायों के प्रचार से संयम-धर्म का लोप हो जाने का भय पैदा होगा। इस रत्न को बेचकर चाहे जैसा तात्कालिक लाभ मिले, तो भी यह सौदा करने योग्य नहीं है।... कठिनाई आत्म-वंचना से पैदा होती है। इसमें त्याग का आरम्भ विचार-शुद्धि से नहीं होता, केवल बाह्याचार को रोकने के निष्फल प्रयत्न से होता है। विचार की दृढ़ता के साथ आचार का संयम शुरू हो, तो सफलता मिले बिना रह ही नहीं सकती। स्त्री-पुरुष की जोड़ी विषय-सेवन के लिए हरगिज नहीं बनी है।[2]

केवल नैतिक संयम के द्वारा ही हमें नैतिक फल मिल सकता है। संयम के दूसरे तमाम साधन अपने हेतु के ही विनाशक सिद्ध होंगे।

मुझे मालूम है कि गुप्त पाप ने पाठशाला के लड़के-लड़कियों का कैसा भयंकर विनाश किया है। विज्ञान के नाम पर कृत्रिम साधनों के प्रचलित होने और समाज के प्रसिद्ध नेताओं की उस पर मुहर लग जाने से समस्या और बढ़ गई है; और जो सुधारक सामाजिक जीवन की शुद्धि का काम करते हैं, उनका कार्य आज असंभव-सा हो गया है। मैं पाठकों को यह सूचना देते हुए कोई विश्वासघात नहीं कर रहा हूं कि ऐसी कुवांरी लड़कियां हैं, जिन पर आसानी से किसी भी बात का प्रभाव पड़ सकता है और जो स्कूल-कॉलेजों में पढ़ती हैं, परन्तु जो बड़ी उत्सुकता से संतति-निग्रह के साहित्य और पत्रिकाओं का अध्ययन करती हैं और जिनके पास उसके साधन भी मौजूद हैं। इन साधनों के प्रयोग को विवाहित स्त्रियों तक सीमित रखना असंभव है। जब विवाह के उद्देश्य और उच्चतम उपयोग की कल्पना ही पाशविक विकार की तृप्ति हो और यह विचार तक न किया जाय कि इस प्रकार की तृप्ति का कुदरती नतीजा क्या होगा, तब विवाह की सारी पवित्रता नष्ट हो जाती है।

मुझे इसमें जरा भी शक नहीं कि जो विद्वान पुरुष और स्त्रियां मिशनरी उत्साह के साथ कृत्रिम साधनों के पक्ष में आन्दोलन कर रहे हैं, वे देश के युवकों की अपार हानि कर रहे हैं। उनका यह विश्वास झूठा है कि ऐसा करके वे उन गरीब स्त्रियों

को संकट से बचा लेंगे, जिन्हें अपनी इच्छा के विरुद्ध मजबूरन बच्चे पैदा करने पड़ते हैं। जिन्हें बच्चों की संख्या मर्यादित करने की जरूरत है, उनके पास तो इनकी आसानी से पहुंच नहीं होगी। हमारी गरीब औरतों के पास न तो वह ज्ञान होता है और न वह तालीम होती है, जो पश्चिम की स्त्रियों के पास होती है। अवश्य ही यह आन्दोलन मध्यम श्रेणी की स्त्रियों की तरफ से नहीं किया जा रहा है, क्योंकि उन्हें इस ज्ञान की उतनी जरूरत नहीं है जितनी निर्धन वर्गों की स्त्रियों को है।

परन्तु सबसे बड़ी हानि, जो यह आन्दोलन कर रहा है, यह है कि पुराना आदर्श छोड़कर यह उसके स्थान पर एक ऐसा आदर्श स्थापित कर रहा है, जिस पर अमल हुआ तो मानव-जाति का नैतिक और शारीरिक विनाश निश्चित है। वीर्य के व्यर्थ व्यय को प्राचीन साहित्य में जो इतना भयंकर कृत्य माना गया है, वह कोई अज्ञानजन्य अंधविश्वास नहीं था। कोई किसान अगर अपने पास का बढ़िया-से-बढ़िया बीज पथरीली जमीन में बोये या कोई खेत का मालिक बढ़िया जनीन वाले अपने खेत में ऐसी परिस्थितियों में अच्छा बीज डाले जिनमें उसका उगना असंभव हो, तो उसके लिए क्या कहा जायेगा? भगवान ने पुरुष को ऊंची-से-ऊंची शक्ति वाला बीज प्रदान किया है और स्त्री को ऐसा खेत दिया है जिसके बराबर उपजाऊ धरती इस दुनिया में और कहीं नहीं है। अवश्य ही पुरुष की यह भयंकर मूर्खता है कि वह अपनी इस सबसे कीमती संपत्ति को व्यर्थ जाने देता है। उसे अपने अत्यन्त मूल्यवान जवाहरात और मोतियों से भी अधिक सावधानी के साथ इसकी रक्षा करनी चाहिये। इसी तरह वह स्त्री भी अक्षम्य मूर्खता करती है, जो अपने जीवोत्पादक क्षेत्र में बीज को नष्ट होने देने के इरादे से ही ग्रहण करती है। वे दोनों ईश्वर-प्रदत्त प्रतिभा के दुरुपयोग के अपराधी माने जायेंगे और जो चीज उन्हें दी गई है वह उनसे छीन ली जायेगी। काम की प्रेरणा एक सुन्दर और उदात्त वस्तु है। उसमें लज्जित होने की कोई बात नहीं है। परन्तु वह संतानोत्पत्ति के लिए ही बनाई गई है। उसका और कोई उपयोग करना ईश्वर और मानवता दोनों के प्रति पाप है। सन्तति-निग्रह के कृत्रिम साधन पहले भी थे और आगे भी रहेंगे। परन्तु पहले उन्हें काम में लेना पाप समझा जाता था। पाप को पुण्य कहकर उसका गौरव बढ़ाना हमारी पीढ़ी के ही भाग्य में बदा है। मेरे खयाल से कृत्रिम साधनों के हिमायती भारत के युवकों की सबसे बड़ी कुसेवा यह कर रहे हैं कि उनके दिमागों में वे गलत विचारधारा भर रहे हैं। भारत के युवा स्त्री-पुरुषों को, जिनके हाथ में देश का भाग्य है, इस झूठे देवता से सावधान रहना चाहिये, ईश्वर ने उन्हें जो खजाना दिया है उसकी रक्षा करनी चाहिये और इच्छा हो तो उसका उसी काम में उपयोग करना चाहिये जिसके लिए वह बनाया गया है।[3]

मैं यह नहीं मानता कि स्त्री काम-विकार की उतनी ही शिकार बनती है जितना पुरुष। पुरुष के बनिस्बत स्त्री के लिए आत्म-संयम पालना ज्यादा आसान होता है। मैं मानता हूं कि इस देश में स्त्री को दी जाने लायक सही शिक्षा यह होगी कि उसे अपने पति को भी 'नहीं' कहने की कला सिखाई जाय; उसे यह सिखाया जाय कि पति के हाथों में केवल विषय-भोग का साधन या गुड़िया बनकर रहना उसका कर्त्तव्य बिलकुल नहीं है। यदि स्त्री के कर्त्तव्य हैं तो उसके अधिकार भी हैं।

पहली बात है उसे मानसिक गुलामी से मुक्त करना, उसे अपने शरीर को पवित्र मानने की शिक्षा देना और राष्ट्र तथा मानव-जाति की सेवा की प्रतिष्ठा और गौरव सिखाना। यह मान लेना अनुचित होगा कि भारत की स्त्रियां इस गुलामी से कभी छूट ही नहीं सकतीं और इसलिए प्रजोत्पत्ति को रोकने तथा अपनी बची-खुची तन्दुरुस्ती की रक्षा करने के लिए उन्हें कृत्रिम साधनों का उपयोग सिखाने के सिवा दूसरा कोई रास्ता नहीं है।

जिन बहनों का पुण्य-प्रकोप ऐसी स्त्रियों के कष्टों को देखकर, जिन्हें इच्छा या अनिच्छा से बच्चे पैदा करने पड़ते हैं—जाग्रत हुआ है, वे उतावली न बनें। कृत्रिम साधनों के पक्ष में किया जाने वाला प्रचार भी वांछित हेतु को एक दिन में सिद्ध नहीं कर देगा। हर पद्धति के लिए लोगों को शिक्षा देना जरूरी होगा। मेरा कहना इतना ही है कि यह शिक्षा सही रास्ते ले जाने वाली होनी चाहिये।[4]

बन्ध्यीकरण

लोगों पर बन्ध्यीकरण (वह क्रिया जिससे पुरुष के वीर्य में निहित प्रजनन-शक्ति का नाश कर दिया जाता है) का कानून लादने को मैं अमानुषिक मानता हूं। परन्तु जो व्यक्ति पुराने रोगों के मरीज हों, वे यदि स्वीकार कर लें तो उनका बन्ध्यीकरण वांछनीय होगा। बन्ध्यीकरण एक प्रकार का कृत्रिम साधन है। यद्यपि मैं स्त्रियों के सम्बन्ध में कृत्रिम साधनों के उपयोग के खिलाफ हूं, फिर भी मैं पुरुष के सम्बन्ध में स्वेच्छा से किये जाने वाले बन्ध्यीकरण के खिलाफ नहीं हूं, क्योंकि पुरुष आक्रामक है।[5]

अधिक जनसंख्या का हौवा

यदि यह कहा जाय कि जनसंख्या की अतिवृद्धि के कारण कृत्रिम साधनों द्वारा सन्तति-नियमन की राष्ट्र के लिए आवश्यकता है, तो मुझे इस बात में पूरा शक

है। यह बात अब तक साबित ही नहीं की गई है। मेरी राय में तो यदि जमीन-सम्बन्धी कानूनों में समुचित सुधार कर दिया जाय, खेती की दशा सुधारी जाय और एक सहायक धन्धे की तजवीज कर दी जाय, तो हमारा यह देश अपनी जनसंख्या से दूने लोगों का भरण-पोषण कर सकता है।[6]

हमारा यह छोटा-सा पृथ्वी-मंडल कुछ समय का बना हुआ खिलौना नहीं है। अनगिनत युगों से यह ऐसा ही चला आ रहा है। जनसंख्या की वृद्धि के भार से उसने कभी कष्ट का अनुभव नहीं किया। तब कुछ लोगों के मन में एकाएक इस सत्य का उदय कहां से हो गया कि यदि सन्तति-नियमन के कृत्रिम साधनों से जनसंख्या की वृद्धि को रोका न गया, तो अन्न न मिलने से पृथ्वी-मंडल का नाश हो जायेगा?[7]

बढ़ती हुई जनसंख्या का हौवा कोई नई चीज नहीं है। अक्सर वह हमारे सामने खड़ा किया गया है। जनसंख्या की वृद्धि कोई टालने लायक संकट नहीं है; न होना चाहिये। उसे कृत्रिम उपायों से रोकना एक महान संकट है, फिर चाहे हम उसे जानते हों या न जानते हों। अगर कृत्रिम उपायों का उपयोग आम तौर पर होने लगे, तो वह समूचे राष्ट्र को पतन की ओर ले जायेगा। खुशी इस बात की है कि इसकी कोई सम्भावना नहीं है। एक ओर हम विषय-भोग से पैदा होने वाली अनचाही सन्तति का पाप अपने सिर ओढ़ते हैं, और दूसरी ओर ईश्वर उस पाप को मिटाने के लिए हमें अनाज की तंगी, महामारी और लड़ाई के जरिये सजा करता है। अगर इस तिहरे शाप से बचना हो, तो संयम-रूपी कारगर उपाय के जरिये अनचाही सन्तति को रोकना चाहिये। देखने वालों को आज भी यह दिखाई पड़ता है कि कृत्रिम उपायों के कैसे बुरे नतीजे होते हैं। नीति की चर्चा में पड़े बिना मैं यही कहा चाहता हूं कि कुत्ते-बिल्ली की तरह होने वाली इस सन्तान-वृद्धि को जरूर रोकना चाहिये। लेकिन इस बात का खयाल रखना होगा कि ऐसा करने से उसका ज्यादा बुरा नतीजा न निकले। इस बढ़ती हुई प्रजोत्पत्ति को ऐसे उपायों से रोकना चाहिये जिनसे जनता ऊपर उठे; यानी इसके लिए जनता को उसके जीवन से सम्बन्ध रखने वाली तालीम मिलनी चाहिये, जिससे एक शाप के मिटते ही दूसरे सब शाप अपने-आप मिट जायं। यह सोचकर कि रास्ता पहाड़ी है और उसमें चढ़ाइयां हैं, हमें उससे दूर नहीं भागना चाहिये। मनुष्य की प्रगति का मार्ग कठिनाइयों से भरा पड़ा है। उनसे डरना क्या? उनका तो स्वागत करना चाहिये।[8]

57

काम-विज्ञान की शिक्षा

काम-विज्ञान की शिक्षा का हमारी शिक्षा-प्रणाली में क्या स्थान है, अथवा उसका कोई स्थान है भी या नहीं? काम-विज्ञान दो प्रकार का होता है। एक वह जो काम-विकार को काबू में रखने या जीतने के काम आता है और दूसरा वह जो उसे उत्तेजन और पोषण देने के काम आता है। पहले प्रकार के काम-विज्ञान की शिक्षा बाल-शिक्षा का उतना ही आवश्यक अंग है, जितनी दूसरे प्रकार की शिक्षा हानिकारक और खतरनाक है और इसलिए दूर रहने के योग्य है। सभी बड़े धर्मों ने काम को मनुष्य का घोर शत्रु माना है, और वह ठीक ही माना है। क्रोध या द्वेष का स्थान दूसरा ही रखा गया है। गीता के अनुसार क्रोध काम की सन्तान है। बेशक, गीता ने काम शब्द का प्रयोग इच्छामात्र के व्यापक अर्थ में किया है। परन्तु जिस संकुचित अर्थ में वह यहां इस्तेमाल किया गया है उसमें भी यह बात लागू होती है।

परन्तु फिर भी इस प्रश्न का उत्तर देना रह ही जाता है कि छोटी उमर के विद्यार्थियों को जननेंद्रिय के कार्य और उपयोग के बारे में ज्ञान देना वांछनीय है या नहीं। मेरे खयाल से एक हद तक इस प्रकार का ज्ञान देना जरूरी है। आज तो वे जैसे-तैसे इधर-उधर से यह ज्ञान प्राप्त कर लेते हैं। नतीजा यह होता है कि पथभ्रष्ट होकर वे कुछ बुरी आदतें सीख लेते हैं। हम काम-विकार पर उसकी ओर से आखें बन्द कर लेने से ठीक तरह नियंत्रण प्राप्त नहीं कर सकते। इसलिए मेरा यह दृढ़ मत है कि नौजवान लड़के-लड़कियों को उनकी जननेंद्रियों का महत्त्व और उचित उपयोग सिखाया जाय। और अपने ढंग से मैंने उन अल्पायु बालक-बालिकाओं को, जिनकी तालीम की जिम्मेदारी मुझ पर थी, यह ज्ञान देने की कोशिश की है।

जिस काम-विज्ञान की शिक्षा के पक्ष में मैं हूं, उसका लक्ष्य यही होना चाहिये कि इस विकार पर विजय प्राप्त की जाय और उसका सदुपयोग हो। ऐसी शिक्षा का स्वभावतः यह उपयोग होना चाहिये कि वह बच्चों के दिलों में इन्सान और हैवान के बीच का फर्क अच्छी तरह बैठा दे।

जिस काम-विज्ञान की शिक्षा के पक्ष में मैं हूं, उसका लक्ष्य यही होना चाहिये कि इस विकार पर विजय प्राप्त की जाय और उसका सदुपयोग हो। ऐसी शिक्षा का स्वभावतः यह उपयोग होना चाहिये कि वह बच्चों के दिलों में इन्सान

और हैवान के बीच का फर्क अच्छी तरह बैठा दे और उन्हें यह अच्छी तरह समझा दे कि हृदय और मस्तिष्क दोनों की शक्तियों से विभूषित होना मनुष्य का विशेष अधिकार है; वह जितना विचारशील प्राणी है उतना ही भावनाशील भी है—जैसा कि मनुष्य शब्द के धात्वर्थ से प्रगट होता है—और इसलिए ज्ञानहीन प्राकृतिक इच्छाओं पर बुद्धि का प्रभुत्व छोड़ देना मानव को ईश्वर से प्राप्त हुई सम्पत्ति को छोड़ देना है। बुद्धि मनुष्य में भावना को जाग्रत करती है और उसे रास्ता दिखाती है। पशु में आत्मा सुषुप्त रहती है। हृदय को जाग्रत करने का अर्थ है सोई हुई आत्मा को जाग्रत करना, बुद्धि को जाग्रत करना और बुराई-भलाई का विवेक पैदा करना।

यह सच्चा काम-विज्ञान कौन सिखाये? स्पष्ट है कि वही सिखाये जिसने अपने विकारों पर प्रभुत्व पा लिया है। ज्योतिष और अन्य विज्ञान सिखाने के लिए हम ऐसे शिक्षक रखते हैं, जिन्होंने इन विषयों की तालीम पाई है और जो अपनी कला में प्रवीण हैं। इसी तरह हमें काम-विज्ञान अर्थात् काम-विकार को काबू में रखने का विज्ञान सिखाने के लिए ऐसे ही लोगों को शिक्षक बनाना चाहिये, जिन्होंने इसका अध्ययन किया है और अपनी इन्द्रियों पर प्रभुत्व प्राप्त कर लिया है। ऊंचे दर्जे का भाषण भी, यदि उसके पीछे हृदय की सच्चाई और अनुभव नहीं है, निष्क्रिय और निर्जीव होगा और वह मनुष्यों के हृदयों में घुसकर उन्हें जगा नहीं सकेगा, जब कि आत्म-दर्शन और सच्चे अनुभव से निकलने वाली वाणी सदा सफल होती है।

आज तो हमारे सारे वातावरण का—हमारे पढ़ने, हमारे सोचने और हमारे सामाजिक व्यवहार का—सामान्य हेतु कामेच्छा की पूर्ति करना होता है। इस जाल को तोड़कर निकलना आसान काम नहीं है। परन्तु यह हमारे उच्चतम प्रयत्न के योग्य कार्य है। यदि व्यावहारिक अनुभव वाले मुट्ठीभर शिक्षक भी ऐसे हों, जो आत्म-संयम के आदर्श को मनुष्य का सर्वोच्च कर्त्तव्य मानते हों और अपने कार्य में सच्चे और अमिट विश्वास से अनुप्राणित हों, तो उनके परिश्रम से ... बालकों का मार्ग प्रकाशमान हो जायेगा, वे भोलेभाले लोगों को आत्म-पतन के कीचड़ में फंसने से बचा लेंगे, और जो लोग पहले ही फंस चुके हैं उनका उद्धार कर देंगे।[1]

58

बालक

जिस प्रकार बच्चों को माता-पिता की सूरत-शकल विरासत में मिलती है, उसी प्रकार उनके गुण-दोष भी उन्हें विरासत में मिलते हैं। अवश्य ही आस-पास के

वातावरण के कारण इसमें अनेक प्रकार की घट-बढ़ होती है, पर मूल पूंजी तो वही होती है जो बाप-दादा आदि से मिलती है। मैंने देखा है कि कुछ बालक अपने को ऐसे दोषों की विरासत से बचा लेते हैं। यह आत्मा का मूल स्वभाव है, उसकी बलिहारी है।[1]

मां-बाप अपने बालकों को जो सच्ची सम्पत्ति समान रूप से दे सकते हैं, वह है उनका अपना चरित्र और शिक्षा की सुविधायें।... माता-पिता को अपने लड़कों और लड़कियों को स्वावलम्बी बनाने की, शरीर-श्रम के द्वारा निर्दोष जीविका कमाने लायक बनाने की कोशिश करनी चाहिये।[2]

मैं पूरी तरह यह मानता हूं कि बालक जन्म से बुरा नहीं होता। यदि माता-पिता बालक के जन्म के पहले और जन्म के पश्चात् जिस समय वह बड़ा हो रहा हो सदाचार का पालन करें, तो यह जानी-मानी बात है कि बालक स्वभावतः सत्य और प्रेम के नियमों का ही पालन करेगा।... और मेरा विश्वास कीजिये कि सैकड़ों—या कहूं कि हजारों—बालकों के अनुभव पर से मैं यह जानता हूं कि बालकों में हमारी और आपकी अपेक्षा धर्माचार का ज्यादा सूक्ष्म ज्ञान होता है। यदि हम अपना अहंकार छोड़कर कुछ नम्र बन जायें, तो जीवन के बड़े-से-बड़े पाठ हम बुजुर्गों और विद्वानों से नहीं बल्कि जिन्हें अज्ञानी माना जाता है उन बालकों से सीख सकते हैं। ज्ञान बालकों के मुंह से प्रगट होता है, भगवान ईसा के इस वचन में जो सत्य है उससे ज्यादा उदात्त या ऊंचा दूसरा सत्य उन्होंने शायद ही कहा हो। मैं इस वचन को स्वीकार करता हूं। मैंने खुद ही देखा है कि यदि हम बच्चों के पास नम्र होकर जायें, तो हम उनके ज्ञान पा सकते हैं। मैंने तो यह एक पाठ सीखा है कि मनुष्य के लिए जो असंभव है, भगवान के लिए वह बच्चे का खेल है; और यदि हमारा उस विधाता में, जो अपनी सृष्टि के क्षुद्रतम जीव के भी भाग्य पर दृष्टि रखता है, विश्वास हो, तो मुझे इसमें कोई सन्देह नहीं है कि सब बातें संभव हैं। और इसी आशा के आधार पर मैं अपना जीवन यापन कर रहा हूं और उसकी इच्छा का पालन करने का प्रयत्न कर रहा हूं। यदि हमें इस दुनिया में सच्ची शांति प्राप्त करना है और यदि हमें युद्ध के खिलाफ सचमुच युद्ध चलाना है, तो हमें अपने कार्य का आरम्भ बालकों से करना होगा। और यदि बालक अपनी स्वाभाविक पवित्रता कायम रखते हुए बड़े होते हैं, तो हमें अपने उद्देश्य के लिए संघर्ष नहीं करना पड़ेगा, निरर्थक और निष्फल सिद्ध होने वाले प्रस्ताव पास नहीं करने पड़ेंगे। तब हम प्रेम से ज्यादा प्रेम की दिशा में, शान्ति से

मां-बाप अपने बालकों को जो सच्ची सम्पत्ति समान रूप से दे सकते हैं, वह है उनका अपना चरित्र और शिक्षा की सुविधायें।

ज्यादा शान्ति की दिशा में अनायास बढ़ते चले जायेंगे और अन्त में हम देखेंगे कि इस छोर से उस छोर तक सारी दुनिया उस शान्ति और प्रेम से प्लावित हो गयी है, जिसके लिए जाने-अनजाने वह तरस रही है।[3]

59

साम्प्रदायिक एकता

कौमी या साम्प्रदायिक एकता की जरूरत को सब कोई मंजूर करते हैं। लेकिन सब लोगों को अभी यह बात जंची नहीं कि एकता का मतलब सिर्फ राजनीतिक एकता नहीं है। राजनीतिक एकता तो जोर-जबरदस्ती से भी लादी जा सकती है। मगर एकता के सच्चे मानी तो हैं वह दिली दोस्ती, जो किसी के तोड़े न टूटे। इस तरह की एकता पैदा करने के लिए सबसे पहली जरूरत इस बात की है कि कांग्रेसजन, फिर वे किसी भी धर्म के मानने वाले हों, अपने को हिन्दू, मुसलमान, ईसाई, पारसी, यहूदी वगैरा सभी कौमों के नुमाइन्दा समझें। हिन्दुस्तान के करोड़ों बाशिन्दों में से हर एक के साथ वे अपनेपन का—आत्मीयता का—अनुभव करें; यानी वे उनके सुख-दुःख में अपने को उनका साथी समझें। इस तरह की आत्मीयता सिद्ध करने के लिए हर एक कांग्रेसी को चाहिये कि वह अपने धर्म से भिन्न धर्म का पालन करने वाले लोगों के साथ निजी दोस्ती कायम करे, और अपने धर्म के लिए उसके मन में जैसा प्रेम हो, ठीक वैसा ही प्रेम वह दूसरे धर्म से भी करे।[1]

हिन्दू, मुसलमान, ईसाई, सिक्ख, पारसी आदि को अपने मतभेद हिंसा का आश्रय लेकर और लड़ाई-झगड़ा करके नहीं निपटाने चाहिये।... हिन्दू और मुसलमान मुंह से तो कहते हैं कि धर्म में जबरदस्ती को कोई स्थान नहीं है। लेकिन यदि हिन्दू गाय को बचाने के लिए मुसलमान की हत्या करें, तो यह जबरदस्ती के सिवा और क्या है? यह तो मुसलमान को बलात् हिन्दू बनाने जैसी ही बात है।

> *एकता का मतलब सिर्फ राजनीतिक एकता नहीं है।... एकता के सच्चे मानी तो हैं वह दिली दोस्ती, जो किसी के तोड़े न टूटे।*

और इसी तरह यदि मुसलमान जोर-जबरदस्ती से हिन्दुओं को मसजिदों के सामने बाजा बजाने से रोकने की कोशिश करते हैं, तो यह भी जबरदस्ती के सिवा और क्या है? धर्म तो इस बात में है कि आस-पास चाहे जितना शोरगुल होता रहे, फिर भी हम अपनी प्रार्थना में तल्लीन रहें। यदि हम एक-दूसरे को

अपनी धार्मिक इच्छाओं का सम्मान करने के लिए बाध्य करने की बेकार कोशिश करते रहे, तो भावी पीढ़ियां हमें धर्म के तत्त्व से बेखबर जंगली ही समझेंगी।

यदि अपने अन्तर का आदेश मानकर कोई आर्यसमाजी प्रचारक अपने धर्म का और मुसलमान प्रचारक अपने धर्म का उपदेश करता है, और उससे हिन्दू-मुस्लिम-एकता खतरे में पड़ जाती है, तो कहना चाहिये कि यह एकता बिलकुल ही ऊपरी है। ऐसी प्रचार-प्रवृत्तियों से हमें विचलित क्यों होना चाहिये? अलबत्ता, ये प्रवृत्तियां सच्चाई से प्रेरित होनी चाहिये। यदि मलकाना जाति के लोग हिन्दू धर्म में वापिस आना चाहते हैं, तो उन्हें इसका पूरा अधिकार है; वे जब भी आना चाहें आ सकते हैं। लेकिन इस सिलसिले में ऐसे किसी प्रचार की अनुमति नहीं दी जा सकती, जिसमें दूसरे धर्मों को गालियां दी जाती हों। कारण, दूसरे धर्मों की निंदा में परमत-सहिष्णुता का सिद्धान्त भंग होता है। ऐसे प्रचार से निपटने का सबसे अच्छा उपाय यह है कि उसकी सार्वजनिक रीति से निन्दा की जाय। हर एक आन्दोलन सामाजिक प्रतिष्ठा का जामा पहनकर आगे आने की कोशिश करता है। यदि लोग उसके इस नकली आवरण को फाड़ दें, तो प्रतिष्ठा के अभाव में वह मर जाता है।

ऐसे किसी प्रचार की अनुमति नहीं दी जा सकती जिसमें दूसरे धर्मों को गालियां दी जाती हों। दूसरे धर्मों की निंदा में परमत-सहिष्णुता का सिद्धान्त भंग होता है।

अब हिन्दू-मुसलमानों के झगड़ों के दो स्थायी कारणों का क्या इलाज हो सकता है, इसकी जांच करें।

पहले गोवध को लीजिये। गोरक्षा को मैं हिन्दू धर्म का प्रधान अंग मानता हूं। प्रधान इसलिए कि उच्च वर्गों और आम जनता दोनों के लिए यह समान है। फिर भी इस बारे में हम जो केवल मुसलमानों पर ही रोष करते हैं, यह बात किसी भी तरह मेरी समझ में नहीं आती। अंग्रेजों के लिए रोज कितनी ही गायें कटती हैं। परन्तु इस बारे में तो हम कभी जबान तक भी शायद ही हिलाते होंगे। केवल जब कोई मुसलमान गाय की हत्या करता है, तभी हम क्रोध के मारे लाल-पीले हो जाते हैं। गाय के नाम से जितने झगड़े हुए हैं, उनमें से प्रत्येक में निरा पागलपन भरा शक्तिक्षय हुआ है। इससे एक भी गाय नहीं बची। उलटे, मुसलमान ज्यादा जिद्दी बने हैं और इस कारण ज्यादा गायें कटने लगी हैं।

गोरक्षा का प्रारंभ तो हमी को करना है। हिन्दुस्तान में ढोरों की जो दुर्दशा है वैसी दुनिया के किसी भी दूसरे हिस्से में नहीं है। हिन्दू गाड़ीवानों को थककर

चूर हुए बैलों को लोहे की तेज आर वाली लकड़ी से निर्दयता के साथ हांकते देखकर मैं कई बार रोया हूं। हमारे अधभूखे रहने वाले जानवर हमारी जीती-जागती बदनामी के प्रतीक हैं। हम हिन्दू गाय को बेचते हैं इसलिए गायों की गर्दन कसाई की छुरी का शिकार होती है।

ऐसी हालत में एकमात्र सच्चा और शोभास्पद उपाय यही है कि मुसलमानों के दिल हम जीत लें और गाय का बचाव करना उनकी शराफत पर छोड़ दें। गोरक्षा-मंडलों को ढोरों को खिलाने-पिलाने, उन पर होने वाली निर्दयता को रोकने, गोचर-भूमि के दिन-दिन होने वाले लोप को रोकने, पशुओं की नसल सुधारने, गरीब ग्वालों से उन्हें खरीद लेने और मौजूदा पिंजरापोलों को दूध की आदर्श स्वावलंबी डेरियां बनाने की तरफ ध्यान देना चाहिये। ऊपर बताई हुई बातों में से एक के भी करने में हिन्दू चूकेंगे, तो वे ईश्वर और मनुष्य दोनों के सामने अपराधी ठहरेंगे। मुसलमानों के हाथ से होने वाले गोवध को वे रोक न सकें, तो इसमें उनके मत्थे पाप नहीं चढ़ता। लेकिन जब वे गाय को बचाने के लिए मुसलमानों के साथ झगड़ा करने लगते हैं, तब वे जरूर भारी पाप करते हैं।

मसजिदों के सामने बाजे बजने के सवाल पर—अब तो मन्दिरों के भीतर होने वाली आरती का भी विरोध किया जाता है—मैंने गम्भीरतापूर्वक सोचा है। जिस तरह हिन्दू गोवध से दुःखी होते हैं, उसी तरह मुसलमानों को मसजिदों के सामने बाजा बजने पर बुरा लगता है। लेकिन जिस तरह हिन्दू मुसलमानों को गोवध न करने के लिए बाध्य नहीं कर सकते, उसी तरह मुसलमान भी हिन्दुओं को डरा-धमकाकर बाजा या आरती बन्द करने के लिए बाध्य नहीं कर सकते। उन्हें हिन्दुओं की सदिच्छा का विश्वास करना चाहिये। हिन्दू के नाते मैं हिन्दुओं को यह सलाह जरूर दूंगा कि वे सौदेबाजी की भावना रखे बिना अपने मुसलमान पड़ोसियों के भावों को समझें और जहां सम्भव हो वहां उनका खयाल रखें। मैंने सुना है कि कई जगह हिन्दू लोग जान-बूझकर और मुसलमानों का जी दुखाने के इरादे से ही आरती ठीक उस समय करते हैं जब कि मुसलमानों की नमाज शुरू होती है। यह एक हृदयहीन और शत्रुतापूर्ण कार्य है। मित्रता में मित्र के भावों का पूरा-पूरा खयाल रखा ही जाना चाहिये। इसमें तो कुछ सोच-विचार की भी बात नहीं है। लेकिन मुसलमानों को हिन्दुओं से डरा-धमकाकर बाजा बंद करवाने की आशा नहीं रखनी चाहिये। धमकियों अथवा वास्तविक हिंसा के आगे झुक जाना अपने आत्म-सम्मान और धार्मिक विश्वासों का हनन है। लेकिन जो आदमी धमकियों के आगे नहीं झुकेगा, वह जिनसे प्रतिपक्षी को चिढ़ होती हो ऐसे मौके हमेशा यथासंभव कम करने की और संभव हो तो टालने की भी पूरी कोशिश करेगा।

मुझे इस बात का पूरा निश्चय है कि यदि नेता न लड़ना चाहें, तो आम जनता को लड़ना पसंद नहीं है। इसलिए यदि नेता लोग इस बात पर राजी हो जायें कि दूसरे सभ्य देशों की तरह हमारे देश में भी आपसी लड़ाई-झगड़ों का सार्वजनिक जीवन से पूरा उच्छेद कर दिया जाना चाहिये और वे जंगलीपन और अधार्मिकता के चिह्न माने जाने चाहिये, तो मुझे इसमें कोई सन्देह नहीं कि आम जनता शीघ्र ही उनका अनुकरण करेगी।

जब ब्रिटिश शासन नहीं था और अंग्रेज लोग यहां दिखायी नहीं पड़ते थे, तब क्या हिन्दू, मुसलमान और सिक्ख हमेशा एक-दूसरे से लड़ते ही रहते थे? हिन्दू इतिहासकारों और मुसलमान इतिहासकारों ने उदाहरण देकर यह सिद्ध किया है कि उस समय में हम बहुत हद तक हिल-मिलकर और शांतिपूर्वक ही रहते थे। और गांवों में तो हिन्दू-मुसलमान आज भी नहीं लड़ते। उन दिनों वे बिलकुल ही नहीं लड़ते थे।... यह लड़ाई-झगड़ा पुराना नहीं है।... मैं तो हिम्मत के साथ यह कहता हूं कि वह ब्रिटिश शासकों के आगमन के साथ ही शुरू हुआ है; और जब ग्रेट ब्रिटेन और भारत के बीच आज जो दुर्भाग्यपूर्ण, कृत्रिम और अस्वाभाविक सम्बन्ध है वह बदलकर सही और स्वाभाविक बन जायेगा, जब उसका रूप एक ऐसी स्वेच्छापूर्ण साझेदारी का हो जायेगा, जो किसी भी समय दोनों में से किसी भी पक्ष की इच्छा पर तोड़ी जा सके, उस समय आप देखेंगे कि हिन्दू, मुसलमान, सिक्ख, ईसाई, अछूत, एंग्लो-इंडियन और यूरोपियन सब हिल-मिलकर एक हो गये हैं।[2]

मुझे इस बात का पूरा निश्चय है कि यदि नेता न लड़ना चाहें, तो आम जनता को लड़ना पसंद नहीं है।

मुझे इस बात में रंचमात्र भी सन्देह नहीं है कि साम्प्रदायिक मतभेदों का कुहासा आजादी के सूर्य का उदय होते ही दूर हो जायेगा।[3]

60

वर्णाश्रम धर्म

मैं ऐसा मानता हूं कि हर एक आदमी दुनिया में कुछ स्वाभाविक प्रवृत्तियां लेकर जन्म लेता है। इसी तरह हर एक आदमी की कुछ निश्चित सीमायें होती हैं, जिन्हें जीतना उसके लिए शक्य नहीं होता। इन सीमाओं के ही अध्ययन और अवलोकन से वर्ण का नियम निष्पन्न हुआ है। वह अमुक प्रवृत्तियों वाले अमुक लोगों के लिए अलग-अलग कार्यक्षेत्रों की स्थापना करता है। ऐसा करके उसने

समाज में से अनुचित प्रतिस्पर्धा को टाला है। वर्ण का नियम आदमियों की अपनी स्वाभाविक सीमायें तो मानता है, लेकिन वह उनमें ऊंचे और नीचे का भेद नहीं मानता। एक ओर तो वह ऐसी व्यवस्था करता है कि हर एक को उसके परिश्रम का फल अवश्य मिल जाये, और दूसरी ओर वह उसे अपने पड़ोसियों पर भार रूप बनने से रोकता है। यह ऊंचा नियम आज नीचे गिर गया है और निंदा का पात्र बन गया है। लेकिन मेरा विश्वास है कि आदर्श समाज-व्यवस्था का विकास तभी किया जा सकेगा, जब इस नियम के रहस्यों को पूरी तरह समझा जायेगा और उन्हें कार्यान्वित किया जायेगा।[1]

वर्णाश्रम धर्म बताता है कि दुनिया में मनुष्य का सच्चा लक्ष्य क्या है। उसका जन्म इसलिए नहीं हुआ है कि वह रोज-रोज ज्यादा पैसा इकट्ठा करने के रास्ते खोजे और जीविका के नये-नये साधनों की खोज करे। उसका जन्म तो इसलिए हुआ है कि वह अपनी शक्ति का प्रत्येक अणु अपने निर्माता को जानने में लगाये। इसलिए वर्णाश्रम-धर्म कहता है। कि अपने शरीर के निर्वाह के लिए मनुष्य अपने पूर्वजों का ही धन्धा करे। बस, वर्णाश्रम धर्म का आशय इतना ही है।[2]

वर्ण-व्यवस्था में समाज की चौमुखी रचना ही मुझे तो असली, कुदरती और जरूरी चीज दीखती है। बेशुमार जातियों और उपजातियों से कभी-कभी कुछ आसानी हुई होगी, लेकिन इसमें शक नहीं कि ज्यादातर तो जातियों से अड़चन ही पैदा होती है। ऐसी उपजातियां जितनी एक हो जायें उतना ही उसमें समाज का भला है।[3]

आज तो ब्राह्मणों, क्षत्रियों, वैश्यों और शूद्रों के केवल नाम ही रह गये हैं। वर्ण का मैं जो अर्थ करता हूं उसकी दृष्टि से देखें, तो वर्णों का पूरा संकर हो गया है और ऐसी हालत में मैं तो यह चाहता हूं कि सब हिन्दू अपने को स्वेच्छापूर्वक शूद्र कहने लगें। ब्राह्मण-धर्म की सच्चाई को उजागर करने और सच्चे वर्ण-धर्म को पुनः जीवित करने का यही एक रास्ता है।[4]

जातपांत

जातपांत के बारे में मैंने बहुत बार कहा है कि आज के अर्थ में मैं जात-पांत को नहीं मानता। यह समाज का 'फालतू अंग' है और तरक्की के रास्ते में रुकावट जैसा है। इसी तरह आदमी आदमी के बीच ऊंच-नीच का भेद भी मैं नहीं मानता। हम सब पूरी तरह बराबर हैं। लेकिन बराबरी आत्मा की है, शरीर की नहीं। इसलिए यह मानसिक अवस्था की बात है। बराबरी का विचार करने की और उसे जोर देकर जाहिर करने की जरूरत पड़ती है, क्योंकि दुनिया में ऊंच-

नीच के भारी भेद दिखाई देते हैं। इस बाहर से दीखने वाले ऊंच-नीचपन में से हमें बराबरी पैदा करनी है। कोई भी मनुष्य अपने को दूसरे से ऊंचा मानता है, तो वह ईश्वर और मनुष्य दोनों के सामने पाप करता है। इस तरह जातपांत जिस हद तक दरजे का फर्क जाहिर करती है उस हद तक वह बुरी चीज है।

लेकिन वर्ण को मैं अवश्य मानता हूं। वर्ण की रचना पीढ़ी-दर-पीढ़ी के धंधों की बुनियाद पर हुई है। मनुष्य के चार धंधे सार्वत्रिक हैं—विद्यादान करना, दुखी को बचाना, खेती तथा व्यापार और शरीर की मेहनत से सेवा। इन्हीं को चलाने के लिए चार वर्ण बनाये गये हैं। ये धंधे सारी मानव-जाति के लिए समान हैं, पर हिन्दू धर्म ने उन्हें जीवन-धर्म करार देकर उनका उपयोग समाज के संबंधों और आचार-व्यवहार को नियमन में लाने के लिए किया है। गुरुत्वाकर्षण के कानून को हम जानें या न जानें, उसका असर तो हम सभी पर होता है। लेकिन वैज्ञानिकों ने उसके भीतर से ऐसी बातें निकाली हैं, जो दुनिया को चौंकाने वाली हैं। इसी तरह हिन्दू धर्म ने वर्ण-धर्म की तलाश करके और उसका प्रयोग करके दुनिया को चौंकाया है। जब हिन्दू अज्ञान के शिकार हो गये, तब वर्ण के अनुचित उपयोग के कारण अनगिनत जातियां बनीं और रोटी-बेटी व्यवहार के अनावश्यक और हानिकारक बन्धन पैदा हो गये। वर्ण-धर्म का इन पाबन्दियों के साथ कोई नाता नहीं है। अलग-अलग वर्ण के लोग आपस में रोटी-बेटी व्यवहार रख सकते हैं। चरित्र और तन्दुरुस्ती के खातिर ये बंधन जरूरी हो सकते हैं। लेकिन जो ब्राह्मण शूद्र की लड़की से या शूद्र ब्राह्मण की लड़की से ब्याह करता है वह वर्ण-धर्म को नहीं मिटाता।[5]

> *हम सब पूरी तरह बराबर हैं। लेकिन बराबरी आत्मा की है, शरीर की नहीं। इसलिए यह मानसिक अवस्था की बात है। बराबरी का विचार करने की और उसे जोर देकर जाहिर करने की जरूरत पड़ती है, क्योंकि दुनिया में ऊंच-नीच के भारी भेद दिखाई देते हैं।*

अस्पृश्यता की बुराई से खीझकर जाति-व्यवस्था का ही नाश करना उतना ही गलत होगा, जितना कि शरीर में कोई कुरूप वृद्धि हो जाय तो शरीर का या फसल में ज्यादा घास-पात उगा हुआ दिखे तो फसल का ही नाश कर डालना है। इसलिए अस्पृश्यता का नाश तो जरूर करना है। सम्पूर्ण जाति-व्यवस्था को बचाना हो तो समाज में बढ़ी हुई इस हानिकारक बुराई को दूर करना ही होगा। अस्पृश्यता जाति-व्यवस्था की उपज नहीं है, बल्कि उस ऊंच-नीच-भेद की भावना का परिणाम है, जो हिन्दू धर्म में घुस गयी है और उसे भीतर-ही-भीतर कुतर रही है। इसलिए अस्पृश्यता के खिलाफ हमारा आक्रमण इस ऊंच-नीच की भावना के खिलाफ ही है। ज्यों ही अस्पृश्यता नष्ट होगी जाति-व्यवस्था स्वयं

शुद्ध हो जायेगी; यानी मेरे सपने के अनुसार वह चार वर्णों वाली सच्ची वर्ण-व्यवस्था का रूप ले लेगी। ये चारों वर्ण एक-दूसरे के पूरक और सहायक होंगे, उनमें से कोई किसी से छोटा-बड़ा नहीं होगा; प्रत्येक वर्ण हिन्दू धर्म के शरीर के पोषण के लिए समान रूप से आवश्यक होगा।[6]

आर्थिक दृष्टि से जातिप्रथा का किसी समय बहुत मूल्य था। उसके फलस्वरूप नयी पीढ़ियों को उनके परिवारों में चले आये परम्परागत कला-कौशल की शिक्षा सहज ही मिल जाती थी और स्पर्धा का क्षेत्र सीमित बनता था। गरीबी और कंगाली से होने वाली तकलीफ को दूर करने का वह एक उत्तम इलाज थी। और पश्चिम में प्रचलित व्यापारियों के संघों की संस्था के सारे लाभ उसमें भी मिलते थे। यद्यपि यह कहा जा सकता है कि वह साहस और आविष्कार की वृत्ति को बढ़ावा नहीं देती थी, लेकिन हम जानते हैं कि वह उनके आड़े भी नहीं आती थी।

अस्पृश्यता जाति-व्यवस्था की उपज नहीं है, बल्कि उस ऊंच-नीच-भेद की भावना का परिणाम है, जो हिन्दू धर्म में घुस गयी है और उसे भीतर-ही-भीतर कुतर रही है।

इतिहास की दृष्टि से जातिप्रथा को भारतीय समाज की प्रयोग-शाला में किया गया मनुष्य का ऐसा प्रयोग कहा जा सकता है, जिसका उद्देश्य समाज के विविध वर्गों का पारस्परिक अनुकूलन और संयोजन करना था। यदि हम उसे सफल बना सकें तो दुनिया में आजकल लोभ के कारण जो क्रूर प्रतिस्पर्धा और सामाजिक विघटन होता दिखाई देता है, उसके उत्तम इलाज के रूप में उसे दुनिया को भेंट में दिया जा सकता है।[7]

अन्तर-जातीय विवाह और खान-पान

वर्णाश्रम में अन्तर-जातीय विवाहों या खान-पान का निषेध नहीं है, लेकिन इसमें कोई जोर-जबरदस्ती भी नहीं हो सकती। व्यक्ति को इस बात का निश्चय करने की पूरी छूट मिलनी चाहिये कि वह कहां शादी करेगा और कहां खायेगा।[8]

61

अस्पृश्यता का अभिशाप

आजकल हिन्दू धर्म में जो अस्पृश्यता देखने में आती है, वह उसका एक अमिट कलंक है। मैं यह मानने से इनकार करता हूं कि वह हमारे समाज में

स्मरणातीत काल से चली आयी है। मेरा खयाल है कि अस्पृश्यता की यह घृणित भावना हम लोगों में तब आयी होगी जब हम अपने पतन की चरम सीमा पर रहे होंगे। और तब से यह बुराई हमारे साथ लग गयी और आज भी लगी हुई है। मैं मानता हूं कि यह एक भयंकर अभिशाप है। और यह अभिशाप जब तक हमारे साथ रहेगा तब तक मुझे लगता है कि इस पावन भूमि में हमें जब जो भी तकलीफ सहना पड़े वह हमारे इस अपराध का, जिसे हम आज भी कर रहे हैं, उचित दण्ड होगी।[1]

मेरी राय में हिन्दू धर्म में दिखायी पड़ने वाला अस्पृश्यता का वर्तमान रूप ईश्वर और मनुष्य के खिलाफ किया गया भयंकर अपराध है और इसलिए वह एक ऐसा विष है जो धीरे-धीरे हिन्दू धर्म के प्राण को ही नि:शेष किये दे रहा है। मेरी राय में शास्त्रों में, यदि हम सब शास्त्रों को मिलाकर पढ़ें तो, इस बुराई का कहीं कोई समर्थन नहीं है।

मेरी राय में हिन्दू धर्म में दिखायी पड़ने वाला अस्पृश्यता का वर्तमान रूप ईश्वर और मनुष्य के खिलाफ किया गया भयंकर अपराध है और इसलिए वह एक ऐसा विष है जो धीरे-धीरे हिन्दू धर्म के प्राण को ही नि:शेष किये दे रहा है। मेरी राय में शास्त्रों में, यदि हम सब शास्त्रों को मिलाकर पढ़ें तो, इस बुराई का कहीं कोई समर्थन नहीं है। शास्त्रों में एक तरह की हितकारी अस्पृश्यता का विधान जरूर है, लेकिन उस तरह की अस्पृश्यता तो सब धर्मों में पायी जाती है। वह अस्पृश्यता तो स्वच्छता के नियम का ही एक अंग है। वह तो सदा रहेगी। लेकिन भारत में हम आज जैसी अस्पृश्यता देख रहे हैं वह एक भयंकर चीज है और उसके हर एक प्रान्त में, यहां तक कि हर एक जिले में, अलग-अलग कितने ही रूप हैं। उसने अस्पृश्यों और स्पृश्यों, दोनों को नीचे गिराया है। उसने लगभग चार करोड़ मनुष्यों का विकास रोक रखा है। उन्हें जीवन की सामान्य सुविधायें भी नहीं दी जातीं। इसलिए इस बुराई को जितनी जल्दी निर्मूल कर दिया जाय, उतना ही हिन्दू धर्म, भारत और शायद समग्र मानव-जाति के लिए वह कल्याणकारी सिद्ध होगा।[2]

यदि हम भारत की आबादी के पांचवें हिस्से को स्थायी गुलामी की हालत में रखना चाहते हैं और उन्हें जान-बूझकर राष्ट्रीय संस्कृति के फलों से वंचित रखना चाहते हैं, तो स्वराज्य एक अर्थहीन शब्द मात्र होगा। आत्मशुद्धि के इस महान आन्दोलन में हम भगवान की मदद की आकांक्षा रखते हैं, लेकिन उसकी प्रजा के सबसे ज्यादा सुपात्र अंश को हम मानवता के अधिकारों से वंचित रखते

हैं। यदि हम स्वयं मानवीय दया से शून्य हैं, तो उसके सिंहासन के निकट दूसरों की निष्ठुरता से मुक्ति पाने की याचना हम नहीं कर सकते।[3]

इस बात से कभी किसी ने इनकार नहीं किया है कि अस्पृश्यता एक पुरानी प्रथा है। लेकिन यदि वह एक अनिष्ट वस्तु है, तो उसकी प्राचीनता के आधार पर उसका बचाव नहीं किया जा सकता। यदि अस्पृश्य लोग आर्यों के समाज के बाहर हैं, तो इसमें उस समाज की ही हानि है। और यदि यह कहा जाय कि आर्यों ने अपनी प्रगति-यात्रा में किसी मंजिल पर किसी वर्ग-विशेष को दण्ड के तौर पर समाज से बहिष्कृत कर दिया था, तो उनके पूर्वजों को किसी भी कारण से दण्डित किया गया हो, परन्तु वह दण्ड उस वर्ग की सन्तान को देते रहने का कोई कारण नहीं हो सकता। अस्पृश्य लोग भी आपस में अस्पृश्यता का जो पालन करते हैं, उससे इतना ही सिद्ध होता है कि किसी अनिष्ट वस्तु को सीमित नहीं रखा जा सकता और उसका घातक प्रभाव सर्वत्र फैल जाता है। अस्पृश्यों में भी अस्पृश्यता का होना इस बात के लिए एक अतिरिक्त कारण है कि सुसंस्कृत हिन्दू समाज को इस अभिशाप से जल्दी-से-जल्दी मुक्त हो जाना चाहिये। यदि अस्पृश्यों को अस्पृश्य इसलिए माना जाता है कि वे जानवरों को मारते हैं और मांस, रक्त, हड्डियां और मैला आदि छूते हैं, तब तो हर एक नर्स और डॉक्टर को भी अस्पृश्य माना जाना चाहिये; और इसी तरह मुसलमानों, ईसाइयों और तथाकथित ऊंचे वर्गों के उन हिन्दुओं को भी अस्पृश्य माना जाना चाहिये, जो आहार अथवा बलि के लिए जानवरों की हत्या करते हैं। कसाईखाने, शराब की दुकानें, वेश्यालय आदि बस्ती से अलग होते हैं या होने चाहिये, इसलिए अस्पृश्यों को भी समाज से दूर और अलग रखा जाना चाहिये—यह दलील अस्पृश्यों के खिलाफ लोगों के मन में चले आ रहे उत्कट पूर्वाग्रह को ही बताती है। कसाईखाने और ताड़ी-शराब की दुकानें आदि जरूर बस्ती से दूर तथा अलग होते हैं और होने चाहिये। लेकिन कसाइयों और ताड़ी अथवा शराब के विक्रेताओं को शेष समाज से अलग नहीं रखा जाता।[4]

हम आन्तरिक प्रलोभनों तथा मोह में लिप्त हैं और अत्यंत अस्पृश्य और पापपूर्ण विचारों के प्रवाह हमारे मन में चलते हैं और उसे कलुषित करते हैं। हमें समझना चाहिये कि हमारी कसौटी हो रही है। ऐसी स्थिति में हम अभिमान के आवेश में अपने उन भाइयों के स्पर्श के प्रभाव के बारे में, जिन्हें हम अक्सर अज्ञानवश और ज्यादातर तो दुरभिमान के कारण अपने से नीचा समझते हैं, अत्युक्ति न करें। भगवान के दरबार में हमारी अच्छाई-बुराई का निर्णय इस बात से नहीं किया जायेगा कि हम क्या खाते-पीते रहे हैं या कि हमें किस-किसने छुआ है; उसका निर्णय तो इस आधार पर किया जायेगा कि हमने किन-किन की

सेवा की है और किस तरह की है। यदि हमने एक भी दीन-दुखी आदमी की सेवा की होगी, तो हमें भगवान की कृपादृष्टि प्राप्त होगी।... अमुक वस्तुएं न खाने की बात का उपयोग हम कपट-जाल, पाखण्ड और उससे भी अधिक पापपूर्ण कार्यों को छिपाने के लिए नहीं कर सकते। इस आशंका से कि कहीं उनका स्पर्श हमारी आध्यात्मिक उन्नति में बाधक न हो, हम किसी पतित अथवा गंदी रहन-सहन वाले भाई-बहन की सेवा से इनकार नहीं कर सकते।[5]

भंगी

जिस समाज में भंगी का अलग पेशा माना गया है। वहां कोई बड़ा दोष पैठ गया है, ऐसा मुझे तो बरसों से लगता रहा है। इस जरूरी और तन्दुरुस्ती बढ़ाने वाले काम को सबसे नीच काम पहले-पहल किसने माना, इसका इतिहास हमारे पास नहीं है। जिसने भी माना उसने हम पर उपकार तो नहीं ही किया। हम सब भंगी हैं, यह भावना हमारे मन में बचपन से ही जम जानी चाहिये; और उसका सबसे आसान तरीका यह है कि जो समझ गये हैं वे जात-मेहनत का आरम्भ पाखाना-सफाई से करें। जो समझ-बूझकर ज्ञानपूर्वक यह करेगा, वह उसी क्षण से धर्म को निराले ढंग से और सही तरीके से समझने लगेगा।[6]

जिस समाज में भंगी का अलग पेशा माना गया है। वहां कोई बड़ा दोष पैठ गया है, ऐसा मुझे तो बरसों से लगता रहा है।

प्रारम्भ में अस्पृश्यता स्वच्छता के नियमों में से एक थी और भारत के बाहर दुनिया के कई हिस्सों में आज भी उसका यही रूप है। वह नियम यह है कि चीज गंदी हो गयी हो या आदमी किसी कारण गंदा हो गया हो तो उसे छूना नहीं चाहिये, लेकिन ज्यों ही उसका गंदापन दूर हो जाय या कर दिया जाय त्यों ही उसे छू सकते हैं। इसलिए भंगी काम करने वाले व्यक्ति—फिर चाहे वह भंगी हो जिसे कि उस काम का पैसा मिलता है या मां हो जिसे अपने इस काम का कोई पैसा नहीं मिलता—तब तक गंदे और अस्पृश्य माने जायेंगे, जब तक वे नहा-धोकर इस गंदगी को दूर नहीं कर देते। इसलिए भंगी

प्रारम्भ में अस्पृश्यता स्वच्छता के नियमों में से एक थी और भारत के बाहर दुनिया के कई हिस्सों में आज भी उसका यही रूप है। वह नियम यह है कि चीज गंदी हो गयी हो या आदमी किसी कारण गंदा हो गया हो तो उसे छूना नहीं चाहिये, लेकिन ज्यों ही उसका गंदापन दूर हो जाय या कर दिया जाय त्यों ही उसे छू सकते हैं।

हमेशा के लिए अस्पृश्य न माना जाय, बल्कि उसे हम अपना भाई मानें। वह समाज की एक ऐसी सेवा करता है, जिसमें उसका शरीर गंदा हो जाता है; हमें चाहिये कि हम उसे इस गंदगी को साफ करने का मौका दें, बल्कि उस कार्य में उसकी सहायता करें और फिर उसे समाज के किसी भी सदस्य की तरह स्वीकार करें।[7]

62

भारत में धार्मिक सहिष्णुता

हिन्दू धर्म

मैं जितने धर्मों को जानता हूं उन सब में हिन्दू धर्म सबसे अधिक सहिष्णु है। इसमें कट्टरता का जो अभाव है वह मुझे बहुत पसन्द आता है, क्योंकि इससे उसके अनुयायी को आत्माभिव्यक्ति के लिए अधिक-से-अधिक अवसर मिलता है। हिन्दू धर्म एकांगी धर्म न होने के कारण उसके अनुयायी न सिर्फ अन्य सब धर्मों का आदर कर सकते हैं, परन्तु दूसरे धर्मों में जो कुछ अच्छाई हो उसकी प्रशंसा भी कर सकते हैं और उसे हजम भी कर सकते हैं। अहिंसा सब धर्मों में समान है। परन्तु हिन्दू धर्म में वह सर्वोच्च रूप में प्रगट हुई है और उसका प्रयोग भी हुआ है। (मैं जैन धर्म या बौद्ध धर्म को हिन्दू धर्म से अलग नहीं मानता।) हिन्दू धर्म न केवल मनुष्य मात्र की बल्कि प्राणीमात्र की एकता में विश्वास रखता है। मेरी राय में गाय की पूजा करके उसने दयाधर्म के विकास में अद्‌भुत सहायता की है। यह प्राणीमात्र की एकता में और इसलिए पवित्रता में विश्वास रखने का व्यावहारिक प्रयोग है। पुनर्जन्म की महान धारणा इस विश्वास का सीधा परिणाम है। अन्त में वर्णाश्रम धर्म का आविष्कार सत्य की निरन्तर शोध का भव्य परिणाम है।[1]

बौद्ध धर्म

मेरा दृढ़ मत है कि बौद्ध धर्म या बुद्ध की शिक्षा का पूरा परिणत विकास भारत में ही हुआ; इससे भिन्न कुछ हो भी नहीं सकता था, क्योंकि गौतम स्वयं एक श्रेष्ठ हिन्दू ही तो थे। वे हिन्दू धर्म में जो कुछ उत्तम है उससे ओतप्रोत थे और उन्होंने अपना जीवन कतिपय ऐसी शिक्षाओं की शोध और प्रसार के लिए दिया, जो वेदों में छिपी पड़ी थीं और जिन्हें समय की काई ने ढक दिया था।... बुद्ध ने हिन्दू धर्म का कभी त्याग नहीं किया; उन्होंने तो उसके आधार का विस्तार किया। उन्होंने उसे नया जीवन और नया अर्थ दिया।[2]

बेशक, उन्होंने इस धारणा को अस्वीकार कर दिया था कि ईश्वर नामधारी कोई प्राणी द्वेषवश काम करता है, अपने कर्मों पर पश्चात्ताप कर सकता है, पार्थिव राजाओं की तरह वह भी प्रलोभनों और रिश्वतों में फंस सकता है और उसका कृपापात्र बना जा सकता है। उनकी सारी आत्मा ने इस विश्वास के विरुद्ध प्रबल विद्रोह किया था कि ईश्वर नामधारी प्राणी को अपने ही पैदा किये हुए जीवित प्राणियों का ताजा खून अच्छा लगता है और इससे वह प्रसन्न होता है। इसलिए बुद्ध ने ईश्वर को फिर से उसके उचित स्थान पर बिठा दिया और जिस अनधिकारी ने उस सिंहासन को हस्तगत कर लिया था उसे पदभ्रष्ट कर दिया। उन्होंने जोर देकर पुनः इस बात की घोषणा की कि इस विश्व का नैतिक शासन शाश्वत है और अपरिवर्तनीय है। उन्होंने निःसंकोच यह कहा कि नियम ही ईश्वर है।[3]

ईसाई धर्म

मैं यह नहीं मान सकता कि केवल ईसा में ही देवांश था। उनमें उतना ही दिव्यांश था जितना कृष्ण, राम, मुहम्मद या जरथुस्त्र में था। इसी तरह जैसे मैं वेदों या कुरान के प्रत्येक शब्द को ईश्वर-प्रेरित नहीं मानता, वैसे ही बाइबल के प्रत्येक शब्द को भी ईश्वर-प्रेरित नहीं मानता। बेशक, इन पुस्तकों की समस्त वाणी ईश्वर-प्रेरित है, परन्तु अलग-अलग वस्तुओं को देखने पर उनमें से अनेकों में मुझे ईश्वर-प्रेरणा नहीं मिलती। मेरे लिए बाइबल उतनी ही आदरणीय धर्म-पुस्तक है, जितनी गीता और कुरान है।[4]

यह मेरी पक्की राय है कि आज का यूरोप न तो ईश्वर की भावना का प्रतिनिधि है, न ईसाई धर्म की भावना का, बल्कि शैतान की भावना का प्रतीक है। और शैतान की सफलता तब सब से अधिक होती है, जब वह अपनी जबान पर खुदा का नाम लेकर सामने आता है। यूरोप आज नाममात्र को ही ईसाई है। वह सचमुच धन की पूजा कर रहा है। 'ऊंट के लिए सुई की नोक में होकर निकलना आसान है, मगर किसी धनवान का स्वर्ग में जाना मुश्किल है।' ईसा मसीह ने यह बात ठीक ही कही थी। उनके तथाकथित अनुयायी अपनी नैतिक प्रगति को अपनी धन-दौलत से ही नापते हैं।[5]

इस्लाम

अवश्य ही मैं इस्लाम को उसी अर्थ में शांति का धर्म मानता हूं, जिस अर्थ में ईसाई, बौद्ध और हिन्दू धर्म शांति के धर्म हैं। बेशक, मात्रा का फर्क है, परन्तु इन सब धर्मों का उद्देश्य शांति ही है।[6]

भारत की राष्ट्रीय संस्कृति के लिए इस्लाम की विशेष देन तो यह है कि वह एक ईश्वर में शुद्ध विश्वास रखता है और जो लोग उसके दायरे के भीतर हैं उनके लिए व्यवहार में वह मानव-भ्रातृत्व के सत्य को लागू करता है। इन्हें मैं इस्लाम की दो विशेष देनें मानता हूं, क्योंकि हिन्दू धर्म में भ्रातृभाव बहुत अधिक दार्शनिक बन गया है। इसी तरह दार्शनिक हिन्दू धर्म में ईश्वर के सिवा और कोई देवता नहीं है, फिर भी इससे इनकार नहीं किया जा सकता कि व्यावहारिक हिन्दू धर्म इस मामले में इतना कट्टर और दृढ़ आग्रह नहीं रखता जितना इस्लाम रखता है।[7]

मैं ऐसी आशा नहीं करता हूं कि मेरे सपनों के आदर्श भारत में केवल एक ही धर्म रहेगा, यानी वह संपूर्णतः हिन्दू या ईसाई या मुसलमान बन जायेगा। मैं तो यह चाहता हूं कि वह पूर्णतः उदार और सहिष्णु बने और उसके सब धर्म साथ-साथ चलते रहें।[8]

मूर्तिपूजा

हम सब मूर्तिपूजक हैं। अपने आध्यात्मिक विकास के लिए और ईश्वर में अपने विश्वास को दृढ़ करने के लिए हमें मन्दिरों, मसजिदों, गिरजाघरों आदि की जरूरत महसूस होती है। अपने मन में ईश्वर के प्रति भक्तिभाव प्रेरित करने के लिए लोगों को पत्थर या धातु की मूर्तियां चाहिये, कुछ को वेदी चाहिये, तो कुछ को किताब या तस्वीर चाहिये।[9]

मंदिर, मसजिद या गिरजाघर... ईश्वर के इन विभिन्न निवास-स्थानों में मैं कोई फर्क नहीं करता। मनुष्य की श्रद्धा ने उनका निर्माण किया हे और उसने उन्हें जो माना है वही वे हैं। वे मनुष्य की किसी तरह 'अदृश्य शक्ति' तक पहुंचने की आकांक्षा के परिणाम हैं।[10]

मेरे खयाल से मूर्ति-पूजक और मूर्ति-भंजक शब्दों का जो सच्चा अर्थ है उस अर्थ में मैं दोनों ही हूं। मैं मूर्तिपूजा की भावना की कद्र करता हूं। इसका मानव-जाति के उत्थान में अत्यन्त महत्त्वपूर्ण भाग रहता है। और मैं चाहूंगा कि मुझमें हमारे देश को पवित्र करने वाले हजारों पावन देवालयों की रक्षा अपने प्राणों की बाजी लगाकर भी करने का सामर्थ्य हो।... मैं मूर्ति-भंजक इस अर्थ में हूं कि

> *मेरे खयाल से मूर्ति-पूजक और मूर्ति-भंजक शब्दों का जो सच्चा अर्थ है उस अर्थ में मैं दोनों ही हूं। मैं मूर्तिपूजा की भावना की कद्र करता हूं।... मैं मूर्ति-भंजक इस अर्थ में हूं कि कट्टरता के रूप में मूर्ति-पूजा का जो सूक्ष्म रूप प्रचलित है उसे मैं तोड़ता हूं।*

कट्टरता के रूप में मूर्ति-पूजा का जो सूक्ष्म रूप प्रचलित है उसे मैं तोड़ता हूं। ऐसी कट्टरता रखने वाले को अपने ही ढंग के सिवा और किसी भी रूप में ईश्वर की पूजा करने में कोई अच्छाई नजर नहीं आती। मूर्तिपूजा का यह रूप अधिक सूक्ष्म होने के कारण पूजा के उस ठोस और स्थल रूप से अधिक घातक है, जिसमें ईश्वर को पत्थर के एक छोटे-से टुकड़े के साथ या सोने की मूर्ति के साथ एक समझ लिया जाता है।[11]

जब हम किसी पुस्तक को पवित्र समझकर उसका आदर करते हैं, तो हम मूर्ति की पूजा ही करते हैं। पवित्रता या पूजा के भाव से मंदिरों या मसजिदों में जाने का भी वही अर्थ है। लेकिन इन सब बातों में मुझे कोई हानि नहीं दिखाई देती। उलटे, मनुष्य की बुद्धि सीमित है, इसलिए वह और कुछ कर ही नहीं सकता। ऐसी हालत में वृक्षपूजा में कोई मौलिक बुराई या हानि दिखाई देने के बजाय मुझे तो इसमें एक गहरी भावना और काव्यमय सौन्दर्य ही दिखाई देता है। वह समस्त वनस्पति-जगत के लिए सच्चे पूजाभाव का प्रतीक है। वनस्पति-जगत तो सुन्दर रूपों और आकृतियों का अनन्त भण्डार है; उनके द्वारा वह मानो असंख्य जिह्वाओं से ईश्वर की महानता और गौरव की घोषणा करता है। वनस्पति के बिना इस पृथ्वी पर जीवधारी एक क्षण के लिए भी नहीं रह सकते। इसलिए ऐसे देश में, जहां खास तौर पर पेड़ों की कमी है, वृक्षपूजा का एक गहरा आर्थिक महत्त्व हो जाता है।[12]

63

धर्म-परिवर्तन

मेरी हिन्दू धर्मवृत्ति मुझे सिखाती है कि थोड़े या बहुत अंशों में सभी धर्म सच्चे हैं। सबकी उत्पत्ति एक ही ईश्वर से हुई है, परन्तु सब धर्म अपूर्ण हैं; क्योंकि वे अपूर्ण मानव-माध्यम के द्वारा हम तक पहुंचे हैं। सच्चा शुद्धि का आन्दोलन यह होना चाहिये कि हम सब अपने अपने धर्म में रहकर पूर्णता प्राप्त करने का प्रयत्न करें। इस प्रकार की योजना में एकमात्र चरित्र ही मनुष्य की कसौटी होगा। अगर एक बाड़े से निकलकर दूसरे में चले जाने से कोई नैतिक उत्थान न होता हो तो जाने से क्या लाभ? शुद्धि या तबलीग का फलितार्थ ईश्वर की सेवा ही होना

सबकी उत्पत्ति एक ही ईश्वर से हुई है, परन्तु सब धर्म अपूर्ण हैं; क्योंकि वे अपूर्ण मानव-माध्यम के द्वारा हम तक पहुंचे हैं।

चाहिये। इसलिए मैं ईश्वर की सेवा के खातिर यदि किसी का धर्म बदलने की कोशिश करूं तो उसका क्या अर्थ होगा, जब मेरे ही धर्म को मानने वाले रोज अपने कर्मों से ईश्वर का इनकार करते हैं? दुनियावी बातों के बनिस्बत धर्म के मामलों में यह कहावत अधिक लागू होती है कि 'वैद्यजी, पहले अपना इलाज कीजिये।'[1]

मैं धर्म-परिवर्तन की आधुनिक पद्धति के खिलाफ हूं। दक्षिण अफ्रीका में और भारत में लोगों का धर्म-परिवर्तन जिस तरह किया जाता है, उसके अनेक वर्षों के अनुभव से मुझे इस बात का निश्चय हो गया है कि उससे नये ईसाइयों की नैतिक भावना में कोई सुधार नहीं होता; वे यूरोपीय सभ्यता की ऊपरी बातों की नकल करने लगते हैं, किन्तु ईसा की मूल शिक्षा से अछूते ही रहते हैं। मैं सामान्यत: जो परिणाम आता है उसी की बात कर रहा हूं; इस नियम के कुछ उत्तम अपवाद तो होते ही हैं। दूसरी ओर ईसाई मिशनरियों के प्रयत्न से भारत को अप्रत्यक्ष प्रकार का लाभ बहुत हुआ है। उसने हिन्दुओं और मुसलमानों को अपने-अपने धर्म की शोध करने के लिए उत्साहित किया है। उसने हमें अपने घर को साफ-सुथरा और व्यवस्थित बनाने के लिए मजबूर किया है। ईसाई मिशनरियों द्वारा चलायी जाने वाली शिक्षा-संस्थाओं तथा अस्पतालों आदि को भी मैं अप्रत्यक्ष लाभों में गिनता हूं, क्योंकि उनकी स्थापना शिक्षा-प्रचार या स्वास्थ्य-संवर्धन के लिए नहीं, बल्कि धर्म-परिवर्तन की उनकी मुख्य प्रवृत्ति के सहायक साधन के रूप में ही हुई है।[2]

मेरी राय में मानव-दया के कार्यों की आड़ में धर्म-परिवर्तन करना कम-से-कम अहितकर तो है ही। अवश्य ही यहां के लोग इसे नाराजी की दृष्टि से देखते हैं। आखिर तो धर्म एक गहरा व्यक्तिगत मामला है, उसका सम्बन्ध हृदय से है। कोई ईसाई डॉक्टर मुझे किसी बीमारी से अच्छा कर दे तो मैं अपना धर्म क्यों बदल लूं, या जिस समय मैं उसके असर में रहूं तब वह डॉक्टर मुझसे इस तरह के परिवर्तन की आशा क्यों रखे या ऐसा सुझाव क्यों दे? क्या डॉक्टरी सेवा अपने-आप में ही एक पारितोषिक और संतोष नहीं है? या जब मैं किसी ईसाई शिक्षा-संस्था में शिक्षा लेता होऊं तब मुझ पर ईसाई शिक्षा क्यों थोपी जाय? मेरी राय में ये बातें ऊपर उठाने वाली नहीं हैं, और अगर भीतर-ही-भीतर शत्रुता पैदा नहीं करतीं तो भी सन्देह अवश्य उत्पन्न करती हैं। धर्म-परिवर्तन के तरीके ऐसे होने चाहिये, जिन पर सीजर की पत्नी की तरह किसी को कोई शक न हो सके। धर्म की शिक्षा लौकिक विषयों की तरह नहीं दी जाती। वह हृदय की भाषा में दी जाती है। अगर किसी आदमी में जीता-जागता धर्म है तो उसकी सुगन्ध गुलाब के फूल की तरह अपने-आप फैलती है। सुगन्ध दिखाई नहीं देती, इसलिए फूल

की पंखुड़ियों के रंग की प्रत्यक्ष सुन्दरता से उसकी सुगन्ध का प्रभाव अधिक व्यापक होता है।

मैं धर्म-परिवर्तन के विरुद्ध नहीं हूं, परन्तु मैं उसके आधुनिक उपायों के विरुद्ध हूं। आजकल और बातों की तरह धर्म-परिवर्तन ने भी एक व्यापार का रूप ले लिया है। मुझे ईसाई धर्म-प्रचारकों की एक रिपोर्ट पढ़ी हुई याद है, जिसमें बताया गया था कि प्रत्येक व्यक्ति का धर्म बदलने में कितना खर्च हुआ, और फिर 'अगली फसल' के लिए बजट पेश किया गया था।

हां, मेरी यह राय जरूर है कि भारत के महान धर्म उसके लिए सब तरह से काफी हैं। ईसाई और यहूदी धर्म के अलावा हिन्दू धर्म और उसकी शाखायें, इस्लाम और पारसी धर्म सब सजीव धर्म हैं। दुनिया में कोई भी एक धर्म पूर्ण नहीं है। सभी धर्म उनके मानने वालों के लिए समान रूप से प्रिय हैं। इसलिए जरूरत संसार के महान धर्मों के अनुयायियों में सजीव और मित्रतापूर्ण संपर्क स्थापित करने की है, न कि हर सम्प्रदाय द्वारा दूसरे धर्मों की अपेक्षा अपने धर्म की श्रेष्ठता जताने की व्यर्थ कोशिश करके आपस में संघर्ष पैदा करने की। ऐसे मित्रतापूर्ण संबंध के द्वारा हमारे लिए अपने-अपने धर्मों की कमियां और बुराइयां दूर करना संभव होगा।

मैंने ऊपर जो कुछ कहा है उससे यह निष्कर्ष निकलता है कि जिस प्रकार का धर्म-परिवर्तन मेरी दृष्टि में है उसकी हिन्दुस्तान में जरूरत नहीं है। आज की सबसे बड़ी आवश्यकता यह है कि आत्मशुद्धि, आत्म-साक्षात्कार के अर्थ में धर्म-परिवर्तन किया जाय। परन्तु धर्म-परिवर्तन करने वालों का यह हेतु कभी नहीं होता। जो भारत का धर्म-परिवर्तन करना चाहते हैं, उनसे क्या यह नहीं कहा जा सकता कि 'वैद्यजी, आप अपना ही इलाज कीजिये?'[3]

कोई ईसाई किसी हिन्दू को ईसाई धर्म में लाने की या कोई हिन्दू किसी ईसाई को हिन्दू धर्म में लाने की इच्छा क्यों रखे? वह हिन्दू यदि सज्जन है या भगवद्-भक्त है, तो उक्त ईसाई को इसी बात से संतोष क्यों नहीं हो जाना चाहिये। यदि मनुष्य का नैतिक आचार कैसा है इस बात की परवाह न की जाय, तो फिर पूजा की पद्धति-विशेष—वह पूजा गिरजाघर, मसजिद या मंदिर में कहीं भी क्यों न की जाय—एक निरर्थक कर्मकांड ही होगी। इतना ही नहीं, वह व्यक्ति या समाज की उन्नति में बाधारूप भी हो सकती है और पूजा की अमुक पद्धति के पालन का अथवा अमुक धार्मिक सिद्धांत के उच्चारण का आग्रह हिंसापूर्ण लड़ाई-झगड़ों का एक बड़ा कारण बन सकता है। ये लड़ाई-झगड़े आपसी रक्तपात की ओर ले जाते हैं और इस तरह उनकी परिसमाप्ति मूल धर्म में यानी ईश्वर में ही घोर अश्रद्धा के रूप में होती है।[4]

64

शासन-सम्बन्धी समस्यायें

मुझे डर है कि अगले कई वर्षों तक दबी हुई और गिरी हुई जनता को दुःख और गरीबी के कीचड़ से उठाने के लिए आवश्यक कानून-कायदे बनाने का कार्य करते रहना होगा। इस कीचड़ में उसे एक हद तक तो पूंजीपतियों, जमींदारों और तथाकथित उच्च वर्गों ने और बाद में ब्रिटिश शासकों ने फंसाया है; अलबत्ता, ब्रिटिश शासकों ने अपना यह काम बहुत वैज्ञानिक रीति से किया है। अगर हमें इस जनता का उसकी इस दुरवस्था से उद्धार करना है, तो अपना घर सुव्यवस्थित करने की दृष्टि से भारत की राष्ट्रीय सरकार का यह कर्त्तव्य होगा कि वह लगातार उसको ही तरजीह देती रहे और जिन बोझों के भार से उसकी कमर टूटी जा रही है उनसे उसे मुक्त भी कर दे। और यदि जमींदारों को, अमीरों को और उन लोगों को जो आज विशेषाधिकार भोग रहे हैं—वे यूरोपीय हों या भारतीय—ऐसा मालूम हो कि उनके साथ निष्पक्षता का व्यवहार नहीं हो रहा है, तो मैं उनसे सहानुभूति रखूंगा। लेकिन मैं उनकी कोई सहायता नहीं कर सकूंगा। क्योंकि मैं तो इस प्रयत्न में उनकी मदद चाहूंगा और सच तो यह है कि उनकी मदद के बिना इस जनता का उद्धार करना सम्भव ही नहीं होगा।

इसलिए धन या अधिकारों के रूप में जिनके पास कोई सम्पत्ति है उनके तथा जिनके पास ऐसी कोई सम्पत्ति नहीं है उन गरीबों के बीच संघर्ष तो अवश्य होगा; और यदि इस संघर्ष का भय रखा जाता हो और सब वर्ग मिलकर करोड़ों बेजुबान लोगों के सिर पर पिस्तौल तानकर ऐसा कहना चाहते हों कि तुम लोगों को तुम्हारी अपनी सरकार तब तक नहीं मिलेगी, जब तक कि तुम इस बात का आश्वासन नहीं देते कि हमारी सम्पत्ति और हमारे अधिकारों को कोई आंच नहीं आयेगी, तब तो मुझे लगता है कि राष्ट्रीय सरकार का निर्माण ही नहीं हो सकता।[1]

गवर्नर

...इसके बावजूद कि लोगों की तिजोरी की कौड़ी-कौड़ी को बचाना मुझे बहुत पसन्द है, पैसे की बचत के लिए प्रान्तीय गवर्नरों की संस्था को एकदम उड़ा देना सही अर्थशास्त्र नहीं होगा। गवर्नरों को दखल देने का बहुत अधिकार देना ठीक नहीं है। वैसे ही उनको सिर्फ शोभा के लिए पुतला बना देना भी ठीक नहीं होगा। मंत्रियों के काम को दुरुस्त करने का अधिकार उन्हें होना चाहिये। सूबे की

खटपट से अलग होने के कारण भी वे सूबे का कारबार ठीक तरह से देख सकेंगे और मंत्रियों को गलतियों से बचा सकेंगे। गवर्नर लोग अपने-अपने सूबों की नीति के रक्षक होने चाहिये।[2]

मंत्रीगण

अगर कांग्रेस को लोकसेवा की ही संस्था रहना है, तो मंत्री 'साहब लोगों' की तरह नहीं रह सकते और न सरकारी साधनों का उपयोग निजी कामों के लिए ही कर सकते हैं।[3]

भाई-भतीजावाद

पद-ग्रहण से यदि पद का सदुपयोग किया जाय तो कांग्रेस की प्रतिष्ठा बढ़ेगी और यदि उसका दुरुपयोग होगा तो वह अपनी पुरानी प्रतिष्ठा भी खो देगी। यदि दूसरे परिणाम से बचना हो तो मंत्रियों और विधान-सभा के सदस्यों को अपने वैयक्तिक और सार्वजनिक आचरण की जांच करते रहना होगा। उन्हें, जैसा अंग्रेजी लोकोक्ति में कहा जाता है, सीजर को पत्नी की तरह अपने प्रत्येक व्यवहार में सन्देह से परे होना चाहिये। वे अपने पद का उपयोग अपने या अपने रिश्तेदारों अथवा मित्रों के लाभ के लिए नहीं कर सकते। अगर रिश्तेदारों या मित्रों की नियुक्ति किसी पद पर होती है, तो उसका कारण यही होना चाहिये कि उस पद के तमाम उम्मीदवारों में वे सबसे ज्यादा योग्य हैं और बाजार में उनका मूल्य उस सरकारी पद से उन्हें जो कुछ मिलेगा उससे कहीं ज्यादा है। मंत्रियों और कांग्रेस के टिकट पर चुने गये विधान-सभा के सदस्यों को अपने कर्त्तव्य के पालन में निर्भय होना चाहिये। उन्हें हमेशा ही अपना स्थान या पद खोने के लिए तैयार रहना चाहिये। विधान-सभाओं की सदस्यता या उसके आधार पर मिलने वाले पद का एकमात्र मूल्य यही है कि वह सम्बन्धित व्यक्तियों को कांग्रेस की प्रतिष्ठा और ताकत बढ़ाने की योग्यता प्रदान करता है; इससे अधिक मूल्य उसका नहीं है। और चूंकि ये दोनों चीजें पूरी तरह वैयक्तिक और सार्वजनिक नीतिमत्ता पर निर्भर हैं, इसलिए सम्बन्धित व्यक्तियों की प्रत्येक नैतिक त्रुटि से कांग्रेस को हानि होगी।[4]

कर-निर्धारण

मंत्रि-मंडल धारासभा के सदस्यों के मातहत रहकर काम करता है। उनकी इजाजत के बिना वह कुछ कर नहीं सकता। और हर एक मेम्बर अपने वोटरों के यानी लोकमत के अधीन है। चुनांचे उसके हर एक काम पर गहराई के साथ

सोचने के बाद ही उसका विरोध करना मुनासिब होगा। आम लोगों की एक खराब आदत पर भी इस सिलसिले में गौर किया जाना चाहिये। टैक्स चुकाने वाले को टैक्स के नाम से नफरत होती है। फिर भी जहां अच्छा इन्तजाम है वहां अक्सर यह दिखाया जा सकता है कि टैक्स देने वाला खुद टैक्स या कर के रूप में जो कुछ देता है, उसका पूरा-पूरा मुआवजा उसे मिल जाता है। शहरों में पानी पर वसूल किया जाने वाला टैक्स इसी ढंग का है। शहर में जिस दर से मुझे पानी मिलता है, उस दर में मैं अपनी जरूरत का पानी खुद पैदा नहीं कर सकता। मतलब यह है कि पानी मुझे सस्ता पड़ता है। उसकी यह दर मुझे अपनी यानी वोटरों की इच्छा के मुताबिक तय करनी पड़ती है। तिस पर भी जब पानी का टैक्स जमा करने की नौबत आती है, तब आम शहरियों में उसके खिलाफ एक नफरत-सी पैदा हो जाती है। वही हाल दूसरे टैक्सों का भी है। यह सच है कि सभी तरह के टैक्सों का ऐसा सीधा हिसाब नहीं किया जा सकता। जैसे-जैसे समाज का और उसकी सेवा का दायरा बढ़ता जाता है, वैसे-वैसे यह बताना मुश्किल हो जाता है कि टैक्स चुकाने वाले को उसका सीधा मुआवजा किस तरह मिलता है। लेकिन इतना जरूर कहा जा सकता है कि समाज पर जो एक खास कर या टैक्स बैठाया जाता है, उसका समाज को पूरा-पूरा मुआवजा मिलता ही है। अगर ऐसा न होता हो तो जरूर ही यह कहा जा सकता है कि वह समाज लोकमत की बुनियाद पर नहीं चल रहा है।[5]

अपराध और उसका दण्ड

अहिंसा की नीति पर चलने वाले आजाद भारत में अपराध तो होते रहेंगे, लेकिन उन्हें करने वालों के साथ अपराधियों जैसा व्यवहार नहीं किया जायेगा। उन्हें दण्ड नहीं दिया जायेगा। दूसरी व्याधियों की तरह अपराध भी एक बीमारी है और प्रचलित समाज-व्यवस्था की उपज है। इसलिए सारे अपराधों का, जिनमें हत्या भी शामिल है, बीमारियों की तरह इलाज किया जायेगा। भारत इस मंजिल तक कभी पहुंचेगा कि नहीं, यह एक अलग सवाल है।[6]

आजाद हिन्दुस्तान में कैदियों के जेल कैसे हों? बहुत समय से मेरी यह राय रही है कि सारे अपराधियों के साथ बीमारों-जैसा बरताव किया जाय और जेल उनके अस्पताल हों, जहां इस वर्ग के बीमार इलाज के लिए भरती किये जायं। कोई आदमी अपराध इसलिए नहीं करता कि ऐसा करने में उसे मजा आता है। अपराध उसके रोगी दिमाग की निशानी है। जेल में ऐसी किसी खास बीमारी के कारणों का पता लगाकर उन्हें दूर करना चाहिये। जब अपराधियों के जेल उनके अस्पताल बन जायेंगे, तब उनके लिए आलीशान इमारतों की जरूरत नहीं होगी।

कोई भी देश यह नहीं कर सकता। तब हिन्दुस्तान जैसा गरीब देश तो अपराधियों के लिए बड़ी-बड़ी इमारतें कहां से बनावे? लेकिन जेल के कर्मचारियों की दृष्टि अस्पताल के डॉक्टरों और नर्सों-जैसी होनी चाहिये। कैदियों को महसूस होना चाहिये कि जेल के अफसर उनके दोस्त हैं। अफसर वहां इसलिए हैं कि वे अपराधियों को फिर से दिमागी तन्दुरुस्ती हासिल करने में मदद करें। उनका काम अपराधियों को किसी तरह सताने का नहीं है। लोकप्रिय सरकारों को इसके लिए जरूरी हुक्म निकालने होंगे। लेकिन इस बीच जेल के कर्मचारी अपने बन्दोबस्त को इन्सानियत भरा बनाने के लिए बहुत कुछ कर सकते हैं।

कैदियों का कया फर्ज है? पहले कैदी रह चुकने के नाते मैं अपने साथी कैदियों को सलाह दूंगा कि वे जेल में आदर्श कैदियों-जैसा बरताव करें। उन्हें जेल के अनुशासन को तोड़ने से बचना चाहिये। जो भी काम उन्हें सौंपा जाय, उसमें उन्हें अपना दिल और आत्मा, दोनों लगा देने चाहिये। मिसाल के लिए, कैदी अपना खाना खुद पकाते हैं। उन्हें चावल, दाल या दूसरे मिलने वाले अनाज को साफ करना चाहिये, ताकि उसमें कंकड़, रेत, भूसी या कीड़े न रह जायं। कैदियों को अपनी सारी शिकायतें जेल के अधिकारियों के सामने उचित ढंग से रखनी चाहिये। उन्हें अपने छोटे से समाज में ऐसा काम करना चाहिये कि जेल छोड़ते समय वे जैसे आये थे उससे ज्यादा अच्छे आदमी बनकर जायें।[7]

वयस्क मताधिकार

मैं वयस्क मताधिकार का हिमायती हूं।... वयस्क मताधिकार अनेक कारणों से जरूरी है। और उसके पक्ष में जो निर्णायक कारण दिये जा सकते हैं, उनमें से एक यह है कि वह मुझे न सिर्फ मुसलमानों की बल्कि तथाकथित अस्पृश्यों, ईसाइयों और सभी वर्गों के मेहनत-मजदूरी करके रोजी कमाने वालों की उचित आकांक्षाओं को संतुष्ट करने का सामर्थ्य देता है। मैं इस विचार को बरदाश्त ही नहीं कर सकता कि ऐसे किसी आदमी को, जो चरित्रवान है किन्तु जिसके पास धन या अक्षर-ज्ञान नहीं है, मताधिकार न दिया जाय; या कि कोई आदमी, जो ईमानदारी के साथ शरीर-श्रम करके रोजी कमाता है, महज गरीब होने के अपराध के कारण मताधिकार से वंचित रहे।[8]

मृत्यु-कर

किसी आदमी के पास अत्यधिक धन का होना और देशों की अपेक्षा हमारे देश में ज्यादा निंदनीय माना जाना चाहिये। मैं तो कहूंगा कि वह भारतीय मानव-समाज के खिलाफ किया जाने वाला गुनाह है। इसलिए एक नियत राशि के ऊपर

जितना धन हो उस पर कितना कर लगाया जाय, इसकी उच्चतम सीमा आ ही नहीं सकती। मुझे मालूम हुआ है कि इंग्लैण्ड में नियत राशि के ऊपर होने वाली कमाई का 70 प्रतिशत तक कर के रूप में वसूल करते हैं। कोई कारण नहीं कि भारत इससे भी ज्यादा क्यों न वसूल करे। मृत्यु-कर क्यों नहीं लगाया जाना चाहिये? अमीरों के जिन लड़कों को वयस्क हो जाने पर भी बाप-दादों के धन की विरासत मिलती है, उनकी इस प्राप्ति से सचमुच तो हानि ही होती है। इस तरह देखें तो राष्ट्र को दोहरा नुकसान होता है। क्योंकि वह विरासत न्याय से तो राष्ट्र को मिलनी चाहिये। राष्ट्र को दूसरा नुकसान यह होता है कि विरासत पाने वाले उत्तराधिकारी की सारी शक्तियां खिलतीं नहीं, प्रकाश में नहीं आतीं। वे धन-सम्पत्ति के बोझ के नीचे कुचल जाती हैं।[9]

कानून द्वारा सुधार

लोग ऐसा सोचते मालूम होते हैं कि किसी बुराई के खिलाफ कानून बना दिया जाय, तो वह अपने-आप निर्मूल हो जाती है। उस सम्बन्ध में और अधिक कुछ करने की आवश्यकता नहीं रहती। लेकिन इससे ज्यादा बड़ी कोई आत्म-वंचना नहीं हो सकती। कानून तो अज्ञान में फंसे हुए या बुरी वृत्ति वाले अल्पसंख्यक लोगों को ध्यान में रखकर यानी उनसे उनकी बुराई छुड़वाने के उद्देश्य से बनाया जाता है और उसी स्थिति में वह कारगर भी होता है। बुद्धिमान और संघटित लोकमत अथवा धर्म की आड़ लेकर दुराग्रही बहुसंख्यक लोग जिस कानून का विरोध करते हैं वह कभी सफल नहीं हो सकता।[10]

पहली चीज तो यह है कि हमारे प्रयत्न में जबरदस्ती या असत्य का लेश भी नहीं होना चाहिये। मेरी नम्र राय में आज तक जबरदस्ती के द्वारा कोई भी महत्त्वपूर्ण सुधार नहीं कराया जा सका है। कारण यह है कि जबरदस्ती के द्वारा ऊपरी सफलता होती दिखाई दे यह तो संभव है, किंतु उससे दूसरी अनेक बुराइयां पैदा हो जाती हैं, जो मूल बुराई से भी ज्यादा हानिकारक सिद्ध होती हैं।[11]

जूरी द्वारा न्याय-विचार की पद्धति

जूरी द्वारा न्याय-विचार की पद्धति से अक्सर न्याय की हानि होती है। सारी दुनिया का इस विषय में यही अनुभव है। लेकिन उसकी इस कमी के बावजूद लोगों ने सब जगह उसे खुशी के साथ स्वीकार किया है। क्योंकि एक तो लोगों में उससे स्वातंत्र्य की भावना का विकास होता है, जो एक महत्त्वपूर्ण लाभ है; और दूसरे, इस समुचित भावना की तृप्ति होती है कि विचार अपने ही जैसे यानी समकक्ष लोगों द्वारा किया जा रहा है।[12]

मैं इस बात को नहीं मानता कि न्यायाधीशों की अपेक्षा जूरी द्वारा न्याय-विचार की पद्धति में ज्यादा लाभ है। हमें... अंग्रेजों की हर एक नीति का अन्धानुकरण नहीं करना चाहिये। जहां सम्पूर्ण निष्पक्षता, समचित्तता, गवाही की छान-बीन करने और मनुष्य-स्वभाव को पहचानने की योग्यता अपेक्षित है, वहां प्रशिक्षित न्यायाधीशों की जगह ऐसी तालीम से शून्य और संयोगवश एकत्र किये गये लोगों को नहीं बिठाया जा सकता। हमारा उद्देश्य यह होना चाहिये कि नीचे से लगाकर ऊपर तक हमारे न्याय-विभाग में ऐसे लोग हों जिनकी न्यायनिष्ठा किसी भी कारण से विचलित न हो, जो सर्वथा निष्पक्ष हों और योग्य हों।[13]

न्यायालय

यदि हमारे मन पर वकीलों का और न्यायालयों का मोह न छाया होता और यदि हमें लुभाकर अदालतों के दलदल में ले जाने वाले तथा हमारी नीच वृत्तियों को उत्साहित करने वाले दलाल न होते, तो हमारा जीवन आज जैसा है उसकी अपेक्षा ज्यादा सुखी होता। जो लोग अदालतों में ज्यादा आते-जाते हैं उनकी यानी उनमें से अच्छे आदमियों की गवाही लीजिये, तो वे इस बात की पुष्टि करेंगे कि अदालतों का वायुमण्डल बिलकुल सड़ा हुआ होता है। दोनों पक्षों की ओर से सौगन्ध खाकर झूठ बोलने वाले गवाह खड़े किये जाते हैं, जो धन या मित्रता के खातिर अपनी आत्मा को बेच डालते हैं।[14]

अब अगर आप कानून या वकालत के पेशे को धार्मिक बनाना चाहते हैं, तो आपके लिए सबसे पहले यह आवश्यक है कि आप अपने इस पेशे को धन बटोरने का नहीं, बल्कि देश-सेवा का एक साधन मानिये। सभी देशों में ऐसे बहुत ही योग्य वकीलों के उदाहरण मिलेंगे, जिन्होंने बहुत बड़े स्वार्थत्याग का जीवन बिताया, अपने कानूनी ज्ञान को देश-सेवा में लगाया, यद्यपि इससे उनके हिस्से में गरीबी-ही-गरीबी पड़ी।... रस्किन ने कहा है, क्यों कोई वकील दो-दो सौ रुपये अपना मेहनताना लेगा, जब कि एक बढ़ई को उतने पैसे भी नहीं मिलते? वकीलों की फीस हर जगह उनके काम के हिसाब से बहुत ज्यादा होती है। दक्षिण अफ्रीका में, इंग्लैण्ड में, बल्कि सभी कहीं मैंने देखा है कि चाहे जान-बूझकर या अनजाने वकीलों को अपने मुवक्किलों के खातिर झूठ बोलना पड़ता है। एक प्रसिद्ध अंग्रेज वकील ने तो यहां तक लिखा है कि अपने मुवक्किलों को अपराधी जानकर भी उसका बचाव करना वकील का धर्म है, कर्त्तव्य है। मेरा मत दूसरा है। वकील का काम तो यह है कि वह हमेशा जजों के आगे सच्ची बातें रख दे, सच की तह तक पहुंचने में उनकी मदद करे। अपराधी को निर्दोष साबित करना उसका काम कभी नहीं है।[15]

साम्प्रदायिक प्रतिनिधित्व

आजाद भारत साम्प्रदायिक प्रतिनिधित्व की प्रणाली को प्रश्रय नहीं दे सकता। किंतु यह भी सही है कि यदि अल्पसंख्यक लोगों पर जबरदस्ती नहीं करना है, तो उसे सभी सम्प्रदायों को पूरा संतोष देना चाहिये।[16]

सैनिक खर्च

हमारे नेता पिछली दो पीढ़ियों से ब्रिटिश शासन के अन्तर्गत होने वाले भारी फौजी खर्च की जोरदार निंदा करते आये हैं। लेकिन अब जब कि हम राजनीतिक गुलामी से आजाद हो गये हैं, हमारा सैनिक खर्च बढ़ गया है और मालूम होता है कि अभी और बढ़ेगा। आश्चर्य यह है कि हमें इसका गर्व है। इस बात के खिलाफ हमारी विधान-सभाओं में एक भी आवाज नहीं उठाई जाती। लेकिन इस पागलपन और पश्चिम की ऊपरी चमक-दमक के निरर्थक अनुकरण के बावजूद मुझ में और अन्य अनेकों में यह आशा बाकी है कि भारत विनाश के इस ताण्डव से सुरक्षित बाहर निकल जायेगा और उस नैतिक ऊंचाई को प्राप्त करेगा, जो सन् 1915 से लगातार 32 वर्ष तक अहिंसा की तालीम—यह तालीम कितनी भी अधूरी क्यों न रही हो—लेने के बाद उसे प्राप्त करनी ही चाहिये।[17]

जलसेना

जलसेना के बारे में तो मैं नहीं जानता। लेकिन यह मैं जरूर जानता हूं कि भावी भारत की स्थलसेना में आज की तरह दूसरे देशों से उनकी स्वतंत्रता छीनने के लिए और भारत को गुलामी के पाश में बांधे रखने के लिए किराये के सैनिक नहीं होंगे। उसकी संख्या बहुत-कुछ घटा दी जायेगी और उसकी रचना देश सेवा के लिए स्वेच्छापूर्वक भरती हुए सैनिकों के आधार पर होगी, जिनका उपयोग देश में ही पुलिस-व्यवस्था के लिए किया जायेगा।[18]

65

प्रान्तों का पुनर्गठन

कांग्रेस ने 20 साल से यह तय कर लिया था कि देश में जितनी बड़ी-बड़ी भाषायें हैं उतने प्रान्त होने चाहिये। कांग्रेस ने यह भी कहा था कि हुकूमत हमारे हाथ में आते ही ऐसे प्रान्त बनाये जायेंगे। वैसे तो आज भी 9 या 10 प्रान्त बने हुए हैं और वे एक केन्द्र के अधीन हैं। इसी तरह से अगर नये प्रान्त बनें और दिल्ली के मातहत

रहें, तब तो कोई हर्ज की बात नहीं। लेकिन वे सब अलग-अलग होकर आजाद हो जायं और एक केन्द्र के अधीन न रहें, तो फिर वह एक निकम्मी बात हो जाती है। अलग-अलग प्रान्त बनने के बाद वे यह न समझ लें कि बम्बई का महाराष्ट्र से कोई सम्बन्ध नहीं, महाराष्ट्र का कर्नाटक से कोई सम्बन्ध नहीं और कर्नाटक का आंध्र से कोई सम्बन्ध नहीं। तब तो हमारा काम बिगड़ जाता है। इसलिए सब आपस में एक-दूसरे को भाई-भाई समझें। इसके अलावा, भाषावार प्रान्त बन जाते हैं, तो प्रान्तीय भाषाओं की भी तरक्की होती है। वहां के लोगों को हिन्दुस्तानी में तालीम देना वाहियात बात है और अंग्रेजी में देना तो और भी वाहियात है।

अब सीमाबन्दी-कमीशनों की बात तो हमें भूल जानी चाहिये। लोग आपस में मिल-जुलकर नक्शे बना लें और उन्हें पंडित जवाहरलाल जी के सामने रख दें। वे हुकूमत की तरफ से उन पर दस्तखत दे देंगे। वास्तव में इसी का नाम तो आजादी है। अगर आप केन्द्रीय सरकार को सीमायें तय करने के लिए कहें, तब तो काम बहुत कठिन हो जायेगा।

अब सीमाबन्दी-कमीशनों की बात तो हमें भूल जानी चाहिये। लोग आपस में मिल-जुलकर नक्शे बना लें और उन्हें पंडित जवाहरलाल जी के सामने रख दें। वे हुकूमत की तरफ से उन पर दस्तखत दे देंगे। वास्तव में इसी का नाम तो आजादी है। अगर आप केन्द्रीय सरकार को सीमायें तय करने के लिए कहें, तब तो काम बहुत कठिन हो जायेगा।[1]

मुझे यह कबूल है कि जो उचित है उसे अब करना चाहिये। बगैर कारण के रुकना ठीक नहीं। इससे नुकसान भी हो सकता है। पाप के साथ हमारा कोई सरोकार नहीं हो सकता।

फिर भी भाषावार सूबों के विभाग में देर होती है उसका कारण है। उसका कारण आज का बिगड़ा हुआ वायुमंडल है। आज हर एक आदमी अपना ही देखता है। मुल्क की ओर जाने वाले, उसका भला सोचने वाले लोग हैं जरूर, लेकिन उनकी सुने कौन? अपनी ओर खींचने वाले लोग शोर मचाते हैं, इसीलिए उनकी बात सब सुनते हैं। दुनिया ऐसी ही है न?

आज भाषावार सूबों का विभाग करने में झगड़े का डर रहता है। उड़िया भाषा को ही लीजिये। उड़ीसा अलग सूबा बन गया है, फिर भी कुछ-न-कुछ खींचातानी रही ही है। एक ओर आंध्र, दूसरी ओर बिहार और तीसरी ओर बंगाल है। कांग्रेस ने तो भाषावार विभाग सन् 1920 में किया। बाकानून विभाग तो उड़िया बोलने वाले सूबे का ही हुआ है। मद्रास के चार विभाग कैसे हों? बम्बई के कैसे हों?

आपस में मिलकर सब सूबे आवें और अपनी हद बना लें, तो बाकानून विभाग आज ही बन सकते हैं। आज हुकूमत क्या यह बोझ उठा सकती है? कांग्रेस की जो ताकत 1920 में थी वह क्या आज है? आज क्या उसकी चलती है?

आज तो दूसरे हकदार भी पैदा हो गये हैं। ऐसे मौके पर हिन्दुस्तान बेहाल-सा लगता है। आज तो संप (मेल) के बदले मौत है। जब कौमी झगड़े बन्द होंगे तक हम समझ सकेंगे कि सब ठीक हुआ है। ऐसी हालत में भाषावार विभाग लोग आपस में मिलकर कर लें, तो कानून आसान होगा अन्यथा शायद नहीं।[2]

ऐसा लगता है कि अगर यूनियन के सारे सूबों को हर दिशा में एक-सी तरक्की करनी हो, तो हर सूबे की नौकरियां, पूरे हिन्दुस्तान की तरक्की के खयाल से, ज्यादातर वहां के रहने वालों को ही दी जानी चाहिये। अगर हिन्दुस्तान को दुनिया के सामने स्वाभिमान से सिर ऊंचा रखना है, तो किसी सूबे और किसी जाति या तबके को पिछड़ा हुआ नहीं रखा जा सकता। लेकिन अपने उन हथियारों के बल पर हिन्दुस्तान ऐसा नहीं कर सकता, जिनसे दुनिया ऊब चुकी है। उसे अपने हर नागरिक के जीवन में और हाल में ही मेरे द्वारा बताये गये समाजवाद में प्रकट होने वाली अपनी कुदरती तहजीब या संस्कृति के द्वारा ही चमकना चाहिये। इसका यह मतलब है कि अपनी योजनाओं या उसूलों को जनप्रिय बनाने के लिए किसी भी तरह की ताकत या दबाव को काम में न लिया जाय। जो चीज सचमुच जनप्रिय है उसे सबसे मनवाने के लिए जनता की राय के सिवा दूसरी किसी ताकत की शायद ही जरूरत हो। इसलिए बिहार, उड़ीसा और आसाम में कुछ लोगों द्वारा की जाने वाली हिंसा के जो बुरे दृश्य देखे गये, वे कभी नहीं दिखाई देने चाहिये थे। अगर कोई आदमी नियम के खिलाफ काम करता है या दूसरे सूबों के लोग किसी सूबे में आकर वहां के लोगों के हक मारते हैं, तो उन्हें सजा देने और व्यवस्था कायम रखने के लिए जनप्रिय सरकारें सूबों में राज्य कर रही हैं। सूबों की सरकारों का यह फर्ज है कि वे दूसरे सूबों से अपने यहां आने वाले सब लोगों की पूरी-पूरी हिफाजत करें। "जिस चीज को तुम अपनी समझते हो, उसका ऐसा इस्तेमाल करो कि दूसरे को नुकसान न पहुंचे" यह समानता का जाना-पहचाना उसूल है। यह नैतिक बरताव का भी सुन्दर नियम है। आज की हालत में यह कितना उचित मालूम होता है।

> *दूसरों से बिलकुल अलग रहने वाली हमारी प्रान्तीयता जिन्दगी को बरबाद करने वाली चीज है। मेरी कल्पना के सूबे की हद सारे हिन्दुस्तान की हदों तक फैली हुई होगी, ताकि अन्त में उसकी हद सारे विश्व की हदों तक फैल जाय। वर्ना वह खतम हो जायेगा।*

"रोम में रोमनों की तरह रहो"—यह कहावत जहां तक रोमन बुराइयों से दूर रहती है वहां तक समझदारी से भरी और फायदा पहुंचाने वाली कहावत है। एक-दूसरे के साथ घुल-मिलकर तरक्की करने के काम में यह ध्यान रखना चाहिये कि बुराइयों को छोड़ दिया जाय और अच्छाइयों को पचा लिया जाय। बंगाल में एक गुजराती के नाते मुझे बंगाल की सारी अच्छाइयों को तुंरत पचा लेना चाहिये और उसकी बुराई को कभी छूना भी नहीं चाहिये। मुझे हमेशा बंगाल की सेवा करनी चाहिये; अपने फायदे के लिए उसे चूसना नहीं चाहिये। दूसरों से बिलकुल अलग रहने वाली हमारी प्रान्तीयता जिन्दगी को बरबाद करने वाली चीज है। मेरी कल्पना के सूबे की हद सारे हिन्दुस्तान की हदों तक फैली हुई होगी, ताकि अन्त में उसकी हद सारे विश्व की हदों तक फैल जाय। वर्ना वह खतम हो जायेगा।[3]

मेरी राय में एक हिन्दुस्तानी हिन्दुस्तान का नागरिक है और देश के हर हिस्से में उसे बराबर का हक हासिल है। इसलिए एक बंगाली को बिहार में एक बिहारी के नाते सभी हक हासिल हैं। मगर मैं इस बात पर जोर देना चाहता हूं कि उस बंगाली को बिहारियों के साथ पूरी तरह घुल-मिल जाना चाहिये। उसे अपना मतलब साधने के लिए बिहारियों का उपयोग करने का गुनाह नहीं करना चाहिये, या बिहारियों के बीच अपने-आपको अजनबी समझना या उनसे अजनबी-जैसा बरताव नहीं करना चाहिये।... सारे हक उन फर्जों से निकलते हैं, जिन्हें हम पहले से पूरी तरह अदा कर चुकते हैं। एक बात पर मैं जरूर जोर दूंगा कि अगर आपको किसी तरह आगे बढ़ना है, तो हिन्दुस्तान के दोनों उपनिवेशों में जोर-जबरदस्ती से अपने हक आजमाने की बात को पूरी तरह छोड़ देना होगा। इस तरह न तो बंगाली और न बिहारी तलवार के जोर से अपने हक आजमा सकते और न तलवार के जोर से सीमा-कमीशन के फैसले को बदला जा सकता। लोकशाही वाले आजाद हिन्दुस्तान में सबसे पहले आपको यही सबक सीखना होगा।... आजादी का यह मतलब कभी नहीं होता कि आपको अपनी मर्जी से चाहे जो करने की छुट्टी मिल गयी। आजादी का मतलब यह है कि आप बिना किसी बाहरी दबाव के अपने ऊपर काबू रखें और अनुशासन पालें; और राजी-खुशी से उन कानूनों पर अमल करें जिन्हें पूरे हिन्दुस्तान ने अपने चुने हुए नुमाइन्दों के जरिये बनाया है। प्रजातंत्र या लोकशाही में एकमात्र ताकत लोकमत की होती है। खुले या छिपे तौर पर जोर-जबरदस्ती का इस्तेमाल करने से सत्याग्रह, सिविल नाफरमानी और उपवासों का कोई संबंध नहीं है। मगर लोकशाही में इनके इस्तेमाल पर भी काबू रखने की जरूरत है। जब सरकारें जम रही हों और साम्प्रदायिक दंगों का रोग एक सूबे से दूसरे सूबे में फैल रहा हो, तब तो इनके बारे में सोचा भी नहीं जा सकता।[4]

(ता. 29-8-'47 को कलकत्ते में दिये गये प्रार्थना-प्रवचन से)

द्राविड़िस्तान?

इसके बाद गांधी जी ने द्राविड़िस्तान के आन्दोलन का जिक्र किया। यह दक्षिण हिन्दुस्तान का वह हिस्सा है, जहां के लोग तेलगू, तामिल, मलयालम और कन्नड़ चार द्राविड़ी भाषायें बोलते हैं। उन्होंने कहा, हिन्दुस्तान का इन चार भाषाओं को बोलने वाला हिस्सा बाकी के हिन्दुस्तान से अलग क्यों किया जाय? क्या ज्यादातर संस्कृत से निकलने के कारण ही ये भाषायें उन्नत नहीं हुई हैं? मैंने इन चारों सूबों का दौरा किया है। मुझे उनमें और दूसरे सूबों में कोई फर्क नहीं मालूम हुआ। पुराने जमाने में ऐसा माना जाता था कि विन्ध्याचल के दक्षिण में रहने वाले अनार्य और उसके उत्तर में रहने वाले आर्य हैं। पुराने जमाने में हम कोई भी रहे हों, आज तो हम इतने घुल-मिल गये हैं कि हिन्दुस्तान के दो भाग हो जाने पर भी हम काश्मीर से कन्याकुमारी तक एक ही राष्ट्र हैं। देश के और ज्यादा टुकड़े करना मूर्खता होगी। अगर मौजूदा बंटवारे के बाद भी हम देश के छोटे-छोटे टुकड़े करते रहे, तो अनगिनत स्वतंत्र सार्वभौम राज्य बन जायेंगे, जो हिन्दुस्तान और दुनिया के लिए बेकार साबित होंगे। दुनिया को हम अपने बारे में यह कहने का मौका न दें कि हिन्दुस्तानी सिर्फ गुलामी में ही एक सियासी हुकूमत के मातहत रह सकते थे, लेकिन आजाद होकर वे जंगलियों की तरह जितने चाहें उतने गिरोहों में बंट जायेंगे और हर गिरोह अपने अलग रास्ते जायेगा। या, क्या हिन्दुस्तानी ऐसे निरंकुश राज्य के गुलाम बनकर रहेंगे, जिसके पास उन्हें गुलामी में जकड़ने लायक बड़ी भारी फौज होगी?

मैं सब हिन्दुस्तानियों और खासकर दक्षिण के लोगों से अपील करता हूं कि वे अंग्रेजी भाषा की गुलामी को छोड़ दें, जो अन्तर्राष्ट्रीय व्यापार और राजनीति के लिए ही अच्छी भाषा है। वह हिन्दुस्तान के करोड़ों लोगों की भाषा कभी नहीं बन सकती। अंग्रेजों का एक या डेढ़ सदी का राज्य भी हिन्दुस्तानी जन-समुद्र के कुछ लाख से ज्यादा लोगों को अंग्रेजी बोलने वाले नहीं बना सका। अगर आप जन-गणना के आंकड़े देखें तो आपको पता चलेगा कि कई लाख आदमी हिन्दी और उर्दू की मिलावट वाली और नागरी या उर्दू लिपि में लिखी जाने वाली हिन्दुस्तानी बोलते हैं। संस्कृत के शब्दों से लदी हुई हिन्दी या फारसी के शब्दों से भरी हुई उर्दू बहुत कम लोग बोलते हैं। मुझसे दक्षिण के लोगों ने पूछा है कि क्या हम अपने सूबे की लिपि में हिन्दुस्तानी सीख सकते हैं? मुझे तो कोई एतराज नहीं है। सच पूछा जाय तो हिन्दुस्तानी प्रचार-सभा ने दक्षिण के लड़कों को उनके सूबे की लिपि में हिन्दुस्तानी सीखने की इजाजत दे दी है। बाद में वे नागरी और उर्दू लिपि सीखते हैं, ताकि वे आसानी से उत्तर हिन्दुस्तान के साहित्य की

जानकारी हासिल कर सकें। देश-प्रेम का इतना तो उनसे तकाजा है ही। आज दक्षिण के लोगों के संकुचित प्रान्तीयता के शिकार होने का भारी खतरा है। अगर सभी संकुचित बन जायेंगे, तो हमारा प्यारा हिन्दुस्तान कहां रह जायेगा? मैं खुले तौर पर यह मंजूर करता हूं कि अगर दक्षिण के लोगों के लिए हिन्दुस्तानी का न सीखना गलत चीज है, जैसा कि सचमुच है, तो उत्तर के लोगों के लिए दक्षिण की उत्तम साहित्यवाली चार भाषाओं में से एक या अधिक भाषायें न सीखना भी उतना ही गलत है। मैंने दक्षिण के सदस्यों से अपील की है कि वे हिन्दुस्तानियों की सभा में अंग्रेजी भाषा की कभी मांग न करने की प्रतिज्ञा कर लें। तभी वे जल्दी हिन्दुस्तानी सीख सकेंगे। हमें याद रखना चाहिये कि आजाद हिन्दुस्तान तभी एक बनकर काम कर सकेगा, जब वह नैतिक शासन को मानेगा। गुलामी के खिलाफ लड़ने वाली संस्था के नाते कांग्रेस अपनी नैतिक ताकत से ही आज तक संगठित रह सकी है। लेकिन जब उसने राजनीतिक आजादी करीब-करीब ले ली है, तब क्या उसका संगठन खतम हो जायेगा—वह बिखर जायेगी?[5]

(ता. 16-7-'47 को नई दिल्ली में दिये गये प्रार्थना-प्रवचन से)

66

अल्पसंख्यकों की समस्यायें

अगर हिन्दू लोग विविध जातियों के बीच एकता चाहते हैं, तो उनमें अल्पसंख्यक जातियों का विश्वास करने की हिम्मत होनी चाहिये। किसी भी दूसरी बुनियाद पर आधारित मेल सच्चा मेल नहीं होगा। करोड़ों सामान्य जन न तो विधान-सभा के सदस्य होना चाहते हैं और न म्युनिसिपल कौंसिलर बनना चाहते हैं। और यदि हम सत्याग्रह का सही उपयोग करना सीख गये हैं, तो हमें जानना चाहिये कि उसका उपयोग किसी भी अन्यायी शासक के खिलाफ—वह हिन्दू, मुसलमान या अन्य किसी भी कौम का हो—किया जा सकता है और किया जाना चाहिये। इसी तरह न्यायी शासक या प्रतिनिधि हमेशा और समान रूप से अच्छा होता है, फिर वह हिन्दू हो या मुसलमान। हमें साम्प्रदायिक भावना छोड़नी चाहिये। इसलिए इस प्रयत्न में बहुसंख्यक समाज को पहल करके अल्पसंख्यक जातियों में अपनी ईमानदारी के विषय में विश्वास पैदा करना चाहिये। मेल और समझौता

अगर हिन्दू लोग विविध जातियों के बीच एकता चाहते हैं, तो उनमें अल्पसंख्यक जातियों का विश्वास करने की हिम्मत होनी चाहिये।

तभी हो सकता है जब कि ज्यादा बलवान पक्ष दूसरे पक्ष के जवाब की राह देखे बिना सही दिशा में बढ़ना शुरू कर दे।

जहां तक सरकारी महकमों में नौकरियों का सवाल है, मेरी राय है कि यदि हम साम्प्रदायिक भावना को यहां भी दाखिल करेंगे, तो यह चीज सुशासन के लिए घातक सिद्ध होगी। शासन सुचारु रूप से चले, इसके लिए यह जरूरी है कि वह सबसे योग्य आदमियों के हाथ में रहे। उसमें किसी तरह का पक्षपात तो होना ही नहीं चाहिये। अगर हमें पांच इंजीनियरों की जरूरत हो तो ऐसा नहीं होना चाहिये कि हम हर एक जाति से एक-एक लें; हमें तो पांच सबसे सुयोग्य इंजीनियर चुन लेने चाहिये, भले वे सब मुसलमान हों या पारसी हों। सबसे निचले दरजे की जगहें, यदि जरूरी मालूम हों तो, परीक्षा के जरिये भरी जायं और यह परीक्षा किसी ऐसी समिति की निगरानी में हो जिसमें विविध जातियों के लोग हों। लेकिन नौकरियों का यह बंटवारा विविध जातियों की संख्या के अनुपात में नहीं होना चाहिये। राष्ट्रीय सरकार बनेगी तब शिक्षा में पिछड़ी हुई जातियों को शिक्षा के मामले में जरूर दूसरों की अपेक्षा विशेष सुविधायें पाने का अधिकार होगा। ऐसी व्यवस्था करना कठिन नहीं होगा। लेकिन जो लोग देश के शासन-तंत्र में बड़े-बड़े पदों को पाने की आकांक्षा रखते हैं, उन्हें उसके लिए जरूरी परीक्षा अवश्य पास करनी चाहिये।[1]

> *आजाद हिन्दुस्तान में राज्य हिन्दुओं का नहीं, बल्कि हिन्दुस्तानियों का होगा; और उसका आधार किसी धार्मिक पंथ या संप्रदाय के बहुमत पर नहीं, बल्कि बिना किसी धार्मिक भेदभाव के समूचे राष्ट्र के प्रतिनिधियों पर होगा।*

स्वतंत्र भारत साम्प्रदायिक प्रतिनिधित्व की प्रथा को कोई प्रश्रय नहीं दे सकता। लेकिन यदि अल्पसंख्यकों पर जोर-जबरदस्ती नहीं करना है, तो उसे सब जातियों को पूरा संतोष देना पड़ेगा।[2]

हिन्दुस्तान उन सब लोगों का है, जो यहां पैदा हुए हैं और पले हैं और दूसरे किसी देश का आसरा नहीं ताक सकते। इसलिए वह जितना हिन्दुओं का है उतना ही पारसियों, बेनी इजरायलों, हिन्दुस्तानी ईसाइयों, मुसलमानों और दीगर गैर-हिन्दुओं का भी है। आजाद हिन्दुस्तान में राज्य हिन्दुओं का नहीं, बल्कि हिन्दुस्तानियों का होगा; और उसका आधार किसी धार्मिक पंथ या संप्रदाय के बहुमत पर नहीं, बल्कि बिना किसी धार्मिक भेदभाव के समूचे राष्ट्र के प्रतिनिधियों पर होगा। मैं एक ऐसे मिश्र बहुमत की कल्पना कर सकता हूं, जो हिन्दुओं को अल्पमत बना दे। स्वतंत्र हिन्दुस्तान में लोग अपनी सेवा और योग्यता के आधार पर ही चुने जायेंगे। धर्म एक निजी विषय है, जिसका राजनीति में कोई स्थान

नहीं होना चाहिये। विदेशी हुकूमत की वजह से देश में जो अस्वाभाविक परिस्थिति पाई जाती है, उसी की बदौलत हमारे यहां धर्म के अनुसार इतने बनावटी फिरके बन गये हैं। जब इस देश से विदेशी हुकूमत उठ जायेगी, तो हम इन झूठे नारों और आदर्शों से चिपके रहने की अपनी इस बेवकूफी पर खुद ही हँसेंगे।[3]

अपने धर्म पर मेरा अटूट विश्वास है। मैं उसके लिए अपने प्राण दे सकता हूं। लेकिन वह मेरा निजी मामला है। राज्य को उससे कुछ लेना-देना नहीं है। राज्य हमारे लौकिक कल्याण की—स्वास्थ्य, आवागमन, विदेशों से सम्बन्ध, करेंसी (मुद्रा) आदि की देखभाल करेगा, लेकिन हमारे या तुम्हारे धर्म की नहीं। धर्म हर एक का निजी मामला है।[4]

धर्म एक निजी विषय है, जिसका राजनीति में कोई स्थान नहीं होना चाहिये।

एंग्लो-इण्डियन समाज और विदेशी लोग

सब विदेशियों को यहां रहने और बसने की पूरी आजादी है, बशर्ते कि वे अपने को इस देश की जनता से अभिन्न समझें। जो विदेशी यहां अपने अधिकारों के लिए विशेष संरक्षण चाहते हों, उन्हें भारत आश्रय नहीं दे सकता। अधिकारों के लिए संरक्षण मांगने का अर्थ यह होगा कि वे यहां ऊंचे दरजे के आदमियों की तरह रहना चाहते हैं। लेकिन उन्हें ऐसा नहीं करने दिया जा सकता, क्योंकि उससे संघर्ष पैदा होगा।[5]

अगर एक यूरोपियन ऐसा कर सकता है, तो एंग्लो-इण्डियन और वे दूसरे लोग तो और भी ऐसा कर सकते हैं, जिन्होंने यूरोपियन आचार-व्यवहार और रीति-रिवाज महज इसलिए अपनाये हैं कि विदेशी सरकार से अच्छे व्यवहार की मांग करने वाले यूरोपियनों में उनकी गिनती हो सके। अगर ऐसे लोग यह उम्मीद रखें कि अब तक जो खास सहूलियतें उन्हें मिलती रही हैं वैसी आगे भी मिलती रहें, तो उन्हें परेशानी ही होगी। उन्हें तो इस बात के लिए अपने को धन्य समझना चाहिये कि जिन खास सहूलियतों को भोगने का उन्हें किसी भी तर्कसम्मत कानून से कोई हक नहीं था, और जो उनकी इज्जत को बट्टा लगाने वाली थीं, उनका बोझ उनके सिर से उतर जायेगा।[6]

एंग्लो-इंडियन के राजनीतिक अधिकारों को कोई खतरा नहीं है। उसे अपनी सामाजिक स्थिति की चिन्ता है, जो कि फिलहाल अस्तित्व में ही नहीं है। उसे एक ओर तो इस बात पर बहुत गुस्सा आता है कि उसकी मां या उसके पिता भारतीय थे और दूसरी ओर यूरोपियन लोग उसे अपने समाज में स्वीकार नहीं करते। इस तरह उसकी स्थिति कुएं और खाई के बीच खड़े रहने जैसी है। मुझे उससे अक्सर मिलने का मौका आता है। यूरोपियनों की तरह रहने और यूरोपियन

दिखने की कोशिश में उसे अपने साधनों की सीमा से ज्यादा खर्चीला जीवन बिताना पड़ता है और उसका नतीजा यह है कि वह नैतिक और आर्थिक दृष्टि से बिलकुल कमजोर हो गया है। मैंने उसे समझाया है कि उसे चुनाव कर लेना चाहिये और अपना भाग्य भारत की विशाल जनता के साथ जोड़ देना चाहिये। अगर इन लोगों में इस अत्यंत सीधी और स्वाभाविक स्थिति को समझने और स्वीकार करने का साहस और दूरदर्शिता होगी, तो वे न सिर्फ अपना बल्कि भारत का भी भला करेंगे और अपनी मौजूदा अपमानजनक स्थिति से भी अपना उद्धार कर सकेंगे। बेजुबान एंग्लो-इण्डियन के सामने सबसे बड़ा सवाल अपनी सामाजिक स्थिति का निर्णय करने का है। ज्यों ही वह अपने को भारतीय समझने और मानने लगेगा और एक भारतीय की ही तरह रहने लगेगा, त्यों ही वह महसूस करेगा कि वह सुरक्षित है।[7]

67

भारतीय गवर्नर

1. हिन्दुस्तानी गवर्नर को चाहिये कि वह खुद पूरे संयम का पालन करे और अपने आस-पास संयम का वातावरण खड़ा करे। इसके बिना शराबबन्दी के बारे में सोचा भी नहीं जा सकता।

2. उसे अपने में और अपने आस-पास हाथ-कताई और हाथ-बुनाई का वातावरण पैदा करना चाहिये, जो हिन्दुस्तान के करोड़ों गूंगों के साथ उसकी एकता की प्रकट निशानी हो, 'मेहनत करके रोटी कमाने' की जरूरत का और संगठित हिंसा के खिलाफ—जिस पर आज का समाज टिका हुआ मालूम होता है—संगठित अहिंसा का जीत-जागता प्रतीक हो।

3. अगर गवर्नर को अच्छी तरह काम करना है, तो उसे लोगों की निगाहों से बचे हुए, फिर भी सबकी पहुंच के लायक, छोटे से मकान में रहना चाहिये। ब्रिटिश गवर्नर स्वभाव से ही ब्रिटिश ताकत को दिखाता था। उसके लिए और उसके लोगों के लिए सुरक्षित महल बनाया गया था—ऐसा महल जिसमें वह और उसके साम्राज्य को टिकाये रखने वाले उसके सेवक रह सकें। हिन्दुस्तानी गवर्नर राजा-नवाबों और दुनिया के राजदूतों का स्वागत करने के लिए थोड़ी शान-शौकत वाली इमारतें रख सकते हैं। गवर्नर के मेहमान बनने वाले लोगों को उसके व्यक्तित्व और आस-पास के वातावरण से 'ईवन अण्टु दिस लास्ट' (सर्वोदय)—सब के साथ समान बरताव—की सच्ची शिक्षा मिलनी चाहिये।

उसके लिए देशी या विदेशी महंगे फर्नीचर की जरूरत नहीं। 'सादा जीवन और ऊंचे विचार' उसका आदर्श होना चाहिये। यह आदर्श सिर्फ उसके दरवाजे की ही शोभा न बढ़ाये, बल्कि उसके रोज के जीवन में भी दिखाई दे।

4. उसके लिए न तो किसी रूप में छुआछूत हो सकती है और न जाति, धर्म या रंग का भेद। हिन्दुस्तान का नागरिक होने के नाते उसे सारी दुनिया का नागरिक होना चाहिये। हम पढ़ते हैं कि खलीफा उमर इसी तरह सादगी से रहते थे, हालांकि उनके कदमों पर लाखों-करोड़ों की दौलत लोटती रहती थी। उसी तरह पुराने जमाने में राजा जनक रहते थे। इसी सादगी से ईटन के मुख्याधिकारी, जैसा कि मैंने उन्हें देखा था, अपने भवन में ब्रिटिश द्वीपों के लॉर्ड और नवाबों के लड़कों के बीच रहा करते थे। तब क्या करोड़ों भूखों के देश हिन्दुस्तान के गवर्नर इतनी सादगी से नहीं रहेंगे?

5. वह जिस प्रान्त का गवर्नर होगा, उसकी भाषा और हिन्दुस्तानी बोलेगा, जो हिन्दुस्तान की राष्ट्रभाषा है और नागरी या उर्दू लिपि में लिखी जाती है। वह न तो संस्कृत शब्दों से भरी हुई हिन्दी है और न फारसी शब्दों से लदी हुई उर्दू। हिन्दुस्तानी दरअसल वह भाषा है, जिसे विन्ध्याचल के उत्तर में करोड़ों लोग बोलते हैं।

हिन्दुस्तानी गवर्नर में जो-जो गुण होने चाहिये, उनकी यह पूरी सूची नहीं है। यह तो सिर्फ मिसाल के तौर पर दी गई है।[1]

68

समाचार-पत्र

समाचार-पत्र सेवाभाव से ही चलाने चाहिये। समाचार-पत्र एक जबरदस्त शक्ति है; किन्तु जिस प्रकार निरंकुश पानी का प्रवाह गांव-के-गांव डुबो देता है और फसल को नष्ट कर देता है, उसी प्रकार निरंकुश कलम का प्रवाह भी नाश की सृष्टि करता है। यदि ऐसा अंकुश बाहर से आता है, तो वह निरंकुशता से भी अधिक विषैला सिद्ध होता है। अंकुश अंदर का ही लाभदायक हो सकता है।

समाचार-पत्र एक जबरदस्त शक्ति है; किन्तु जिस प्रकार निरंकुश पानी का प्रवाह गांव-के-गांव डुबो देता है और फसल को नष्ट कर देता है, उसी प्रकार निरंकुश कलम का प्रवाह भी नाश की सृष्टि करता है।

यदि यह विचारधारा सच

हो, तो दुनिया के कितने समाचार-पत्र इस कसौटी पर खरे उतर सकते हैं? लेकिन निकम्मों को बन्द कौन करे? कौन किसे निकम्मा समझे? उपयोगी और निकम्मे दोनों—भलाई और बुराई की तरह—साथ-साथ ही चलते रहेंगे। उनमें से मनुष्य को अपना चुनाव करना होगा।[1]

आधुनिक पत्रकार-कला में गहराई का अभाव, विषय का कोई एक ही पक्ष पेश करना, तथ्यों के वर्णन में भूलें और अक्सर बेईमानी आदि जो दोष आ गये हैं, वे उन ईमानदार व्यक्तियों को लगातार गुमराह करते हैं, जो शुद्ध न्याय होते देखना चाहते हैं।[2]

मेरे सामने विविध पत्रों के ऐसे उद्धरण हैं, जिनमें बहुत-सी अपात्तिजनक बातें हैं। उनमें साम्प्रदायिक भावनाओं को उभाड़ने की कोशिश है, हकीकतों को अत्यंत गलत ढंग से पेश किया गया है और हत्या की हद तक राजनीतिक हिंसा को उत्तेजना दी गयी है। सरकार चाहे तो ऐसे लेखों के लेखकों के खिलाफ मुकदमे चला सकती है या उन्हें रोकने के लिए दमनकारी कानून पास कर सकती है। लेकिन इन उपायों से अभीष्ट लक्ष्य की सिद्धि या तो होती नहीं या बहुत अस्थायी तौर पर होती है। और उन लेखकों का मानस-परिवर्तन तो इनसे कभी नहीं होता। कारण, जब उन्हें अपनी बात के प्रचार के लिए समाचार-पत्रों का सबके लिए खुला हुआ स्थान नहीं मिलता, तो वे अक्सर गुप्त प्रचार का आश्रय लेते हैं।

मैं अवश्य ही यह मानता हूं कि अनीति से भरे हुए विज्ञापनों की मदद से समाचार-पत्रों को चलाना उचित नहीं है।

इस बुराई का सच्चा इलाज तो ऐसे स्वस्थ लोकमत का निर्माण है, जो इस किस्म के जहरीले पत्रों को आश्रय देने से इनकार कर दे। हमारा पत्रकारों का अपना संघ है। इस संघ को अपना एक ऐसा विभाग क्यों नहीं खोलना चाहिये, जो सब पत्रों को ध्यान से पढ़े, आपत्तिजनक लेखों को ढूंढ़ निकाले और उन्हें उन पत्रों के सम्पादकों की नजर में लाये? इस विभाग का कार्य अपराधी पत्रों से सम्पर्क स्थापित करने तक और जहां अभीष्ट सुधार इस सम्पर्क से सिद्ध न किया जा सके, वहां उन आपत्तिजनक लेखों की सार्वजनिक आलोचना करने तक सीमित रहे। समाचार-पत्रों की स्वतंत्रता ऐसा कीमती अधिकार है, जिसे कोई भी देश छोड़ना नहीं चाहेगा। लेकिन इस अधिकार के दुरुपयोग को रोकने के लिए मामूली प्रकार की कानूनी रोक के सिवा कोई दूसरी कानूनी रोक न हो, तो मैंने जैसी आन्तरिक रोक सुझाई है वैसी आन्तरिक रोक असंभव नहीं होनी चाहिये। और वह लगायी जाय तब उसका विरोध नहीं होना चाहिये।[3]

मैं अवश्य ही यह मानता हूं कि अनीति से भरे हुए विज्ञापनों की मदद से

समाचार-पत्रों को चलाना उचित नहीं है। मैं यह भी मानता हूं कि विज्ञापन यदि लेने ही हों तो उन पर समाचार-पत्रों के मालिकों और संपादकों की तरफ से बड़ी सख्त चौकीदारी होना आवश्यक है और केवल शुद्ध और पवित्र विज्ञापन ही लिये जाने चाहिये।... आज अच्छे प्रतिष्ठित गिने जाने वाले समाचार-पत्रों और मासिकों पर भी यह दूषित विज्ञापनों का अनिष्ट हावी हो रहा है। यह अनिष्ट तो समाचार-पत्रों के मालिकों और संपादकों की विवेक-बुद्धि को शुद्ध करके ही दूर किया जा सकता है। मेरे जैसे नौसिखुवे संपादक के प्रभाव से यह शुद्धि नहीं हो सकती। लेकिन जब उनकी विवेक-बुद्धि इस बढ़ने वाले अनिष्ट के प्रति जाग्रत होगी, अथवा जब राष्ट्र का शुद्ध प्रतिनिधित्व करने वाला और राष्ट्र की नैतिकता पर सदा ध्यान रखने वाला राज्यतंत्र उस विवेक-बुद्धि को जाग्रत करेगा तभी वह जाग्रत हो सकेगी।[4]

मेरा आग्रह है कि विज्ञापनों में सत्य का यथेष्ट ध्यान रखा जाना चाहिये। हमारे लोगों की एक आदत यह है कि वे पुस्तक या अखबार में छपे हुए शब्दों को शास्त्र-वचनों की तरह सत्य मान लेते हैं। इसलिए विज्ञापनों की सामग्री तैयार करने में अत्यंत सावधानी बरतने की जरूरत है। झूठी बातें बहुत खतरनाक होती हैं।[5]

69

शान्ति सेना

कुछ समय पहले मैंने ऐसे स्वयंसेवकों की एक सेना बनाने की तजवीज रखी थी, जो दंगों—खासकर साम्प्रदायिक दंगों को शान्त करने में अपने प्राणों तक की बाजी लगा दें। विचार यह था कि वह सेना पुलिस का ही नहीं बल्कि फौज तक का स्थान ले लेगी। यह बात बड़ी महत्त्वाकांक्षा वाली मालूम पड़ती है। शायद यह अंसभव भी साबित हो। फिर भी, अगर कांग्रेस को अपनी अहिंसात्मक लड़ाई में कामयाबी हासिल करनी हो, तो उस परिस्थितियों का शान्तिपूर्वक मुकाबला करने की अपनी शक्ति बढ़ानी ही चाहिये।

इसलिए हमें देखना चाहिये कि जिस शान्तिसेना की हमने कल्पना की है, उसके सदस्यों की क्या योग्यतायें होनी चाहिये :

1. शान्तिसेना का सदस्य पुरुष हो या स्त्री, अहिंसा में उसका जीवित विश्वास होना चाहिये। यह तभी संभव है जब कि ईश्वर में उसका जीवित विश्वास हो। अहिंसक व्यक्ति तो ईश्वर की कृपा और शक्ति के बगैर कुछ कर

ही नहीं सकता। इसके बिना उसमें क्रोध, भय और बदले की भावना न रखते हुए मरने का साहस नहीं आयेगा। ऐसा साहस तो इस श्रद्धा से आता है कि सबके हृदयों में ईश्वर का निवास है, और ईश्वर की उपस्थिति में किसी भी भय की जरूरत नहीं। ईश्वर की सर्व-व्यापकता के ज्ञान का यह भी अर्थ है कि जिन्हें विरोधी या गुंडे कहा जा सकता हो उनके प्राणों तक का हम खयाल रखें। यह इरादतन दस्तन्दाजी उस समय मनुष्य के क्रोध को शान्त करने का एक तरीका है, जब कि उसके अन्दर का पशुभाव उस पर हावी हो जाय।

2. शान्ति के इस दूत में दुनिया के सभी खास-खास धर्मों के प्रति समान श्रद्धा होना जरूरी है। इस प्रकार अगर वह हिन्दू हो तो वह हिन्दुस्तान में प्रचलित अन्य धर्मों का आदर करेगा। इसलिए देश में माने जाने वाले विभिन्न धर्मों के सामान्य सिद्धान्तों का उसे ज्ञान होना चाहिये।

3. आम तौर पर शान्ति का यह काम केवल स्थानीय लोगों द्वारा अपनी बस्तियों में हो सकता है।

4. यह काम अकेले या समूहों में हो सकता है। इसलिए किसी को संगी-साथियों के लिए इन्तजार करने की जरूरत नहीं है। फिर भी वह स्वभावतः अपनी बस्ती में से कुछ साथियों को ढूंढ़कर स्थानीय सेना का निर्माण करेगा।

5. शान्ति का यह दूत व्यक्तिगत सेवा द्वारा अपनी बस्ती या किसी चुने हुए क्षेत्र में लोगों के साथ ऐसा संबंध स्थापित करेगा, जिससे जब उसे भद्दी स्थितियों में काम करना पड़े तो उपद्रवियों के लिए वह बिलकुल ऐसा अजनबी न हो, जिस पर वे शक करें या जो उन्हें नागवार मालूम पड़े।

6. यह कहने की तो जरूरत ही नहीं कि शान्ति के लिए काम करने वाले का चरित्र ऐसा होना चाहिये, जिस पर कोई अंगुली न उठा सके और वह अपनी निष्पक्षता के लिए मशहूर हो।

7. आम तौर पर दंगों से पहले तूफान आने की चेतावनी मिल जाया करती है। अगर ऐसे आसार दिखाई दें तो शान्तिसेना आग भड़क उठने तक इन्तजार न करके तभी से परिस्थिति को संभालने का काम शुरू कर देगी जब से कि उसकी संभावना दिखाई दे।

8. अगर यह आन्दोलन बढ़े तो कुछ पूरे समय काम करने वाले कार्यकर्ताओं का इसके लिए रहना अच्छा होगा। लेकिन यह बिलकुल जरूरी नहीं कि ऐसा हो ही। खयाल यह है कि जितने भी अच्छे स्त्री-पुरुष मिल सकें उतने रखे जायं। लेकिन वे तभी मिल सकते हैं जब कि स्वयंसेवक ऐसे लोगों में से प्राप्त हों जो जीवन के विविध कार्यों में लगे हुए हों, पर उनके पास इतना अवकाश हो कि अपने इलाकों में रहने वाले लोगों के साथ वे मित्रता के सम्बन्ध पैदा कर सकें

तथा उन सब योग्यताओं को रखते हों, जो कि शान्तिसेना के सदस्य में होनी चाहिये।

(9) इस सेना के सदस्यों की एक खास पोशाक होनी चाहिये, जिससे कालांतर में उन्हें बिना किसी कठिनाई के पहचाना जा सके।

ये सिर्फ आम सूचनायें हैं। इनके आधार पर हर एक केन्द्र अपना विधान बना सकता है।[1]

बड़े-बड़े दलों को चलाने के लिए सजा नहीं, तो सजा का डर होना चाहिये और जरूरत मालूम होने पर सजा दी भी जानी चाहिये। ऐसे हिंसक दल में आदमी के चाल-चलन को नहीं देखा जाता। उसके कद और डीलडौल को ही देखा जाता है। अहिंसक दल में इससे ठीक उलटा होता है। उसमें शरीर की जगह गौण होती है, शरीरी ही सब कुछ होता है, यानी चरित्र सब-कुछ होता है। ऐसे चरित्रवान व्यक्ति को पहचानना मुश्किल है। इसलिए बड़े-बड़े शान्तिदल स्थापित नहीं किये जा सकते। वे छोटे ही होंगे। जगह-जगह होंगे, हर गांव या हर मुहल्ले में होंगे। मतलब यह कि जो जाने-पहचाने लोग हैं, उन्हीं की टुकड़ियां बनेंगी। वे मिलकर अपना एक मुखिया चुन लेंगे। सबका दरजा बराबर होगा। जहां एक से ज्यादा आदमी एक ही तरह का काम करते हैं वहां उनमें एकाध ऐसा होना चाहिये, जिसकी आज्ञा के अनुसार सब कोई चल सके। ऐसा न हो तो मेलजोल के साथ, सहयोग से, काम नहीं हो सकता। दो या दो से ज्यादा लोग अपनी-अपनी मरजी से काम करें, तो मुमकिन है कि उनके काम की दिशा एक-दूसरे से उलटी हो। इसलिए जहां दो या दो से ज्यादा दल हों, वहां वे हिलमिल कर काम करें तभी काम चल सकता है और उसमें कामयाबी हो सकती है। इस तरह के शान्तिदल जगह-जगह हों, तो वे आराम से और आसानी से दंगा-फसाद को रोक सकते हैं। ऐसे दलों को अखाड़ों में दी जाने वाली सभी तरह की तालीम देना जरूरी नहीं। उनमें दी जाने वाली कुछ तालीम लेना जरूरी हो सकता है।

सब शान्तिदलों के लिए एक चीज आम यानी सामान्य होनी चाहिये। शान्तिदल के हर एक सदस्य का ईश्वर में अटल विश्वास होना चाहिये। उसमें यह श्रद्धा होनी चाहिये कि ईश्वर ही सच्चा साथी है और वही सबका सरजनहार है, कर्ता है। इसके बिना जो शान्ति सेनायें बनेंगी वे मेरे खयाल में बेजान होंगी। ईश्वर को आप किसी भी नाम से पुकारें, मगर उसकी शक्ति का उपयोग तो आपको करना ही है। ऐसा आदमी किसी को मारेगा नहीं, बल्कि खुद मरकर मृत्यु पर विजय पायेगा और जी जायेगा।

जिस आदमी के लिए यह कानून एक जीती-जागती चीज बन जायेगा, उसको समय के अनुसार बुद्धि भी अपने-आप सूझती रहेगी।

फिर भी अपने तजरबे से मैं यहां कुछ नियम देता हूं :

1. सेवक अपने साथ कोई भी हथियार न रखे।

2. वह अपने बदन पर कोई ऐसी निशानी रखे, जिससे फौरन पता चले कि वह शान्तिदल का सदस्य है।

3. सेवक के पास घायलों वगैरा की सार-संभाल के लिए तुरंत काम देने वाली चीजें रहनी चाहिये। जैसे, पट्टी, कैंची, छोटा चाकू, सुई वगैरा।

4. सेवक को ऐसी तालीम मिलनी चाहिये, जिससे वह घायलों को आसानी से उठाकर ले जा सके।

5. जलती आग को बुझाने की, बिना जले या बिना झुलसे आग वाली जगहों में जाने की, ऊपर चढ़ने की और उतरने की कला सेवक में होनी चाहिये।

6. अपने मुहल्ले के सब लोगों से उसकी अच्छी जान-पहचान होनी चाहिये। यह खुद ही अपने-आप में एक सेवा है।

7. उसे मन-ही-मन रामनाम का बराबर जप करते रहना चाहिये और इसमें मानने वाले दूसरों को भी ऐसा करने के लिए समझाना चाहिये।

कुछ लोग आलस्य की वजह से या झूठी आदत की वजह से यह मान बैठते हैं कि ईश्वर तो है ही और वह बिना मांगे मदद करता है, फिर उसका नाम रटने से क्या फायदा? हम ईश्वर की हस्ती को कबूल करें या न करें, इससे उसकी हस्ती में कोई कमी-बेशी नहीं होती यह सच है। फिर भी उस हस्ती का उपयोग तो अभ्यासी ही कर पाता है। जब हर भौतिक शास्त्र के लिए यह बात सौ फीसदी सच है, तो फिर अध्यात्म के लिए तो यह उससे भी ज्यादा सच होनी चाहिये। फिर भी हम देखते हैं कि इस मामले में हम तोते की तरह राम-नाम रटते हैं और फल की आशा रखते हैं। सेवक में इस सच्चाई को अपने जीवन में सिद्ध करने की ताकत होनी चाहिये।[2]

गुंडों की समस्या

गुंडों को दोष देना गलत है। वे तब तक कोई शरारत नहीं कर सकते, जब तक कि हम उनके लिए अनुकूल वातावरण नहीं पैदा कर दें। सन् 1921 में बम्बई में ब्रिटिश युवराज के आगमन-दिन पर जो कुछ हुआ, वह सब मैंने खुद देखा था। उसका बीज हमने ही बोया था, गुंडों ने तो उसकी फसल काटी। उनके पीछे बल हमारा ही था।... हमें प्रतिष्ठित वर्ग को दोषारोपण से बचाने

गुंडों को दोष देना गलत है। वे तब तक कोई शरारत नहीं कर सकते, जब तक कि हम उनके लिए अनुकूल वातावरण नहीं पैदा कर दें।

की आदत छोड़ देना चाहिये।... बनियों और ब्राह्मणों को, यदि अहिंसा से नहीं तो हिंसा से सही, अपनी रक्षा करना सीख लेना चाहिये। अगर वे ऐसा नहीं करेंगे तो उन्हें अपनी स्त्रियों और अपनी धन-सम्पत्ति को गुंडों के हवाले करना पड़ेगा। गुंडों की असल में—उन्हें हिन्दू कहा जाता हो या मुसलमान—एक अलग जाति है।[3]

कायरता का इलाज शारीरिक तालीम में नहीं, बल्कि जो भी खतरे आयें उनका मुकाबला बहादुरी के साथ करने में है। जब तक मध्यम वर्ग के हिन्दू, जो खुद डरपोक होते हैं, ज्यादा लाड़-प्यार के द्वारा अपने जवान लड़कों-बच्चों को नाजुक बनाना और इस तरह अपना डरपोकपन उनमें भरना जारी रखते हैं, तब तक उनमें खतरे को टालने और किसी भी तरह के खतरे से बचने की जो वृत्ति पायी जाती है वह भी जारी रहेगी। इसलिए उन्हें अपने लड़कों को अकेला छोड़ने का साहस करना चाहिये; उन्हें खतरे में पड़ने देना चाहिये और ऐसा करते हुए यदि वे मर जाते हैं तो मर जाने देना चाहिये। शरीर से कमजोर किसी बौने आदमी में भी शेर का दिल हो सकता है। और बहुत हट्टे-कट्टे जुलू भी अंग्रेज लड़कों के सामने कांपने लग जाते हैं। हर एक गांव को अपनी बस्ती में से ऐसे शेर दिल व्यक्ति ढूंढ़ निकालना चाहिये।[4]

कायरता का इलाज शारीरिक तालीम में नहीं, बल्कि जो भी खतरे आयें उनका मुकाबला बहादुरी के साथ करने में है।

जिन लोगों को गुंडा माना जाता है उनसे हमें जान-पहचान करनी चाहिये। शान्ति का साधक अपने आस-पास समाज के किसी अंग को ऐसे रहने नहीं देगा। सबके साथ मीठा संबंध बांधेगा, सबकी सेवा करेगा। गुंडे लोग आकाश से तो नहीं उतरते। भूत की तरह जमीन के पेट में से भी नहीं निकलते। उनकी उत्पत्ति समाज की कुव्यवस्था से ही होती है। इसलिए समाज उसके लिए जिम्मेदार है। गुंडों को समाज का बीमार या एक प्रकार का दूषित अंग समझना चाहिये। ऐसा मानकर उस बीमारी के कारण ढूंढ़ने चाहिये। कारण हाथ लगने पर बाद में इलाज किया जा सकता है। अब तक तो इस दिशा में प्रयत्न तक नहीं किया गया। 'जागे तभी सवेरा' इस सुभाषित के अनुसार यह प्रयत्न अब शुरू कर देना चाहिये। इस बारे में अब कोशिश शुरू हो गई है। सब अपनी अपनी जगह कोशिश करें। ऐसी कोशिशों की सफलता में ही इस सवाल का जवाब समाया हुआ है।[5]

70

भारतीय राष्ट्रीय कांग्रेस

इंडियन नेशनल कांग्रेस देश की सबसे पुरानी राष्ट्रीय राजनीतिक संस्था है। उसने कई अहिंसक लड़ाइयों के बाद आजादी हासिल की है। उसे मरने नहीं दिया जा सकता। उसका खात्मा सिर्फ तभी हो सकता है जब राष्ट्र का खात्मा हो। एक जीवित संस्था या तो जीवंत प्राणी की तरह लगातार बढ़ती रहती है या मर जाती है। कांग्रेस ने राजनीतिक आजादी तो हासिल कर ली है, मगर उसे अभी आर्थिक आजादी, सामाजिक आजादी और नैतिक आजादी हासिल करनी है। ये आजादियां चूंकि रचनात्मक हैं और भड़कीली नहीं हैं, इसलिए इन्हें हासिल करना राजनीतिक आजादी से ज्यादा मुश्किल है। जीवन के सारे पहलुओं को अपने में समा लेने वाला रचनात्मक काम करोड़ों जनता के सारे अंगों की शक्ति को जगाता है।

कांग्रेस ने राजनीतिक आजादी तो हासिल कर ली है, मगर उसे अभी आर्थिक आजादी, सामाजिक आजादी और नैतिक आजादी हासिल करनी है। ये आजादियां चूंकि रचनात्मक हैं और भड़कीली नहीं हैं, इसलिए इन्हें हासिल करना राजनीतिक आजादी से ज्यादा मुश्किल है।

कांग्रेस को उसकी आजादी का प्रारंभिक और जरूरी हिस्सा मिल गया है। लेकिन उसकी सबसे कठिन मंजिल आना अभी बाकी है। प्रजातंत्रीय व्यवस्था कायम करने के अपने मुश्किल मकसद तक पहुंचने में उसने अनिवार्य रूप से दलबन्दी करने वाले गन्दे पानी के गड़हों-जैसे मंडल खड़े किये हैं, जिनमें घूंसखोरी और बेईमानी फैली है और ऐसी संस्थायें पैदा हुई हैं जो नाम की ही लोकप्रिय और प्रजातंत्रीय हैं। इन सब बुराइयों के जंगल से बाहर कैसे निकला जाय?

कांग्रेस को सबसे पहले अपने मेम्बरों के उस खास रजिस्टर को अलग हटा देना चाहिये, जिसमें मेम्बरों की तादाद कभी भी एक करोड़ से आगे नहीं बढ़ी और तब भी जिन्हें आसानी से शनाख्त नहीं किया जा सकता था। उसके पास ऐसे करोड़ों का एक अज्ञात रजिस्टर इतना बड़ा होना चाहिये कि देश के मतदाताओं की सूची में जितने पुरुषों और स्त्रियों के नाम हैं वे सब उसमें आ जायं। कांग्रेस का काम यह देखना होना चाहिये कि कोई बनावटी नाम उसमें शामिल न हो जाय और कोई जायज नाम छूट न जाय। उसके अपने रजिस्टर में उन सेवकों के

नाम रहेंगे, जो समय-समय पर खुद को दिया हुआ काम करते रहेंगे।

देश के दुर्भाग्य से ऐसे कार्यकर्ता फिलहाल खास तौर पर शहरवालों में से ही लिये जावेंगे, जिनमें से ज्यादातर को देहातों के लिए और देहातों में काम करने की जरूरत होगी। मगर इस श्रेणी में ज्यादा और ज्यादा तादाद में देहाती लोग ही भरती किये जाने चाहिये।

इन सेवकों से यह अपेक्षा रखी जायेगी कि वे अपने-अपने हलकों में कानून के मुताबिक रजिस्टर में दर्ज किये गये मतदाताओं के बीच काम करके उन पर प्रभाव डालेंगे और उनकी सेवा करेंगे। कई व्यक्ति और पार्टियां इन मतदाताओं को अपने पक्ष में करना चाहेंगी। जो सबसे अच्छे होंगे उन्हीं की जीत होगी। इसके सिवा और कोई दूसरा रास्ता नहीं है, जिससे कांग्रेस देश में तेजी से गिरती हुई अपनी पहले की अनुपम स्थिति को फिर से हासिल कर सके। अभी तक कांग्रेस बेजाने देश की सेविका थी। वह खुदाई खिदमतगार थी—भगवान की सेविका थी। अब वह अपने-आप से और दुनिया से कहे कि वह सिर्फ भगवान की सेविका है—न तो इससे ज्यादा है, न कम। अगर वह सत्ता हड़पने के व्यर्थ के झगड़ों में पड़ती है, तो एक दिन वह देखेगी कि वह कहीं नहीं है। भगवान को धन्यवाद है कि अब वह जनसेवा के क्षेत्र की एकमात्र स्वामिनी नहीं रही।

मैंने सिर्फ दूर का दृश्य आपके सामने रखा है। अगर मुझे वक्त मिला और मेरा स्वास्थ्य ठीक रहा, तो मैं इन कालमों में यह चर्चा करने की उम्मीद करता हूं कि अपने मालिकों—सारे बालिग पुरुषों और स्त्रियों की—नजरों में अपने को ऊंचा उठाने के लिए देशसेवक क्या कर सकते हैं।[1]

गांधीजी का आखिरी वसीयतनामा

[कांग्रेस के नये विधान का नीचे दिया जा रहा मसविदा गांधीजी ने 29 जनवरी, 1948 को अपनी मृत्यु के एक ही दिन पहले बनाया था। यह उनका अन्तिम लेख था। इसलिए इसे उनका आखिरी वसीयतनामा कहा जा सकता है।]

देश का बंटवारा होते हुए भी, भारतीय राष्ट्रीय कांग्रेस द्वारा मुहैया किये गये साधनों के जरिये हिन्दुस्तान को आजादी मिल जाने के कारण मौजूदा स्वरूप वाली कांग्रेस का काम अब खतम हुआ—यानी प्रचार के वाहन और धारासभा की प्रवृत्ति चलाने वाले तंत्र के नाते उसकी उपयोगिता अब समाप्त हो गई है। शहरों और कस्बों से भिन्न उसके सात लाख गांवों की दृष्टि से हिन्दुस्तानी की सामाजिक, नैतिक और आर्थिक आजादी हासिल करना अभी बाकी है। लोकशाही के मकसद की तरफ हिन्दुस्तान की प्रगति के दरमियान फौजी सत्ता पर मुल्की सत्ता को प्रधानता देने की लड़ाई अनिवार्य है। कांग्रेस को हमें राजनीतिक पार्टियों और

साम्प्रदायिक संस्थाओं के साथ की गन्दी होड़ से बचाना चाहिये। इन और ऐसे ही दूसरे कारणों से अखिल भारत कांग्रेस कमेटी नीचे दिये हुए नियमों के मुताबिक अपनी मौजूदा संस्था को तोड़ने और लोक-सेवक-संघ के रूप में प्रकट होने का निश्चय करे। जरूरत के मुताबिक इन नियमों में फेरफार करने का इस संघ को अधिकार रहेगा।

गांववाले या गांववालों के जैसी मनोवृत्ति वाले पांच वयस्क पुरुषों या स्त्रियों की बनी हुई हर एक पंचायत एक इकाई बनेगी।

पास-पास की ऐसी हर दो पंचायतों की, उन्हीं में से चुने हुए एक नेता की रहनुमाई में, एक काम करने वाली पार्टी बनेगी।

जब ऐसी 100 पंचायतें बन जायं, तब पहले दरजे के पचास नेता अपने में से दूसरे दरजे का एक नेता चुनें और इस तरह पहले दरजे का नेता दूसरे दरजे के नेता के मातहत काम करे। दो सौ पंचायतों के ऐसे जोड़ कायम करना तब तक जारी रखा जाय, जब तक कि वे पूरे हिन्दुस्तान को न ढक लें। और बाद में कायम की गई पंचायतों को हर एक समूह पहले की तरह दूसरे दरजे का नेता चुनता जाय। दूसरे दरजे के नेता सारे हिन्दुस्तान के लिए सम्मिलित रीति से काम करें और अपने-अपने प्रदेशों में अलग-अलग काम करें। जब जरूरत महसूस हो तब दूसरे दरजे के नेता अपने में से एक मुखिया चुनें, और वह मुखिया चुनने वाले चाहें तब तक सब समूहों को व्यवस्थित करके उनकी रहनुमाई करें।

(प्रान्तों या जिलों की अन्तिम रचना अभी तय न होने से सेवकों के इन समूह को प्रान्तीय या जिला समितियों में बांटने की कोशिश नहीं की गई है। और, किसी भी वक्त बनाये हुए समूह या समूहों को सारे हिन्दुस्तान में काम करने का अधिकार रहेगा। यह याद रखा जाय कि सेवकों के इस समुदाय को अधिकार या सत्ता अपने उन स्वामियों से यानी सारे हिन्दुस्तान की प्रजा से मिलती है, जिसकी उन्होंने अपनी इच्छा से और होशियारी से सेवा की है।)

1. हर एक सेवक अपने हाथ-काते सूत की या चरखा-संघ द्वारा प्रमाणित खादी हमेशा पहनने वाला और नशीली चीजों से दूर रहने वाला होना चाहिये। अगर वह हिन्दू है तो उसे अपने में से और अपने परिवार में से हर किस्म की छुआछूत दूर करनी चाहिये और जातियों के बीच एकता के, सब धर्मों के प्रति समभाव के और जाति, धर्म या स्त्री-पुरुष के किसी भेदभाव के बिना सबके लिए समान अवसर और समान दरजे के आदर्श में विश्वास रखने वाला होना चाहिये।

2. अपने कार्यक्षेत्र में उसे हर एक गांववालों के निजी संसर्ग में रहना चाहिये।

3. गांववालों में से वह कार्यकर्ता चुनेगा और उन्हें तालीम देगा। इन सबका वह रजिस्टर रखेगा।

4. वह अपने रोजाना के काम का रेकार्ड रखेगा।

5. वह गांवों को इस तरह संगठित करेगा कि वे अपनी खेती और गृह-उद्योगों द्वारा स्वयंपूर्ण और स्वावलम्बी बनें।

6. गांववालों को वह सफाई और तन्दुरुस्ती की तालीम देगा और उनकी बीमारी व रोगों को रोकने के लिए सारे उपाय काम में लायेगा।

7. हिन्दुस्तानी तालीमी संघ की नीति के मुताबिक नई तालीम के आधार पर वह गांववालों की पैदा होने से मरने तक की सारी शिक्षा का प्रबंध करेगा।

8. जिनके नाम मतदाताओं की सरकारी यादी में न आ पाये हों, उनके नाम वह उसमें दर्ज करायेगा।

9. जिन्होंने मत देने के अधिकार के लिए जरूरी योग्यता हासिल न की हो, उन्हें वह योग्यता हासिल करने के लिए प्रोत्साहन देगा।

10. ऊपर बताये हुए और समय-समय पर बढ़ाये हुए उद्देश्यों को पूरा करने के लिए, योग्य कर्त्तव्य-पालन करने की दृष्टि से, संघ के द्वारा तैयार किये गये नियमों के अनुसार वह स्वयं तालीम लेगा और योग्य बनेगा।

संघ नीचे की स्वाधीन संस्थाओं को मान्यता देगा :

1. अखिल भारत चरखा-संघ
2. अखिल भारत ग्रामोद्योग संघ
3. हिन्दुस्तानी तालीमी संघ
4. हरिजन-सेवक-संघ
5. गोसेवा-संघ

संघ अपना मकसद पूरा करने के लिए गांववालों से और दूसरों से चंदा लेगा। गरीब लोगों का पैसा इकट्ठा करने पर खास जोर दिया जायेगा।[2]

71

भारत पाकिस्तान और कश्मीर

हमारे देश की बदकिस्मती से हिन्दुस्तान और पाकिस्तान नाम के जो दो टुकड़े हुए, उसमें धर्म को ही कारण बनाया गया है। उसके पीछे आर्थिक और दूसरे कारण भले रहे हों, मगर उनकी वजह से यह बंटवारा नहीं हुआ होता। आज हवा में जो जहर फैला हुआ है, वह भी उन्हीं साम्प्रदायिक कारणों से पैदा हुआ है।

धर्म के नाम पर लूट-मार होती है, अधर्म होता है। ऐसा न हुआ होता तो अच्छा होता, ऐसा कहना अच्छा तो लगता है। मगर इससे हकीकत को बदला नहीं जा सकता।

यह सवाल कई बार पूछा गया है कि दोनों के बीच लड़ाई होने पर क्या पाकिस्तान के हिन्दू हिन्दुस्तान के हिन्दुओं के साथ और हिन्दुस्तान के मुसलमान पाकिस्तान के मुसलमानों के साथ लड़ेंगे? मैं मानता हूं कि ऊपर बतलाई हुई हालत में वे जरूर लड़ेंगे। मुसलमानों की वफादारी के वचनों पर भरोसा करने में जितना खतरा है, उसके बजाय भरोसा न करने में ज्यादा खतरा है। भरोसा करने में भूल हो और खतरे का सामना करना पड़े, तो बहादुरों के लिए यह एक मामूली बात होगी।

मुसलमानों की वफादारी के वचनों पर भरोसा करने में जितना खतरा है, उसके बजाय भरोसा न करने में ज्यादा खतरा है।

मौजू ढंग पर इस सवाल को दूसरी तरह से यों रखा जा सकता है कि क्या सत्य और न्याय के खातिर हिन्दू हिन्दू के खिलाफ और मुसलमान मुसलमान के खिलाफ लड़ेगा? इसका जवाब एक उलट-सवाल पूछकर यह दिया जा सकता है कि क्या इतिहास में ऐसे उदाहरण नहीं मिलते?

इस सवाल को हल करने में सबसे बड़ी उलझन यह है कि सत्य की दोनों ही राज्यों में उपेक्षा की गई है। मानो सत्य की कोई कीमत ही न हो। ऐसी विषम स्थिति में भी हम उम्मीद करें कि सत्य पर अटल श्रद्धा रखने वाले कुछ लोग हमारे देश में जरूर हैं।[1]

धर्म के नाम पर पाकिस्तान कायम हुआ। इसलिए उसको सब तरह से पाक और साफ रहना चाहिये। गलतियां दोनों तरफ काफी हुईं। मगर क्या अब भी हम गलतियां करते ही रहें? अगर हम दोनों लड़ेंगे तो दोनों तीसरी ताकत के हाथ में चले जायेंगे। इससे बुरी बात और क्या होगी?[2]

अगर (हिन्दुस्तान और पाकिस्तान के बीच) लड़ाई छिड़ जाय, तो पाकिस्तान के हिन्दू वहां पांचवीं कतारवाले नहीं बन सकते। कोई भी इसे बरदाश्त नहीं करेगा। अगर वे पाकिस्तान के प्रति वफादार नहीं हैं, तो उनको पाकिस्तान छोड़ देना चाहिये। इसी तरह जो मुसलमान पाकिस्तान के प्रति वफादार हैं, उन्हें हिन्दुस्तानी संघ में नहीं रहना चाहिये। सरकार का फर्ज है कि वह हिन्दुओं और सिक्खों के लिए इन्साफ हासिल करे। जनता सरकार से अपना मनचाहा करा सकती है।... मुसलमान लोग यह कहते सुने जाते हैं कि 'हँस के लिया पाकिस्तान, लड़ के लेंगे हिन्दुस्तान'।... कुछ मुसलमान सारे हिन्दुस्तान को मुसलमान बनाने की बात सोच रहे हैं। यह काम लड़ाई के जरिये कभी नहीं हो सकेगा। पाकिस्तान

हिन्दू धर्म को कभी बरबाद नहीं कर सकेगा। सिर्फ हिन्दू ही अपने-आपको और अपने धर्म को बरबाद कर सकते हैं। इसी तरह अगर पाकिस्तान बरबाद हुआ, तो वह पाकिस्तान के मुसलमानों द्वारा ही बरबाद होगा, हिन्दुस्तान के हिन्दुओं द्वारा नहीं।[3]

दोनों राज्यों के लिए ठीक-ठीक समझौता करने का आम रास्ता यह है कि दोनों राज्य साफ दिल से अपना पूरा-पूरा दोष स्वीकार करें और समझौता कर लें। अगर दोनों में कोई समझौता न हो सके, तो वे सामान्य तरीके से पंच-फैसले का सहारा लें। इससे दूसरा कोई जंगली रास्ता लड़ाई का है।... लेकिन आपसी समझौते या पंच-फैसले के अभाव में लड़ाई के सिवा कोई चारा नहीं रह जायेगा। इस बीच... जिन मुसलमानों ने अपनी इच्छा से पाकिस्तान जाने का चुनाव नहीं किया है, उन्हें उनके पड़ोसी सुरक्षा या सलामती के पक्के विश्वास के साथ अपने घरों को लौट आने के लिए कहेंगे। यह काम फौज की मदद से नहीं किया जा सकता। यह तो लोगों के समझदार बनने से ही हो सकता है।[4]

हिन्दुस्तान से हर एक मुसलमान को भगाने और पाकिस्तान से हर एक हिन्दू और सिक्ख को भगाने का नतीजा यह होगा कि दोनों उपनिवेशों में लड़ाई होगी और देश हमेशा के लिए बरबाद हो जायेगा। अगर दोनों उपनिवेशों में यह आत्मघाती नीति बरती गई, तो उससे पाकिस्तान और हिन्दुस्तान दोनों में इस्लाम और हिन्दू धर्म का नाश हो जायेगा। भलाई सिर्फ भलाई से ही पैदा होती है। प्यार से प्यार पैदा होता है। जहां तक बदला लेने की बात है, इन्सान को यही शोभा देता है कि वह बुराई करने वाले को भगवान के हाथ में छोड़ दे।[5]

हिन्दुस्तान का, हिन्दू धर्म का, सिक्ख धर्म का और इस्लाम का बेबस बनकर नाश होते देखने के बनिस्बत मृत्यु मेरे लिए सुन्दर रिहाई होगी। अगर पाकिस्तान में दुनिया के सब धर्मों के लोगों को समान हक न मिले, उनकी जान और माल सुरक्षित न रहे और यूनियन भी पाकिस्तान की नकल करे, तो दोनों का नाश निश्चित है। उस हालत में इस्लाम का तो हिन्दुस्तान और पाकिस्तान में ही नाश होगा—बाकी दुनिया में नहीं; मगर हिन्दू धर्म और सिक्ख धर्म तो हिन्दुस्तान के बाहर हैं ही नहीं।[6]

बहुमत वाले लोग अगर अल्पमतवालों को इस डर से मार डालें या यूनियन से निकाल दें कि वे सब दगाबाज साबित होंगे, तो यह बहुमत वालों की बुजदिली होगी। अल्पमत के हकों का सावधानी से खयाल रखना ही बहुमतवालों को शोभा देता है। जो बहुमत वाले अल्पमत वालों की परवाह नहीं करते वे हँसी के पात्र बनते हैं। पक्का आत्म-विश्वास और अपने नामधारी या सच्चे विरोधी में बहादुरी भरा विश्वास ही बहुमत वालों का सच्चा बचाव है।[7]

जो यह महसूस करते हैं कि पाकिस्तान से उन्हें निकाल दिया गया है, उन्हें यह जानना चाहिये कि वे सारे हिन्दुस्तान के नागरिक हैं, न कि सिर्फ पंजाब, सरहदी सूबे या सिन्ध के। शर्त यह है कि वे जहां कहीं जायें वहां के रहने वालों में दूध में शक्कर की तरह घुल-मिल जायं। उन्हें मेहनती बनना और अपने व्यवहार में ईमानदार रहना चाहिये। उन्हें यह महसूस करना चाहिये कि वे हिन्दुस्तान की सेवा करने और उसके यश को बढ़ाने के लिए पैदा हुए हैं, न कि उसके नाम पर कालिख पोतने या उसे दुनिया की आंखों में गिराने के लिए। उन्हें अपना समय जुआ खेलने, शराब पीने या आपसी लड़ाई-झगड़े में बरबाद नहीं करना चाहिये। गलती करना इन्सान का स्वभाव है। लेकिन इन्सान को गलतियों से सबक सीखने और दुबारा गलती न करने की ताकत भी दी गई है। अगर शरणार्थी मेरी सलाह मानेंगे, तो वह जहां कहीं भी जायेंगे वहां फायदेमन्द साबित होंगे और हर सूबे के लोग खुले दिल से उनका स्वागत करेंगे।[8]

अगर पाकिस्तान पूरी तरह मुस्लिम राज्य हो जाय और हिन्दुस्तानी संघ पूरी तरह हिन्दू और सिक्ख राज्य बन जाय और दोनों तरफ अल्पमत वालों को कोई हक न दिये जायं, तो दोनों राज्य बरबाद हो जायेंगे।[9]

क्या कायदे आजम ने यह नहीं कहा है कि पाकिस्तान मजहबी राज्य नहीं है और उसमें धर्म को कानून का रूप नहीं दिया जायेगा? लेकिन बदकिस्मती से यह बिलकुल सच है कि इस दावे को हमेशा अमल में सच साबित नहीं किया जाता। क्या हिन्दुस्तानी संघ मजहबी राज्य बनेगा और क्या हिन्दू धर्म के उसूल गैर-हिन्दुओं पर लादे जायेंगे?... ऐसा हुआ तो हिन्दुस्तानी संघ आशा और उजले भविष्य का देश नहीं रह जायेगा। तब वह ऐसा देश नहीं रह जायेगा, जिसकी तरफ सारी एशियाई और अफ्रीकी जातियां ही नहीं, बल्कि सारी दुनिया आशाभरी नजर से देखती है। दुनिया यूनियन या पाकिस्तान के रूप में हिन्दुस्तान से ओछेपन और धार्मिक पागलपन की उम्मीद नहीं करती। वह हिन्दुस्तान से बड़प्पन, भलाई और उदारता की आशा करती है, जिससे सारी दुनिया सबक ले सके और आज के फैले हुए अंधेरे में प्रकाश पा सके।[10]

काश्मीर

न तो काश्मीर के महाराजा साहब और न हैदराबाद के निजाम को अपनी प्रजा की सम्मति के बगैर किसी भी उपनिवेश में शामिल होने का अधिकार है। जहां तक मैं जानता हूं, यह बात काश्मीर के मामले में साफ कर दी गई थी। अगर अकेले महाराजा संघ में शामिल होना चाहते, तो मैं उनके ऐसे काम का कभी समर्थन नहीं कर सकता था। संघ-सरकार काश्मीर को थोड़े समय के लिए संघ

में शामिल करने पर सिर्फ इसलिए राजी हुई कि महाराजा और काश्मीर व जम्मू की जनता की नुमाइन्दगी करने वाले शेख अब्दुल्ला दोनों यह बात चाहते थे। शेख अब्दुल्ला इसलिए सामने आये कि वे काश्मीर और जम्मू के सिर्फ मुसलमानों के ही नहीं, बल्कि सारी जनता के नुमाइन्दे होने का दावा करते हैं।

मैंने यह कानाफूंसी सुनी है कि काश्मीर को दो हिस्सों में बांटा जा सकता है। इनमें से जम्मू हिन्दुओं के हिस्से आयेगा और काश्मीर मुसलमानों के हिस्से। मैं ऐसी बंटी हुई वफादारी की और हिन्दुस्तान की रियासतों के कई हिस्सों में बंटने की कल्पना नहीं कर सकता। इसलिए मुझे उम्मीद है कि सारा हिन्दुस्तान समझदारी से काम लेगा और कम-से-कम उन लाखों हिन्दुस्तानियों के लिए, जो लाचार शरणार्थी बनने के लिए बाध्य हुए हैं, तुरन्त ही इस गन्दी हालत को टाला जायेगा।[11]

72

भारत में विदेशी बस्तियां

गोआ

आजाद हिन्दुस्तान में गोआ हिन्दुस्तान से बिलकुल अलग रहकर अपनी मनमानी नहीं कर सकेगा। गोआवाले आजाद हिन्दुस्तान की नागरिकता के हकों का दावा कर सकेंगे और वे उन हकों को पा भी सकेंगे। और इसके लिए उन्हें न तो एक गोली चलानी होगी और न एक कतरा खून बहाना होगा।[1]

सचमुच ही फ्रांसीसी और फिरंगी सल्तनत में ऐसा कोई खास फर्क नहीं है, जिसकी वजह से एक को ठुकराया जाय और दूसरी को अपनाया जाय। सल्तनतों के हाथ हमेशा खून से तर रहे हैं। सारी दुनिया आज इन सल्तनतों के बोझ से दबी कराह रही है। अच्छा हो कि ये साम्राज्यवादी ताकतें जल्दी ही अशोक महान की तरह अपने साम्राज्यवाद को छोड़ दें।... पुर्तगाली सरकार के इन्फरमेशन ब्यूरो के मुख्य अफसर का यह लिखना कि पुर्तगाल गोआ के हिन्दुस्तानियों की मातृभूमि है, एक हँसी लाने वाली चीज है। जिस हद तक हिन्दुस्तान मेरी मातृभूमि है, उसी हद तक वह गोआवालों की भी मातृभूमि है। आज गोआ ब्रिटिश हिन्दुस्तान की हद में नहीं है, मगर समूचे भौगोलिक हिन्दुस्तान के अन्दर तो वह है ही। फिर, गोआ के हिन्दुस्तानियों और पुर्तगालियों के बीच बहुत थोड़ी समानता है— अगर कुछ हो।[2]

फ्रांसीसी बस्तियां

उन्हीं के सामने जब उनके करोड़ों देशवासी ब्रिटिश हुकूमत से आजाद हो रहे हैं, तब इन छोटी-छोटी विदेशी बस्तियों के निवासियों के लिए गुलामी में रहना सम्भव नहीं है।... मैं उम्मीद करता हूं कि ... महान फ्रांसीसी राष्ट्र भारत के या दूसरी जगहों के काले या भूरे लोगों को दबाकर रखने की नीति का हामी कभी नहीं होगा।[3]

73

भारत और विश्वशांति

दुनिया के सुविचारशील लोग आज ऐसे पूर्ण स्वतंत्र राज्यों को नहीं चाहते जो एक-दूसरे से लड़ते हों, बल्कि एक-दूसरे के प्रति मित्रभाव रखने वाले अन्योन्याश्रित राज्यों के संघ को चाहते हैं। भले ही इस उद्देश्य की सिद्धि का दिन बहुत दूर हो। मैं अपने देश के लिए कोई भारी दावा नहीं करना चाहता। लेकिन यदि हम पूर्ण स्वतंत्रता के बजाय अन्योन्याश्रित राज्यों के विश्वसंघ की तैयारी जाहिर करें, तो इसमें हम न तो कोई बहुत भारी बात ही कहते हैं और न वह असंभव ही है।[1]

मेरी आकांक्षा का लक्ष्य स्वतंत्रता से ज्यादा ऊंचा है। भारत की मुक्ति के द्वारा मैं पश्चिम के भीषण शोषण से दुनिया के कई निर्बल देशों का उद्धार करना चाहता हूं। भारत के अपनी सच्ची स्थिति को प्राप्त करने का अनिवार्य परिणाम यह होगा कि हर एक देश वैसा ही कर सकेगा और करेगा।[2]

मेरा दृढ़ विश्वास है कि यदि भारत अपनी स्वतंत्रता अहिंसक उपायों से प्राप्त करे, तो फिर वह बड़ी स्थलसेना, उतनी ही बड़ी जल सेना और उससे भी बड़ी वायु सेना रखने की इच्छा नहीं करेगा। यदि आजादी की अपनी लड़ाई में अहिंसक विजय प्राप्त करने के लिए उसकी आत्म-चेतना को जितनी ऊंचाई तक उठना चाहिये उतनी ऊंचाई तक वह उठ सकी, तो दुनिया के माने हुए मूल्यों में परिवर्तन हो जायेगा और लड़ाइयों के साज-सामान का अधिकांश निरर्थक सिद्ध हो जायेगा। ऐसा भारत भले महज एक सपना हो, बच्चों की जैसी कल्पना हो। लेकिन मेरी राय में अहिंसा के द्वारा भारत के स्वतंत्र होने का फलितार्थ तो बेशक यही होना चाहिये। ऐसी स्वतंत्रता, वह जब भी आयगी तब, ... ब्रिटेन के साथ सज्जनोचित समझौते के जरिये आयेगी। लेकिन तब जिस ब्रिटेन से हमारा समझौता होगा वह दुनिया में सर्वश्रेष्ठ स्थान लेने के लिए तरह-तरह की कोशिशें

यदि मैं अपने देश के लिए आजादी की मांग करता हूं, तो आप विश्वास कीजिये कि मैं यह आजादी इसलिए नहीं चाहता कि मेरा बड़ा देश, जिसकी आबादी सम्पूर्ण मानव-जाति का पांचवां हिस्सा है, दुनिया की किसी भी दूसरी जाति का, या किसी भी व्यक्ति का शोषण करे। आप विश्वास कीजिये कि मैं अपनी शक्तिभर अपने देश को ऐसा अनर्थ नहीं करने दूंगा। यदि मैं अपने देश के लिए आजादी चाहता हूं, तो मुझे यह मानना ही चाहिये कि प्रत्येक दूसरी सबल या निर्बल जाति को भी उस आजादी का वैसा ही अधिकार है। यदि मैं ऐसा नहीं मानता हूं और ऐसी इच्छा नहीं करता हूं, तो उसका यह अर्थ है कि मैं उस आजादी का पात्र नहीं हूं।

करने वाला आज का साम्राज्यवादी और घमण्डी ब्रिटेन नहीं होगा, बल्कि मानव-जाति की सुख-शान्ति के लिए नम्रतापूर्वक प्रयत्न करने वाला ब्रिटेन होगा।[3]

तब भारत को ब्रिटेन के लूट-मार के युद्धों में ब्रिटेन के साथ आज की तरह लाचार होकर नहीं घिसटना होगा। तब उसकी आवाज दुनिया के सारे हिंसक बलों को नियंत्रण में रखने की कोशिश करने वाले एक शक्तिशाली देश की आवाज होगी।[4]

मैं अत्यंत नम्रतापूर्वक यह सुझाने का साहस करता हूं कि यदि भारत ने अपना लक्ष्य सत्य और अहिंसा की राह से प्राप्त करने में सफलता पायी, तो उसकी यह सफलता जिस विश्वशान्ति के लिए दुनिया के तमाम राष्ट्र तड़प रहे हैं उसे नजदीक लाने में एक मूल्यवान कदम सिद्ध होगी; और तब यह भी कहा जा सकेगा कि ये राष्ट्र उसे स्वेच्छापूर्वक जो सहायता पहुंचा रहे हैं, उस सहायता का उसने थोड़ा-बहुत मूल्य अवश्य चुका दिया है।[5]

जब भारत स्वावलम्बी और स्वाश्रयी बन जायेगा और इस तरह न तो खुद किसी की सम्पत्ति का लोभ करेगा और न अपनी सम्पत्ति का शोषण होने देगा, तब वह पश्चिम या पूर्व के किसी भी देश के लिए—उसकी शक्त कितनी भी प्रबल क्यों न हो—लालच का विषय नहीं रह जायेगा और तब वह खर्चीले शस्त्रास्त्रों का बोझ उठाये बिना ही अपने को सुरक्षित अनुभव करेगा। उसकी यह भीतरी स्वाश्रयी अर्थ-व्यवस्था बाहरी आक्रमण के खिलाफ सुदृढ़तम ढाल होगी।[6]

यदि मैं अपने देश के लिए आजादी की मांग करता हूं, तो आप विश्वास कीजिये कि मैं यह आजादी इसलिए नहीं चाहता कि मेरा बड़ा देश, जिसकी आबादी सम्पूर्ण मानव-जाति का पांचवां हिस्सा है, दुनिया की किसी भी दूसरी जाति का, या किसी भी व्यक्ति का शोषण करे। आप विश्वास कीजिये कि मैं

अपनी शक्तिभर अपने देश को ऐसा अनर्थ नहीं करने दूंगा। यदि मैं अपने देश के लिए आजादी चाहता हूं, तो मुझे यह मानना ही चाहिये कि प्रत्येक दूसरी सबल या निर्बल जाति को भी उस आजादी का वैसा ही अधिकार है। यदि मैं ऐसा नहीं मानता हूं और ऐसी इच्छा नहीं करता हूं, तो उसका यह अर्थ है कि मैं उस आजादी का पात्र नहीं हूं।[7]

मैं अपने हृदय की गहराई में यह महसूस करता हूं... कि दुनिया रक्तपात से बिलकुल ऊब गयी है। दुनिया इस असह्य स्थिति से बाहर निकलने का रास्ता खोज रही है। और मैं विश्वास करता हूं तथा उस विश्वास में सुख और गर्व अनुभव करता हूं कि शायद मुक्ति के प्यासे जगत को यह रास्ता दिखाने का श्रेय भारत की प्राचीन भूमि को ही मिलेगा।[8]

हिन्दुस्तान की राष्ट्रीय सरकार क्या नीति अख्तियार करेगी सो मैं नहीं कह सकता। संभव है कि अपनी प्रबल इच्छा के रहते हुए भी मैं तब तक जीवित न रहूं। लेकिन अगर उस वक्त तक मैं जिन्दा रहा, तो अपनी अहिंसक नीति को यथासंभव संपूर्णता के साथ अमल में लाने की सलाह दूंगा। विश्व की शांति और नयी विश्व-व्यवस्था की स्थापना में यही हिन्दुस्तान का सबसे बड़ा हिस्सा भी होगा। मुझे आशा तो यह है कि चूंकि हिन्दुस्तान में इतनी लड़ाकू जातियां हैं और चूंकि स्वतंत्र हिन्दुस्तान की सरकार के निर्णय में उन सबका हिस्सा होगा, इसलिए हमारी राष्ट्रीय नीति का झुकाव मौजूदा सैन्यवाद से भिन्न किसी अन्य प्रकार के सैन्यवाद की तरफ होगा। मैं यह उम्मीद तो जरूर रखूंगा कि एक राजनीतिक शस्त्र की हैसियत से अहिंसा की व्यावहारिक उपयोगिता का हमारा पिछला सारा ... प्रयोग बिलकुल विफल नहीं जायेगा और सच्चे अहिंसावादियों का एक मजबूत दल हिन्दुस्तान में पैदा हो जायेगा।[9]

74

पूर्व का संदेश

अगर हिन्दुस्तान अपने फर्ज को भूलता है तो एशिया मर जायेगा। यह ठीक ही कहा गया है कि हिन्दुस्तान कई मिली-जुली सभ्यताओं या तहजीबों का घर है, जहां वे सब साथ-साथ पनपी हैं। हम सब ऐसे काम करें कि हिन्दुस्तान एशिया की या दुनिया के किसी भी हिस्से की कुचली और चूसी हुई जातियों की आशा बना रहे।[1]

[दिल्ली में ता. 2-4-'47 के दिल एशियाई कान्फरेन्स की आखिरी बैठक

में भाषण करते हुए गांधीजी ने बताया कि पश्चिम को ज्ञान की रोशनी पूर्व से ही मिली है। इस सिलसिले में उन्होंने आगे कहा :]

इन विद्वानों में सबसे पहले जरथुश्त हुए थे, वे पूरब के थे। उनके बाद बुद्ध, हुए, जो पूरब—हिन्दुस्तान के—थे। बुद्ध के बाद कौन हुआ? ईशु ख्रिस्त। वे भी पूरब के थे। ईशु के पहले मोजेज हुए, जो फिलस्तीन के थे, अगरचे उनका जन्म मिस्र में हुआ था। ईशु के बाद मुहम्मद हुए। यहां मैं राम, कृष्ण और दूसरे महापुरुषों का नाम नहीं लेता। मैं उन्हें कम महान नहीं मानता। मगर साहित्य-जगत उन्हें कम जानता है। जो हो, मैं दुनिया के ऐसे किसी भी एक शख्स को नहीं जानता, जो एशिया के इन महापुरुषों की बराबरी कर सके। और तब क्या हुआ? ईसाइयत जब पश्चिम में पहुंची, तो उसकी शकल बिगड़ गई। मुझे अफसोस है कि मुझे ऐसा कहना पड़ता है। इस विषय में मैं और आगे नहीं बोलूंगा।... जो बात मैं आपको समझाना चाहता हूं, वह एशिया का पैगाम है। उसे पश्चिमी चश्मों से या एटम-बम की नकल करने से नहीं सीखा जा सकता। अगर आप पश्चिम को कोई पैगाम देना चाहते हैं, तो वह प्रेम और सत्य का ही पैगाम होना चाहिये।... जमहूरियत के इस जमाने में, गरीब-से-गरीब की जागृति के इस युग में, आप ज्यादा-से-ज्यादा जोर देकर इस पैगाम का दुनिया में प्रचार कर सकते हैं। चूंकि आपका शोषण किया गया है, इसलिए उसका उसी तरह बदला चुकाकर नहीं, बल्कि सच्ची समझदारी के जरिये आप पश्चिम पर पूरी तरह से विजय पा सकते हैं। अगर हम सिर्फ अपने दिमागों से नहीं, बल्कि दिलों से भी इस पैगाम के मर्म को, जिसे एशिया के ये विद्वान हमारे लिए छोड़ गये हैं, एक साथ समझने की कोशिश करें और अगर हम सचमुच उस महान पैगाम के लायक बन जायं, तो मुझे विश्वास है कि हम पश्चिम को पूरी तरह से जीत लेंगे। हमारी इस जीत को पश्चिम खुद भी प्यार करेगा।

पश्चिम आज सच्चे ज्ञान के लिए तरस रहा है। अणु-बमों की दिन-दूनी बढ़ती से वह नाउम्मीद हो रहा है। क्योंकि अणु-बमों के बढ़ने से सिर्फ पश्चिम का ही नहीं, बल्कि पूरी दुनिया का नाश हो जायेगा; मानो बाइबल की भविष्य-वाणी सच होने जा रही है और पूरी कयामत होने वाली है। अब यह आपके ऊपर है कि आप दुनिया की नीचता और पापों की तरफ उसका ध्यान खींचें और उसे बचावें।... यही वह विरासत है जो मेरे और आपके पैगम्बरों से एशिया को मिली है।[2]

75

स्फुट वचन

आदिवासी

'आदिवासी' नाम उन लोगों को दिया गया है, जो कि पहले से ही इस देश में बसे हुए थे। उनकी आर्थिक स्थिति हरिजनों से शायद ही अच्छी होगी। लम्बे अरसे से अपने-आप को 'ऊंचे वर्गों' के नाम से पुकारने वाली हमारी जनता ने उनके प्रति जो बेपरवाही बताई है, उसका परिणाम उन्हें भोगना पड़ा है। आदिवासियों के प्रश्न को रचनात्मक कार्यक्रम में खास स्थान मिलना चाहिये। सुधारकों के लिए उनके बीच सुधार का काम करने का बड़ा क्षेत्र है, परन्तु अभी तक ईसाई धर्म-प्रचारकों ने ही यह काम किया है। यद्यपि उन्होंने इस काम में बहुत मेहनत की है, तो भी उनका काम जैसे चाहिये था वैसे फला-फूला नहीं; क्योंकि उनका अंतिम हेतु आदिवासियों को ईसाई बनाना था और उन्हें हिन्दुस्तानी मिटाकर अपने-जैसा परदेशी बना लेने का था। जो भी हो, परन्तु अगर हम अहिंसा के आधार पर स्वराज्य चाहते हैं, तो कनिष्ठ-से-कनिष्ठ वर्ग की तरफ से भी हम बेपरवाह नहीं हो सकते। परन्तु आदिवासियों की तो संख्या इतनी बड़ी है कि उनको कनिष्ठ गिना ही नहीं जा सकता।[1]

अनुशासन

आजादी के सर्वोच्च रूप के साथ ज्यादा-से-ज्यादा अनुशासन और नम्रता होनी ही चाहिये; दोनों का अटूट सम्बन्ध है। अनुशासन और नम्रता से आयी हुई आजादी ही सच्ची आजादी है। अनुशासन से अनियंत्रित आजादी, आजादी नहीं, स्वेच्छाचारिता है; उससे स्वयं हमारे और हमारे पड़ोसियों के खिलाफ अभ्रदता सूचित होती है।[2]

हमें दृढ़तापूर्वक कठोर अनुशासन का पालन करना सीखना चाहिये। तभी हम कोई बड़ी और स्थायी वस्तु प्राप्त कर सकेंगे। और यह अनुशासन कोरी बौद्धिक चर्चा करते रहने से या तर्क और विवेक-बुद्धि को अपील करते रहने से नहीं आ सकता।

आजादी के सर्वोच्च रूप के साथ ज्यादा-से-ज्यादा अनुशासन और नम्रता होनी ही चाहिये; दोनों का अटूट सम्बन्ध है। अनुशासन और नम्रता से आयी हुई आजादी ही सच्ची आजादी है।

> *हमें दृढ़तापूर्वक कठोर अनुशासन का पालन करना सीखना चाहिये। तभी हम कोई बड़ी और स्थायी वस्तु प्राप्त कर सकेंगे।... अनुशासन विपत्ति की पाठशाला में सीखा जाता है।*

अनुशासन विपत्ति की पाठशाला में सीखा जाता है। और जब उत्साही युवक बिना किसी ढाल के जिम्मेदारी के काम उठायेंगे और उसके लिए अपने को तैयार करेंगे, तब वे समझेंगे कि जिम्मेदारी और अनुशासन कया हैं।[3]

डॉक्टर

डॉक्टर हमें धर्म से भ्रष्ट करते हैं, यह साफ और सीधी बात है। वे हमें स्वच्छन्द बनने को ललचाते हैं। इसका परिणाम यह आता है कि हम नि:सत्त्व और नामर्द बनते हैं।[4]

सामान्य तौर पर इस धंधे से मेरा जो विरोध है, उसका कारण यह है कि उसमें आत्मा के प्रति कुछ भी ध्यान नहीं दिया जाता; और इस शरीर जैसे नाजुक यंत्र को सुधारने का प्रयत्न करने में जो श्रम किया जाता है, वह न-कुछ जैसी वस्तु के लिए ही किया जाता है। इस प्रकार आत्मा का ही इनकार करने से यह धंधा मनुष्यों को दया के पात्र बना देता है और मनुष्य के गौरव और आत्म-संयम को घटाने में मदद करता है।[5]

पोशाक

किसी भारतीय के लिए उसकी राष्ट्रीय पोशाक ही सबसे ज्यादा स्वाभाविक और शोभाप्रद है। मैं ऐसा मानता हूं कि हमारा यूरोपीय पोशाक की नकल करना हमारे पतन का चिह्न है; उससे हमारा पतन, हमारा अपमान और हमारी दुर्बलता सूचित होती है। अपनी ऐसी पोशाक को छोड़कर, जो भारतीय जलवायु के सबसे ज्यादा अनुकूल है, जो सादगी, कला और सस्तेपन में दुनिया में अपनी जोड़ नहीं रखती और जो स्वास्थ्य तथा स्वच्छता की आवश्यकताओं को पूरा करती है, हम एक राष्ट्रीय पाप कर रहे हैं।[6]

मेरा संकीर्ण राष्ट्रप्रेम टोप का विरोध करता है, किन्तु मेरा छिपा हुआ विश्व-प्रेम उसे यूरोप की इनी-गिनी बहुमूल्य देनों में से एक मानता है। टोप के खिलाफ इस देश में इतनी उग्र विरोध-भावना न होती, तो मैं टोप के प्रचार के लिए संघटित संस्था का अध्यक्ष बन जाता।

भारत के शिक्षित लोगों ने (यहां की जलवायु में) पतलून जैसे अनावश्यक, अस्वास्थ्यकर और असुन्दर परिधान को अपनाकर तथा टोप को स्वीकार करने में आम तौर पर हिचकिचाहट प्रकट करके भूल की है। लेकिन मैं जानता हूं कि राष्ट्रीय रुचियों और अरुचियों के पीछे कोई विवेक नहीं होता।[7]

झंडा

झंडे की जरूरत सब देशों को होती है। उसके लिए लाखों-करोड़ों ने अपने प्राण दिये हैं। इसमें सन्देह नहीं कि यह एक प्रकार की मूर्तिपूजा है, जिसे नष्ट करना पाप-जैसा होगा। कारण, झंडा अमुक आदर्शों का प्रतीक होता है। जब यूनियन जैक फहराया जाता है तब अंग्रेजों के हृदय में जो भाव उठते हैं, उनकी गहराई और तीव्रता को मापना कठिन है। अमेरिका के रेखाओं और तारकों से अंकित झंडे में अमेरिकावालों को जाने कितना गहरा अर्थ मिलता है। इसी तरह इस्लाम के अनुयायियों में उनका चन्द्र और तारों से अंकित झण्डा उत्तम वीरता के भाव जगाता है। हम भारतीयों को यानी हिन्दुओं, मुसलमानों, ईसाइयों, यहूदियों, पारसियों और भारत को अपना देश मानने वाले अन्य सब लोगों को अपना एक सर्व स्वीकृत झंडा तय करना चाहिये, जिसके लिए हम मरें और जियें।[8]

वकील

वकील का कर्त्तव्य हमेशा न्यायाधीशों के सामने सत्य को रखना और सत्य पर पहुंचने में उनकी मदद करना है। उनका काम अपराधियों को निरपराधी सिद्ध करना कदापि नहीं है।[9]

नेतृत्व

अगर हम टोलाशाही की स्थिति को टालना चाहते हैं और यह इच्छा रखते हैं कि देश की व्यवस्थित प्रगति हो, तो जो लोग जनता का नेतृत्व करने का दावा करते हैं उन्हें जनता का नेतृत्व मानने से यानी जनता जो कहे वैसा करने से दृढ़तापूर्वक इनकार कर देना चाहिये। मैं मानता हूं कि महज अपने मत की घोषणा करना और फिर लोगों के सामने झुक जाना पर्याप्त नहीं है। यदि महत्त्व के मामलों में लोगों का मत नेताओं की बुद्धि को पटता न हो, तो उन्हें चाहिये कि वे उसके खिलाफ काम करें।[10]

> *अगर हम टोलाशाही की स्थिति को टालना चाहते हैं और यह इच्छा रखते हैं कि देश की व्यवस्थित प्रगति हो, तो जो लोग जनता का नेतृत्व करने का दावा करते हैं... नेता का पद समान पदवालों में प्रथम माने गये व्यक्ति का पद है।*

नेता का पद समान पदवालों में प्रथम माने गये व्यक्ति का पद है। किसी-न-किसी को प्रथम स्थान देना ही पड़ता है, लेकिन श्रृंखला की सबसे कमजोर कड़ी से ज्यादा शक्तिशाली न तो वह होता है, न उसे होना चाहिये। एक बार नेता का चुनाव करने के बाद हमारा कर्त्तव्य हो जाता है कि हम उसका अनुसरण करें। यदि ऐसा न किया जाय तो श्रृंखला टूट जाती है और सारा संघटन शिथिल हो जाता है।[11]

संगीत

संगीत वस्तुतः एक पुरानी और पवित्र कला है। सामवेद के सूक्त संगीत का भंडार हैं और कुरान की किसी भी आयत का पाठ संगीत का आश्रय लिये बिना नहीं हो सकता। डेविड के भक्तिपूर्ण गीत हमें आनन्द के लोक में पहुंचा देते हैं और सामवेद के सूक्तों का स्मरण कराते हैं। हमें इस कला को पुनर्जीवित करना चाहिये और उसका प्रचार करने वाली संस्थाओं को आश्रय देना चाहिये।

हम संगीत-सम्मेलनों में हिन्दू और मुसलमान संगीतज्ञों को साथ-साथ बैठे हुए और उसमें हिस्सा लेते हुए देखते हैं। अपने राष्ट्रीय जीवन के दूसरे क्षेत्रों में हम भाईचारे की यही भावना कब देखेंगे? ऐसा होगा उस समय हमारे होठों पर राम और रहमान का नाम एक साथ होगा।[12]

दलों की अनेकता

यदि हममें उदारता और सहिष्णुता न हो, तो हम अपने मतभेद कभी भी मित्रतापूर्वक नहीं सुलझा सकेंगे; और उस हालत में हमें हमेशा ही तीसरे पक्ष का फैसला स्वीकार करने के लिए यानी विदेशी सत्ता की गुलामी अपनाने के लिए लाचार होना पड़ेगा।[13]

किसी भी एक विचारधारा के अनुयायी यह दावा नहीं कर सकते कि उनके ही निर्णय हमेशा सही होते हैं। हम सबसे गलतियां हो सकती हैं और हमें अक्सर ही अपने निर्णय बाद में बदलने पड़ते हैं। हमारे इस विशाल देश में सब ईमानदार विचारधाराओं के लिए गुंजाइश होनी चाहिये। और इसलिए अपने प्रति और दूसरों के प्रति हमारा कम-से-कम यह कर्त्तव्य तो है ही कि हम अपने विरोधी का दृष्टिकोण समझने की कोशिश करें; और यदि हम उसे स्वीकार न कर सकते हों तो उसका उतना आदर अवश्य करें जितना हम चाहेंगे कि वह हमारे दृष्टिकोण का करे। यह चीज स्वस्थ सार्वजनिक जीवन का और इसलिए स्वराज्य की योग्यता का एक अनिवार्य प्रमाण है।[14]

> *किसी भी एक विचारधारा के अनुयायी यह दावा नहीं कर सकते कि उनके ही निर्णय हमेशा सही होते हैं।... हमारे इस विशाल देश में सब ईमानदार विचारधाराओं के लिए गुंजाइश होनी चाहिये।*

राजनीति

ऐसे व्यापक सत्य-नारायण के प्रत्यक्ष दर्शन के लिए जीवमात्र के प्रति आत्मवत् प्रेम की परम आवश्यकता है। और जो मनुष्य ऐसा करना चाहता है, वह जीवन

के किसी भी क्षेत्र से बाहर नहीं रह सकता। यही कारण है कि सत्य की मेरी पूजा मुझे राजनीति में खींच लायी है। जो मनुष्य यह कहता है कि धर्म का राजनीति से कोई सम्बन्ध नहीं है वह धर्म को नहीं जानता, ऐसा कहने में मुझे संकोच नहीं होता और न ऐसा कहने में मैं अविनय करता हूं।[15]

पंडे और पुजारी

यह एक दुःखदायी हकीकत है, किंतु इतिहास इसकी गवाही देता है कि पंडे और पुजारी ही, जिन्हें कि धर्म के सच्चे रक्षक होना चाहिये था, अपने-अपने धर्म के पतन और नाश का कारण सिद्ध हुए हैं।[16]

सार्वजनिक कोष

अगर हम मिले हुए पैसे की पाई-पाई का हिसाब नहीं रखते और कोष का विचारपूर्वक उचित उपयोग नहीं करते, तो सार्वजनिक जीवन से हमें निकाल दिया जाना चाहिये।[17]

सार्वजनिक धन भारत की उस गरीब जनता का है, जिससे ज्यादा गरीब इस दुनिया में और कोई नहीं है। इस धन के उपयोग में हमें बहुत ज्यादा सावधान तथा सजग रहना चाहिये और जनता से हमें जो भी पैसा मिलता है उसकी पाई-पाई का हिसाब देने के लिए तैयार रहना चाहिये।[18]

अगर हम मिले हुए पैसे की पाई-पाई का हिसाब नहीं रखते और कोष का विचारपूर्वक उचित उपयोग नहीं करते, तो सार्वजनिक जीवन से हमें निकाल दिया जाना चाहिये।

सार्वजनिक धन भारत की गरीब जनता का है।

सार्वजनिक संस्थाएं

अनेकानेक सार्वजनिक संस्थाओं की उत्पत्ति और उनके प्रबन्ध की जिम्मेदारी संभालने के बाद मैं इस दृढ़ निर्णय पर पहुंचा हूं कि किसी भी सार्वजनिक संस्था को स्थायी कोष पर निभने का प्रयत्न नहीं करना चाहिये। इसमें उसकी नैतिक अधोगति का बीज छिपा रहता है।...देखा यह गया है कि स्थायी सम्पत्ति के भरोसे चलने वाली संस्था लोकमत से स्वतंत्र हो जाती है, और कितनी ही बार वह उलटा आचरण भी करती है। हिन्दुस्तान में हमें पग-पग पर इसका अनुभव होता है। कितनी ही धार्मिक मानी जाने वाली संस्थाओं के हिसाब-किताब का कोई ठिकाना नहीं रहता। उनके ट्रस्टी ही उनके मालिक बन बैठे हैं और वे किसी के प्रति उत्तरदायी भी नहीं हैं। जिस तरह प्रकृति स्वयं प्रतिदिन

उत्पन्न करती और प्रतिदिन खाती है, वैसी ही व्यवस्था सार्वजनिक संस्थाओं की भी होनी चाहिये, इसमें मुझे कोई शंका नहीं है। जिस संस्था को लोग मदद देने के लिए तैयार न हों, उसे सार्वजनिक संस्था के रूप में जीवित रहने का अधिकार ही नहीं है।[19]

मैं इस दृढ़ निश्चय पर पहुंचा हूं कि कोई भी सुपात्र संस्था जनता से मिलने वाली मदद के अभाव के कारण नहीं मरती। मरने वाली संस्थाओं के मरने का कारण या तो यह रहा है कि उनमें ऐसी कोई उपयोगिता शेष नहीं रह गयी थी, जिससे आकर्षित होकर जनता उनकी मदद करती, अथवा उनके संचालकों ने अपनी श्रद्धा या दूसरे शब्दों में अपनी जीवन-क्षमता खो दी थी।[20]

हमारी आर्थिक स्थिति नहीं, बल्कि हमारी नैतिक स्थिति ही अनिश्चित है। अपने कार्यकर्ताओं की चारित्रिक पवित्रता की दृढ़ नींव पर खड़े हुए किसी भी कार्य या आन्दोलन को अर्थाभाव के कारण नष्ट हो जाने का डर कभी नहीं होता।... हमें पैसे के लिए सामान्य जनता के पास पहुंचना चाहिये। हमारे मध्यम वर्गों और गरीब वर्गों के लोग कितने भिखारियों को, कितने मन्दिरों को सहायता देते हैं; ये लोग चंद अच्छे कार्यकर्ताओं का भरण-पोषण क्यों नहीं करेंगे? हमें घर-घर जाकर भीख मांगनी चाहिये, अनाज मांगना चाहिये; और कुछ न मिले तो चंद पैसे ही मांगना और स्वीकार कर लेना चाहिये। इस मामले में हमें वैसा ही करना चाहिये, जैसा कि बिहार और महाराष्ट्र में किया जा रहा है।... लेकिन याद रखिये कि सफलता आपकी ध्येयनिष्ठा पर, कार्य के प्रति आपकी भक्ति पर और आपके चरित्र की पवित्रता पर निर्भर करेगी। ऐसे कार्यों के लिए लोग तब तक नहीं देंगे जब तक उन्हें हमारी निःस्वार्थता का निश्चय न हो जायेगा।[21]

लोकमत

लोकमत ही एक ऐसी शक्ति है, जो समाज को शुद्ध और स्वस्थ रख सकती है।[22]

लोकमत से आगे बढ़कर कानून बनाना प्रायः निरर्थक ही नहीं, उससे भी ज्यादा बुरा सिद्ध होता है।[23]

स्वस्थ लोकमत में जो प्रभाव निहित होता है, उसके महत्त्व को अभी हमने पूरा-पूरा पहचाना नहीं है। लेकिन जब लोकमत हिंसापूर्ण और आक्रामक बन जाता है तब वह असह्य हो जाता है।[24]

सार्वजनिक कार्यकर्ता

आधुनिक सार्वजनिक जीवन में ऐसी एक प्रवृत्ति रूढ़ हो गयी है कि जब तक कोई सार्वजनिक कार्यकर्ता अमुक व्यवस्था-तंत्र के अंग की तरह अपना काम बखूबी करता हो तब तक उसके चरित्र की ओर दृष्टिपात न किया जाय। कहा

जाता है कि चरित्र हर एक व्यक्ति की निजी वस्तु है, उसकी चिन्ता वही करेगा। मैंने लोगों को अक्सर इस मत का समर्थन करते हुए देखा है। लेकिन मुझे कभी उसका औचित्य समझ में नहीं आया, उसे अपनाना तो दूर रहा। जिन संस्थाओं ने अपने कार्यकर्ताओं के वैयक्तिक चरित्र को महत्त्व की वस्तु नहीं माना है, उन्हें अपनी इस नीति के भयंकर परिणाम भुगतने पड़े हैं।[25]

समय की पाबन्दी

हमारे नेता और कार्यकर्ता वक्त के पाबन्द बनें, तो राष्ट्र को उससे निश्चित लाभ होगा। कोई आदमी वस्तुतः जितना काम कर सकता है, उससे ज्यादा करने की उससे आशा नहीं की जा सकती। दिनभर के काम के बाद भी अगर काम पूरा न हो, या अपना खाना छोड़कर अथवा नींद या आमोद-प्रमोद की उपेक्षा करके उसे काम करना पड़े, तो समझना चाहिये कि कहीं-न-कहीं कोई अव्यवस्था जरूर है। मुझे तो इसमें कोई शक नहीं कि अगर हम अपने कार्यक्रम के अनुसार नियमित रूप से कार्य करने की आदत डालें, तो राष्ट्र की कार्य-क्षमता बढ़ेगी, अपने ध्येय की ओर हमारी प्रगति तेज गति से होगी और कार्यकर्ता ज्यादा तन्दुरुस्त और दीर्घजीवी होंगे।[26]

> *जिन संस्थाओं ने अपने कार्यकर्ताओं के वैयक्तिक चरित्र को महत्त्व की वस्तु नहीं माना है, उन्हें अपनी इस नीति के भयंकर परिणाम भुगतने पड़े हैं।*

घुड़दौड़

घोड़ों की परवरिश के लिए शर्त बदना और उसके बारे में लोगों को उत्तेजित करना बिलकुल अनावश्यक है। घुड़दौड़ की शर्त से मनुष्य के दुर्गुणों का पोषण होता है और अच्छी खेती के लायक जमीन तथा पैसे का बिगाड़ होता है। शर्त बदकर जुआ खेलने वाले अच्छे-अच्छे लोगों को मैंने पामाल और तबाह होते देखा है। ऐसे लोगों को किसने नहीं देखा है? यह मौका पश्चिम के दुर्गुणों को छोड़कर उसके सद्गुण स्वीकार करने का है।[27]

शरणार्थी

उन्हें नम्रता का पाठ सीखना चाहिये, ऐसी नम्रता जिससे वे दूसरों के दोष देखने और उनकी टीका करने के बदले अपने दोष देख सकें। उनकी टीका कई बार बहुत कड़ी होती है, कई बार अनुचित होती है और कभी-कभी ही उचित होती है। अपने दोष देखने से इन्सान ऊपर उठता है, दूसरों के दोष निकालने से नीचे गिरता है। इसके सिवा दुःखी लोगों को सहयोगी जीवन की कला और उसमें

रहने वाले गुणों को समझ लेना चाहिये। यह सीखते हुए वे देखेंगे कि सहयोग का घेरा बड़ा होता जाता है, जिससे उसमें सारे इन्सान समा जाते हैं। अगर दुःखी लोग इतना करना सीख जायं, तो उनमें से कोई अपने-आपको अकेला न माने। तब सभी, चाहे वे जिस प्रान्त के हों, अपने को एक मानेंगे और सुख खोजने के बदले मनुष्यमात्र के कल्याण में ही अपना कल्याण देखेंगे। इसका मतलब कोई यह न करे कि आखिर में सबको एक ही जगह रहना होगा। यह हमेशा असंभव ही रहेगा। और जब लाखों का सवाल है। तब तो बिलकुल असंभव है। मगर इसका मतलब इतना जरूर है कि हर एक अपने को समुद्र में एक बूंद के समान समझकर दूसरे के साथ संबंध रखे; फिर भले ही दुःख आ पड़ने से पहले सबके दरजे अलग-अलग रहे हों, किसी का नीचा रहा हो, किसी का ऊंचा, और सभी अलग-अलग प्रान्तों के हों। और फिर कोई ऐसा तो कह ही नहीं सकता कि मुझे तो फलां जगह पर ही रहना है। तब किसी को न तो अपने दिल में कोई शिकायत रहेगी और न कोई प्रकट रूप में शिकायत करेगा। ऐसी अच्छी व्यवस्था में वे अपंग या लाचार बनकर नहीं रहेंगे।

हमारे नेता और कार्यकर्ता वक्त के पाबन्द बनें, तो राष्ट्र को उससे निश्चित लाभ होगा।

ऐसे सभी दुःखी खुद को दिया गया काम करेंगे और सभी के खाने, पहनने और रहने का अच्छा इन्तजाम हो जायेगा। ऐसा करने से वे स्वावलम्बी बनेंगे। स्त्री-पुरुष सभी एक-दूसरे को बराबर मानेंगे। कई काम तो सभी करेंगे, जैसे कि पाखाने साफ करना, कूड़ा-करकट निकालना वगैरा। किसी काम को ऊंचा और किसी काम को नीचा नहीं माना जायेगा। ऐसे समाज में कोई आवारा, आलसी या निकम्मा नहीं रहेगा।[28]

नदियां

गंगा और यमुना नाम की इन दो नदियों के सिवा हमारे देश में और भी गंगायें और यमुनायें हैं, उनके वास्तविक नाम चाहे भिन्न हों। वे हमें उस त्याग की याद दिलाती हैं, जो कि जिस देश में हम रहते हैं उसके लिए हमें करना होगा। वे हमें उस शुद्धि की याद दिलाती हैं जिसके लिए हमें निरन्तर प्रयत्न करना चाहिये, ठीक वैसे ही जैसे नदियां स्वयं उसके लिए क्षण-प्रतिक्षण प्रयत्न करती हैं। आज के जमाने में तो इन नदियों से हम केवल यही काम लेना जानते हैं कि उनमें अपनी गंदी मोरियां बहावें और उनकी छाती पर अपनी नावें चलावें और इस प्रकार उन्हें और भी गंदा करें। हमारे पास इतना समय नहीं है कि... हम उनके पास जायें और ध्यानस्थ होकर उनका वह सन्देश सुनें, जो वे हमारे कानों में धीरे-धीरे गुनगुनाती हैं।[29]

टिप्पणियां

1. मेरे सपनों का भारत

1. यंग इंडिया, 21-2-1929; 2. यंग इंडिया, 5-2-1925; 3. यंग इंडिया, 6-8-1925; 4. स्पीचेज़ एण्ड राइटिंग्ज़ ऑफ महात्मा गांधी, पृ. 405; 5. यंग इंडिया, 11-8-1920; 6. यंग इंडिया, 6-4-1921; 7. यंग इंडिया, 17-9-1925; 8. यंग इंडिया, 11-8-1927; 9. हिन्दी नवजीवन, 7-10-1926; 10. यंग इंडिया, 30-4-1931; 11. यंग इंडिया, 10-9-1931

2. स्वराज का अर्थ

1. यंग इंडिया, 19-3-1931; 2. हिन्दी नवजीव, 29-1-1925; 3. हिन्दी नवजीवन, 8-12-1927; 4. यंग इंडिया, 6-8-1925; 5. हिन्दी नवजीवन, 29-6-1924; 6. यंग इंडिया, 28-7-1921; 7. यंग इंडिया, 26-3-1931; 8. यंग इंडिया, 16-4-1931; 9. यंग इंडिया, 23-1-1930; 10. यंग इंडिया, 5-3-1931; 11. यंग इंडिया, 5-3-1931; 12. यंग इंडिया, 26-3-1931; 13. यंग इंडिया, 26-3-1931; 14. यंग इंडिया, 18-6-1931; 15. हरिजन, 2-1-1937; 16. हरिजन, 27-5-1939; 17. हरिजन, 25-3-1939; 18. हरिजन, 25-3-1939

3. राष्ट्रवाद का सच्चा स्वरूप

1. यंग इंडिया, 16-3-1921; 2. गांधीजी इन इंडियन विलेजेज़, पृ. 170; 3. यंग इंडिया, 12-3-1925; 4. यंग इंडिया, 1-6-1921; 5. यंग इंडिया, 18-6-1925; 6. यंग इंडिया, 18-6-1925; 7. यंग इंडिया, 4-4-1929; 8. यंग इंडिया, 16-4-1931; 9. हरिजन, 17-11-1933

4. भारतीय लोकतंत्र

1. यंग इंडिया, 3-6-1926; 2. यंग इंडिया, 7-5-1931; 3. यंग इंडिया, 30-7-1931; 4. यंग इंडिया, 17-4-1924; 5. हरिजन, 11-1-1936; 6. हरिजनसेवक, 12-11-1938; 7. हरिजनसेवक, 22-4-1939; 8. हरिजन, 27-5-1939; 9. हरिजन, 23-9-1939; 10. हरिजनसेवक, 18-5-1940; 11. हरिजनसेवक, 27-5-1939; 12. हरिजन, 27-5-1939; 13. दिल्ली-डायरी, पृ. 19; 14. दिल्ली-डायरी, पृ. 90; 15. हरिजन, 18-1-1948; 16. यंग इंडिया, 28-7-1920; 17. यंग इंडिया, 8-9-1920; 18. यंग इंडिया, 22-9-1920; 19. यंग इंडिया, 23-2-1921; 20. यंग इंडिया, 2-2-1921; 21. यंग इंडिया, 26-1-1922; 22. यंग इंडिया, 2-3-1932; 23. हरिजन, 1-2-1942

5. भारत और समाजवाद

1. हरिजन, 20-2-1937; 2. हरिजन, 2-1-1937; 3. हरिजनसेवक, 20-4-1940; 4. हरिजनसेवक, 20-4-1940; 5. हरिजनसेवक, 13-7-1947

6. भारत और साम्यवाद

1. यंग इंडिया, 15–11–1928; 2. अमृत बाजार पत्रिका, 2–8–1934; 3. हरिजन, 13–3–1937; 4. हरिजन, 13–3–1937; 5. हरिजनसेवक, 31–3–1946; 6. हरिजन, 6–10–1946;

7. उद्योगवाद का अभिशाप

1. यंग इंडिया, 25–7–1929; 2. हरिजन, 2–11–1934; 3. हिन्दी नवजीवन, 5–11–1925; 4. यंग इंडिया, 17–6–1926; 5. हरिजनसेवक, 20–9–1935; 6. हरिजन, 29–8–1936; 7. हरिजन, 1–9–1946

8. वर्ग युद्ध

1. यंग इंडिया, 26–11–1931; 2. अमृत बाजार पत्रिका, 2–8–1934; 3. अमृत बाजार पत्रिका, 3–8–1934; 4. हरिजन, 5–12–1936; 5. हरिजन, 19–10–1935

9. हड़तालें

1. स्पीचेज़ एण्ड राइटिंग्ज़ ऑफ महात्मा गांधी, पृ. 1049; 2. यंग इंडिया, 16–2–1921; 3. हरिजन सेवक, 11–8–1946; 4. हरिजन सेवक, 11–8–1946

10. मजदूर क्या चुनेंगे?

1. यंग इंडिया, 11–2–1920; 2. स्पीचेज़ एण्ड राइटिंग्ज़ ऑफ महात्मा गांधी, पृ. 1046; 3. यंग इंडिया, 14–1–1932

11. अधिकार या कर्तव्य?

1. हरिजन सेवक, 6–7–1947

12. बेकारी का सवाल

1. यंग इंडिया, 6–10–1921; 2. यंग इंडिया, 3–11–1921; 3. हरिजन सेवक, 10–5–1935; 4. हरिजन, 19–12–1936; 5. हरिजन, 3–7–1937

13. दरिद्र–नारायण

1. यंग इंडिया, 4–4–1929; 2. यंग इंडिया, 5–5–1927; 3. यंग इंडिया, 15–9–1927; 4. यंग इंडिया, 3–4–1931; 5. यंग इंडिया, 15–10–1931; 6. हरिजन, 11–3–1939; 7. मंगल–प्रभात, पृ. 29–30, प्रक. 6; 8. मंगल प्रभात, पृ. 31, प्रक. 6; 9. यंग इंडिया, 24–6–1926; 10. स्पीचेज़ एण्ड राटिगंज़ ऑफ महात्मा गाधी, पृ. 353

14. शरीर–श्रम

1. यंग इंडिया, 11–4–1929; 2. मंगल–प्रभात, पृ. 41–44, प्रक. 9; 3. यंग इंडिया, 8–1–1925; 4. यंग इंडिया, 26–3–1931; 5. हरिजन सेवक, 5–7–1935; 6. हरिजन,

1-6-1935; 7. हरिजन, 29-6-1935; 8. यंग इंडिया, 13-8-1925; 9. हरिजन, 11-5-1935

15. सर्वोदय

1. हिन्द स्वराज्य, पृ. 45-46, प्रक. 13; 2. मंगल-प्रभात, पृ. 53-54, प्रक. 12; 3. यंग इंडिया, 25-11-1926; 4. हिन्दी नवजीवन, 9-12-1926; 5. यंग इंडिया, 20-9-1928; 6. हिन्दी नवजीवन, 20-12-1928; 7. मंगल-प्रभात, पृ. 8, प्रक. 1; 8. मंगल-प्रभात, पृ. 29, प्रक. 6; 9. यंग इंडिया, 17-7-1924; 10. यंग इंडिया, 17-7-1924; 11. हरिजन सेवक, 13-7-1947

16. संरक्षकता का सिद्धांत

1. हरिजन सेवक, 3-6-1939; 2. दि मॉडर्न रिव्यू, 1935, पृ. 412; 3. हरिजन, 3-12-1938; 4. हरिजन, 7-1-1939; 5. हरिजन, 16-12-1939; 6. हरिजन, 1-2-1942

17. अहिंसक अर्थ-व्यवस्था

1. स्पीचेज़ एण्ड राइटिंग्ज़ ऑफ महात्मा गांधी, पृ. 384; 2. यंग इंडिया, 13-10-1921; 3. यंग इंडिया, 15-11-1928; 4. हरिजन, 9-10-1937; 5. हरिजन, 15-1-1938; 6. रचनात्मक कार्यक्रम, पृ. 40-41; 7. हरिजन, 30-12-1939; 8. हरिजन, 1-6-1947

18. समान वितरण का रास्ता

1. हरिजन सेवक, 24-8-1940; 2. यंग इंडिया, 23-3-1921

19. भारत में अहिंसा की उपासना

1. यंग इंडिया, 11-8-1920; 2. यंग इंडिया, 22-6-1921; 3. यंग इंडिया, 26-1-1922; 4. यंग इंडिया, 4-7-1929

20. सर्वोदयी राज्य

1. यंग इंडिया, 2-1-1930; 2. यंग इंडिया, 2-7-1931; 3. दि मॉडर्न रिव्यू, 1935, पृ. 412; 4. हरिजन सेवक, 15-9-1946; 5. हरिजन, 1-9-1940

21. सत्याग्रह और दुराग्रह

1. यंग इंडिया, 15-12-1921; 2. यंग इंडिया, 24-3-1920; 3. यंग इंडिया, 3-11-1921; 4. यंग इंडिया, 5-1-1922; 5. यंग इंडिया, 20-10-1927; 6. हरिजन, 15-4-1933; 7. स्पीचेज एण्ड राइटिंग्ज़ ऑफ महात्मा गांधी, पृ. 474; 8. स्पीचेज एण्ड राइटिंग्ज़ ऑफ महात्मा गांधी, पृ. 476; 9. यंग इंडिया, 28-4-1920; 10. यंग इंडिया, 2-2-1921; 11. यंग इंडिया, 2-4-1931; 12. हरिजन, 18-3-1939; 13. हरिजन सेवक, 18-3-1939; 14. हरिजन, 13-10-1940; 15. हरिजन, 21-4-1946; 16. हरिजन, 6-5-1933

22. किसान

1. यंग इंडिया, 5-12-1929; 2. दि बॉम्बे क्रॉनिकल, 28-10-1944; 3. दि बॉम्बे क्रॉनिकल, 12-1-1945; 4. दि बॉम्बे क्रॉनिकल, 12-1-1945

23. गांवों की ओर

1. हरिजन, 4-4-1936; 2. हरिजन, 4-4-1936; 3. स्पीचेज़ एण्ड राइटिंग्ज़ ऑफ महात्मा गांधी, पृ. 323; 4. यंग इंडिया, 30-3-1931; 5. हरिजन, 1-3-1935; 6. हरिजन, 1-3-1935; 7. हरिजन, 1-3-1935; 8. हरिजन, 1-3-1935; 9. हरिजन, 7-3-1936; 10. हरिजन, 11-4-1936; 11. हरिजन, 16-3-1936; 12. हरिजन, 27-2-1937; 13. हरिजन, 19-10-1937; 14. हरिजन, 16-5-1936; 15. हरिजन, 28-1-1939; 16. हरिजन, 28-1-1939

24. ग्राम-स्वराज्य

1. हरिजन सेवक, 2-8-1942; 2. हरिजन सेवक, 2-8-1942; 3. हरिजन सेवक, 10-11-1946; 4. हरिजन, 4-8-1946; 5. महात्मा, खंड 4, पृ. 144

25. पंचायत राज

1. हरिजन सेवक, 28-7-1946; 2. हरिजन, 1-7-1947

26. ग्रामोद्योग

1. हरिजन सेवक, 23-11-1934; 2. हरिजन सेवक, 30-11-1934; 3. हरिजन सेवक, 29-8-1936; 4. हरिजन सेवक, 20-1-1940; 5. रचनात्मक कार्यक्रम, पृ. 20, 21, 22; 6. रचनात्मक कार्यक्रम, पृ. 26-27; 7. हरिजन, 28-12-1947; 8. हरिजन सेवक, 14-9-1934; 9. हरिजन सेवक, 25-1-1935

27. सरकार क्या कर सकती है?

1. हरिजन सेवक, 28-4-1946

28. ग्राम-प्रदर्शनियां

1. ग्राम-उद्योग पत्रिका, जुलाई, 1946

29. चरखे का संगीत

1. यंग इंडिया, 20-5-1926; 2. यंग इंडिया, 21-7-1920; 3. यंग इंडिया, 20-10-1921; 4. यंग इंडिया, 8-12-1921; 5. यंग इंडिया, 21-8-1924; 6. यंग इंडिया, 11-11-1926; 7. हरिजन, 13-4-1940

30. मिल-उद्योग

1. यंग इंडिया, 16-2-1921; 2. हरिजन सेवक, 30-10-1937; 3. हरिजन, 25-8-

1946; 4. हरिजन, 31-3-1946; 5. हरिजन, 25-8-1946; 6. यंग इंडिया, 24-7-1924; 7. यंग इंडिया, 17-9-1925

31. स्वदेशी

1. स्पीचेज़ एण्ड राइटिंग्ज़ ऑफ महात्मा गांधी, पृ. 336-44; 2. मंगल-प्रभात, पृ. 59, प्रक. 16

32. गोरक्षा

1. यंग इंडिया, 6-10-1921; 2. हरिजन सेवक, 21-9-1940; 3. यंग इंडिया, 6-10-1921; 4. यंग इंडिया, 7-7-1927; 5. हरिजन सेवक, 31-8-1947; 6. हरिजन सेवक, 22-2-1942

33. सहकारी गोपालन

1. हरिजन सेवक, 15-2-1942; 2. दिल्ली-डायरी, पृ. 286-87

34. गांवों की सफाई

1. रचनात्मक कार्यक्रम, पृ. 27-28; 2. हरिजन सेवक, 15-2-1935; 3. हरिजन सेवक, 16-1-1937

35. गांव का आरोग्य

1. हरिजन सेवक, 2-6-1946; 2. हरिजन सेवक, 1-9-1946; 3. हरिजन सेवक, 15-9-1946; 4. हरिजन सेवक, 15-6-1947; 5. हरिजन सेवक, 18-8-1946

36. गांवों का आहार

1. हरिजन, 26-10-1934; 2. हरिजन सेवक, 8-2-1935; 3. हरिजन सेवक, 8-2-1935; 4. हरिजन, 15-2-1935

37. ग्राम सेवक

1. यंग इंडिया, 17-4-1924; 2. हरिजन, 23-11-1935; 3. हरिजन सेवक, 20-2-1937; 4. हरिजन सेवक, 17-8-1940; 5. हरिजन सेवक, 25-3-1939

38. समग्र ग्राम सेवा

1. हरिजन सेवक, 17-3-1946; 2. हरिजन सेवक, 2-3-1947

39 युवकों को आह्वान

1. यंग इंडिया, 9-7-1925; 2. यंग इंडिया, 9-7-1925; 3. यंग इंडिया, 22-12-1927; 4. हरिजन, 6-5-1933; 5. हरिजन, 21-9-1935; 6. यंग इंडिया, 21-2-1929; 7. यंग इंडिया, 29-12-1927; 8. विथ गांधीजी इन सीलोन, पृ. 109; 9. यंग इंडिया, 7-11-1929; 10. हरिजन, 1-3-1935; 11. हरिजन, 19-12-1936

40. राष्ट्र का आरोग्य, स्वच्छता और आहार

1. रचनात्मक कार्यक्रम, पृ. 35-36; 2. हरिजन सेवक, 25-1-1942; 3. यंग इंडिया, 18-7-1929; 4. यंग इंडिया, 15-8-1929; 5. आत्मकथा, पृ. 232; 6. यंग इंडिया, 8-8-1929; 7. हरिजन, 5-8-1933; 8. इंडियाज केस फॉर स्वराज, पृ. 402; 9. यंग इंडिया, 7-10-1926; 10. यंग इंडिया, 17-12-1925; 11. हरिजन, 5-1-1934; 12. दिल्ली-डायरी, 112-13; 13. दिल्ली-डायरी, पृ. 115

41. शराब और अन्य मादक द्रव्य

1. इंडियाज़ केस फॉर स्वराज, पृ. 403; 2. यंग इंडिया, 8-6-1921; 3. यंग इंडिया, 12-1-1928; 4. हरिजन, 3-6-1939; 5. हरिजन, 9-3-1934; 6. यंग इंडिया, 3-3-1927; 7. यंग इंडिया, 15-9-1927; 8. यंग इंडिया, 4-4-1929; 9. यंग इंडिया, 25-6-1931; 10. आरोग्य की कुंजी, पृ. 22-24; 11. यंग इंडिया, 12-1-1921; 12. यंग इंडिया, 4-2-1926; 13. आरोग्य की कुंजी, पृ. 28, 29-30

42. शहरों की सफाई

1. यंग इंडिया, 26-12-1924; 2. यंग इंडिया, 19-11-1925; 3. यंग इंडिया, 26-11-1925; 4. स्पीचेज़ एण्ड राइटिंग्ज़ ऑफ महात्मा गांधी, पृ. 375-76; 5. यंग इंडिया, 28-3-1929; 6. हरिजन, 18-2-1939; 7. सत्याग्रह इन साउथ अफ्रीका, पृ. 240

43. विदेशी माध्यम की बुराई

1. हिन्द स्वराज्य, पृ. 74-75, 1959; 2. सच्ची शिक्षा, प्रक. 2, पृ. 11-17; 3. यंग इंडिया, 27-4-1921; 4. यंग इंडिया, 1-6-1921; 5. हिन्दी नवजीवन, 2-9-1921; 6. हिन्दी नवजीवन, 5-7-1928

44. मेरा अपना अनुभव

1. हरिजन सेवक, 9-7-1938

45. भारत की सांस्कृतिक विरासत

1. यंग इंडिया, 1-9-1921; 2. यंग इंडिया, 17-11-1920; 3. हरिजन, 9-5-1936

46. नयी तालीम

1. यंग इंडिया, 1-9-1921; 2. हरिजन सेवक, 15-3-1935; 3. हरिजन, 8-5-1937; 4. हरिजन, 8-5-1937; 5. हरिजन, 8-5-1937; 6. हरिजन, 31-7-1937; 7. हरिजन, 28-8-1937; 8. हरिजन, 11-9-1937; 9. हरिजन, 9-10-1937; 10. हरिजन, 9-10-1937

47. बुनियादी शिक्षा

1. रचनात्मक कार्यक्रम, पृ. 28-29; 2. हरिजन, 6-4-1940; 3. हरिजन, 2-11-1947; 4. यंग इंडिया, 1-9-1921

48. उच्च शिक्षा

1. हरिजन, 31-7-1937; 2. हरिजन, 2-10-1937; 3. हरिजन, 2-11-1947; 4. रचनात्मक कार्यक्रम, पृ. 30-31; 5. हरिजन, 22-6-1940; 6. हिन्दी नवजीवन, 25-8-1927; 7. हरिजन सेवक, 23-3-1947; 8. यंग इंडिया, 6-12-1928; 9. हरिजन, 1-12-1933; 10. यंग इंडिया, 6-8-1925; 11. यंग इंडिया, 2-8-1928

49. शिक्षा का आश्रमी आदर्श

1. सच्ची, शिक्षा, पृ. 7-9; 1959; 2. सत्याग्रह आश्रम का इतिहास, पृ. 69-70, 72; 1959

50. राष्ट्रभाषा और लिपि

1. यंग इंडिया, 27-8-1925; 2. सच्ची शिक्षा, पृ. 19-21, 22-23; 1959; 3. रचनात्मक कार्यक्रम, पृ. 39

51. प्रान्तीय भाषायें

1. रचनात्मक कार्यक्रम, पृ. 37-38; 2. हरिजन सेवक, 25-8-1946; 3. हरिजन सेवक, 21-9-1947; 4. यंग इंडिया, 13-5-1926

52. दक्षिण में हिन्दी

1. यंग इंडिया, 16-6-1920; 2. यंग इंडिया, 2-2-1921; 3. यंग इंडिया, 2-2-1921; 4. यंग इंडिया, 18-6-1931; 5. हरिजन, 10-9-1938

53. विद्यार्थियों के लिए अनुशासन के नियम

1. रचनात्मक कार्यक्रम, पृ. 52-56; 2. यंग इंडिया, 9-6-1927; 3. यंग इंडिया, 26-12-1929; 4. यंग इंडिया, 5-11-1931; 5. हरिजन, 2-10-1937; 6. विद्यार्थियों से, पृ. 89

54. भारतीय स्त्रियों का पुनरुत्थान

1. रचनात्मक कार्यक्रम, पृ. 32-34; 2. स्पीचेज़ एण्ड राइटिंग्ज़ ऑफ महात्मा गांधी, पृ. 424; 3. स्पीचेज़ एण्ड राइटिंग्ज़ ऑफ महात्मा गांधी, पृ. 425; 4. यंग इंडिया, 17-10-1929; 5. हरिजन, 2-12-1939; 6. यंग इंडिया, 27-9-1928; 7. हरिजन, 22-3-1942; 8. यंग इंडिया, 3-2-1927; 9. यंग इंडिया, 25-11-1926; 10. हरिजन, 23-5-1936; 11. यंग इंडिया, 21-6-1928; 12. यंग इंडिया, 5-8-1926; 13. यंग

इंडिया, 8-10-1925; 14. यंग इंडिया, 21-10-1926; 15. हरिजन, 14-1-1940; 16. हरिजन, 1-3-1942; 17. यंग इंडिया, 28-5-1925

55. स्त्रियों की शिक्षा

1. सच्ची शिक्षा पृ. 158-61; 1959; 2. हरिजन, 27-2-1937; 3. अमृत बाजार पत्रिका, 12-1-1935; 4. हरिजन सेवक, 9-11-1947

56. संतति-नियमन

1. हिन्दी नवजीवन, 12-3-1925; 2. आरोग्य की कुंजी, पृ. 37-38; 1959; 3. हरिजन, 28-3-1936; 4. हरिजन, 2-5-1936; 5. अमृत बाजार पत्रिका, 12-1-1935; 6. यंग इंडिया, 2-4-1925; 7. हरिजन सेवक, 20-9-1935; 8. हरिजन सेवक, 31-3-1946

57. काम-विज्ञान की शिक्षा

1. हरिजन, 21-11-1936

58. बालक

1. आत्मकथा, पृ. 272; 1957; 2. यंग इंडिया, 29-10-1931; 3. यंग इंडिया, 19-11-1931

59. साम्प्रदायिक एकता

1. रचनात्मक कार्यक्रम, पृ. 11-12; 2. यंग इंडिया, 24-12-1931; 3. यंग इंडिया, 29-10-1931

60. वर्णाश्रम धर्म

1. दि माडर्न रिव्यू, अक्तूबर 1935, पृ. 413; 2. यंग इंडिया, 27-10-1927; 3. यंग इंडिया, 8-12-1920; 4. हरिजन, 25-3-1933; 5. वर्ण-व्यवस्था, पृ. 49-50; 1959; 6. हरिजन, 11-2-1933; 7. यंग इंडिया, 5-1-1921; 8. हरिजन, 16-11-1935

61. अस्पृश्यता का अभिशाप

1. स्पीचेज़ एण्ड राइटिंग्ज़ ऑफ महात्मा गांधी, पृ. 387; 2. हरिजन, 11-2-1933; 3. यंग इंडिया, 25-5-1921; 4. यंग इंडिया, 29-7-1926; 5. यंग इंडिया, 5-1-1922; 6. मंगल-प्रभात, प्रक. 9, पृ. 43-44; 7. हरिजन, 11-2-1933

62. भारत में धार्मिक सहिष्णुता

1. यंग इंडिया, 20-10-1927; 2. यंग इंडिया, 24-11-1927; 3. यंग इंडिया, 24-11-1927; 4. हरिजन, 6-3-1937; 5. यंग इंडिया, 8-9-1920; 6. यंग इंडिया, 20-1-1927; 7. यंग इंडिया, 21-3-1929; 8. यंग इंडिया, 22-12-1927; 9. यंग इंडिया, 28-8-1924; 10. हरिजन, 18-3-1933; 11. यंग इंडिया, 28-8-1924; 12. यंग इंडिया, 26-9-1929

63. धर्म-परिवर्तन

1. यंग इंडिया, 29-5-1924; 2. यंग इंडिया, 27-12-1925; 3. यंग इंडिया, 23-4-1931; 4. हरिजन, 30-1-1937

64. शासन-सम्बन्धी समस्यायें

1. दि नेशन्स व्हाइस, पृ. 71; 2. हरिजन सेवक, 21-12-1947; 3. हरिजन, 29-9-1946; 4. हरिजन, 23-4-1938; 5. हरिजन सेवक, 8-9-1946; 6. हरिजन, 5-5-1946; 7. दिल्ली-डायरी, पृ. 117-18; 8. यंग इंडिया, 8-10-1931; 9. हरिजन, 31-7-1937; 10. यंग इंडिया, 30-6-1927; 11. यंग इंडिया, 8-12-1927; 12. यंग इंडिया, 12-8-1926; 13. यंग इंडिया, 27-8-1931; 14. यंग इंडिया, 6-10-1926; 15. हिन्दी नवजीवन, 29-12-1927; 16. यंग इंडिया, 19-1-1930; 17. हरिजन, 7-12-1947; 18. यंग इंडिया, 9-3-1922

65. प्रान्तों का पुनर्घटन

1. दिल्ली-डायरी, पृ. 392-93; 2. हरिजन सेवक, 30-11-1947; 3. हरिजन सेवक, 21-9-1947; 4. हरिजन सेवक, 7-9-1947; 5. हरिजन सेवक, 27-7-1947

66. अल्पसंख्यकों की समस्यायें

1. यंग इंडिया, 29-5-1924; 2. यंग इंडिया, 19-1-1930; 3. हरिजन सेवक, 9-8-1942; 4. हरिजन, 22-9-1946; 5. हरिजन, 29-9-1946; 6. हरिजन सेवक, 7-4-1946; 7. यंग इंडिया, 29-8-1929

67. भारतीय गवर्नर

1. हरिजन सेवक, 24-8-1947

68. समाचार-पत्र

1. आत्मकथा, पृ. 248; 1957; 2. यंग इंडिया, 12-5-1920; 3. यंग इंडिया, 28-5-1931; 4. हिन्दी नवजीवन, 1-4-1926; 5. हरिजन, 24-8-1935

69. शान्ति सेना

1. हरिजन सेवक, 18-6-1938; 2. हरिजन सेवक, 5-5-1946; 3. यंग इंडिया, 29-5-1924; 4. यंग इंडिया, 29-5-1924; 5. हरिजन सेवक, 14-9-1940

70. भारतीय राष्ट्रीय कांग्रेस

1. हरिजन सेवक, 1-2-1948; 2. हरिजन सेवक, 22-2-1948

71. भारत-पाकिस्तान और काश्मीर

1. हरिजन सेवक, 26-10-1947; 2. दिल्ली-डायरी, पृ. 322; 3. दिल्ली-डायरी,

पृ. 43-44; 4. दिल्ली-डायरी, पृ. 20; 5. दिल्ली-डायरी, पृ. 28; 6. दिल्ली-डायरी, पृ. 347; 7. दिल्ली-डायरी, पृ. 33; 8. दिल्ली-डायरी, पृ. 86; 9. दिल्ली-डायरी, पृ. 95; 10. दिल्ली-डायरी, पृ. 145; 11. दिल्ली-डायरी, पृ. 169

72. भारत में विदेशी बस्तियां

1. हरिजन सेवक, 30-6-1946; 2. हरिजन सेवक, 8-9-1946; 3. हरिजन, 16-11-1947

73. भारत और विश्वशांति

1. यंग इंडिया, 26-12-1924; 2. यंग इंडिया, 12-1-1928; 3. यंग इंडिया, 6-5-1929; 4. यंग इंडिया, 6-5-1929; 5. यंग इंडिया, 12-3-1931; 6. यंग इंडिया, 2-7-1931; 7. यंग इंडिया, 1-10-1931; 8. इंडियाज़ केस फॉर स्वराज, पृ. 209; 9. हरिजन सेवक, 21-6-1942

74. पूर्व का संदेश

1. दिल्ली-डायरी, पृ. 32; 2. हरिजन सेवक, 20-4-1947

75. स्फुट वचन

1. हरिजन सेवक, 18-1-1942; 2. यंग इंडिया, 3-6-1926; 3. यंग इंडिया, 19-5-1927; 4. हिन्द स्वराज्य, पृ. 43; 5. हिन्दी नवजीवन, 11-6-1925; 6. स्पीचेज़ एण्ड राइटिंग्ज़ ऑफ महात्मा गांधी, पृ. 393; 7. यंग इंडिया, 6-6-1929; 8. यंग इंडिया, 13-4-1921; 9. यंग इंडिया, 11-6-1925; 10. यंग इंडिया, 14-7-1920; 11. यंग इंडिया, 8-12-1921; 12. यंग इंडिया, 15-4-1926; 13. यंग इंडिया, 17-4-1924; 14. यंग इंडिया, 17-4-1924; 15. आत्मकथा, पृ. 433; 1957; 16. यंग इंडिया, 20-10-1927; 17. यंग इंडिया, 6-7-1921; 18. यंग इंडिया, 16-4-1931; 19. आत्मकथा, पृ. 170; 1957; 20. यंग इंडिया, 15-10-1925; 21. हरिजन, 28-11-1936; 22. यंग इंडिया, 18-12-1920; 23. यंग इंडिया, 29-1-1921; 24. यंग इंडिया, 7-5-1931; 25. हरिजन, 7-11-1936; 26. हरिजन सेवक, 24-9-1938; 27. हरिजन, 18-1-1948; 28. हरिजन सेवक, 14-12-1947; 29. यंग इंडिया, 23-12-1926